对赌

VAM

典型案例复盘与实务指引

TYPICAL CASE REVIEW AND PRACTICAL GUIDANCE

毕宝胜______著

法律出版社 LAW PRESS·CHINA

序 PREFACE

“赌”在中国的文化中,从来扮演着不太光彩的角色,史书将之描写为:“斗鸡走狗,六博蹋鞠”。一个名词一沾“赌”字,骤然身价大跌,进入贬义词行列。然对“对赌协议”这个国际投资者在投资境内企业时惯常采用的金融投资工具之一来说,其却不含任何贬义色彩。

所谓对赌协议(Valuation Adjustment Mechanism,VAM),其准确称呼应为“估值调整机制”,是为了解决投资方对被投资企业信息掌握的不全面而开发设计出来的一种调整工具,旨在要求被投资企业的创始人对投资人作出一个承诺,在被投资企业提供的信息有重大瑕疵,或者其承诺的业绩指标未达成时,投资人有权对企业重新估值,或由创始人对投资人进行相应补偿。其最初被翻译为“对赌协议”,或因符合国有文化很形象,一直沿用至今。但其直译意思“估值调整机制”却更能体现其本质含义,所以我们日常听到的对赌协议,所涉及的问题其实与赌博无关。

从对赌第一案“海富案”法院认定目标公司与投资方之间的对赌协议无效,到“华工案”认定对赌协议有效,再到《全国法院民商事审判工作会议纪要》对对赌协议效力明确认可,并要求目标公司履行“合法减资程序”的规定可以看出,司法机关对于对赌协议的效力认定越来越宽松,资本维持原则下的“履行可能性”将成为司法裁判导向。通过研读过往案例,笔者发现审判机关在对赌案件裁判标准上,自始严格遵循“公司资本维持原则”,并未有外界传言颠覆以往法院裁判观念的情形出现。因此,研究已有对赌案例对于探究法院关于对赌案件的裁判原理、深刻理解裁判理念以及工作实践仍具有重要指导意义。

目前,有关对赌的案例较容易通过各类网站获得,但从公布的案例中寻找具有指导和参考价值的裁判规则,仍然存在极大的困难和不便。一是上网公布的案例数量巨大。2013年中国裁判文书网开通至今,该网站收录的对赌有关的案例共有900余件。当然,基于商业秘密以及文书公开所造成的不良影响,更多投融资双方在签订协议时就选择了非诉讼方式诸如约定仲裁作为纠纷解决方式,这一部分案件数量也较为庞大。二是裁判案例本身内容量很大,查询阅读起来耗时耗力,要从中准确、高效地获取有价值的裁判规则尤其需要较高的理论水平和实务经验。

为此,我们用近半年的时间对这些数量巨大的对赌案例,尤其是具有典型意义的200份裁判文书进行收集、整理和研读,通过比对裁判观点、裁判思路和尺度,去旧留新,去粗取精,并对其中最为核心的部分进行提炼,呈现出30余条对审判实践具有指导和借鉴意义的裁判规则。本书同时还收集整理了若干经典商业对赌案例以及与对赌有着相似机制的Earn-out域外案例,以便让读者更全面、更深入地理解和运用对赌这一投资金融工具。

需要指出的是,本书案例涉及的时间跨度大,对于同一法律问题,法院在不同时期基于不同的司法政策会有变化,即使在同一时期不同的法官也会有不一致或相互矛盾的观点出现。我们无意对其中的观点妄下评断,只是梳理、展示法院个案的裁判标准,为广大法官、律师以及其他实务工作者提供具体的类案比对规则,为律师诉讼策略安排提供有说服力的支持依据。此外,本书案例援用的法律都是裁判时生效的法律,《民法典》相关条文会在附录中集中体现。同时,由于裁判规则仅摘录、提炼相关案例的核心观点,因此,应结合整个案例的内容对这些规则作全面理解,不能断章取义、照搬照抄。

由于所掌握的资料和编写水平有限,编者对法院、仲裁机构对案例裁判规则的提炼可能不尽准确,仅供在司法实务中参考使用,故凡与法律、司法解释不一致的,或者法律、司法解释有新规定的,应当按照法律、司法解释的规定适用。本书的编辑内容和体例尚有可改进之处,敬请广大同行和读者多提宝贵意见,以便将来继续修订更新。

是为序。

毕宝胜

2020年4月于北京

前 言 FOREWORD

“估值调整机制”这一工具积极保障了投资人的利益，大大促进了投资的活跃性，使更多企业获得了投资款，极大促进了企业的发展，带来了经济的繁荣。“估值调整机制”本身也随着投资案例的增多而逐步发展，其涉及范围越来越广，表现形式越来越多样化，条款结构也越来越复杂。如果不能透彻地理解其内在规律并建立理论基础，也就无法有效地应对其中的法律风险。而这些正是本书所要探讨和分析的内容。

编者根据目前所获案件数量的占比情况，兼顾纠纷领域的具体情形，将本书共分为四篇，即诉讼篇、仲裁篇、非诉篇和域外篇。本书选取的案例所涉诉讼文书，均是已经生效的法律文书。本书在编辑过程中对案例原文作了必要的裁剪，对于原文中引用的法律文本已经修改的情形，除了特别注明的之外未作修改，在此说明。

本书具有以下特点：

第一，全面集中梳理近十年人民法院、仲裁机构、商业交易中有关对赌的经典案例，提炼具有典型意义的裁判、操作规则。

第二，结合现有法律规定对案件进行评析，对裁判规则形成立体支撑，对于防止裁判规则被误读、曲解具有重要意义。

第三，对裁判规则进行体系化编排，通过划分篇章、提炼知识点的形式，将散见在不同案例中的裁判规则进行归类，方便查找和理解。

第四，密切关注案例的时效问题和借鉴意义，对与现行法律、司法解释规定相矛盾且不具有借鉴意义的案例予以筛除。

本书栏目设置较为统一，以诉讼篇为例，具体包括以下内容：

——**案件标题。**标题即为裁判规则，是编者对个案裁判理由的精华和核心予以提炼和概括后形成的裁判指引。由从案例的裁判理由部分筛选出的能够体现知识要点、法律问题点的主标题和由案件双方当事人的姓名或者名称构成加案由的副标题构成，使读者一目了然，可以迅速找到需求目标。

——**案件基本信息。**由裁判书字号、案由、裁判日期以及案件当事人详细信息构成，便于读者快速了解案件基本信息以及查找全案内容。

——**基本案情。**通过对案件事实进行梳理，使读者对案件发生背景、经过有一个全面的了解。

——**案件焦点。**为方便读者更好地围绕案件争议焦点理解和把握裁判规则，特别把法院审理案件时所归纳出的案件争议焦点列明。

——**法院裁判要旨。**主要是对裁判理由即"本院认为"部分的整理。该部分是法官对当事人的诉讼请求，根据认定的案件事实，依照法律规定，通过对案件争议焦点所涉及的法律问题进行评析后，形成对司法理念、法律推理、法律适用、裁判方式等的论述。该部分是用于提炼裁判规则的核心内容。

——**法院裁判结果。**通过对案件终审裁判结果单独列明，让读者迅速了解法院对案件民事实体权利义务的权威判定。

——**案件评析。**对裁判规则所涉观点的变更与沿革进行解说，或进行进一步的学理解读，或对法律依据的变化情况进行说明，或对案件之间的关联进行提示。

另外，本书还对经典非诉类对赌案例、仲裁案例以及与对赌相类似的 Earn - out 机制案例进行了收集和整理。这些案例虽然数量不多，但参照价值不言自明。仲裁案例相比法院裁判则更加注重意思自治，非诉类案例每天都在上演，域外 Earn - out 机制让我们可以窥探国外类似对赌的操作机制，更深刻地了解对赌的核心要义，具有重要的参考价值。

目 录 CONTENTS

第一篇
诉讼篇

第三篇 非诉篇

第四篇 域外篇

第一篇

诉讼篇

1. 对赌协议效力应以公司资本维持原则为认定标准

——苏州工业园区海富投资有限公司诉甘肃世恒有色资源再利用有限公司等增资纠纷案

案件基本信息

1. 裁判书字号

最高人民法院(2012)民提字第11号民事判决书[1]

2. 案由:公司增资纠纷

3. 裁判日期:2012年11月7日

4. 当事人

原告(二审上诉人、再审被申请人):苏州工业园区海富投资有限公司(以下简称海富公司)

被告(二审被上诉人、再审申请人):甘肃世恒有色资源再利用有限公司(以下简称世恒公司)

被告(二审被上诉人、再审申请人):香港迪亚有限公司(以下简称迪亚公司)

被告(二审被上诉人):陆某

基本案情

2007年11月1日前,甘肃众星锌业有限公司(以下简称众星公司,2009年6月之后更名为世恒公司)、海富公司、迪亚公司、陆某共同签订一份《甘肃众星锌业有限公司增资协议书》(以下简称《增资协议书》),约定:众星公司注册资本为384万美元,迪亚公司占投资的100%。各方同意海富公司以现金2000万元人民币对众星公司进行增资,占众星公司增资后注册资本的3.85%,迪亚公司占96.15%。依据协议内容,迪亚公司与海富公司签订合营企业合同及修

---

[1] 甘肃省兰州市中级人民法院(2010)兰法民三初字第71号民事判决书(一审),甘肃省高级人民法院(2011)甘民二终字第96号民事判决书(二审)。

订公司章程，并于合营企业合同及修订后的章程批准之日起10日内一次性将认缴的增资款汇入众星公司指定的账户。合营企业合同及修订后的章程，在报经政府主管部门批准后生效。海富公司在履行出资义务时，陆某承诺于2007年12月31日之前将四川省峨边县五渡牛岗铅锌矿过户至众星公司名下。募集的资金主要用于以下项目：1. 收购甘肃省境内的一个年产能大于1.5万吨的锌冶炼厂；2. 开发四川省峨边县牛岗矿山；3. 投入500万元用于循环冶炼技术研究。第七条特别约定第一项：本协议签订后，众星公司应尽快成立"公司改制上市工作小组"，着手筹备安排公司改制上市的前期准备工作，工作小组成员由股东代表和主要经营管理人员组成。协议各方应在条件具备时将公司改组成规范的股份有限公司，并争取在境内证券交易所发行上市。第二项业绩目标约定：众星公司2008年净利润不低于3000万元人民币。如果众星公司2008年实际净利润完不成3000万元，海富公司有权要求众星公司予以补偿，如果众星公司未能履行补偿义务，海富公司有权要求迪亚公司履行补偿义务。补偿金额＝(1－2008年实际净利润/3000万元)×本次投资金额。第四项股权回购约定：如果至2010年10月20日，由于众星公司的原因造成无法完成上市，则海富公司有权在任一时刻要求迪亚公司回购届时海富公司持有之众星公司的全部股权，迪亚公司应自收到海富公司书面通知之日起180日内按以下约定回购金额向海富公司一次性支付全部价款。若自2008年1月1日起，众星公司的净资产年化收益率超过10%，则迪亚公司回购金额为海富公司所持众星公司股份对应的所有者权益账面价值；若自2008年1月1日起，众星公司的净资产年化收益率低于10%，则迪亚公司回购金额为(海富公司的原始投资金额－补偿金额)×(10%×投资天数/360)。此外，还规定了信息披露约定、违约责任等，还约定该协议自各方授权代表签字并加盖了公章，与协议文首注明之签署日期生效。协议未作规定或约定不详之事宜，应参照经修改后的众星公司章程及股东间的投资合同(若有)办理。

2007年11月1日，海富公司、迪亚公司签订《中外合资经营甘肃众星锌业有限公司合同》(以下简称《合资经营合同》)，有关约定为：众星公司增资扩股将注册资本增加至399.38万美元，海富公司决定受让部分股权，将众星公司由外资企业变更为中外合资经营企业。在合资公司的设立部分约定，合资各方以其各自认缴的合资公司注册资本出资额或者提供的合资条件为限对合资公司承担责任。海富公司出资15.38万美元，占注册资本的3.85%；迪亚公司出资384万美元，占注册资本的96.15%。海富公司应于本合同生效后十日内一次性向合资公司缴付人民币2000万元，超过其认缴的合资公司注册资本的部分，计入合资公司资本公积金。在第六十八条、第六十九条关于合资公司利润分配部分约定：合资公司依法缴纳所得税和提取各项基金后的利润，按合资方各持股比例进行分配。合资公司上一个会计年度亏损未弥补前不得分配利润。上一个会计年度未分配的利润，可并入本会计年度利润分配。还规定了合资公司合资期限、解散和清算事宜。还特别约定：合资公司完成变更后，应尽快成立"公司改制上市工作小组"，着手筹备安排公司改制上市的前期准备工作，工作小组成员由股东代表和主要经营管理人员组成。合资公司应在条件具备时改组成立为股份有限公司，并争取在境内证券交易所发行上市。如果至2010年10月20日，由于合资公司自身的原因造成无法完成上市，则海富公司有权在任一时刻要求迪亚公司回购届时海富公司持有的合资公司的全部股权。合同于审批机关批准之日起生效。《中外合资经营甘肃众星锌业有限公司章程》（以下简称《公司章程》）第六十二条、第六十三条与《合资经营合同》第六十八条、第六十九条内容相同。之后，海富公司依约于2007年11月2日缴存众星公司银行账户人民币2000万元，其中新增注册资本114.7717万元，资本公积金1885.2283万元。（协议各方关系见图1-1）

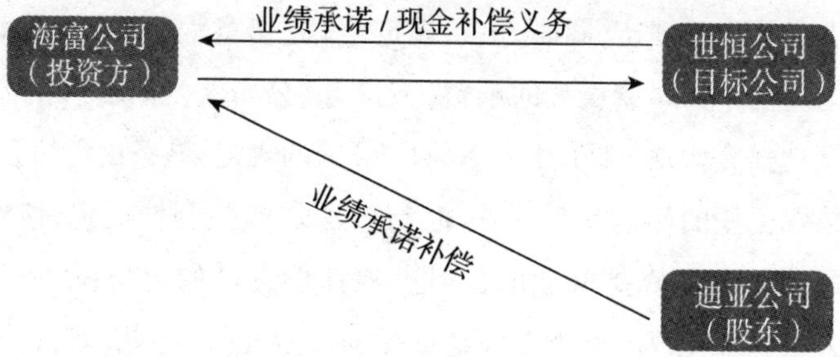

图1-1　协议各方关系

2008年2月29日，甘肃省商务厅甘商外资字[2008]79号《关于甘肃众星锌业有限公司增资及股权变更的批复》同意增资及股权变更，并批准"投资双方于2007年11月1日签订的增资协议、合资企业合营合同和章程从即日起生效"。随后，众星公司依据该批复办理了相应的工商变更登记。

2009 年 6 月，众星公司依据该批复办理了相应的工商变更登记。2009 年 6 月，众星公司经甘肃省商务厅批准，到工商部门办理了名称及经营范围变更登记手续，名称变更为甘肃世恒有色资源再利用有限公司。另据工商年检报告登记记载，众星公司 2008 年度生产经营利润总额 26,858.13 元，净利润 26,858.13 元。

2009 年 12 月 30 日，海富公司诉至兰州市中级人民法院，请求判令世恒公司、迪亚公司和陆某向其支付协议补偿款 1998.2095 万元并承担本案诉讼费及其他费用。

案件焦点

1.《增资协议书》第七条第(二)项内容是否具有法律效力；

2. 如果有效，世恒公司、迪亚公司、陆某应否承担补偿责任。

法院裁判要旨

兰州市中级人民法院经审理认为：

《增资协议书》系双方真实意思表示，但第七条第(二)项内容即世恒公司 2008 年实际净利润完不成 3000 万元，海富公司有权要求世恒公司补偿的约定，不符合《中外合资经营企业法》第八条关于企业利润根据合营各方注册资本的比例进行分配的规定，同时，该条规定与《公司章程》的有关条款不一致，也损害公司利益及公司债权人的利益，不符合《公司法》第二十条第一款的规定。因此，根据《合同法》第五十二条第(五)项的规定，该条由世恒公司对海富公司承担补偿责任的约定违反了法律、行政法规的强制性规定，该约定无效，故海富公司依据该条款要求世恒公司承担补偿责任的诉请，依法不能支持。由于海富公司要求世恒公司承担补偿责任的约定无效，因此，海富公司要求世恒公司承担补偿责任失去了前提依据。同时，《增资协议书》第七条第(二)项内容与《合资经营合同》中相关约定内容不一致，依据《中外合资经营企业法实施条例》第十条第二款的规定，应以《合资经营合同》内容为准，故海富公司要求迪亚公司承担补偿责任的依据不足，依法不予支持。陆某虽是世恒公司的法定代表人，但其在世恒公司的行为代表的是公司行为利益，并且《增资协议书》第七条第(二)项内容中，并没有关于由陆某个人承担补偿义务的约定，故海富公司要求陆某个人承担补偿责任的诉请无合同及法律依据,依法应予驳回。至于陆某未按照承诺在2007年12月31日之前将四川省峨边县五渡牛岗铅锌矿过户至世恒公司名下,涉及对世恒公司及其股东的违约问题,不能成为本案陆某承担补偿责任的理由。

兰州市中级人民法院依照《合同法》第五十二条第(五)项,《公司法》第六条第二款、第二十条第一款,《中外合资经营企业法》第二条第一款、第二款和第三条,《中外合资经营企业法实施条例》第十条第二款之规定,于2010年12月31日作出(2010)兰法民三初字第71号民事判决,驳回海富公司的全部诉讼请求。

海富公司不服一审判决,向甘肃省高级人民法院提起上诉。

甘肃省高级人民法院经审理认为:

本案中,海富公司与世恒公司、迪亚公司、陆某四方签订的协议书虽名为《增资协议书》,但综观该协议书全部内容,海富公司支付2000万元的目的并非仅享有世恒公司3.85%的股权(计15.38万美元,折合人民币114.771万元),期望世恒公司经股份制改造并成功上市后,获取增值的股权价值才是其缔结协议书并出资的核心目的。基于上述投资目的,海富公司等四方当事人在《增资协议书》第七条第(二)项就业绩目标进行了约定,即"世恒公司2008年净利润不低于3000万元,海富公司有权要求世恒公司予以补偿,如果世恒公司未能履行补偿义务,海富公司有权要求迪亚公司履行补偿义务。补偿金额=(1-2008年实际净利润/3000万元)×本次投资金额"。四方当事人就世恒公司2008年净利润不低于3000万元人民币的约定,仅是对目标企业盈利能力提出要求,并未涉及具体分配事宜;且约定利润如实现,世恒公司及其股东均能依据《公司法》《合资经营合同》《公司章程》等相关规定获得各自相应的收益,也有助于债权人利益的实现,故并不违反法律规定。而四方当事人就世恒公司2008年实际净利润完不成3000万元,海富公司有权要求世恒公司及迪亚公司以一定方式予以补偿的约定,则违反了投资领域风险共担的原则,使海富公司作为投资者无论世恒公司经营业绩如何,均能取得约定收益而不承担任何风险。参照最高人民法院《关于审理联营合同纠纷案件若干问题的解答》第四条第(二)项关于"企业法人、事业法人作为联营一方向联营体投资,但不参加共同经营,也不承担联营的风险责任,不论盈亏均按期收回本息,或者按期收取固定利润的，是明为联营，实为借贷，违反了有关金融法规，应当确认合同无效"之规定，《增资协议书》第七条第（二）项部分该约定内容，因违反《合同法》第五十二条第（五）项之规定应认定无效。海富公司除已计入世恒公司注册资本的114.771万元外，其余1885.2283万元资金性质应属名为投资，实为借贷。虽然世恒公司与迪亚公司的补偿承诺亦归于无效，但海富公司基于对其承诺的合理依赖而缔约，故世恒公司、迪亚公司对无效的法律后果应负主要过错责任。根据《合同法》第五十八条之规定，世恒公司与迪亚公司应共同返还海富公司1885.2283万元及占用期间的利息，因海富公司对于无效的法律后果亦有一定过错，如按同期银行贷款利率支付利息不能体现其应承担的过错责任，故世恒公司与迪亚公司应按同期银行定期存款利率计付利息。

因陆某个人并未就《增资协议书》第七条第（二）项所涉补偿问题向海富公司作出过承诺，且其是否于2007年12月31日之前将四川省峨边县五渡牛岗铅锌矿过户至世恒公司名下与本案不属同一法律关系，故海富公司要求陆某承担补偿责任的诉请无事实及法律依据，依法不予支持。

关于世恒公司、迪亚公司、陆某在答辩中称《增资协议书》已被之后由海富公司与迪亚公司签订的《合资经营合同》取代，《增资协议书》第七条第（二）项对各方已不具有法律约束力的主张。因《增资协议书》与《合资经营合同》缔约主体不同，各自约定的权利义务也不一致，且2008年2月29日，在甘肃省商务厅甘商外资字[2008]79号《关于甘肃众星锌业有限公司增资及股权变更的批复》中第二条明确载明"投资双方2001年11月1日签订的增资协议、合资企业合营合同和章程从即日起生效"。故其抗辩主张不予支持。二审法院认为一审判决认定部分事实不清，导致部分适用法律不当，应予纠正。

甘肃省高级人民法院依照《民事诉讼法》第一百五十三条第（二）项、第（三）项，第一百五十八条之规定，判决如下：

1. 撤销兰州市中级人民法院（2010）兰法民三初字第71号民事判决；

2. 世恒公司、迪亚公司于判决生效后30日内共同返还海富公司1885.2283万元及利息（自2007年11月3日起至付清之日止按照中国人民银行同期银行定期存款利率计算）。

世恒公司、迪亚公司不服甘肃省高级人民法院（2011）甘民二终字第96号民事判决，向最高人民法院申请再审。

最高人民法院以(2011)民申字第1522号民事裁定书决定提审本案,并依法组成合议庭于2012年4月10日公开开庭进行了审理。

最高人民法院经审理认为:

2009年12月,海富公司向一审法院提起诉讼时的诉讼请求是请求判令世恒公司、迪亚公司、陆某向其支付协议补偿款19,982,095元并承担本案诉讼费用及其他费用,没有请求返还投资款。因此二审判决判令世恒公司、迪亚公司共同返还投资款及利息超出了海富公司的诉讼请求,是错误的。

海富公司作为企业法人,向世恒公司投资后与迪亚公司合资经营,故世恒公司为合资企业。世恒公司、海富公司、迪亚公司、陆某在《增资协议书》中约定,如果世恒公司实际净利润低于3000万元,则海富公司有权从世恒公司处获得补偿,并约定了计算公式。这一约定使海富公司的投资可以取得相对固定的收益,该收益脱离了世恒公司的经营业绩,损害了公司利益和公司债权人利益,一审法院、二审法院根据《公司法》第二十条和《中外合资经营企业法》第八条的规定认定《增资协议书》中的这部分条款无效是正确的。但二审法院认定海富公司18,852,283元的投资名为联营实为借贷,并判决世恒公司和迪亚公司向海富公司返还该笔投资款,没有法律依据,本院予以纠正。

但是,在《增资协议书》中,迪亚公司对于海富公司的补偿承诺并不损害公司及公司债权人的利益,不违反法律法规的禁止性规定,是当事人的真实意思表示,是有效的。迪亚公司对海富公司承诺了众星公司2008年的净利润目标并约定了补偿金额的计算方法。在众星公司2008年的利润未达到约定目标的情况下,迪亚公司应当依约应海富公司的请求对其进行补偿。

法院裁判结果

最高人民法院依照《合同法》第六十条,《民事诉讼法》第一百五十三条第一款第(二)项、第一百八十六条的规定,判决如下:

1. 撤销甘肃省高级人民法院(2011)甘民二终字第96号民事判决;

2. 本判决生效后30日内,迪亚公司向海富公司支付协议补偿款19,982,095元,如未按本判决指定的期间履行给付义务,则按《民事诉讼法》第二百二十九条的规定,加倍支付延迟履行期间的债务利息;

3. 驳回海富公司的其他诉讼请求。

案件评析

本案作为国内首例判决认定对赌协议无效的案件，一度在 PE 界引发轩然大波，最高人民法院对该案再审的走向也一直受到各界热切关注。最高人民法院对海富投资案作出再审判决，纠正了一、二审法院完全否认对赌协议效力的认定，区别对待与公司对赌和与股东对赌的协议效力，肯定了股东与股东之间的对赌条款合法有效性。最高人民法院该再审判决无疑将对富有争议的对赌条款效力问题起到示范、参考作用，并对 PE 投资者保护投资权益具有重要启示作用。

1. 最高人民法院再审判决明确认定 PE 投资者与目标公司的对赌协议无效

最高人民法院再审判决明确认定了 PE 投资者与目标公司之间对赌条款效力的态度，即 PE 投资者与目标公司的对赌条款无效。并且，就认定无效的理由而言，最高人民法院纠正了二审判决参照《关于审理联营合同纠纷案件若干问题的解答》将海富公司的投资认定为名为投资实为借贷的法律适用错误，认为此类 PE 投资者与公司对赌条款的约定实质损害了公司及其债权人利益，违反了《中外合资经营企业法》第八条关于企业利润分配的规定，构成《公司法》第二十条规定的股东滥用股东权利，据此认为该约定违反法律、行政法规的强制性规定而无效。

上述立场体现了最高人民法院摒弃了二审法院依据对赌协议约定而将 PE 投资认定为"名为联营，实为借贷"的简单机械的合同裁判方式，而是在肯定 PE 投资这一投资形式的基础上，综合考量公司、债权人、公司其他股东等各方权益，就对赌协议的效力作出判定。

根据中国公司法理论相关规定，在公司有效存续的情况下，基于公司资本维持和法人独立财产的原则，股东基于其投资可以从公司获得财产的途径只能是依法从公司分配利润或通过减资程序推出公司，除此之外，股东应无权直接从公司取得公司财产，否则是对公司及公司债权人权益的损害，有可能被认为构成股东滥用股东权利。

本案中，《增资协议书》第七条第（二）项约定的当世恒公司 2008 年净利润不能实现 3000 万元的情况下，海富公司有权要求世恒公司直接给予其补偿，实质将赋予公司在不需要经过法定利润分配程序的情况下，直接从公司获得财产,使股东可以不承担经营风险,即当然可获得约定收益。其约定的实质不但损害了公司、公司其他股东、公司债权人的权益,也直接违反了《中外合资经营企业法》第八条关于合营企业利润分配的规定,最高人民法院正是基于此认定该协议无效。

2. 最高人民法院再审判决认可 PE 投资者与股东之间对赌协议约定的合法性

最高人民法院再审判决纠正了一、二审法院完全否定对赌协议效力的态度,肯定了当事人就股东迪亚公司对投资者海富公司的补偿承诺不损害公司及公司债权人利益,不违反法律法规的禁止性规定,是当事人的真实意思表示,是有效的。

我们认为,最高人民法院的认定在一定意义上肯定了对赌条款或利益估值条款其本身的合理性,也兼顾了当事人的意思自治,对于 PE 投资者与公司其他股东之间的对赌协议效力予以认可和肯定。

PE 投资过程中,对赌协议("估值调整机制")通常是在 PE 投资者以溢价方式增资的情况下作出的约定。在以溢价方式增资的情况下,原股东因新股东的溢价增资而按其持股比例分享了溢价部分的股东权益,如果不能实现预期的盈利目标,就意味着目标公司增资时的实际股权价值低于约定价值。PE 投资者与原股东达成的估值调整机制,其目的一是降低投资方错误判断公司股权价值的投资风险,二是投资方以此对融资方进行激励和约束。因此,应当认为,在目标公司不能实现盈利目标的情况下,约定原股东将错误估值而分享的权益以自有财产通常即现金方式补偿给 PE 投资者,并不会损害公司及其他股东、债权人利益,也不违反法律、行政法规强制性规定。相反,该约定恰恰将 PE 投资者此前因溢价增资所承担的高风险,通过与股东对赌将可能获得现金补偿的方式而实现了商事交易的公平、合理。

2. 投资人与实际控制人定增保底协议合法有效

——浙江省宁波正业控股集团有限公司诉上海嘉悦投资发展有限公司等与公司有关的纠纷案

案件基本信息

1. 裁判书字号

上海市第一中级人民法院(2013)沪一中民四(商)终字第574号民事判决书[1]

2. 案由:与公司有关的纠纷

3. 裁判日期:2013年6月3日

4. 当事人

原告(被上诉人):浙江省宁波正业控股集团有限公司(以下简称正业公司)

被告(上诉人):上海嘉悦投资发展有限公司(以下简称嘉悦公司)

被告(上诉人):陈某

基本案情

2011年1月11日,中国证券监督管理委员会(以下简称证监会)作出《关于核准深圳市拓日新能源科技股份有限公司(以下简称拓日新能)非公开发行股票的批复》,载明:"你公司报送的《拓日新能关于非公开发行人民币普通股(A股)的请示》(深拓日字[2010]008号)及相关文件收悉。根据《公司法》、《证券法》和《上市公司证券发行管理办法》(证监会令第30号)等有关规定,经审核,现批复如下:一、核准你公司非公开发行不超过3850万股新股……"

2011年1月13日,拓日新能的董事会作出《关于非公开发行A股股票申请获得证监会核准的公告》,称将根据证监会批复要求和公司股东大会的授权尽快办理本次非公开发行股票相关事宜。

[1] 上海市闵行区人民法院(2012)闵民二(商)初字第1832号民事判决书(一审)。

2011年2月21日，拓日新能发出《拓日新能非公开发行股票认购邀请书》载明："一、认购对象与条件:1.认购对象。本次非公开发行的发行对象为证券投资基金管理公司、证券公司、信托投资公司、财务公司、保险机构投资者、合格境外机构投资者及其他符合法律法规规定的投资者等不超过十名的特定对象……3.认购价格。本次发行价格根据本邀请书'三、发行价格、发行对象及分配股数的确定程序和规则'所规定的程序和规则确定。4.股份锁定安排。本次非公开发行的股份自发行结束之日起12个月内不得转让……"

2011年2月25日，正业公司向拓日新能发出《申购申请函》《申购报价单》，同意按每股21元的价格认购395万股拓日新能非公开发行的股票。同时向深圳证券交易所(以下简称深交所)作出《股份锁定承诺》，承诺自本次发行股票上市之日起12个月内，不转让本次发行所认购的拓日新能股票395万股，并请深交所对该部分股票予以锁定。

2011年2月25日，由正业公司作为认购人，拓日新能作为发行人签订《拓日新能非公开发行股票认购协议》载明："……第二条关于本次非公开发行的审批:2.1 2010年3月19日，发行人2010年第二次临时股东大会审议通过了本次非公开发行相关的议案，同意发行人在取得证监会批准的条件下，非公开发行人民币普通股(A股)股票并上市……第七条本次认购股份的锁定期:7.1 根据相关法律、行政法规的规定以及认购人在认购本次非公开发行的股票的《申购报价单》中的承诺，认购人本次认购的发行人395万股股票的上市锁定期为12个月。7.2 认购人在锁定期内不得将本次认购的发行人股票出售。"

2011年2月25日，由正业公司作为甲方，嘉悦公司作为乙方，陈某作为丙方签订《协议书》一份，载明："鉴于:1.拓日新能系一家依法在深交所挂牌交易的A股上市公司，股票代码002218。拓日新能于2010年1月14日经证监会发行审核委员会审核通过，拟向特定对象非公开发行股票(发行对象不超过10名，发行股数不超过3850万股)。2.乙方系拓日新能的股东，持有拓日新能60,955,200股股份;丙方系拓日新能实际控制人，担任拓日新能董事长。3.甲方或其控制的关联公司于2011年2月25日认购拓日新能本次非公开发行的395万股股票。甲、乙、丙三方经友好协商，就甲方或其控制的关联公司认购本次非公开发行股份事宜，达成以下补充协议，作为甲方或其控制的关联公司认购拓日新能股份相关文件的补充文件。第1条释义:1.1　认购股份,指甲方或其控制的关联公司认购本次非公开发行股票的总股数;1.2　认购成本,指甲方或其控制的关联公司认购股份所支付的全部资金总额;1.3　收入,指甲方或其控制的关联公司于出售期内在二级市场出售全部认购股份的收入(出售股价×认购股份-交易佣金-印花税);1.4　净收益,指甲方或其控制的关联公司于出售期内在二级市场出售全部认购股份的收入,扣除认购成本的收益;1.5　保底收益,指认购成本×8%;1.6　出售期,指认购股份锁定期结束后20个交易日。第2条:甲方或其控制的关联公司认购本次拓日新能非公开发行股票的数量为395万股,认购价格为每股21元,认购成本为8295万元,认购资金已划入保荐人为本次非公开发行专门开立的账户。甲方购买拓日新能非公开发行股票的锁定期为12个月。第3条:甲方或其控制的关联公司持有的认购股份在出售期内应全部在二级市场出售。若各方书面协商一致,可以延长出售期。第4条:甲方需按协议约定的价格和股数认购本次拓日新能非公开发行的股票。若净收益低于保底收益,乙方承诺补足甲方净收益和保底收益之间的差价,丙方对此补足事宜承担连带责任。第5条:若出现第4条所示情况,乙方承诺在甲方或其控制的关联公司出售全部认购股份后3个工作日内,以现金方式向甲方补足净收益和保底收益之间的差价,甲方开具发票给乙方,甲方因分享收益而产生的税收,由甲方自行承担。逾期支付的,违约方须额外承担应汇金额每天万分之五的违约金。第6条:甲方或其控制的关联公司应事先告知乙方在出售期内关于出售认购股份的交易安排,有关交易清单应在每笔交易结束后2个工作日内提供给乙方。在认购股份出售完毕后3个工作日内,甲方或其控制的关联公司和乙方确认投资收益情况,并确定是否有按本协议第4条规定的需要补足的具体金额……第8条:除甲方自身原因外,其余原因导致本协议无效的,乙方应赔偿甲方损失,甲方损失为净收益低于保底收益的差额部分,丙方对乙方的赔偿责任承担连带担保责任。”嗣后,正业公司于2011年3月4日再次向深交所作出股份锁定承诺,承诺自本次发行股票上市之日起12个月内,不转让本次发行所认购的拓日新能股票395万股,并请深交所对该部分股票予以锁定。

拓日新能董事会于2012年3月13日作出《拓日新能非公开发行股票限售股份上市流通提示性公告》载明:拓日新能于2011年4月19日召开2010年度

股东大会,审议通过了2010年度利润分配及资本公积金转增股本方案:以公司当时总股本326,500,000股为基数,向全体股东进行利润分配,每10股转增5股送现金0.50元(含税)。其中涉及正业公司的限售股份从395万股变化为5,925,000股,并对限售股份作出上市流通安排即本次限售股份可上市流通时间为2012年3月19日,可上市流通股份的总数为57,750,000股,占公司目前总股本的11.79%,正业公司即属于本次解除限售的股东,解除限售数量为5,925,000股。而基于上述利润分配,正业公司获得了股利现金为158,000元,故正业公司实际净收益为53,983,840.25元。

2012年4月6日,正业公司向嘉悦公司、陈某发出《交易安排告知书》,载明:根据《协议书》第6条约定,正业公司特将出售认购股份的交易安排告知嘉悦公司、陈某,正业公司将于2012年4月9日起出售持有的拓日新能于2011年非公开发行的股票。拓日新能负责本次非公开发行股票的联系人刘某于2012年4月9日在该告知书中签字注明"双方协商以补充协议执行"。2012年4月11日,正业公司向嘉悦公司和陈某发出《通知书》称:"一、鉴于《协议书》约定,我司在出售期内出售股票需在二级市场出售前告知交易安排。为此我司现通知贵司,正业公司将在出售期届满之日前,按前一交易日的收盘价以大宗交易方式出售全部所持股票,交易清单将在交易结束后两个工作日内提供给贵司。二、鉴于《协议书》约定贵司在我司出售股票获得的净收益低于保底收益的。由贵司承担补足义务并由陈某先生承担担保义务,所以请贵司做好履行合同的准备。三、鉴于《协议书》约定双方书面协商一致的,可延长出售期。为此我司根据贵司意见就延长出售期一事提出相关方案(见附件),贵司若同意请在2012年4月13日前告知我司并签订合同,否则我司将按此前《协议书》履行。"嗣后,正业公司与嘉悦公司及拓日新能并未达成延长出售期的补充协议,正业公司于2012年4月17日将其认购的非公开发行股票通过大宗交易的方式在二级市场进行出售,成交价格为9.10元/股,成交金额为53,917,500元,交易佣金为37,742.25元,印花税53,917.50元,清算金额即净收益为53,825,840.25元。2012年4月19日,正业公司将上述交易情况以结算通知书的方式邮寄给嘉悦公司及陈某,并要求嘉悦公司及陈某在2012年4月21日之前支付正业公司差价款35,760,159.75元。后正业公司向法院提起诉讼。(案件简要见图1-2)

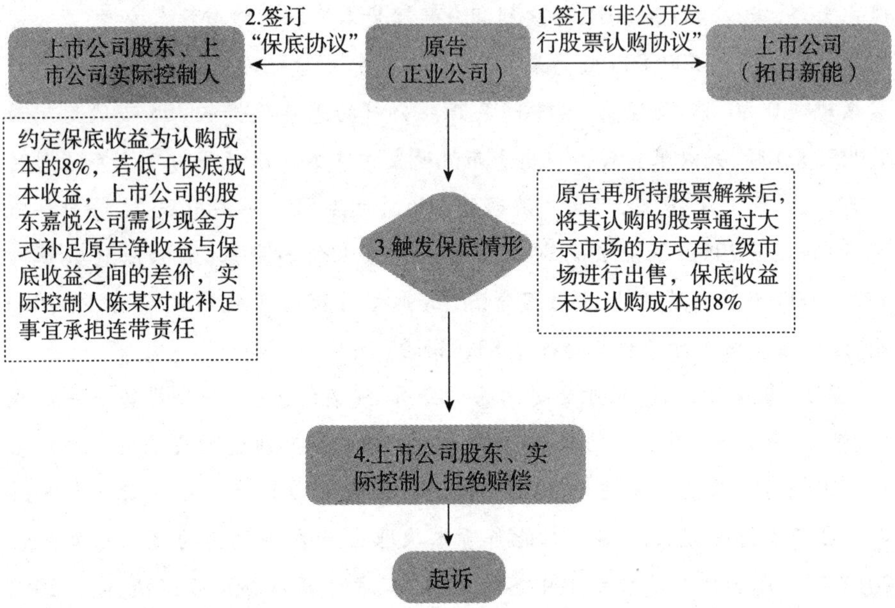

图1－2　案件简要

案件焦点

正业公司与嘉悦公司、陈某所签订协议书中涉及补偿承诺的效力问题。

法院裁判要旨

上海市闵行区人民法院经审理认为：

根据《合同法》第五十二条第（五）项的规定，违反法律、行政法规的强制性规定的合同无效，最高人民法院《关于适用〈中华人民共和国合同法〉若干问题的解释（二）》第十四条将《合同法》第五十二条第（五）项规定的强制性规定限缩解释为效力性强制性规定。效力性规定，是指法律及行政法规明确规定违反该类规定将导致合同无效，或者虽未明确规定违反将导致合同无效，但违反该规定如使合同继续有效将损害国家利益和社会公共利益的，也应当认定该规定是效力性强制性规定，故只有违反了效力性强制性规定的，才应当认定合同无效。对此，嘉悦公司、陈某援引了《公司法》第三条、第一百二十七条、第一百六十七条第三款，《证券法》第二十七条，《合同法》第五条、第五十二条第（三）项等规定作为认定系争协议书无效的法律依据。结合本案具体的投资方式，拓日新能通过非公开发行新股的方式进行资金募集，且是向特定对象发出认购邀请书，相对于公开募集而言，该种资金的融资方式即私募，正业公司正是专门投资这类基金、股票，且有丰富经验的专业投资者；加之正业公司投资的是上市公司非公开发行的股票，故本案的具体投资方式应为私募股权投资。结合本案系争私募股权投资的方式及其主要特征、协议书中涉及对投资净收益与保底收益之间差价补偿条款的效力，一审法院进行了以下详细阐述。

一、关于本案系争的私募股权投资的方式

广义的私募股权投资涵盖了企业首次公开发行前各阶段的权益投资，也涵盖对企业上市后的各阶段的各种私募权益投资。涉及本案的私募股权投资的方式为“上市后私募投资”，即私人股权投资已上市公司股份，明确为私人投资或共同基金以低于当时市场价值的价格买入一家公司的普通股。相对于上市公司发行新股等传统的融资手段，上市后私募投资的融资成本和融资效率要相对高一些，在上市后私募投资发行中监管机构的审查更少一些，而且也不需要昂贵的促成股票成功发行的推介活动，这使获得资本的成本和时间都大大降低，这种投资比较适合一些快速成长为中型企业的上市公司，且这种投资方式使投资者能够以一个相对于公开市场价格的折扣价格购买股票，同时也为投资者提供以固定价格而不是通过公开市场的更高价格获得相对大的股东地位的机会。但是该类投资主要在上市后进行投资，是否投资主要看公司的现金流和经营团队稳定等情况，收益不可能很高，但安全性高，尤其是在市场不好的情况下，经过股市调整，入股价格更有吸引力。该类投资市盈率一般与二级市场差别不大，而一些机构进行该类投资的目的，并不是单纯的寻求财务投资机会，还包括对战略投资者的定向增发。本案中涉及的上市公司拓日新能通过向证监会提出非公开发行股票的申请，证监会在审核了拓日新能提出的申请之后予以批复，嗣后拓日新能依据该批复在履行相应的上市公司议事规则之后发出认购邀请书，正业公司也正是基于认购邀请书的要求发出申购申请函、报价单及股份锁定承诺书，最终由正业公司与拓日新能签订非公开发行股票认购协议，而该份认股协议充分体现了正业公司与拓日新能的真实意思表示，该份协议并未违反法律、行政法规中的效力性强制性规范，协议签订后正业公司依约支付了相应的认股款，并且在锁定期内未将认购的股票予以出售。在协议约定的锁定期届满之后，正业公司与拓日新能未能就锁定期达成延期的协议，在拓日新能作出限售股解禁公告之后，正业公司将所认购股份予以出售。在股份出售之前正业公司亦将股票即将出售的事实通知了嘉悦公司，故正业公司在出售股票这一过程中并不存在违反认购协议的违约行为，正业公司出售股票是作为私募股权投资者正常的市场行为。至于正业公司出售股票的价格，由于正业公司所持股份数量较大，依据证监会的相关规定采用了大宗交易的方式，将股价略低于当日市场价予以出售符合相关规定。更何况结合拓日新能股价走势及目前股票市场价，正业公司出售股票之时将其投资的损失做到了尽可能的减损。虽然认购协议中对于正业公司股权投资产生的损失未作约定，但结合该种股权投资的特征来看，理应由相应的责任主体对正业公司的股权投资损失予以一定的补偿。

二、由上述私募股权投资方式引申出投资损失的补偿问题

结合本案协议书第五条“若净收益低于保底收益，嘉悦公司承诺补足正业公司净收益和保底收益之间的差价，陈某对此补足事宜承担连带责任”、第八条“除甲方自身原因外，其余原因导致本协议无效的，嘉悦公司应赔偿正业公司损失，正业公司损失为净收益低于保底收益的差额部分，陈某对嘉悦公司的赔偿责任承担连带担保责任”。首先，从该份协议书签订的合同主体来看。正业公司系拓日新能非公开发行股票的认购者，而嘉悦公司、陈某系拓日新能的股东及实际控制人，但应区分该份协议书并非是正业公司与拓日新能所签订，即并非是认购人与发行人之间所签订的协议，虽然该份协议书与正业公司、拓日新能签订的认股协议存在极大的关联，而从协议书约定的内容来看，该份协议书的主要内容是对于正业公司私募股权投资可能产生的损失进行了事先约定，即由拓日新能的股东对正业公司的投资损失予以补偿，但并非由拓日新能对正业公司的投资损失进行补偿，承担赔偿责任的主体是拓日新能的股东及实际控制人，并非拓日新能公司本身，这一点需要着重明确。即若正业公司通过私募股权投资成为上市公司拓日新能的限售股股东，该协议书中的补偿约定，也仅是股东与股东及实际控制人之间补偿约定。既然赔偿主体是拓日新能的股东及实际控制人，股东及实际控制人作为独立的公司法人及自然人对其自身所作的承诺而引发的赔偿责任应当独立承担相应的民事责任，上述民事主体即使承担相应的民事责任也并不会损害到拓日新能的公司利益或拓日新能公司债权人的利益，并不违反法律、行政法规中的效力性强制性规定，故正业公司与嘉悦公司、陈某所签订的协议书体现了各方当事人的真实意思表示，当属有效，对各方当事人均具有合同约束力。其次，嘉悦公司、陈某承诺若正业公司净收益低于保底收益，则由嘉悦公司承担补足责任，并由陈某承担连带责任。即嘉悦公司系主债务人，且主债务人并没有脱离债的关系，陈某加入正业公司与嘉悦公司的债权债务关系中，属于债务加入，由陈某与嘉悦公司共同向正业公司承担差价部分的赔偿责任，陈某与嘉悦公司为连带债务人。现正业公司的净收益确实低于协议书约定的保底收益，而嘉悦公司、陈某对正业公司请求的补偿金额及计算方法并未提出异议，应予确认。现嘉悦公司、陈某并未能按照协议书的约定履行补偿投资损失的合同义务，该行为显然构成违约，且该违约行为给正业公司造成了相应的损失，协议书亦对该违约行为约定了明确的违约责任，正业公司据此主张要求嘉悦公司、陈某承担赔偿责任并支付违约金的诉请于法有据，应予支持。

上海市闵行区人民法院依照《合同法》第五十二条第（五）项、第六十条第一款、第一百零七条、第一百零九条、第一百一十四条第一款之规定，作出如下判决：

1. 嘉悦公司、陈某于判决生效之日起 10 日内支付正业公司补偿款 35,602,159.75 元；

2. 嘉悦公司、陈某于判决生效之日起 10 日内支付正业公司以 35,602,159.75 元为本金，自 2012 年 4 月 22 日起至判决生效之日止，按照每日万分之五的标准计算逾期付款违约金。

一审法院判决后，嘉悦公司和陈某不服，共同上诉至上海市第一中级人民法院。

上海市第一中级人民法院经审理认为：

在本案中，嘉悦公司和陈某均认为系争协议书和认购协议紧密相连，协议书中涉及补偿的条款因违背证券法、公司法等法律有关精神以及损害社会公共利益，应当确定为无效。而正业公司则认为系争协议书和认购协议是分别独立并合法有效的合同，上市公司股东之间对股权风险进行约定不违反法律法规的规定，嘉悦公司和陈某理应承担相应的责任。对此，上海市第一中级人民法院分析如下：

正业公司和嘉悦公司、陈某于 2011 年 2 月 25 日签订的协议书的第四条载明：正业公司需按协议约定的价格和股数认购本次拓日新能非公开发行的股票。若净收益低于保底收益，嘉悦公司承诺补足正业公司净收益和保底收益之间的差价，陈某对此补足事宜承担连带责任。该条款对于嘉悦公司和陈某的补偿义务作出了原则性的规定，明确了正业公司若存在损失如何承担的问题。而之后的协议书第五条载明：若出现第四条所示情况，嘉悦公司承诺在正业公司或其控制的关联公司出售全部认购股份后三个工作日内，以现金方式向正业公司补足净收益和保底收益之间的差价……逾期支付的，违约方须额外承担应汇金额每天万分之五的违约金。该条款进一步对具体的补偿方式、时间、违约金的承担进行约定。基于以上约定，协议三方继续在第八条中明确：除正业公司自身原因外，其余原因导致本协议无效的，嘉悦公司应赔偿正业公司损失，正业公司损失为净收益低于保底收益的差额部分，陈某对嘉悦公司的赔偿责任承担连带担保责任。由此可见，协议书的立约三方对于正业公司就涉案股票的认购若产生损失时该如何进行补偿的意思表示是明确的。根据已经查明的事实，嘉悦公司和陈某作为当时寻求定向增发股票的上市公司拓日新能之股东以及实际控制人，本院有理由相信，出于自身利益考虑促成上市公司拓日新能完成本次增发事项，嘉悦公司和陈某具有向正业公司承诺补偿的真实意思表示，即嘉悦公司和陈某与正业公司签订上述补偿条款具有一定的合理性。本院亦注意到，系争协议书作为一份合同是独立存在的，并不依附于正业公司与拓日新能签订的认购协议，且在本院审理中亦未发现该协议书相关条款存在无效的情形，故在此本院认同原审法院的认定，认为系争协议书中有关嘉悦公司和陈某对正业公司所作之补偿损失承诺为有效。此外，本院需要指出的是，综合系争协议书第四条、第五条、第八条的约定，除正业公司自身原因外，无论协议书是否有效，嘉悦公司和陈某均应补足正业公司净收益和保底收益之间的差价。

法院裁判结果

上海市第一中级人民法院依照《民事诉讼法》第一百七十条第一款第（一）项、第一百七十五条之规定，判决如下：

驳回上诉，维持原判。

案件评析

上市公司为了提高定增成功率,大股东承诺保底的协议屡见不鲜。定增保底通常为有效,然亦存在无效可能。在诉讼纠纷中,保底一方拒绝履行保底义务的通常理由是:保底协议和认购协议联系紧密,协议书中涉及补偿的条款违背证券法、公司法等法律有关精神以及损害社会公共利益,应当确认无效。这样的想法在业内不在少数,进而出现双方当事人偷偷摸摸签订"抽屉协议"又不确定其效力的现象。保底条款及协议有效,往往需要满足以下几点要求:

第一,定增发行股票的程序合法。非公开发行股票行为应已得到监管部门的批复同意和证监会核准,该非公开发行股票行为程序合法。

第二,定增保底协议系双方真实的意思表示。双方须对协议签字盖章,并且双方意思表示须真实明确。

第三,定增保底协议通常为股东之间内部的补偿承诺。协议并非针对不特定多数人所作,上市公司并非协议签订主体、亦非赔偿主体,被投资公司及其利益相关方的利益,更不会损害公共利益,不属于《证券法》第十条规定的公开劝诱形式。

第四,双方签署之协议不得违反效力性强制性规定。在满足合同法一般性规定的前提下(不存在依据《合同法》第五十二条无效的情形),亦不得与特别法,如《公司法》《证券法》等相关规定冲突。没有明显增加证券市场风险、破坏证券市场稳定性,不违反法律、行政法规的禁止性规定。

无论是上市公司股东还是潜在投资者,均须斟酌利弊,对保底条款慎重考虑。总结有以下几点风险及建议:

第一,严格审核保底条款触发条件。双方当事人应严格审核触发条件,避免投资者恶意操作风险,若以较低价格减持会损害大股东利益,不利于大股东自愿履行保底义务,易产生纠纷。

第二,注重前后端保底收益全套环节。定增保底的主要目的,是为吸引投资者,减少其前端的投资损失。然而,对于投资者而言,更应对上市公司本身的基本情况全面把握,对公司偿付能力理性预估。实践中,不少投资者哪怕看到上市公司股市下滑,仍强势盲目购买,进而导致保底条件的触发风险,产生纠纷。

第三，保底协议签订须合法合规，应避免合同无效风险。首先，协议中补偿承诺须双方真实意思表示；其次，保底承诺不得违反效力性强制性规定，不得违反法律规定中的效力性规范、诚实信用原则和公序良俗原则，不损害社会公共利益，不违背公司章程等。

3. 中外合资经营企业签订对赌协议不因未履行审批程序当然无效

——国华实业有限公司(KEY WORLD INDUSTRIAL LIMITED)诉西安向阳航天工业总公司股权转让纠纷案

案件基本信息

1. 裁判书字号

江苏省高级人民法院 (2013)苏商外终字第0034号民事判决书[1]

2. 案由:股权转让纠纷

3. 裁判日期:2013年10月21日

4. 当事人

原告(上诉人):国华实业有限公司(KEY WORLD INDUSTRIAL LIMITED,以下简称国华公司)

被告(被上诉人):西安向阳航天工业总公司(以下简称向阳公司)

基本案情

常州山由帝杉防护材料制造有限公司(以下简称山由帝杉公司)成立于2005年9月30日。2008年3月21日,该公司注册资本变更为2402万美元,公司类型为有限责任公司(中外合资)。

2008年10月23日,林某作为转让方、国华公司作为受让方,与山由帝杉公司的其他合营四方[韩国CNC科技有限公司、江苏星源航天材料股份有限公司(以下简称星源航天公司)、向阳公司、杭州金富春丝绸化纤有限公司(以下简称金富春公司)]在山由帝杉公司共同签署《中外合资经营常州山由帝杉防护材料制造有限公司股权转让协议》(以下简称涉案股权转让协议)一份。涉案股权转让协议的前序部分第一条载明:山由帝杉公司注册资本2402万美元,林某出资336.28万美元,占14%;金富春公司出资491.21万美元,占20.45%;

[1] 江苏省常州市中级人民法院(2012)常商外初字第13号民事判决书(一审)。

向阳公司出资1238.23万美元，占51.55%；韩国CNC科技有限公司出资264.22万美元，占11%；星源航天公司出资72.06万美元，占3%。第三条载明：山由帝杉公司其他合营股东自愿放弃公司股权转让中所享有的优先受让权，同意林某、国华公司根据本协议的条款进行股权转让。涉案股权转让协议正文部分第一项“股权转让的份额及价格”第一条载明“林某自愿将其在山由帝杉公司中注册资本的出资163.82万美元，该等出资占公司注册资本6.82%的股权转让给国华公司，国华公司在此向林某购买并受让林某6.82%的股权”，第二条载明“林某、国华公司同意本股权转让的对价为原出资价格(即每1美元注册资本转让价格为9.1590元人民币)”。涉案股权转让协议正文部分第三项“承诺和保证”第二条载明“完成股权转让后，林某承诺：全身心投入合营公司销售工作和研发资源配置，在合营各方共同努力下确保2009年3月31日以前新产品(IT膜、FCCL)开发成功并开始批量生产。在确保盈利的前提下，确保2009年销售额不低于4亿元人民币；2010年销售额不低于8亿元人民币”。第三条载明“在合营公司不能达到预期的销售总额时，国华公司有权要求撤回对合营公司的投资。合营公司各方股东一致同意林某、西安向阳航天工业总公司分别按出资比例对国华公司的股权进行回购”。涉案股权转让协议正文部分第六项“违约责任”第一条载明“如果本协议任何一方未按本协议的规定，适当地、全面地履行其义务，应该承担违约责任。未违约一方由此产生的任何责任和损害，应由违约一方赔偿未违约一方人民币1000万元”。

2009年1月12日，江苏省对外贸易经济合作厅作出《关于同意常州山由帝杉防护材料制造有限公司股权转让的批复》，同意向阳公司林某将其在公司的出资额163.82万美元，占注册资本的6.82%的股权转让给国华公司。2009年1月22日，江苏省常州工商行政管理局发出外商投资公司准予变更登记通知书，表明国华公司作为山由帝杉公司股东这一变更事项已经该局登记。

2009年4月17日，林某出具收据一份，载明：本人于2009年4月17日前后分两次收到国华公司股权转让款218.827,714万美元，按当时汇率合计折合人民币1500.39万元。截至2009年4月17日，国华公司应支付本人的股权转让款已全部付清，本人与国华公司的股权转让事宜已全部办妥。

2010年1月21日，中天运会计师事务所有限公司作出2009年度山由帝杉公司审计报告一份，该审计报告第3页利润表显示山由帝杉公司2009

年度营业收入为人民币156,505,604.57元,2008年度公司营业收入人民币140,007,159.47元、净利润人民币20,072,741.92元。2011年1月15日,中天运会计师事务所有限公司出具2010年度山由帝杉公司审计报告一份,该审计报告利润表显示山由帝杉公司2010年度主营业务收入为人民币126,895,689.29元。2013年3月14日,中天运会计师事务所有限公司出具2012年度山由帝杉公司审计报告1份,该报告显示,截至2012年12月31日,山由帝杉公司所有者权益合计为人民币219,084,469.55元,利润为人民币6,010,925.29元。另根据山由帝杉公司财务资料反映,该公司2011年1月所有者权益合计为人民币203,061,595.26元。

2010年3月16日国华公司向向阳公司发出《关于要求回购常州山由帝杉防护材料制造有限公司股份的函》一份,主要内容为:……为了切实维护我公司的合法权益,我公司根据《中外合资经营常州山由帝杉防护材料制造有限公司股权转让协议》,现正式发函于贵公司,要求贵公司回购本公司在合营公司4.088%的股份,回购价款合计为人民币899.3617万元,并请贵公司在2010年4月16日前一次性付清前述回购款。

2011年7月,向阳公司、国华公司、金富春公司等协商,由向阳公司收购金富春公司持有的山由帝杉公司6.82%股权,代替向阳公司回购国华公司持有的山由帝杉公司6.82%股权,股权转让款由向阳公司直接支付给金富春公司,由金富春公司与国华公司再行结算。

2011年11月,向阳公司向金富春公司发出《关于常州山由帝杉防护材料制造有限公司相关事宜的回函》,主要内容为:(1)按照2011年7月下旬与贵公司达成的共识,我公司开展了收购贵公司持有的山由帝杉公司6.82%股份的相关工作。本次收购名义上收购贵公司股权,实际上是收购国华公司6.82%股权,收购完成后,国华公司名义上仍然持有股权,请贵公司与国华公司做好协调工作。目前,股权收购事项已完成了内部决策程序,收购股权事宜已正式上报待审批。(2)从操作层面上讲,此次收购股权涉及股东对外收购中外合资企业的股权,按照相关规定,尚需签署新的股权转让协议,履行公司董事会决策,开展资产评估,报地方商务部门审批备案等程序,希望贵公司配合完成有关事宜。

2011年12月15日,向阳公司向国华公司发出《关于常州山由帝杉防护材料制造有限公司相关事宜的回函》，主要内容为：……(3)目前，公司股权问题处理已经进行到了实质性推进阶段，按照国家国有产权管理的有关法律规定，我公司现正在履行有关报批程序，同时中国航天科技集团公司要求我们各方股东团结起来一致对外，解决处理好韩方股东的债务和股权问题，希望贵公司能理解并予以支持。

2011年11月11日，向阳公司向中国航天科技集团公司提交《关于常州山由帝杉防护材料制造有限公司股权处置的请示》，主要内容为：经与金富春公司协商，由向阳公司收购金富春公司股权比例6.82%，收购价格预计人民币1500万元，收购股权后，向阳公司股权比例由51.55%增至58.37%，金富春公司仍保留13.63%。以上事项，请批示。2011年11月28日，中国航天科技集团公司作出《关于常州山由帝杉防护材料制造有限公司股权处置的反馈意见》，认为向阳公司上报的文件不符合集团公司有关管理办法的规定，要求向阳公司按照集团公司经营性投资资产管理办法的要求报文。

2012年3月28日，国华公司向一审法院提起本案诉讼，要求向阳公司回购其在山由帝杉公司6.82%的股份并承担违约责任。2012年10月31日，金富春公司向向阳公司致函一份，函件主要内容为：因林某违反《股权转让协议》的约定，国华公司于2010年3月16日向你公司发出了《关于要求回购常州山由帝杉防护材料制造有限公司股份》的函……你公司于2011年7月24日提出收购我公司持有的山由帝杉公司6.82%的股权，来代替回购国华公司的股权，转让款直接支付给我公司，由我公司和国华公司结算，国华公司亦同意该方案。我公司为了山由帝杉公司的稳定发展和股东的共同利益，同意接受委托，出让自己持有的山由帝杉公司6.82%股权给你公司，但是股权转让工作一直没有实质性的进展。鉴于你公司超出了履行回购股权义务的最后期限，现国华公司的起诉行为，说明国华公司已经否决了我公司代为转让股权的行为，并且收回了我公司代为转让股权的权利，你公司应当按照2008年10月23日签订的《股权转让协议》之约定，直接回购国华公司的股权并向其承担违约责任。

2012年11月30日，向阳公司向中国航天科技集团公司提交《关于收购香港国华实业有限公司持有常州山由帝杉防护材料有限公司股权的请示》，主要内容为向阳公司拟按照涉案股权转让协议约定，按国华公司入股时的出资价格回购其持有的山由帝杉公司6.82%的股份。2012年12月3日，中国航天科技集团公司对此作出书面答复,内容为:根据《企业国有资产法》《企业国有资产评估管理暂行办法》(国务院国资委令第12号)关于国有企业收购非国有单位的规定,向阳公司属于国有全资企业,国华公司属于港资非国有企业,向阳公司收购国华公司持有山由帝杉公司的股权,必须履行资产评估及备案程序,收购股权的价格应根据资产评估及备案的结果确定。

2013年1月10日,向阳公司以向阳公司名义出具《关于办理外商投资企业股权变更审批经过的说明》载明:2013年1月7日,山由帝杉公司工作人员向武进区商务局递交股权变更审批事项(初审)申请资料,申请资料包括外商投资企业股权变更申请报告、涉案股权转让协议、向阳公司提交中国航天科技集团公司的请示、中国航天科技集团公司书面答复等。武进区商务局外国投资管理科工作人员审查了有关资料并听取了山由帝杉公司有关情况说明后表示:涉案股权转让协议明显不符合国有资产评估管理的有关规定,应属无效协议,同时中国航天科技集团公司作为向阳公司的上级主管部门,在批复中明确要求对转让股权进行资产评估,其意见即是不同意向阳公司按照协议约定的价格回购国华公司股权,因此根据国家对外商投资企业投资者股权变更的若干规定,外经贸主管机关对山由帝杉公司提出的股权变更申请不能同意。

2013年7月29日,国华公司向江苏省常州市中级人民法院提起诉讼。请求判令:(1)向阳公司按照人民币1500.39万元回购国华公司持有的山由帝杉公司6.82%股份;(2)向阳公司向国华公司支付违约金人民币1000万元;(3)向阳公司承担本案的诉讼费用。

案件焦点

1. 涉案股权转让协议中的股权回购条款是否有效;

2. 向阳公司的民事责任如何确定。

法院裁判要旨

江苏省常州市中级人民法院经审理认为:

一、涉案股权转让协议中涉及向阳公司回购国华公司股权部分合同的效力

向阳公司系国有单位,其持有的山由帝杉公司的股权为国有资产,处置国有资产应当严格履行审批手续。中国航天科技集团公司是向阳公司国有资产管理的主管部门，未经中国航天科技集团公司审批擅自处置国有资产，属于损害社会公共利益的行为。依照《合同法》第五十二条第（四）项之规定，该股权回购条款应为无效。《合同法》第五十六条规定，合同部分无效，不影响其他部分效力的，其他部分仍然有效，故股权回购涉及的条款无效，不影响涉案股权转让协议其他条款的效力。

二、关于国华公司的诉讼请求

因涉案股权转让协议中涉及向阳公司回购国华公司股份的内容无效，故国华公司第一项诉讼请求：请求判令向阳公司按照国华公司的出资额人民币1500.39万元回购国华公司持有的山由帝杉公司6.82%股份并无事实依据和法律依据，不予支持。

对于国华公司的第二项“请求判令向阳公司支付违约金人民币1000万元”的诉讼请求，一审法院认为：本案中，国华公司要求向阳公司支付违约金人民币1000万元的诉讼请求证据不足，不予支持。《合同法》第五十八条规定，合同无效后，因该合同取得的财产，应当予以返还；不能返还或者没有必要返还的，应当折价补偿。有过错的一方应当赔偿对方因此所受到的损失，双方都有过错的，应当各自承担相应的责任。一审法院认为：（1）股权回购条款无效，国华公司要求向阳公司按照合同约定支付违约金缺乏事实依据和法律依据。（2）根据山由帝杉公司提交的财务资料反映，山由帝杉公司2011年1月所有者权益合计为人民币203,061,595.26元，2012年12月，所有者权益合计为人民币219,084,469.55元，故该公司所有者权益处于动态变化中且有所增长。2012年12月31日，山由帝杉公司企业未分配利润为人民币6,010,925.29元。故根据财务资料反映，山由帝杉公司所有者权益增加并且持续盈利。股权回购协议无效，则国华公司仍为山由帝杉公司的股东，亦能据此享有相应的股东权益，获得公司所有者权益增加并且持续盈利的利益。故股权回购协议虽然无效，但国华公司认为因股权回购协议不发生法律效力令其遭受损失的意见并无充分依据，对国华公司的该项诉讼请求不予支持。日后国华公司另有证据能够证明其因股权回购协议无效遭受损失的，可以另案再行主张。

综上，一审法院认为国华公司的诉讼请求缺乏事实依据和法律依据，不予支持。依照《合同法》第五十二条第（四）项、第五十八条，《民事诉讼法》第六

十四条、第一百四十二条之规定,判决如下:

驳回国华实业有限公司诉讼请求。

一审判决后,国华公司不服向江苏省高级人民法院提起上诉。

江苏省高级人民法院经审理认为:

涉案股权转让协议中涉及向阳公司回购国华公司股权部分未生效。《中外合资经营企业法实施条例》第二十条规定:“合营一方向第三者转让其全部或者部分股权的,须经合营他方同意,并报审批机构批准,向登记管理机构办理变更登记手续……违反上述规定的,其转让无效。”《合同法》第四十四条第二款规定:“法律、行政法规规定应当办理批准、登记等手续生效的,依照其规定。”最高人民法院《关于适用〈中华人民共和国合同法〉若干问题的解释(一)》第九条规定:“依照合同法第四十四条第二款的规定,法律、行政法规规定合同应当办理批准手续,或者办理批准、登记等手续才生效,在一审法庭辩论终结前当事人仍未办理批准手续的,或者仍未办理批准、登记等手续的,人民法院应当认定该合同未生效。”本案中,涉案股权转让协议包含两个股权转让协议,一个是林某将其持有的山由帝杉公司的股权转让给国华公司,另一个是国华公司将其受让的股权附条件地转让给林某和向阳公司。由于山由帝杉公司属于中外合资经营企业,涉案的两个股权转让协议均应履行相应的报批手续。2009 年 1 月 12 日,江苏省对外贸易经济合作厅作出《关于同意常州山由帝杉防护材料制造有限公司股权转让的批复》,仅同意林某将其在公司的出资额 163.82 万美元,占注册资本的 6.82% 的股权转让给国华公司,并未涉及向阳公司回购国华公司股权的部分。关于涉案股权转让协议中的回购条款是否履行报批手续的问题,向阳公司一审中提供了一份《关于办理外商投资企业股权变更审批经过的说明》。本院认为,该文件的内容仅为向阳公司关于办理外商投资企业股权变更审批经过的说明,属于向阳公司的单方陈述,不能证明涉案股权转让协议中的股权回购条款履行了相应的报批手续,审批机关不予批准,故应认定向阳公司回购国华公司股权的部分未履行相应的报批手续。因此,涉案股权转让协议中的股权回购条款未生效,国华公司据此请求法院判令向阳公司回购股权并承担违约责任,本院不予支持。一审法院以向阳公司持有的山由帝杉公司的股权为国有资产,其处置国有资产未经国有资产管理主管部门中国航天科技集团公司审批而损害社会公共利益为由,认定该股权回购涉及的条款无效不当，应予纠正。

综上，江苏省高级人民法院认为，国华公司的上诉理由不能成立，其上诉请求应予驳回；一审判决适用法律虽有不当，但处理结果正确。本院对其适用法律不当予以纠正，对其处理结果予以维持。

法院裁判结果

江苏省高级人民法院依照《中外合资经营企业法实施条例》第二十条、《合同法》第四十四条第二款、最高人民法院《关于适用〈中华人民共和国合同法〉若干问题的解释（一）》第九条、《民事诉讼法》第一百七十条第一款第（一）项的规定，判决如下：

驳回上诉，维持原判。

案件评析

当对赌内容涉及回购时，国有企业涉及报批、评估等国有资产管理规定，合营企业涉及股东变更等外商投资主管部门审批问题。此类回购条款的有效与否，一直是实务界极为关注的问题。

一审法院认为国有企业对赌未经国有资产主管部门审批时，因违反国资管理规定且损害公共利益而无效；江苏省高级人民法院认为此种认定不当，进行纠正。这意味着，江苏省高级人民法院将国有企业审批规范界定为管理性规范，而非效力性规范。江苏省高级人民法院认为：合营企业中，PE 以股权受让方式投资并约定回购条款时，股权受让与股权回购是两个股权转让行为，如投资时外商投资主管部门在批文中仅阐明同意股权转让，未明示同意回购条款，则要求回购时尚需就回购事项签署股权转让协议并再次报外商投资主管部门审批。未获审批通过，回购条款不生效。

从本案来看，法院肯定了国有企业作为市场主体的平等地位，不因未履行国有资产主管部门报批手续而影响合同条款效力，但因交易标的（中外合资公司股权转让）未取得外资主管部门明确审批而判决其未生效，对 PE 操作对赌条款给予了重要警示。

对于 PE 设置对赌条款，从本案裁判思路来看，应该重点关注对赌补偿交易的重要节点及交易行为是否在投资之初已取得所有必要前置性审批等限制性条件，这是保证对赌补偿内容得以认定有效以及生效的根本所在。在此基础上，可对交易双方企业身份对对赌条款效力的风险给予充分的评估，并统和考虑设置合适的交易主体。

4. 投资方可绕过对赌条款依据“转股协议”直接要求转股

——深圳中科汇商创业投资有限公司、大庆市中科汇银创业投资有限责任公司诉汪某、杨某股权转让纠纷案

案件基本信息

1. 裁判书字号

最高人民法院(2014)民二终字第00107号民事判决书[1]

2. 案由:股权转让纠纷

3. 裁判日期:2014年8月1日

4. 当事人

原告(被上诉人):深圳中科汇商创业投资有限公司(以下简称中科汇商)

原告(被上诉人):大庆市中科汇银创业投资有限责任公司(以下简称中科汇银)

被告(上诉人):汪某

被告(上诉人):杨某

基本案情

2007年12月14日,中科汇商作为甲方、中科汇银作为乙方、汪某作为丙方、杨某作为丁方、喀左万马投资有限公司(以下简称万马公司)作为戊方、喀左怡诚投资咨询有限公司(以下简称怡诚公司)作为己方、喀左众道投资顾问有限公司(以下简称众道公司)作为庚方、朝阳飞马车辆设备股份公司(以下简称朝阳飞马)作为辛方,共同签订一份《增资协议》,其中约定:中科汇商、中科汇银向朝阳飞马共增资7000万元,获得朝阳飞马1400万股股份。其中,中科汇商投资3000万元,获得600万股股份;中科汇银投资4000万元,获得800万股股份。《增资协议》还约定,朝阳飞马及汪某、杨某等原大股东承诺,朝阳飞马未来三年的业绩为2007年、2008年、2009年的净利润分别不少于人民币

[1] 辽宁省高级人民法院(2010)辽民二初字第27号民事判决书(一审)。

5000万元、8000万元、11,000万元，如朝阳飞马未能达到承诺的利润，则由朝阳飞马按照协议约定的标准向中科汇商、中科汇银进行现金补偿。并且，朝阳飞马保证在收到中科汇商、中科汇银投资款之日起30个月内实现在国内A股上市，逾期不能上市，或者朝阳飞马在上市申报过程中，由于朝阳飞马自身客观原因造成的实质性上市障碍无法消除，使朝阳飞马在30个月内上市的承诺明显无法实现时，中科汇商、中科汇银有权要求朝阳飞马回购所持有的股份，回购价格为中科汇商、中科汇银的原始投资加年15%的投资收益。原股东对公司所约定的回购事宜提供担保。《增资协议》签订后，中科汇商、中科汇银支付了全部增资款项，并获得朝阳飞马1400万股的股份。

2008年6月因金融危机影响，中国证券监督管理委员会暂停了国内企业的首次公开发行股份申请，并且朝阳飞马2008年的销售额和营业利润出现大幅下降，未能实现2008年的净利润指标，导致朝阳飞马在预定期限内上市公开发行股份已经无法实现。鉴于该情形，2009年9月21日，中科汇商作为甲方、中科汇银作为乙方、汪某作为丙方、杨某作为丁方、万马公司作为戊方、怡诚公司作为己方、众道公司作为庚方、朝阳飞马作为辛方，共同签订一份《股份转让协议》，主要内容是：第一，中科汇商将600万股朝阳飞马股份转让给汪某，转让价为人民币3000万元；第二，中科汇银将700万股朝阳飞马股份转让给杨某，转让价为人民币3500万元，将100万股股份转让给汪某，转让价为人民币500万元；第三，上述股份转让价款应在2009年10月16日前支付给中科汇商和中科汇银。《股份转让协议》签订后，汪某、杨某并未在约定期限内支付股份转让价款。

2010年1月12日，中科汇商作为甲方、中科汇银作为乙方、汪某作为丙方、杨某作为丁方、万马公司作为戊方、怡诚公司作为己方、众道公司作为庚方、朝阳飞马作为辛方，共同签订一份《股份转让协议之补充协议》(以下简称《补充协议》)，对股份转让方式再次进行了约定：汪某、杨某应在2010年3月31日前受让中科汇商、中科汇银持有的朝阳飞马股份，并支付股份转让价款；如汪某、杨某在2010年3月31日前未能履行支付股份转让价款的义务，则未支付价款应按15%的年利率从2007年12月14日起计算相应的本息。《补充协议》还约定，中科汇银所持的800万股股份中，包括25名自然人委托持股的股份，中科汇银同意在收到汪某、杨某支付的全部转让价款后3个工作日内，将其中委托持有的100万股股份所对应的价款支付给委托人。《补充协议》签订后，汪某、杨某未在2010年3月31日之前向中科汇商、中科汇银支付上述股份转让款。

中科汇商、中科汇银向辽宁省高级人民法院提起诉讼，请求：1. 判决汪某、杨某继续履行《股份转让协议》及补充协议。2. 判决汪某向中科汇商支付股份转让价款人民币3000万元及逾期付款利息人民币1703.84万元、向中科汇银支付股份转让价款人民币500万元及逾期付款利息人民币283.97万元（逾期付款利息从2007年12月14日起暂计算至2011年9月27日）。3. 判决杨某向中科汇银支付股份转让价款人民币3500万元及逾期付款利息人民币1987.81万元（逾期付款利息从2007年12月14日起暂计算至2011年9月27日），实际计算到实际给付之日。4. 判决两被告承担本案全部诉讼费用。

案件焦点

1.《股份转让协议》《股份转让协议之补充协议》的效力认定；

2. 协议约定的15%利息性质。

法院裁判要旨

辽宁省高级人民法院经审理认为：

中科汇商、中科汇银与汪某、杨某等朝阳飞马股东签订的《股份转让协议》及《补充协议》系各方之间自愿、真实的意思表示，不违反现行法律、行政法规的强制性规定，真实合法有效，双方应依约履行。

一、关于汪某、杨某辩称该协议有保底条款，股份转让协议应为无效的问题

辽宁省高级人民法院认为，虽然《增资协议》约定中科汇商、中科汇银在朝阳飞马未能上市时，有权要求朝阳飞马回购所持有的股份，但是股东之间签订的《股份转让协议》及《补充协议》是各股东以意思自治的形式签订，是独立的股权转让协议，没有涉及股权稳定和损害朝阳飞马公司利益，应为合法有效。因此，其抗辩理由与事实不符，不予支持。

二、关于汪某、杨某辩称《股份转让协议》及《补充协议》是在受胁迫情况下签订，应认定无效的问题

辽宁省高级人民法院认为，汪某、杨某在签订该协议时，已对股份转让价款及逾期支付转让款应承担15%利息的价值已有清楚正确的认识，现又以受胁迫为由否认该约定的效力，该行为有悖诚实信用，也无证据支持其主张，故不予支持。

三、关于转让价款违约利息的问题

辽宁省高级人民法院认为，本案协议约定的15%利息，应当理解为汪某、杨某构成违约，是依约支付违约金的性质。《合同法》第一百一十四条规定的违约金制度已经确定违约金具有“补偿和惩罚”的双重性质，且以赔偿非违约方的损失为主要功能，故应以实际损失为基础，兼顾合同履行情况、当事人的过错程度以及预期利益等因素，根据公平原则、诚实信用原则予以衡量。结合本案具体情况考虑。首先，根据《股份转让协议》及《补充协议》的约定，如汪某、杨某在2010年3月31日前未能履行支付股份转让价款的义务，则应从2007年12月14日起，按15%的年利率计算本息。这是当事人双方的真实意思表示，旨在保证协议的履行，其内容并不违反法律禁止性和强制性规定，应当认定有效。其次，按照约定汪某、杨某应在2009年10月16日前向中科汇商、中科汇银支付股份转让价款。然而，在该期限届满后，汪某、杨某并未履行上述义务。双方又签订了补充协议，期限延长至2010年3月31日前，但汪某、杨某仍然没有履行该协议，没有支付股份转让价款，最终导致该协议没能履行。若汪某、杨某按约支付价款，则不发生支付15%利息的问题，汪某、杨某对协议的不能履行负有全责。最后，从资金流转使用于经营的效益分析，与银行关于贷款利息、逾期罚息的计算比例、方法相比较，从2007年12月14日至今，中科汇商、中科汇银不能如期取得经营效益。根据公平原则和诚实信用原则，双方约定的应按照年15%的利息标准支付利息的主张，显然不属于合同法规定的违约金过高的情形。故中科汇商、中科汇银关于请求法院判令汪某、杨某支付15%利息的诉讼请求，辽宁省高级人民法院予以支持。

辽宁省高级人民法院判决如下：

1. 汪某在本判决生效之日起10日内向中科汇商支付股份转让价款本金3000万元、向中科汇银支付股份转让价款本金人民币500万元；

2. 杨某在本判决生效之日起10日内向中科汇银支付股份转让价款本金3500万元；

3. 汪某在本判决生效之日起10日内向中科汇商支付股份转让价款本金

3000万元的逾期付款利息（按照15%的年利率从2007年12月14日起计算至本判决确定给付之日止）、向中科汇银支付股份转让价款本金500万元的逾期付款利息（按照15%的年利率从2007年12月14日起计算至本判决确定给付之日止）；

4. 杨某在本判决生效之日起10日内向中科汇银支付股份转让价款本金3500万元的逾期付款利息（按照15%的年利率从2007年12月14日起计算至本判决确定给付之日止）；

5. 回原告、被告其他诉讼请求。

汪某、杨某不服辽宁省高级人民法院判决，向最高人民法院提起上诉。

最高人民法院经审理认为：

中科汇银、中科汇商与朝阳飞马等签订《增资协议》，约定中科汇商、中科汇银向朝阳飞马增资7000万元，获得朝阳飞马1400万股股份，该约定合法、有效。《增资协议》约定的前述增资事项实际履行后，朝阳飞马却未能实现在《增资协议》中保证的30个月内上市的目标。为解决由此产生的后续问题，中科汇银、中科汇商与汪某、杨某等签订了《股份转让协议》及其《补充协议》。从产生的过程上看，《股份转让协议》及其《补充协议》确系为解决《增资协议》履行中产生的问题而签订，因此二者之间存在因果关系。但《股份转让协议》及其《补充协议》并非从属于《增资协议》。从法律关系的性质及其主体上看，《增资协议》发生在中科汇银、中科汇商与朝阳飞马之间，所设立的是增资入股法律关系，这与《股份转让协议》及其《补充协议》系发生在朝阳飞马的股东中科汇商、中科汇银与汪某、杨某之间，所设立的是股权转让法律关系完全不同，因而《股份转让协议》及其《补充协议》具有独立性。《股份转让协议》及其《补充协议》签订后，中科汇银、中科汇商因朝阳飞马未实现上市的目标而享有了两种选择性的救济途径，其既可以依据《增资协议》的约定要求朝阳飞马回购股份，也可以依据《股份转让协议》及其《补充协议》要求汪某、杨某受让股权并支付股权转让款。虽然汪某、杨某举证证明中科汇银、中科汇商委托北京市铭达律师事务所律师按照《增资协议》向朝阳飞马主张了股份回购的权利，但在其权利未实现的情况下，并不妨碍中科汇银、中科汇商依据《股份转让协议》及其《补充协议》向汪某、杨某主张受让股权并支付股权转让款的权利，也没有证据证明汪某、杨某明确放弃了此种权利。

《补充协议》约定汪某、杨某如在2010年3月31日前未能完全履行支付股份转让款的义务，则按《增资协议》约定的15%的年利率从2007年12月14日起计算相应的本息，此系当事人之间就违约损害赔偿计算方法所做的自由约定，并不违反法律的强制性规定，本院予以认定。汪某、杨某未在2010年3月31日前向中科汇银、中科汇商支付股份转让款，中科汇银、中科汇商据此主张损害赔偿，有合同和法律依据。

法院裁判结果

最高人民法院根据《民事诉讼法》第一百七十条第一款第（一）项的规定，判决如下：

驳回上诉，维持原判。

案件评析

在触发对赌协议中股权/股份回购条款的情况下，涉及回购事项的各方另行签订了股权/股份转让协议（以下简称转股协议）。虽然发生争议的事实同样为融资方未能按约定回购股权/股份，且转股协议脱胎于对赌协议，但在法律上属于两个法律关系，即基于对赌协议而产生的投资法律关系，及基于转股协议产生的转股关系，而后一项转股法律关系的合法性显而易见。

本案中，最高人民法院在投资人依据转股协议而非对赌协议主张权利的情况下，否定了案件审理是投资关系，并不再审查对赌条款的效力，径行判决融资方履行转股义务。该案件绕过了对赌条款的审查，可以在诉前解决回购纠纷时借鉴处理。

5. 投资方与股东之间的股份回购条款合法有效

——阮某诉刘某股权转让纠纷案

案件基本信息

1. 裁判书字号

江苏省高级人民法院(2014)苏商终字第255号民事判决书[1]

2. 案由：股权转让纠纷

3. 裁判日期：2014年9月11日

4. 当事人

原告(被上诉人)：阮某

被告(上诉人)：刘某

基本案情

2010年4月12日，阮某(甲方)与连云港佳宇电子材料科技有限公司(以下简称佳宇电子公司，后更名为江苏佳宇资源利用股份有限公司(乙方)、刘某(丙方)签订《股权转让协议》一份，约定：经公司股东会决议同意甲方按本协议约定条件和条款付款500万元给丙方，作为入股乙方并占有乙方1.1111%股权的股权转让款。

同日，阮某(甲方)与佳宇电子公司、刘某(丙方)签订补充协议一份，约定：(1)盈利保证。乙丙方承诺，乙方2010年经会计师事务所审计审定后的税后净利润不低于8000万元。如乙方未达到承诺的净利润水平，丙方对甲方进行现金补偿，补偿数额为(1－当年实际利润/当年承诺净利润)×甲方本次投资入股金额。如果根据本款约定丙方需要向甲方进行补偿的，则丙方必须在每个会计年度结束后，作出年度审计报告后30日内，根据会计师事务所出具的审计报告向甲方支付相应的补偿款项。(2)回购。在甲方投资乙方3年后(即投资36个月后)，如果乙方仍未上市，则在上述期限期满后甲方可将其所持有

[1] 江苏省连云港市中级人民法院(2013)连商初字第0155号民事判决书(一审)。

的乙方股份转让给第三方，但不得将该股份转让给同业或相近行业或乙方的竞争对手。在相同价格条件下，丙方或丙方指定的第三方有优先受让该部分股份的权利。甲方亦可要求乙方按照原投资额加上每年按照15%的利息（单利）计算的投资收益回购该等股权（具体计息时间按甲方资金实际到账日起计算，扣除甲方从乙方获得的分红），乙方应在甲方提出该回购要求后6个月内完成该等股权回购。当乙方回购这部分股权出现障碍时，则由丙方在甲方提出回购要求的6个月内按上述价格受让该等股权并将相应款项支付给甲方，或者由丙方指定第三方在上述期限内按上述价格向甲方收购这部分股权。

协议签订后，阮某向刘某支付500万元股权转让款，刘某将其持有的佳宇电子公司1.1111%的股权转让给阮某并办理了工商变更登记，变更后的工商登记载明阮某认缴出资额和实缴出资额均为37.5301万元。

2013年4月11日，阮某向刘某邮寄《要求回购股权函》，要求按照补充协议第二条的约定由刘某及佳宇电子公司按原投资额（即500万元）加上每年15%的利息回购股权。

因佳宇电子公司2010年税后净利润未达到8000万元，阮某于2011年8月31日至江苏省赣榆县人民法院起诉刘某要求按照补充协议的约定支付其补偿款107万元，该案经江苏省赣榆县人民法院一审、原审法院二审及再审，原审法院(2013)连商再终字第0016号生效判决认为，该案诉争的盈利保证条款不损害佳宇电子公司及其他股东的利益，也不违反法律法规的禁止性规定，是当事人的真实意思表示，合法有效。该盈利保证条款是基于佳宇电子公司的税后净利润，并非基于合同双方的民事行为，双方当事人不存在违约行为，故该条款并非违约金条款，实质上是补偿承诺。因此，在佳宇电子公司未达到约定盈利目标的情况下，刘某应当依约应阮某的请求对其补偿107.026,25万元。遂判决：刘某于判决生效后10日内给付阮某人民币107.026,25万元。

阮某投资佳宇电子公司后，佳宇电子公司未进行分红。佳宇电子公司至本案诉讼时未上市。

案件焦点

阮某与佳宇电子公司、刘某订立的股权转让协议及补充协议的效力。

法院裁判要旨

江苏省连云港市中级人民法院经审理认为：

当事人应当按照约定全面履行自己的义务。阮某与佳宇电子公司、刘某订立的股权转让协议及补充协议系当事人真实意思表示，也不违反法律、行政法规的禁止性规定，合法有效。但基于公司股本不变的原则，公司仅能在特定情形下才能回购本公司的股权而并不能仅凭股东与公司之间的约定回购股权。本案中，阮某已按约定价格受让佳宇电子公司股份，佳宇电子公司未能在约定的投资36个月后上市，阮某于2013年4月11日协议约定向佳宇电子公司及刘某要求回购股权后，佳宇电子公司未在6个月内完成股权回购，则阮某有权按照协议的约定要求刘某按原投资额加上每年按照15%的利息计算的投资收益回购股权。故阮某要求刘某以725万元回购其500万元所购的佳宇电子公司1.111%的股份符合协议的约定，且不违反法律相关规定，阮某的诉讼请求成立，予以支持。

江苏省连云港市中级人民法院依照《合同法》第六十条第一款，《民事诉讼法》第一百三十四条第一款、第一百四十二条、第一百四十四条、第一百五十二条的规定，判决刘某于判决生效之日起10日内给付阮某人民币725万元。

刘某不服一审判决，向江苏省高级人民法院提起上诉。

江苏省高级人民法院经审理认为：

1. 刘某系佳宇电子公司董事长，其对外公示的名片信息载明佳宇电子公司地址系连云港市赣榆县金山产业集聚区金桥路8号。本案系佳宇电子公司二股东因股权转让发生的纠纷，阮某正是基于刘某的户籍所在地与经常居住地不一致，为了便于刘某及时应诉及收取相关诉讼材料而向原审法院提供了佳宇电子公司的地址作为刘某的通信地址，且在阮某与刘某发生的其他诉讼案件中，刘某的送达地址亦为佳宇电子公司地址，刘某均正常签收，故佳宇电子公司地址应为刘某有效的送达地址。

2. 原审法院通过EMS邮寄送达本案起诉状副本、应诉通知书，刘某已经实际签收，对此刘某并无异议。本案争议的是刘某是否在法律规定期限内提出管辖异议。经查，EMS快递公司证实上述邮件已于2013年10月17日签收，签收人为刘某本人，刘某提出管辖异议的时间为2013年11月9日，超过了法定管辖权异议期限。刘某称邮件系其公司门卫签收，应自其本人实际收到之日即提出管辖异议前3日开始计算管辖权异议期，该上诉理由无事实和法律依据，本院不予采信。

3. 原审法院审理本案符合双方关于管辖的约定。《民事诉讼法》第三十四条规定，合同或者其他财产权益纠纷的当事人可以书面协议选择被告住所地、合同履行地、合同签订地、原告住所地、标的物所在地等与争议有实际联系的地点的人民法院管辖。2010年4月12日，《股权转让协议》约定"与协议的订立、履行、解除、终止或无效相关的任何争议，如双方不能通过协商解决，任何一方均有权向公司注册地法院提起诉讼"，上述约定不违反《民事诉讼法》对级别管辖和专属管辖的规定，应为有效。原审法院受理本案符合双方约定。刘某认为阮某并未起诉公司故不应适用约定管辖条款，而应由被告住所地法院管辖的理由，没有法律依据。

法院裁判结果

江苏省高级人民法院依照《民事诉讼法》第一百七十条第一款第（一）项之规定，判决如下：

驳回上诉，维持原判。

案件评析

投资方以受让目标公司股东（融资方）股权的方式投资的，一般以目标公司的盈利能力作为股权估价的依据。若目标公司不能实现预期盈利，意味着目标公司股权在转让时价值被高估，此时由融资方对投资方予以一定的现金补偿符合对赌协议估值调整之本质。

融资方从溢价增资中获取了高额利益，在未达约定盈利目标的情况下，由其履行现金补偿义务既不损害目标公司、第三人利益，也符合公平合理，应认定合法有效。背后理论基础可简要归结为以下四个方面：

第一，融资方虽然未直接获取投资利益，但在溢价增资的模式下，融资方因投资方投资而分享了溢价部分的股东权益，若成功上市，还能获取上市收益，故其有实际获利，由其现金补偿公平合理。

第二，在目标公司不能实现盈利目标的情况下，约定融资方将错误估值而分享的权益以现金方式补偿给投资方，并不会损害公司及其他股东、债权人利益,也不存在违反法律强制性规定。

第三,投资方此前因溢价增资所承担的高风险,通过与融资方对赌使其获得对方的现金补偿而实现了商事交易的公平、合理。

第四,由融资方对投资方进行现金补偿,有利于降低投资方错误判断公司股权价值的投资风险,也有利于达成对融资方的激励和约束。

6. 投资方可据实际违约事实要求提前回购股权

——苏州周原九鼎投资中心诉蓝某、湖北天峡鲟业有限公司、宜都天峡特种渔业有限公司投资合同纠纷案

案件基本信息

1. 裁判书字号

最高人民法院(2014)民二终字第111号民事判决书[1]

2. 案由:投资合同纠纷

3. 裁判日期:2014年9月30日

4. 当事人

原告(被上诉人):苏州周原九鼎投资中心(有限合伙)(以下简称九鼎投资中心)

被告(上诉人):蓝某

被告(上诉人):湖北天峡鲟业有限公司(以下简称湖北天峡公司)

被告:宜都天峡特种渔业有限公司(以下简称宜都天峡公司)

基本案情

2008年12月1日,湖北天峡公司在湖北省宜都市工商行政管理局登记注册宜都天峡公司,注册资本200万元,湖北天峡公司作为独资法人股东持有宜都天峡公司100%的股份。

2010年10月19日,九鼎投资中心作为甲方、蓝某作为乙方、宜都天峡公司作为丙方、湖北天峡公司作为丁方,共同签署了《苏州周原九鼎投资中心(有限合伙)对宜都天峡特种渔业有限公司之投资协议书》(以下简称《投资协议书》),协议明确各方合作宗旨与目的为:资源共享,优势互补,规范管理,加快发展,产品经营与资本经营相结合,做强做大丙方主营业务,提升综合竞争力,致力于实现丙方在中国境内资本市场公开发行并上市。协议约定:乙方和丁

[1] 湖北省高级人民法院(2013)鄂民二初字第00012号民事判决书(一审)。

方承诺将对丙方进行增资,本次增资后丁方占丙方增资后股份总数的51%;甲方向丙方投资7000万元取得丙方本次增资后股份总数34.3%的股份;第三方投资者向丙方投资3000万元取得丙方本次增资后股份总数14.7%的股份。在协议规定的前提条件全部满足后5个工作日内,甲方应以现金形式支付投资款7000万元至专用账户。丙方收到甲方投资款7000万元之日,为本次投资完成之日。投资完成后,甲方按照丙方章程的规定享有股东权利并承担股东义务。协议对投资完成后的其他事项作出了具体约定。其中第七条关于业绩承诺和股权奖励条款项下载明:乙方、丙方、丁方共同进行丙方的经营业绩承诺,保证丙方2010年度实现净利润不低于1500万元,2011年实现净利润不低于3000万元,2012年度实现净利润不低于5000万元。如丙方2010年、2011年与2012年实现的年度净利润均达到或超过本协议承诺的业绩指标,甲方和第三方投资者按照各自持有股权比例,将不少于本次增资后9%的丙方股权作为奖励赠与丁方,其中甲方奖励丁方本次增资后6.3%的丙方股权,第三方投资者奖励丁方本次增资后2.7%的丙方股权。如丙方公开发行股票申请在2013年12月31日之前通过中国证券监督管理委员会审核,则无论丙方是否实现了本协议第7.1条中所承诺之业绩,甲方和第三方投资者按照各自持有股权比例,将本次增资后9%的丙方股权作为奖励赠与丁方,其中甲方奖励丁方本次增资后6.3%的丙方股权,第三方投资者奖励丁方本次增资后2.7%的丙方股权。

甲方在该协议书中承诺并保证:按照协议要求按时完成投资入股的相应流程,足额到位投资资金;采取具体行动积极协助丙方实现在国内A股市场公开上市;投资后通过董事会、股东会参与丙方管理;协助丙方拓展客户领域,选择投资项目,物色并购对象,推进丙方做大做强。积极协助丙方获取1亿元的贷款融资额度。《投资协议书》还约定:本协议中未尽事宜或出现与本协议相关的其他事宜时,由各方协商解决并另行签订补充协议,补充协议与本协议具有同等的法律效力。《投资协议书》还对其他相关事项进行了约定。

同日,《投资协议书》四方主体即甲方九鼎投资中心、乙方蓝某、丙方宜都天峡公司、丁方湖北天峡公司又共同签署一份《补充协议》,约定:除非甲方另以书面形式同意延长,如果丙方自本次投资完成之日起至2014年12月31日的期间内丙方未完成公开发行股票和上市,则甲方可于2014年12月31日后随时要求丙方、乙方及丁方受让甲方持有的全部或部分丙方股份,乙方和丁方承诺予以受让。乙方及丁方受让价款计算公式如下:受让价款 = 甲方总投资额 × $(1+8\%)^n$ - 甲方入股期间从丙方获得的业绩补偿 - 甲方届时因已转让部分丙方股份所取得的收入(含已分红的收入)。上述公式中,n 代表甲方持有股份的时间,时间从甲方投资款汇到丙方验资账户之日起开始计算,到甲方收到所有受让价款之日结束(n 精确到月,如 2 年 3 个月,则 n = 2.25)。如果乙方、丁方对丙方发行上市申报不予以正常配合,或者丙方提交甲方的尽职调查材料以及本次投资后的材料中相关数据有重大虚假[差额百分之十(10%)以上],或者乙方实际控制的其他投资、经营任何与丙方主营业务相关的其他业务或企业且其资产规模超过丙方资产规模的 5%;则甲方有权选择在上述任何一种情况出现后一个月内要求乙方受让甲方持有的全部或部分丙方股份,乙方承诺予以受让,受让价格具体按照以下公式确定:受让价款 = 甲方总投资额 × $(1+8\%)^n$ 甲方入股期间从丙方获得的业绩补偿 - 甲方届时因已转让部分丙方股份所取得的收入(含已分红的收入)。上述公式中,n 代表甲方持有股份的时间,时间从甲方投资款汇到丙方验资账户之日起开始计算,到甲方收到所有受让价款之日结束(n 精确到月,如 2 年 3 个月,则 n = 2.25)。

2010 年 10 月 21 日,九鼎投资中心通过中信银行总行营业部向宜都天峡公司汇入 7000 万元。同年 12 月 29 日,湖北省宜都市工商行政管理局核准宜都天峡公司工商变更登记,宜都天峡公司投资人及股权比例由湖北天峡公司出资 200 万元占 100% 的股份变更为湖北天峡公司出资 3570 万元占 51%,九鼎投资中心出资 3430 万元占 49%。企业类型由法人独资有限责任公司变更为有限责任公司;注册资本由 200 万元变更为 7000 万元。变更后的宜都天峡公司章程载明:湖北天峡公司和九鼎投资中心为公司股东,湖北天峡公司出资占公司注册资本 51%,九鼎投资中心出资占公司注册资本 49%。

2011 年 11 月 16 日,深圳市信诺泰创业投资企业(有限合伙)与蓝某、宜都天峡公司及湖北天峡公司签订一份《投资协议书解除协议》,该协议明确载明四方同意解除原于 2010 年 10 月 22 日签订的《深圳市信诺泰创业投资企业(有限合伙)对宜都天峡特种渔业有限公司之投资协议书》。由宜都天峡公司退回深圳市信诺泰创业投资企业(有限合伙)投资款 1500 万元。投资方已按约定完成了投资义务,但因蓝某、宜都天峡公司及湖北天峡公司原因造成该协议无法继续履行,违约方同意按协议约定向投资方支付违约金 500 万元。同日,那曲元和投资有限公司与蓝某、宜都天峡公司及湖北天峡公司签订一份《投资协议书解除协议》，该协议明确载明四方同意解除原于2010年10月签订的《那曲元和投资有限公司对宜都天峡特种渔业有限公司之投资协议书》。由宜都天峡公司退回那曲元和投资有限公司投资款1500万元。投资方已按约定完成了投资义务，但因蓝某、宜都天峡公司及湖北天峡公司原因造成该协议无法继续履行，违约方同意按协议约定向投资方支付违约金500万元。上述两份协议所涉共计1000万元违约金已实际支付完毕。

2012年10月25日，亚太（集团）会计师事务所有限公司向宜都天峡公司出具的亚会审字（2012）148号《宜都天峡特种渔业有限公司审计报告》中所附企业利润表显示，宜都天峡公司2012年1月至6月营业总收入为3233.683,467万元。2012年12月31日，宜都天峡公司编制的《利润表》显示本年度该公司营业总收入为2332.313,769万元，《利润表（合并）》显示本年度该公司营业总收入为2324.469,105万元。《利润表》记载本年度净利润为-485.491,382万元，《利润表（合并）》记载本年度净利润为-485.175,892万元。

2014年3月，九鼎投资中心发现本单位印章被他人伪造用于为宜都天峡公司的商业银行贷款提供担保，于是向湖北省宜都市公安局报案。2014年3月18日，该局作出都公（经）刑立字（2014）第86号《立案决定书》，决定对宜都天峡公司蓝某涉嫌伪造企业印章案立案侦查。

因各方当事人投资合作不畅，2013年10月28日，九鼎投资中心向湖北省高级人民法院提起本案诉讼，认为蓝某、宜都天峡公司、湖北天峡公司分别或共同违反了《投资协议书》和《补充协议》约定的义务，侵犯了九鼎投资中心的合法权益。经几番变更，最终诉请为：1. 判令蓝某、湖北天峡公司向九鼎投资中心支付9023万元受让九鼎投资中心所持有的宜都天峡公司49%的股份；2. 判令蓝某和湖北天峡公司连带承担违约责任，赔偿九鼎投资中心损失4655万元；3. 判令蓝某、宜都天峡公司、湖北天峡公司承担本案诉讼费用。

案件焦点

1. 案涉《投资协议书》和《补充协议》中回购股份条款的法律效力；

2. 蓝某与湖北天峡公司是否应当承担回购股份的民事责任；

3. 九鼎投资中心主张权利的起始时间应如何认定。

法院裁判要旨

湖北省高级人民法院经审理认为：

本案的争议焦点是：蓝某、湖北天峡公司是否应以《补充协议》约定价款受让九鼎投资中心所持有的宜都天峡公司49%的股份，以及蓝某、湖北天峡公司在本案中应否赔偿因其违约造成九鼎投资中心的损失。

从本案诉讼的成因分析，其性质属于股权投资过程中投资方与融资方签订协议进行溢价增资，当投资方预期投资利益无法达到时，触发投资方行使退出权利条款所引发的案件。该类纠纷中，股权投资方与被投资方出于对未来不确定因素的考量，通常根据协议设定预期目的实现与否来约定由投资方或者融资方实现一定的权利或义务。所设条件的内容包括对所投资公司的财务绩效、利润实现和公司能否实现上市等方面。由于投资方最初以溢价方式对被投资方进行增资而成为新股东，则原股东在此种情况下首先将获得该溢价部分的相对股东权益。一旦企业运营的实际绩效达到预期，原股东还可能实现再次获利。故投资方为化解自身商业风险，通常会与原股东协商签订相应条款，约定在预期盈利目标无法实现时，重新确定双方的股权比例。该条款本身因商事交易的利益平衡而产生，以当事人意思自治为前提，具有其合理性。本案四方当事人签订的《补充协议》中所设定的投资方退出条款类型属于股权回购，即如果被投资公司发生预设情形时，投资方可要求原始股东及关联义务人按协议约定溢价回购投资者股份。

根据庭审查明的情况，蓝某、宜都天峡公司和湖北天峡公司对九鼎投资中心提交的证据真实性均无异议，涉案《投资协议书》及《补充协议》系各方当事人的真实意思表示，协议内容不违反法律、行政法规禁止性规定，应为合法有效。《补充协议》中约定的特定情形出现时九鼎投资中心有权要求蓝某、湖北天峡公司承担股份回购义务的条款以及蓝某、湖北天峡公司所作出的受让承诺，均属民事主体在缔约过程中应当充分认识的商业风险，与协议中的相关股权奖励条款相对应，未超过其合理预期，亦不违反法律法规的禁止性规定。故合同约定情形出现时，负有契约义务的当事人依法应当按约定履行自己的承诺。蓝某、宜都天峡公司、湖北天峡公司虽在庭审中援引《合同法》第三十九条、第四十条提出《补充协议》条款无效的抗辩主张，但因本案《补充协议》退出条款不存在单方制定，且蓝某、宜都天峡公司、湖北天峡公司未参与协商的情形存在，故不属于《合同法》关于格式条款效力规制的范畴。

本案《补充协议》将触发回购条款的条件预设为两项，若2014年12月31日前宜都天峡公司未完成公开发行股票和上市，蓝某和湖北天峡公司承诺受让九鼎投资中心持有的宜都天峡公司全部股份。或者如果蓝某、湖北天峡公司对宜都天峡公司发行上市申报不予以正常配合，或者宜都天峡公司提交九鼎投资中心的尽职调查材料以及本次投资后的材料中相关数据有重大虚假（差额10%以上），或者蓝某实际控制的其他投资、经营任何与宜都天峡公司主营业务相关的其他业务或企业且其资产规模超过宜都天峡公司资产规模的5%；则九鼎投资中心有权选择在上述任何一种情况出现后1个月内要求蓝某受让九鼎投资中心持有的宜都天峡公司全部或部分股份。

针对上述两种预设条件具体分析，《证券法》第十三条规定："公司公开发行新股，应当符合下列条件：（一）具备健全且运行良好的组织机构；（二）具有持续盈利能力，财务状况良好；（三）最近三年财务会计文件无虚假记载，无其他重大违法行为；（四）经国务院批准的国务院证券监督管理机构规定的其他条件。上市公司非公开发行新股，应当符合经国务院批准的国务院证券监督管理机构规定的条件，并报国务院证券监督管理机构核准"；中国证券监督管理委员会颁布的《首次公开发行股票并上市管理办法》第三十三条规定："发行人应当符合下列条件：（一）最近3个会计年度净利润均为正数且累计超过人民币3000万元，净利润以扣除非经常性损益前后较低者为计算依据；（二）最近3个会计年度经营活动产生的现金流量净额累计超过人民币5000万元；或者最近3个会计年度营业收入累计超过人民币3亿元；（三）发行前股本总额不少于人民币3000万元；（四）最近一期末无形资产（扣除土地使用权、水面养殖权和采矿权等后）占净资产的比例不高于20%；（五）最近一期末不存在未弥补亏损"。依照上述规定，宜都天峡公司若期望在2014年12月31日前实现上市，需在2014年前向证券监督管理机构报送审批材料，最近3个会计年度的净利润必须为正数，且最近3年会计文件无虚假记载。按证券业常理分析，宜都天峡公司应以2010年、2011年、2012年3个会计年度的会计文件呈报，但2012年12月31日宜都天峡公司编制的《利润表》记载本年度净利润为－485.491,382万元，《利润表（合并）》记载本年度净利润为－485.175,892万元，上述证据证明该年度宜都天峡公司净利润为负数，企业发生亏损。则宜都天峡公司已经无法满足2014年12月31日前公开发行股票并申请上市的先决条件。再者,宜都天峡公司委托作出的评估报告显示,企业2012年1月至6月营业总收入为3233.683,467万元。但2012年12月31日宜都天峡公司编制的《利润表》显示本年度该公司营业总收入为2332.313,769万元,《利润表(合并)》显示本年度该公司营业总收入为2324.469,105万元。上述财务报表中全年营业总收入低于半年营业总收入的记载,明显与基本财务常理相悖,可认定存在虚假。且两数额之间相差数额巨大,已超过《补充协议》中约定的10%差额上限。故结合上述分析,《补充协议》中预设的两种退出情形均已产生,应认定九鼎投资中心诉请蓝某、湖北天峡公司回购其持有的宜都天峡公司股份符合合同约定。

关于蓝某、湖北天峡公司主张协议中所设定的回购时间尚未起始问题。虽然《补充协议》第一条约定如宜都天峡公司自投资完成之日起至2014年12月31日的期间内未完成公开发行股票和上市,则九鼎投资中心可于2014年12月31日后主张股份回购。但从涉案《投资协议书》及《补充协议》相关条款的设置及缔约目的分析,蓝某、湖北天峡公司对九鼎投资中心作出的2010年至2012年宜都天峡公司净利润承诺系实现合同根本目的的重要前提及保障,即蓝某、湖北天峡公司的主要合同义务。若承诺业绩达到指标其即可获得九鼎投资中心给予的相应股权及现金奖励,反之则须按《补充协议》中退出条款的约定溢价收购九鼎投资中心所持有的股份。但是,由于2012年宜都天峡公司财务报表发生虚假记载事项,企业出现亏损,结合我国相关涉及企业公开发行股票并上市的法律法规的限制规定,可以确定目前宜都天峡公司无法按照预期由证券监督管理机构获准合格审批已呈事实状态。蓝某、湖北天峡公司上述履行合同义务不符合约定的行为已使宜都天峡公司2014年12月31日前完成公开发行股票及上市的合同根本目的无法实现,依法应当承担相应责任。涉案两份协议中虽未直接设立蓝某、湖北天峡公司因违约而承担违约责任的条款,仅设立以股权回购为具体履行方式的退出条款。但从该退出条款的文义及受让价款的计算公式可以看出,其实际属于违约补偿条款的性质。且本案庭审中蓝某、湖北天峡公司也均已自认宜都天峡公司未达到《投资协议书》中相关业绩承诺,约定的公开发行并上市的目标无法完成。依据《合同法》第一百零八条关于当事人一方明确表示或者以自己的行为表明不履行合同义务的，对方可以在履行期限届满之前要求其承担违约责任的规定，九鼎投资中心可以依照合同约定要求蓝某、湖北天峡公司承担回购责任，并不受《补充协议》约定的权利起始日条件约束。

《补充协议》中明确约定了蓝某及湖北天峡公司受让价款计算公式如下：受让价款 = 甲方总投资额 × $(1+8\%)^{n}$ − 甲方入股期间从丙方获得的业绩补偿 − 甲方届时因已转让部分丙方股份所取得的收入（含已分红的收入）。上述公式中，n代表甲方持有股份的时间，时间从甲方投资款汇到丙方验资账户之日起开始计算，到甲方收到所有受让价款之日结束（n精确到月）。结合本案实际，蓝某、湖北天峡公司并未举证证明九鼎投资中心曾取得相关业绩补偿，也未进行股份转让或分红。则具体回购数额应以九鼎投资中心投资总额7000万元套用公式计算，n值应为3.25（3年3个月，从2010年10月投资款到账至开庭时止），即7000万元 × $(1+8\%)^{3.25}$，计算所得蓝某、湖北天峡公司回购股份的价款应为8989.2869万元。九鼎投资中心第二项关于赔偿损失的诉请，因九鼎投资中心在该院指定的期限内未提交蓝某、湖北天峡公司违约所给其造成具体损失的相关证据，四方协议中对此亦未作出约定，该院依法不予支持。九鼎投资中心在起诉状中提出的请求判令宜都天峡公司提供相关财务资料的诉请，因其在该院开庭后提交了撤回诉讼请求申请书，明确表示撤回该项诉讼请求，故该院对此不予审理。

综上，九鼎投资中心诉请蓝某、湖北天峡公司受让其持有的宜都天峡公司股份并支付价款的理由成立，该院依法予以支持。九鼎投资中心诉请蓝某、湖北天峡公司赔偿其损失缺乏事实和法律依据，该院依法予以驳回。

湖北省高级人民法院判决如下：

1. 蓝某、湖北天峡公司于该判决生效之日起十五日内向九鼎投资中心支付人民币8989.2869万元，用于受让九鼎投资中心持有的宜都天峡公司49%的股份；

2. 驳回九鼎投资中心的其他诉讼请求。

一审判决后，蓝某与湖北天峡公司均不服原审法院上述民事判决，向最高人民法院提起上诉请求驳回九鼎投资中心的全部诉讼请求，主要理由有：（1）原审判决认定事实错误。《补充协议》中预设的两种退出情形未实现，蓝某与湖北天峡公司不应承担回购股权的民事责任。（2）原审判决适用法律错误。

《补充协议》应当认定无效,其中的退出条款属于格式条款,且本案属于投资(联营)纠纷,该协议中的对赌条款违反公平原则。本案既有股权投资纠纷或者联营合同纠纷,又有九鼎投资中心与宜都天峡公司之间的股东知情权纠纷,而一审法院合并受理,违反了民事诉讼法的规定。

最高人民法院经审理认为:

1. 关于案涉《投资协议书》和《补充协议》中回购条款的法律效力问题

首先,从诉争的两份协议书的内容看,立约各方为达到使宜都天峡公司增资、在中国境内资本市场公开发行股票并上市之目的,先签订了《投资协议书》,约定蓝某、宜都天峡公司以资产及股权增资,九鼎投资中心则以资金注入方式对目标公司宜都天峡公司进行增资,协议包括业绩承诺与股权奖励等条款内容;同日,为保证投资方基本投资利益的实现,各方当事人又签订了《补充协议》,主要包括在一定条件下被投资方股东回购股份的承诺等内容。案涉两份协议系典型的商事合同,《补充协议》系对《投资协议书》的补充约定,二者系同一天达成,共同完整地构成了各方当事人的意思表示。《补充协议》中有关两种情形下被投资方股东应当回购股份的承诺清晰而明确,是当事人在《投资协议书》外特别设立的保护投资人利益的条款,属于缔约过程中当事人对投资合作商业风险的安排。该条款与《投资协议书》中的相关股权奖励条款相对应,系各方当事人的真实意思表示。其次,案涉协议关于在一定条件下被投资方股东回购股份的内容不违反国家法律、行政法规的禁止性规定,不存在《合同法》第五十二条所规定的有关合同无效的情形。诉争协议系各方当事人专为此次交易自愿达成的一致约定,并非单方预先拟定或者反复使用,不属于我国合同法所规定的格式合同或者格式条款,不存在显失公平的问题。蓝某、湖北天峡公司提出回购股份的条款属于格式条款、有违公平原则的上诉理由缺乏事实与法律依据,不能成立。因此,原审判决认定案涉《补充协议书》与《补充协议》,包括在一定条件下被投资方股东回购股份的承诺等内容合法有效正确,本院予以维持。

2. 关于蓝某与湖北天峡公司是否应当承担回购股份的民事责任问题

本案中,宜都天峡公司委托作出的评估报告与该公司自己编制的财务报表显示,宜都天峡公司存在财务虚假,且虚假程度已超过《补充协议》中约定的10%差额上限;宜都天峡公司在2012年出现亏损,湖北天峡公司在《投资协议书》中的相关业绩承诺并未实现，根据《公司法》《证券法》等法律法规有关企业公开发行股票并上市的条件规定，宜都天峡公司在2014年12月31日前无法上市已呈事实状态，《补充协议》所约定的股份回购条件业已成就。蓝某与湖北天峡公司应当依约履行自己的合同义务，向九鼎投资中心承担回购股份的民事责任。一审判决认定蓝某与湖北天峡公司应当承担回购股份的民事责任，具有合同与法律依据。

3. 关于九鼎投资中心主张权利的起始时间问题

由于本案原审原告九鼎投资中心起诉时宜都天峡公司存在财务虚假、案涉《投资协议书》中的相关业绩承诺亦未实现，宜都天峡公司在2014年12月31日前无法上市已呈事实状态，案涉《补充协议》所约定的股份回购条件业已成就，蓝某与湖北天峡公司的违约行为导致九鼎投资中心签订案涉协议的合同目的已无法实现，故九鼎投资中心提起诉讼具有合同与法律依据，原审判决的相关认定并无不妥，蓝某与湖北天峡公司有关九鼎投资中心起诉时间不符合合同约定的上诉理由不能成立，本院不予支持。

法院裁判结果

最高人民法院依照《民事诉讼法》第一百七十条第一款第（一）项之规定，判决如下：

驳回上诉，维持原判。[1]

案件评析

继2012年11月，最高人民法院对被称为“中国对赌协议第一案”的海富投资诉甘世恒、香港迪亚等增资纠纷案作出终审判决后，2014年9月，又对蓝某、湖北天峡鲟业有限公司与九鼎投资中心的投资纠纷上诉案（以下简称九鼎投资案）作出终审判决。虽然九鼎投资案的案情复杂性，诉辩对抗激烈性，一审、二审至再审的程序完备性，最高司法机关终审的权威性、不畏烦琐且精当透彻的判词，同样使整个案件审理十分精彩，但与之前的案件相比，本案受关注的程度多有不如。两个案件的终审虽然前后相隔不到两年，但无论是当事

〔1〕 本案二审判决作出后，蓝某、宜都天峡公司、湖北天峡公司不服向最高人民法院申请再审，最高人民法院审理后，作出（2015）民申字第295号民事裁定书，驳回其再审申请。

人之间对赌的条件设计、履约执行、责任追究，还是法院对问题的法理分析、焦点归纳、定性下判，九鼎投资案都更加考虑全面、表达具体、态度确定，反映了"对赌"这一投资工具在我国金融、经济领域已被深刻认识，熟练运用，在司法实践中逐渐形成统一共识。

对赌是推动以相对公允价值达成股权投资为目的的估值调整机制，是实现利益平衡的意思自治的产物。最高人民法院对九鼎投资案的判决，再次显示出尊重意思自治、维护利益平衡的态度。

7. 目标公司与投资方对赌无效后股东仍应承担补偿责任

——厦门金泰九鼎股权投资合伙企业诉骆某、江西旭阳雷迪高科技股份有限公司增资纠纷案

案件基本信息

1. 裁判书字号

厦门市中级人民法院(2014)厦民初字第137号民事判决书

2. 案由:公司增资纠纷

3. 裁判日期:2014年12月17日

4. 当事人

原告:厦门金泰九鼎股权投资合伙企业(有限合伙)(以下简称金泰九鼎)

被告:骆某

被告:江西旭阳雷迪高科技股份有限公司(以下简称旭阳雷迪公司)

基本案情

旭阳雷迪公司系非上市股份有限公司,成立于2008年6月11日,主营范围为单晶硅、多晶硅产品、太阳能电池及相关产品的开发、生产和销售。骆某系公司的法定代表人和董事长。

2010年,案外人北京九鼎(甲方)、盈泰九鼎(乙方)、金泰九鼎(丙方)与骆某(丁方)、旭阳雷迪公司(戊方)共同签订一份《九鼎投资对江西旭阳雷迪高科技股份有限公司之增资协议》(以下简称《增资协议》),约定:旭阳雷迪公司是国内集多晶硅产品(除原矿)的开发、生产和销售,太阳能电池及相关产品开发、生产和销售为一体的高新技术企业,将进行增资扩股引进战略投资者,力争在2012年实现国内A股市场公开发行并上市之目标。骆某及旭阳雷迪公司股东会决议同意金泰九鼎与盈泰九鼎、北京九鼎以增资扩股的方式投资于旭阳雷迪公司。旭阳雷迪公司在签约时注册资本3.5亿元,甲、乙、丙三家企业共投资2亿元,认购旭阳雷迪公司新增股权额4000万元,三方合计持有旭阳雷迪公司股权比例9.3%(其中金泰九鼎投资金额3000万元,占旭阳雷迪公司增

资后股权比例1.39%)。三方增资以旭阳雷迪公司2010年度预测净利润2.4亿元为计算依据,按照全面摊薄后约9倍市盈率作价,确定公司作价为21.5亿元。增资后旭阳雷迪公司总股本4.3亿元,股权结构为:旭阳雷迪公司所有其他股东股本3.9亿元,占出资比例90.7%;北京九鼎股本3000万元,占出资比例6.98%;盈泰九鼎股本400万元,占出资比例0.93%;金泰九鼎股本600万元,占出资比例1.39%。投资完成之日起,三方按照旭阳雷迪公司章程规定享有股东权利并承担股东义务。各方同意,本次增资的资金主要用于以下目的:(1)建设与旭阳雷迪公司主营业务相关的项目;(2)补充旭阳雷迪公司的营运资金;(3)公司新董事会或股东(大)会批准的其他用途。在投资之后和旭阳雷迪公司上市之前,骆某未经三方投资人一致书面形式同意,不得以任何形式转让股权,同时三方有权选择是否按相同的价格及条件一同转让股权给同一受让方。

各方又签订一份《九鼎投资对江西旭阳雷迪高科技股份有限公司增资协议之补充协议》(以下简称《补充协议》),确认:1.交易安排:北京九鼎增资1.5亿元,其中3000万元计入注册资本,1.2亿元计入资本公积金;金泰九鼎增资3000万元,其中600万元计入注册资本,2400万元计入资本公积金;盈泰九鼎增资2000万元,其中400万元计入注册资本,1600万元计入资本公积金。2.对赌条款:旭阳雷迪公司承诺2010年度实现净利润不低于2.4亿元(波动范围正负5%以内),2011年实现利润不低于5亿元(波动范围正负5%以内)。如旭阳雷迪公司2010年实现年度净利润低于2.4亿元(波动范围正负5%以内),旭阳雷迪公司应对三方投资人进行补偿,骆某承诺担保赔偿:现金赔偿的金额为(2010年目标利润2.4亿元-2010年公司扣除非经常性损益后的净利润)×9×9.3%,确保三方投资作价依据不变。如旭阳雷迪公司2011年实现年度净利润低于5亿元(波动范围正负5%以内),旭阳雷迪公司应对三方投资人进行补偿,骆某承诺担保赔偿:现金赔偿的金额为(2011年目标利润5亿元-2011年公司扣除非经常性损益后的净利润)×4.3×9.3%,确保三方投资作价依据不变。3.上市保证与回购:除各方达成新的共识,否则旭阳雷迪公司最迟在2012年12月底前向中国证券监督管理委员会提交发行上市申报材料。若旭阳雷迪公司2014年6月30日前没有完成挂牌上市,三方可要求骆某或旭阳雷迪公司购买三方持有的全部或部分股权。骆某、旭阳雷迪公司承诺按照以下公式计算的受让价款受让股权：北京九鼎股权回购金额 = 1.5 亿元 × (1 + 8% × n)；盈泰九鼎股权回购金额 = 2000 万元 × (1 + 8% × n)；金泰九鼎股权回购金额 = 3000 万元 × (1 + 8% × n)；n = 投资方实际持有公司股权的年限，即三方持有股权的时间，时间从三方投资款汇到旭阳雷迪公司验资账户之日起开始计算，到三方收到所有受让价款之日结束，精确到月，例如 2 年 9 个月，则 n = 2.75。4. 违约责任：各方应按协议的约定全面履行自己的义务，由于一方过错导致协议不能履行或不能完全履行时，有过错的一方应当承担违约责任，属于各方过错，则由各方分别承担。补充协议还约定股权转让限制、反稀释条款、信息披露等条款，并约定协议产生的争议由原告所在地法院管辖。

2010 年 10 月 8 日，旭阳雷迪公司召开第二次临时股东大会，决议通过公司注册资本由 3.71 亿元增至 4.32 亿元，总股本由 3.71 亿股增至 4.32 亿股。新增 6100 万股以公司截至 2010 年 6 月 30 日经审计的账面净资产为作价依据，确定增资价格 5 元/股，其中 6100 万元计入注册资本，溢价 2.44 亿元列入公司资本公积。决议同意金泰九鼎认购 600 万股，出资金额 3000 万元等事项。

2010 年 10 月 29 日，江西天华会计师事务所有限公司出具《验资报告》，确认旭阳雷迪公司原已登记的注册资本为 3.5 亿元，实收资本 3.5 亿元，原股东骆某等人新增注册资本 2100 万元，股本溢价（资本公积）693 万元，公司累计实收注册资本 3.71 亿元。2010 年 11 月 1 日，金泰九鼎向旭阳雷迪公司转账 3000 万元。2010 年 11 月 22 日，江西天华会计师事务所有限公司向旭阳雷迪公司出具《验资报告》，确认旭阳雷迪公司原已登记的注册资本为 3.71 亿元，实收资本 3.71 亿元，公司新增注册资本 6100 万元，变更后注册资本 4.32 亿元。金泰九鼎实际交纳资金 3000 万元，其中实收资本 600 万元，股本溢价（资本公积）2400 万元，实收的 600 万元占旭阳雷迪公司注册资本的 1.389%。2010 年 11 月 23 日，旭阳雷迪公司向金泰九鼎出具《出资证明》，确认公司总股本 4.32 亿股，金泰九鼎持有旭阳雷迪公司 600 万股股权。

根据工商登记资料显示，旭阳雷迪公司现有注册资本 4.79 亿元，实收资本 4.79 亿元。金泰九鼎出资 600 万元，出资比例 1.2526%；骆某出资 10,530 万元，出资比例 21.9833%。

2012 年 5 月 11 日，立信会计师事务所（特殊普通合伙）出具一份《江西旭阳雷迪高科技股份有限公司审计报告及财务报表》，该审计报告的合并利润表体现2011年度旭阳雷迪公司的净利润为45,492,539.36元,非经常性损益为34,106,451.90元。

2011年10月8日,中国证券监督管理委员会江西监管局以赣证监发[2011]212号《关于受理江西旭阳雷迪高科技股份有限公司辅导备案的通知》,通知中信证券股份有限公司受理旭阳雷迪公司拟上市的辅导备案材料。通知之日为备案登记日。

原告金泰九鼎向厦门市中级人民法院提起诉讼,请求判令:(1)骆某与旭阳雷迪公司连带给付现金补偿款29,204,453.55元;(2)骆某与旭阳雷迪公司共同承担本案诉讼费用。

案件焦点

1.《补充协议》约定的对赌条款是否有效;

2.骆某承担的“担保赔偿”是否为保证责任。

法院裁判要旨

厦门市中级人民法院经审理认为:

一、金泰九鼎与旭阳雷迪公司的对赌条款无效

讼争《增资协议》的《补充协议》约定,如果旭阳雷迪公司实际净利润2010年低于2.5亿元、2011年低于5亿元,则旭阳雷迪公司按约定的计算公式对金泰九鼎等投资方进行补偿,该条款属于对赌条款。所谓对赌条款,即估值调整机制,它以企业未来的经营业绩为准调整投资者进入时对企业的估值。作为创业投资领域的一项金融创新,它旨在破解创业企业的估值困境。根据最高人民法院法发[2014]7号《关于人民法院为企业兼并重组提供司法保障的指导意见》,“要坚持促进交易进行,维护交易安全的商事审判理念,审慎认定企业估值调整协议、股份转换协议等新类型合同的效力”。按照估值调整机制安排,当约定的业绩目标条件出现时,一般会以现金或股权方式进行估值调整,往往会涉及公司资产变动以及股权转让、减资、清算等权益调整途径,因此,对赌条款的效力认定不仅应受民法、合同法等一般民事法律规范的调整,还应遵循公司法等商事法律规范的规制。评价融资公司承诺补偿行为的效力应当遵守公司法有关公司资本维持原则的规定。该原则强调公司至少须维持相当于资本额的财产，以具体财产充实抽象资本。公司债权人可以在与公司交易中得到最低限度的担保，从而实现对其利益的保护。向股东返还资本则意味着从债权人有权获得支付的资本中攫取财富。如果融资公司可以直接作为补偿主体，必将不当减少公司资产，损害公司及债权人的利益。最高人民法院在(2012)民提字第11号甘肃世恒有色资源再利用有限公司、香港迪亚有限公司与苏州工业园区海富投资有限公司、陆某增资纠纷案的民事判决中认定，股东与公司对赌的约定，使股东的投资可以取得相对固定收益，该收益脱离公司的经营业绩，损害公司利益和公司债权人利益，违反《公司法》第二十条之规定，该部分条款无效。讼争对赌条款的约定使金泰九鼎等投资方对旭阳雷迪公司的投资可以取得相对固定收益，参照该判例，该约定的对赌条款损害公司利益和公司债权人利益，违反《公司法》第二十条之规定，该部分条款无效。

二、骆某作为对赌条款的相对方应对投资人直接承担补偿责任，而非担保责任

讼争对赌条款约定"旭阳雷迪公司未能实现年度净利润，应对投资方进行补偿，骆某承诺担保赔偿"，该条款虽然字面表现为"担保赔偿"，但对赌条款的设立目的在于帮助投资方控制和锁定投资风险，解决旭阳雷迪公司的融资问题，实现公司上市的目的。为有效地约束和激励公司改善经营管理，骆某作为旭阳雷迪公司的大股东，基于对公司的控制力，激励公司实现业绩目标，其作为《增资协议》及《补充协议》的签约方，系以控股股东的身份对投资人承诺进行业绩补偿。根据《担保法》第六条之规定，保证是指保证人和债权人约定，当债务人不履行债务时，保证人按照约定履行债务或者承担责任的行为。在保证合同法律关系中债权人与债务人之间构成主合同关系，债务人与保证人之间构成委托合同关系，在这个关系中，债务人作为委托人，保证人作为受托人，保证人接受债务人的委托出面担任保证人。骆某系讼争《增资协议》和《补充协议》的相对方，本案并不存在主从合同关系，不符合保证合同法律关系的特征。因此，本院认为，骆某承诺的"担保赔偿"非担保法意义上的保证，而是控股股东与投资人就未来一段时间内目标公司的经营业绩进行约定，如目标企业未实现约定的业绩，则需按一定标准与方式对投资人进行补偿的条款。骆某作为对赌条款的相对方应对投资人直接承担补偿责任，而非担保责任。所以，本案不存在超过保证期间的问题。根据最高人民法院前述案例的认定，股东对投资人的补偿承诺并不损害公司及公司债权人的利益，不违反法律法规的禁止性规定，是当事人的真实意思表示，是有效的。因此，骆某的对赌承诺是有效的。

综上所述，金泰九鼎诉求旭阳雷迪公司支付补偿款的诉讼请求，因双方之间的对赌条款无效，该诉求不能成立，其余诉求有事实和法律依据，应予支持。

法院裁判结果

厦门市中级人民法院依照《公司法》第二十条，《合同法》第五十二条第（五）项、第六十条、第一百零七条，《民事诉讼法》第六十四条第一款之规定，判决如下：

1. 被告骆某应于本判决生效后十日内向原告厦门金泰九鼎股权投资合伙企业（有限合伙）支付补偿款29，204，453.55元；

2. 驳回原告厦门金泰九鼎股权投资合伙企业（有限合伙）其他诉讼请求。[1]

案件评析

对赌协议的效力认定多发生于公司纠纷案件，多发于因触发禁止股东抽逃出资规定、违反关于股份回购强制性规定、违反关于利润分配强制性规定及无效合同或合同无效条款等规定致使对赌协议或对赌条款无效或部分无效。根据《公司法》及最高人民法院《关于适用〈中华人民共和国公司法〉若干问题的规定（三）》关于禁止股东抽逃出资之规定，对赌协议或条款不得约定通过虚构债权债务关系或其他未经法定程序等方式直接或变相将股东出资转出，以达到股东抽逃出资的结果。

对赌协议作为投融资普遍采用的方式，在缓解企业融资困难、保障投资人权益等方面发挥了积极的作用。虽然我国在立法上尚未明确对赌协议的效力，但在司法实践中，对赌协议从最初认定为“名股实债”到肯定投资人与目标

〔1〕 一审判决作出后，双方当事人均未提起上诉，本案判决已生效。

公司股东或实际控制人之间对赌协议的效力，再到承认投资人与目标公司对赌协议的效力，其效力问题在司法实践的过程中逐步得到了认可，也为投融资双方日后的协议安排提供了较为明确的依据。

8. 股东应按转让前的股权比例承担回购义务

——上海杉融实业有限公司诉严某晖、刘某等与公司有关的纠纷案

案件基本信息

1. 裁判书字号

上海市第一中级人民法院(2014)沪一中民四(商)终字第2181号民事判决书〔1〕

2. 案由:与公司有关的纠纷

3. 裁判日期:2015年2月27日

4. 当事人

原告(被上诉人):上海杉融实业有限公司(以下简称杉融公司)

被告(上诉人):严某明、严某晖、黄某雄

被告:李某、黄某斌、姜某、邓某、郑某、刘某

基本案情

2010年5月8日,杉融公司与杉杉龙田投资管理有限公司(后更名为青骓公司,以下统称青骓公司)共同作为甲方,与作为乙方的深圳市智图科技有限公司(以下简称智图科技公司)、作为丙方的严某明、严某晖、邓某、黄某雄、李某、黄某斌、姜某、郑某签订《投资合作框架协议》(以下简称《投资协议》)一份,包括投资方案及步骤、股权激励及股权调整机制、资金用途、分红、反稀释、优先购买权、董事和财务安排、竞业禁止、回购条款、保密等多方面约定,具体内容:"鉴于:……3. 丙方中严某明持有乙方52.91%的股权,严某晖持有乙方12.80%的股权,两人合计持有乙方65.71%的股权,严某明系乙方控股股东。4. 丙方根据乙方的业务发展需要拟对乙方进行战略重组并引进战略投资者。5. 根据业务发展的需要,丙方拟引进甲方作为战略投资者,而甲方亦将利用其资源促进车主宝典业务的推广和上市工作。现甲乙丙三方经诚信协商,就上

〔1〕 上海市浦东新区人民法院(2013)浦民二(商)初字第3183号民事判决书(一审)。

述资本战略合作达成框架协议如下：一、投资方案及步骤：……2. 本轮资本战略合作安排：乙方和丙方应根据本论资本战略合作计划，将乙方业务模式在包括北京、上海、广州、天津等国内一线城市及杭州、南京等其他众多二线城市推广，为实施本轮资本战略合作，丙方将新设深圳合智天成实业有限公司［名称为深圳市市场监督管理局颁发的《企业名称预先核准通知书》所预核准的为准；公司性质为有限责任公司；（后实际登记名为深圳合智天成软件技术有限公司，以下统称合智天成公司）］，甲方随即通过增资成为合智天成公司的股东，各方将以合智天成公司作为全部车主宝典业务的核心运营平台、母公司和将来的上市公司（本轮资本战略合作以及后续融资都应以合智天成公司为主体运行，且始终以严某明为合智天成公司的控股股东/实际控制人），而乙方将成为合智天成的全资子公司和合智天成在深圳地区运营的平台公司。具体步骤如下：1）丙方新设合智天成公司，其中：丙方以其在乙方的经评估的全部股权价值的70%的股权和以等于丙方在乙方的经评估的全部股权价值之30%的现金出资（具体为：严某明以其所持的22.91%的乙方股权出资，乙方所有其他股东将其所持有的乙方股权全部出资，这样丙方此等股权出资在合智天成公司的占股比例为70%；同时，严某明以等于丙方在乙方的经评估的全部股权价值之30%的现金出资，此等现金出资在合智天成公司中的占股比例为30%。2）甲方中的青骓公司以2970万元现金出资，杉融公司以30万元现金出资，共同对合智天成公司进行增资。增资完成后，青骓公司与杉融公司合并持有合智天成公司增资后全部股权的20%，丙方合并持有合智天成公司增资后全部股权的80%。3）合智天成公司以等于合智天成公司设立前丙方在乙方的经评估的全部股权价值之30%的现金出资购买严某明的30%的乙方股权。这一股权转让交易完成后，乙方成为合智天成的全资子公司。4）合智天成公司经过以上步骤增资后，公司的股权结构如下：严某明出资比例/持股比例42.328%；严某晖出资比例/持股比例10.24%；邓某出资比例/持股比例4.168%；黄某雄出资比例/持股比例0.80%；李某出资比例/持股比例8.184%；黄某斌出资比例/持股比例8.184%；姜某出资比例/持股比例4.096%；郑某出资比例/持股比例2%；青骓公司出资比例/持股比例19.80%；杉融公司出资比例/持股比例0.20%，合计100%……三、其他条款：……4. 优先购买权和捆绑销售权。合智天成公司上市前……合智天成公司的其他股东是否可以向第三方转让其持有的合智天成公司股权由合智天成公司股东会根据公司法和公司章程决定……11. 回购条款:出售权:在甲方与丙方签署本框架协议并投入资金后,如遇以下情形,甲方在不违反中国法律法规的前提下,有权要求丙方回购甲方持有的合智天成公司股权:(1)合智天成公司在2012年年底以前无法完成全国范围内业务的有效推广复制,前述有效推广复制是指与下列一线城市即北京、上海、广州、杭州、南京、武汉、长沙、成都、重庆、昆明、天津、太原、西安、福州等城市中不少于8个且全国范围内不少于16个城市地方交通台合作车主宝典服务;(2)合智天成公司在2012年经财务审计后扣除非经常性损益后的净利润低于1500万元(但经甲方和合智天成公司董事会批准的资本性支出导致的亏损除外);(3)合智天成公司在2016年年底仍未能完成上市工作或存在上市实质性障碍;(4)合智天成公司被托管或进入破产程序。丙方在此承诺,在回购时,丙方将以甲方初始投资额(包括甲方根据本框架协议第一条提供的全部资金及未偿还贷款)加上10%的年收益率进行回购。丙方中严某明与严某晖在此同意并确认:对该等回购款的足额支付,两人分别提供个人无限连带责任的保证担保,并以其所有的资产(动产和不动产)提供抵押担保、以其持有的深圳市伟图达实业有限公司的股权的收益权及两人间接持有的深圳市众智天达技术有限公司的股权的收益权进行担保;在回购款足额支付给甲方前,两人不得转让其持有的深圳市伟图达实业有限公司的股权。甲方给予丙方半年的回购期分期回购,如果在回购期满前丙方的现金不足以支付,那么甲方持有的合智天成公司股权将自动转为一年到期的商业票据,同时甲方仍有权要求严某明、严某晖承担上述担保责任……"

2010年6月18日,合智天成公司成立,注册资本171.38万元,股东由严某明(出资额90.681万元,出资比例52.91%)、严某晖(出资额21.934万元,出资比例12.80%)、邓某(出资额8.928万元,出资比例5.21%)、黄某雄(出资额1.713万元,出资比例1%)、李某(出资额17.534万元,出资比例10.23%)、黄某斌(出资额17.534万元,出资比例10.23%)、姜某(出资额8.772万元,出资比例5.12%)、郑某(出资额4.284万元,出资比例2.50%)8人组成。严某明担任合智天成公司法定代表人。

2010年6月22日,青骓公司同杉融公司作为转让方,与作为受让方的严某明、严某晖、邓某、黄某雄、李某、黄某斌、姜某、郑某签订《股权转让协议》一份，内容：合智天成公司于2010年6月18日在深圳成立。转让方拟向目标公司即合智天成公司增资3000万元，成为持有目标公司20%股权的股东，并愿意在自其完成该等增资、正式成为经工商登记的目标公司股东之日至2016年12月31日止这一期间内，将其占目标公司全部股权一次性或分批逐步转让给受让方，受让方愿意按各自持有目标公司股权比例分别受让。

2010年10月，合智天成公司增资至214.225万元，实际由青骓公司于2010年10月15日前投入资本2970万元（其中，42.416,55万元用于增加注册资本，剩余2927.583,45万元计入资本公积），由杉融公司于2010年10月15日前投入资本30万元（其中，0.428,45万元用于增加注册资本，剩余29.571,55万元计入资本公积）。合智天成公司的股东变更为由严某明（出资额90.681万元，出资比例42.328%）、严某晖（出资额21.934万元，出资比例10.24%）、邓某（出资额8.928万元，出资比例4.168%）、黄某雄（出资额1.713万元，出资比例0.80%）、李某（出资额17.534万元，出资比例8.184%）、黄某斌（出资额17.534万元，出资比例8.184%）、姜某（出资额8.772万元，出资比例4.096%）、郑某（出资额4.284万元，出资比例2%）、青骓公司（出资额42.416,55万元，出资比例19.80%）、杉融公司（出资额0.428,45万元，出资比例0.20%）10人组成，合智天成公司的章程作相应调整。

2010年12月，合智天成公司再次增资，即将资本公积金12,857,750元转增注册资本，合智天成公司的注册资本变更为1500万元。此次增资后，合智天成公司各股东的持股比例不变、出资额比例发生调整，即严某明出资额634.92万元，出资比例42.328%；严某晖出资额153.60万元，出资比例10.24%；邓某出资额62.52万元，出资比例4.168%；黄某雄出资额12万元，出资比例0.80%；李某出资额122.76万元，出资比例8.184%；黄某斌出资额122.76万元，出资比例8.184%；姜某出资额61.44万元，出资比例4.096%；郑某出资额30万元，出资比例2%；青骓公司出资额2970万元，出资比例19.80%；出资额3万元，出资比例0.20%。合智天成公司的章程作相应调整。

2011年11月25日，合智天成公司形成股东会决议一份，内容：经股东会决议，同意股东即严某晖将其所拥有的合智天成公司的部分股权即占合智天成公司2%的股权以1元的价格转让给刘某，其他股东自愿放弃优先购买权。

2011年11月29日，严某晖与刘某签订股权转让协议书一份，内容：严某晖占有合智天成公司10.24%的股权，根据公司章程约定，严某晖应出资153.60万元，实际出资153.60万元，现在严某晖将其占合智天成公司2%的股权以1元转让给刘某，如因严某晖在签订协议书时，未如实告知刘某有关公司在股权转让前所负债务，致使刘某在成为合智天成公司的股东后遭受损失的，刘某有权向严某晖追偿，等等。后办理了相应的股权变更登记手续，合智天成公司的股东变更为由11人组成，其中，杉融公司、青骓公司、严某明、邓某、黄某雄、李某、黄某斌、姜某、郑某的出资额及持股比例不变，严某晖的出资额为123.60万元，持股比例为8.24%，刘某的出资额为30万元，持股比例为2%。合智天成公司的章程亦作相应变更。

2013年10月16日，杉融公司向上海市浦东新区人民法院提起诉讼，请求判令严某明等以其股权比例折算后以36万元为基数回购杉融公司0.20%的股权(具体为：严某明以190,476元回购0.10582%股权；严某晖以37,080元回购0.0206%股权；邓某以18,756元回购0.01042%股权；黄某雄以3600元回购0.002%股权；李某以36,828元回购0.02046%股权；黄某斌以36,828元回购0.02046%股权；姜某以18,432元回购0.01024%股权；郑某以9000元回购0.005%股权；刘某以9000元回购0.005%股权)，且严某明、严某晖对其他人的回购责任承担连带保证责任。

案件焦点

1. 回购条款的效力及回购条件是否成就；

2.《投资补充协议》及《股权转让协议》的效力；

3. 回购是否损害新股东刘某的利益。

法院裁判要旨

上海市浦东新区人民法院经审理认为：

一、关于投资合作框架协议的回购条款及相应股权转让协议效力的问题

（一）关于回购条款的效力问题

经综合考量，杉融公司与青骓公司作为投资方与作为融资方的严某明、严某晖、邓某、黄某雄、李某、黄某斌、姜某、郑某达成了估值调整协定，属于当事人意思自治的产物，并未违反法律、行政法规的强制性规定，合法有效。

首先，所谓估值调整协定，是投融资双方因对融资企业估值不确定而产生的一种调整机制，是根据企业未来的实际经营情况对当前企业估值及投资价格所进行的调整或修正，在股权投资过程中发挥弥合估值分歧和权益补偿的积极作用。其以追求投融资方合作共赢为目标，又以退出机制为实现投资权益的主要方式。

其次，就本案而言，从投资合作框架协议的安排来看，先由融资方即严某明、严某晖、邓某、黄某雄、李某、黄某斌、姜某、郑某新设合智天成公司，后由投资方即杉融公司、青骓公司对合智天成增资（极少部分投资注入注册资本，大部分投资计入资本公积），投融资双方充分考量了合智天成公司的价值，设定了承诺目标（合智天成公司业务推广、净利润指标，企业上市等）及退出条件、方式，对合智天成公司的股权、期权认购权、投资额及董事会席位等加以约定，完全符合估值调整协定的特征。

最后，涉案争议的"回购条款"即为估值调整协定的有机组成部分，系平衡投融资双方权益，保障作为投资方的杉融公司合法权益的重要约定，应属有效。

（二）关于股权转让协议的效力问题

虽然在签订股权转让协议之际，杉融公司及青骓公司尚未成为合智天成公司的股东，但很显然，涉案的股权转让协议已明确了股权转让实施的条件及期限，即：1. 杉融公司及青骓公司向合智天成公司增资3000万元，正式成为经工商登记持有目标公司20%股权的股东；2. 其正式成为经工商登记的目标公司股东之日起至2016年12月31日止这一期间转让股权。可见，这是投融资双方对于将来杉融公司及青骓公司退出合智天成公司所作出的事前安排和约定，符合估值调整协定的特点，应属有效。

二、关于刘某成为合智天成公司股东是否影响回购条款效力的问题

根据既已查明的事实，刘某以1元的价格受让了严某晖持有的合智天成公司2%的股权，该转让事宜通过了合智天成公司的股东会决议，且股权变动在公司章程和工商登记均作相应体现。原审法院认为，刘某成为合智天成公司股东并不影响回购条款效力。理由如下：

首先，杉融公司同严某明等八人签订投资合作框架协议，进而成为合智天成公司股东的目标是明确的，其本质上仅仅是投资方，其最终将退出合智天成公司应属签约各方明知的结果。

其次，虽然刘某通过股权转让的方式自严某晖处受让了合智天成公司2%的股权，转让事宜通过了合智天成公司的股东会决议，且股权变动在公司章程和工商登记均作相应体现，但这显然不能得出杉融公司放弃《投资协议》中的包括要求回购在内的一切权利，否则对杉融公司而言显失公平。

最后，因协议约定的回购主体系合智天成公司的相应股东，并非合智天成公司，此于法不悖，并未损害合智天成公司合法权益。至于是否损害刘某利益的问题，原审法院认为，根据其与严某晖签订的股权转让协议，理应由转让方严某晖对其履行与转让股权事宜相关的如实告知义务，即使存在其所谓的权益受损，亦应向其合同相对方即严某晖主张，与杉融公司无关。

三、关于严某明等是否应回购股权及如何回购杉融公司股权的问题

（一）回购的条件是否成就的问题

根据投资合作框架协议的约定，若符合该协议“11. 回购条款：出售权”中约定的任何一条情形，杉融公司则有权要求回购。而在本案中，杉融公司则主要依据上述约定的第1、2种情形主张回购。根据既已查明的事实，杉融公司系投资方，主要由融资方即严某明、严某晖、邓某、黄某雄、李某、黄某斌、姜某、郑某负责合智天成公司的经营，并使合智天成公司定期、按时地向杉融公司提供合智天成公司及其下属公司的相关报告或信息、资料等。因此，若严某明等八人否认上述约定的第1、2种情形既已发生的，应提供相关证据加以证明，否则须承担举证不能的法律后果。在审理中，严某明、严某晖、邓某、黄某雄、李某、黄某斌、姜某、郑某表示，合智天成公司整体经营策略和状况正常，在正常的经营下有收入及支出，但其作为融资方并未提供充分证据加以证明。对于合同约定的提供2012年的财务资料、财务报表的义务，杉融公司表示，其曾于2013年11月1日委托律师分别致函严某明及合智天成公司，要求严某明及合智天成公司提供合智天成公司2012年的经营情况及2012年公司的财务报表，并提交了律师函及快递详情单、快递查询结果等证据予以佐证，而严某明等人均不予认可。本院认为，律师函、快递详情单、快递查询结果能相互印证，且其中快递给严某明的地址与原审法院向严某明寄送传票等并实际送达的地址一致，上述证据具有相当的可信度。即使杉融公司未向严某明等人或合智天成公司主张过查阅合智天成公司2012年的经营情况及2012年公司的财务报表，严某明、严某晖、邓某、黄某雄、李某、黄某斌、姜某、郑某亦应主动予以履行，但其或是表示无权提供，或是表示不知情，完全违背了其合同义务。当然，原审法院注意到，投资合作框架协议就股权回购约定了杉融公司须给予回购方半年的回购期分期回购。就该节问题，在审理中，严某明等均表示拒绝回购。原审法院认为，就半年期的回购期，系为正常履行回购而设置；无论本案杉融公司是否曾向严某明等主张过回购股权事宜，现其已通过诉讼方式明确了回购要求，而严某明等均明确拒绝回购，杉融公司的权利主张理应不再受半年回购期的限制，故涉案股权的回购条件已成就。

（二）关于如何回购股权的问题

1. 关于回购主体及回购主体各自回购比例问题

从投资合作框架协议的约定来看，其约定了作为协议的丙方即严某明等八人应在条件成就时回购杉融公司持有的合智天成公司股权，但究竟是何种比例未作特别约定，鉴于此，杉融公司主张以各股东持股比例通过换算得出的持股比例（即换算持股比例 = 持股比例/80%）来回购股权，该思路应属正确。问题则在于须由哪些股东进行回购。原审法院认为，应由严某明等八人按照合智天成公司第二次增资完成后、刘某成为合智天成公司股东前各自持股比例通过换算得出的持股比例回购股权。理由如下：首先，严某明等八人系共同作为丙方与杉融公司等签订了投资合作框架协议，均负有相应的回购义务，且投资合作框架协议并未约定丙方通过转让股权即可免除回购义务，由严某明等八人按照合智天成公司第二次增资完成后、刘某成为合智天成公司股东前各自持股比例通过换算得出的持股比例回购股权，并无不当。其次，刘某虽然成为合智天成公司股东，但其并非投资合作框架协议的签约主体，杉融公司亦无充分证据证明其自愿承担投资合作框架协议中丙方应承担的回购义务，因此，杉融公司无权要求刘某回购股权。

2. 关于股权回购价格的问题

关于回购价格问题，投资合作框架协议明确约定："丙方在此承诺，在回购时，丙方将以甲方初始投资额（包括甲方根据本框架协议第一条提供的全部资金及未偿还贷款）加上10%的年收益率进行回购"，而杉融公司系于2010年10月支付投资款30万元，至今已三年有余，杉融公司主张按照以36万元作为基数进行回购，并无不当。因此，严某明等人回购的金额及股权为：严某明以

190,476 元(即 36 万元 ×42.328%/80%,计算方式下同,不作重复)回购0.10582%(即0.2% ×42.328%/80%,计算方式下同,不作重复)股权;严某晖以46,080 元回购 0.0256% 股权;邓某以 18,756 元回购 0.01042% 股权;黄某雄以 3600 元回购 0.002%;李某以 36,828 元回购 0.02046% 股权;黄某斌以36,828 元回购 0.02046% 股权;姜某以 18,432 元回购 0.01024% 股权;郑某以9000 元回购 0.005% 股权。

此外,因投资合作框架协议约定了严某明、严某晖对回购款的足额支付,须提供个人无限连带责任的保证担保,杉融公司诉请严某明、严某晖对其他债务承担相应的连带保证责任并无不当,但应仅限于支付回购款,不含回购其他股东应回购的相应股权。

综上,原审法院依照《合同法》第六十条第一款、第一百零七条,《担保法》第六条、第十八条、第三十一条,《民事诉讼法》第六十四条第一款,《最高人民法院关于民事诉讼证据的若干规定》第二条的规定,判决如下:

1. 严某明、严某晖、邓某、黄某雄、李某、黄某斌、姜某、郑某在本判决生效之日起十日内回购杉融公司持有的合智天成公司的 0.2% 股权(即严某明以190,476 元回购 0.10582% 股权;严某晖以 46,080 元回购 0.0256% 股权;邓某以 18,756 元回购 0.01042% 股权;黄某雄以 3600 元回购 0.002%;李某以36,828元回购 0.02046% 股权;黄某斌以 36,828 元回购 0.02046% 股权;姜某以 18,432 元回购 0.01024% 股权;郑某以 9000 元回购 0.005% 股权)。

2. 严某明对第一项判决内容中邓某、黄某雄、李某、黄某斌、姜某、郑某回购股权应支付的回购款承担连带保证责任;严某明在承担保证责任后,有权向邓某、黄某雄、李某、黄某斌、姜某、郑某追偿。

3. 严某晖对第一项判决内容中邓某、黄某雄、李某、黄某斌、姜某、郑某回购股权应支付的回购款承担连带保证责任;严某晖在承担保证责任后,有权向邓某、黄某雄、李某、黄某斌、姜某、郑某追偿。

4. 驳回杉融公司对刘某的诉讼请求。

严某明、严某晖、黄某雄不服一审判决,向上海市第一中级人民法院提起上诉。

上海市第一中级人民法院经审理认为:

1. 回购条款的效力及回购条件是否成就

涉案《投资协议》系投融资双方达成的估值调整协定，估值调整协定是一种有特殊风险控制安排的商事投资法律关系，该协定用以平衡投融资双方的权益，其内容并不违反我国法律效力性强制性规定，故依法有效。回购条款系估值调整协定的组成部分，故该条款也为有效。关于回购条件是否成就，杉融公司在原审中以合智天成公司在2012 年未完成在全国范围内业务的有效推广以及 2012 年年底净利润未达到 1500 万元为由，要求严某明等履行回购其持有的合智天成公司股权的义务。严某明作为合智天成公司的法定代表人，具体负责合智天成公司的经营，其应当掌握公司的经营资料。在杉融公司以上述理由提出回购请求时，如认为杉融公司的回购条件未成就，理应提供合智天成公司在 2012 年已完成在全国范围内业务的有效推广以及 2012 年年底公司净利润已达到 1500 万元的相关证据，但严某明等并未提供，并在原审中表示拒绝回购，在此情形下，原审法院认定回购条件已成就并无不当。

2.《投资补充协议》及《股权转让协议》的效力

《投资补充协议》中甲方为杉融公司、青骓公司，乙方为智图科技公司，丙方为严某明等八人，他们均在协议书上签字、盖章，协议内容并不违反法律规定，故已生效。严某明、严某晖、黄某雄辩称黄某雄、黄某斌未在协议书上签字，与事实不符。即使协议书上签字并非他们所写，因该协议认定与否并不影响杉融公司原审诉讼请求的主张，故本院对该上诉理由不予采纳。关于《股权转让协议》，虽然签订时杉融公司还不是合智天成公司的股东，但协议双方约定在自转让方（杉融公司和青骓公司）完成目标公司的3000 万元增资，正式成为经工商登记的目标公司股东之日起至 2016 年 12 月 31 日止的期间内，转让方有权向受让方（严某明等八人）出让其持有的目标公司的股权，这种投融资双方通过对增资入股及增资入股后再进行股权转让的约定，并不违反法律规定，应属合法有效。

3. 回购是否损害新股东刘某的利益

刘某根据其与严某晖签订的《股权转让协议》，以 1 元从严某晖处受让合智天成公司 2% 的股权，该协议同时约定，如严某晖在签约时未告知刘某有关公司在股权转让前所负债务致使刘某的股东利益受损的，刘某有权向严某晖追偿。因此，即使刘某的利益受损，其可依约向严某晖主张，而不能归咎于杉融公司回购权的行使。

上海市第一中级人民法院认为原审法院认定事实清楚，适用法律正确，所作判决并无不当，严某明、严某晖、黄某雄的上诉请求及理由均不能成立，应予驳回。鉴于杉融公司与李某、黄某斌、姜某在二审期间已达成和解，杉融公司也明确不再向李某、黄某斌、姜某主张涉案权利，故本院对原审判决作相应变更。

法院裁判结果

上海市第一中级人民法院依照《民事诉讼法》第一百七十条第一款第（一）项、第一百七十五条之规定，判决如下：

1. 维持上海市浦东新区人民法院（2013）浦民二（商）初字第3183号民事判决第四项及诉讼费负担部分。

2. 变更上海市浦东新区人民法院（2013）浦民二（商）初字第3183号民事判决第一项为：严某明、严某晖、邓某、黄某雄、郑某在判决生效之日起十日内回购上海杉融实业有限公司持有的深圳合智天成软件技术有限公司的0.20%股权（即严某明以人民币190,476元回购0.10582%股权；严某晖以人民币46,080元回购0.0256%股权；邓某以人民币18,756元回购0.01042%股权；黄某雄以人民币3600元回购0.002%；郑某以人民币9000元回购0.005%股权）。

3. 变更上海市浦东新区人民法院（2013）浦民二（商）初字第3183号民事判决第二项为：严某明对上述第二项判决内容中邓某、黄某雄、郑某回购股权应支付的回购款承担连带保证责任；严某明在承担保证责任后，有权向邓某、黄某雄、郑某追偿。

4. 变更上海市浦东新区人民法院（2013）浦民二（商）初字第3183号民事判决第三项为：严某晖对上述第二项判决内容中邓某、黄某雄、郑某回购股权应支付的回购款承担连带保证责任；严某晖在承担保证责任后，有权向邓某、黄某雄、郑某追偿。

案件评析

上海市浦东新区人民法院认为，刘某虽是合智天成公司股东，但并不是投资合作框架协议的签约主体，且在无充分证据证明刘某自愿承担投资合作框架协议下的回购义务时，杉融公司无权要求刘某回购股权。法院在审理本案时，严格遵循了合同相对性。

合同相对性，是指合同主要在特定的合同当事人之间发生权利义务关系，当事人只能基于合同向另一方当事人提出请求或提起诉讼，不能向没有合同关系的第三人提出合同上的请求，也不能擅自为第三人设定合同上的义务。合同债权主要受合同法的保护，合同法的核心是意思自治和合同自由，合同相对性原理正好反映了这两个原则。合同相对性主要体现在以下三方面：

1. 主体的相对性

主体的相对性，是指合同关系只能发生在特定主体之间，只有合同一方当事人能够向另一方当事人基于合同提出请求或提起诉讼。

2. 内容的相对性

内容的相对性，是指除法律、合同另有规定外，只有合同当事人才能享有某个合同所规定的权利，并承担该合同规定的义务，任何第三人不能主张合同上的权利。在双务合同中，合同内容的相对性还表现在一方的权利就是另一方的义务，只有另一方承担义务才使一方享有权利，权利义务是相互对应的。因此，权利人的权利需要依赖义务人履行义务才能实现。

3. 责任的相对性

责任的相对性，是指违约责任只发生在合同当事人之间，合同以外的人不负违约责任。违约责任的相对性要求：(1)违约当事人应对违约行为承担违约责任。(2)在因第三人的行为造成违约的情况下，债务人仍应向债权人承担违约责任。(3)债务人只向合同中的债权人承担违约责任，而不是向第三人承担违约责任。

9. 未在约定期限内提出股权回购不必然丧失回购请求权

——张家港保税区盛威贸易有限公司诉张家港保税区浩波国际贸易有限公司股权转让纠纷案

案件基本信息

1. 裁判书字号

苏州市中级人民法院(2015)苏中商终字第00200号民事判决书[1]

2. 案由:股权转让纠纷

3. 裁判日期:2015年4月16日

4. 当事人

原告(被上诉人):张家港保税区盛威贸易有限公司(以下简称盛威公司)

被告(上诉人):张家港保税区浩波国际贸易有限公司(以下简称浩波贸易公司)

基本案情

2011年10月24日,甲方浩波贸易公司、目标公司苏州浩波科技股份有限公司(以下简称浩波科技公司)与乙方主投资人浙江常晟创业投资合伙企业(有限合伙)(以下简称常晟投资企业)、跟随投资人盛威公司签订《股份转让协议》一份,约定:乙方是主投资人及其跟随投资人组成的投资团队;甲方将其拥有的目标公司800万股股份转让给乙方(第一条);协议各方经协商确认乙方合计受让甲方持有的第一条约定数额的目标公司股份,乙方应向甲方支付人民币4000万元作为本次股份转让的价款,并在本协议生效后30日内向甲方支付,自完成有关变更登记、乙方本次受让的股权被记载于目标公司股东名册日起,乙方作为目标公司股东而享有相应的权利和承担相应的义务(第二条);自乙方被记载于目标公司股东名册日起获得目标公司股东资格,乙方享有股份权利,承担股东义务,但本协议所述的转让的最终完成以办结工商变更登记

[1] 张家港市人民法院(2014)张商初字第00903号民事判决书(一审)。

手续为准(第八条)。同日,甲方浩波贸易公司、目标公司浩波科技公司与乙方主投资人常晟投资企业、跟随投资人盛威公司签订《股份转让补充协议》一份,确认甲方、乙方已于2011年10月24日共同签署了《股份转让协议》,约定:若目标公司在完成甲方向乙方转让目标公司股份的工商变更登记之日起的二十四个月(相同于目标公司与2010年11月增资入股之投资机构约定的期限,以下简称约定期限)内,目标公司仍未合格上市时,乙方有权要求甲方回购其所持目标公司全部股份,回购价款的计算,按以下两种情况计算出的价高者执行:(1)按10%的年投资回报率,以乙方的投资额为基数进行计算;(2)按乙方提出回购股权请求之日,其所持有公司股权对应的所有者权益总额,计算方式为:该时点公司所有者权益×乙方占公司的股权比例(第六条6.1);具体如果发生前款约定的股权回购情形,乙方有权自约定期限期满之日起两个月内以书面方式向甲方提出股权回购的要求,甲方应自收到乙方提出的股权回购要求后两个月内完成该股权的回购,股权受让事宜双方另行签署股权转让协议(第六条6.2);各方一致同意并确认,上述“合格上市”是指满足下列条件或经公司股东会有效决议通过的符合其他条件的公开上市:目标公司的股票必须在中国上海或深圳证券交易所的A股市场、深圳创业板市场上市(第六条6.3)。

上述协议签订后,盛威公司于2011年11月10日向浩波贸易公司支付950万元,受让浩波贸易公司在浩波科技公司的190万股股份,进账单注明该款是“苏州浩波投资款”。2011年11月14日,浩波科技公司经过工商变更登记,盛威公司登记为浩波科技公司的股东,持有浩波科技公司的股权比例为1.61017%,工商登记记载的盛威公司出资款950万元的交付日期为2011年11月12日。目标公司浩波科技公司未能在《股份转让补充协议》约定的期限内完成合格上市。

2014年7月18日,盛威公司向张家港市人民法院起诉,请求法院判令:(1)浩波贸易公司回购盛威公司持有的浩波科技公司190万股股份;(2)浩波贸易公司支付股权回购款950万元;(3)浩波贸易公司支付利息285万元(自2011年11月10日至判决作出之日止年利率10%的利息,暂时计算三十六个月)。

审理中,浩波贸易公司、盛威公司对《股份转让补充协议》中“如果发生前款约定的股权回购情形，乙方有权自约定期限期满之日起两个月内以书面方式向甲方提出股权回购的要求，甲方应自收到乙方提出的股权回购要求后两个月内完成该股权的回购，具体股权受让事宜双方另行签署股权转让协议（第六条6.2）”的理解发生争议。

浩波贸易公司认为，根据《股份转让补充协议》的行文习惯和关系，该条规定是对第6.1条关于股权回购约定的限制和补充，盛威公司获得浩波科技公司股份的工商变更登记之日是2011年11月14日，浩波科技公司在2013年11月14日未能合格上市，根据协议的约定，盛威公司有权要求浩波贸易公司回购其股权，但是《股份转让补充协议》同时约定了两个月以书面方式提出回购请求的要求，该约定是对盛威公司行使权利的限制，符合双方订立合同的本意，如果认为盛威公司行使回购权利可以不按照第6.2条的条件，则第6.2条约定无存在的必要。股权投资行为不同于借款，投资回报率的高低取决于公司经营的好坏，正是基于这点，为了平衡双方之间的利益，才会对盛威公司行使股权回购请求权作出限制，否则盛威公司将有权以10%的年投资回报率而无论公司经营的好坏持续获得固定的收益。第6.1条和第6.2条的条款安排是为了保障盛威公司在入股二十四个月内可以获得不低于10%的年回报，在出现违约事件后，盛威公司有权选择离开，但也可以选择继续留下，双方约定了两个月的犹豫期，本案中，盛威公司从未在这两个月期限内提出过要离开，故盛威公司再要求浩波贸易公司回购股权不符合合同的约定，且加重了浩波贸易公司的义务，回避了盛威公司自身应当承担的风险。

盛威公司则认为，《股份转让补充协议》第6.2条的约定并没有说明其在两个月内没有书面要求浩波贸易公司回购股权的情形下就丧失了股权回购的请求权，该条款的意义在于要求浩波贸易公司及时的完成股权回购。盛威公司是跟随投资人以溢价五倍的价格受让浩波贸易公司在目标公司的190万股股份，以此价格收购股份的目的是目标公司能在融资后扩大生产经营规模，提高盈利从而能够合格上市，进而给双方及目标公司带来巨大收益，本案目标公司未能上市，按照投资习惯，浩波贸易公司应当回购其原本转让给盛威公司的股权，不存在股权回购缓冲期。

案件焦点

1. 盛威公司是否仍有权要求浩波贸易公司回购案涉股权并支付回购款；

2. 计算年回报款的起止时间应当如何确定。

法院裁判要旨

张家港市人民法院经审理认为：

盛威公司与浩波贸易公司签订的《股份转让协议》《股份转让补充协议》是双方当事人真实意思的表示，形式和内容不违反法律规定，均属合法有效，双方当事人均应按照协议约定履行各自的义务，享有各自的权利。关于本案《股份转让补充协议》中双方关于在目标公司浩波科技公司未能合格上市的情形下，盛威公司有权要求目标公司股东即浩波贸易公司回购转让股权的约定，该约定是双方真实意思的表示，属于双方意思自治的内容，不损害目标公司浩波科技公司及其债权人的利益，也不违反法律、行政法规的禁止性规定，故《股份转让补充协议》中关于股权回购及回购价款确定的约定合法有效。

关于浩波贸易公司提出的盛威公司没有按照《股份转让补充协议》约定的时间和方式提出股权回购请求这一节，一审法院认为，首先，盛威公司作为跟随投资人受让浩波贸易公司在目标公司浩波科技公司股份的目的是促成目标公司浩波科技公司合格上市，以期在目标公司上市后获得利益，现浩波科技公司未能在《股份转让协议》及《股份转让补充协议》约定的期限内上市，直到盛威公司提起本案诉讼时也未能上市，盛威公司投资股权的目的未能实现，双方约定的股份回购条件已经成就，盛威公司有权要求浩波贸易公司回购股份；其次，《股份转让补充协议》约定的要求转让方回购股份是盛威公司享有的权利，虽然盛威公司未能提供证据证明其在发生股份回购情形后两个月内以书面方式向浩波贸易公司提出股份回购请求的证据，但是综观《股份转让补充协议》的内容，双方并未约定发生股份回购情形后盛威公司未在两个月内以书面方式提出股份回购请求即丧失股权回购请求权的内容，也未有盛威公司超过两个月或者未以书面方式提出回购请求即属于放弃行使股份回购权的约定，上述条款亦未作为盛威公司的义务或责任在《股份转让补充协议》中约定，原审法院认为上述约定旨在督促享有股份回购请求权的一方及时行使股权回购的权利，而非剥夺其请求股份回购的权利。故对浩波贸易公司的该项辩称意见，不予采纳。

综上,盛威公司要求浩波贸易公司回购其所持有的浩波科技公司 190 万股股份并支付股权回购款 950 万元及年回报款 2,883,835.62 元的诉讼请求,符合双方之间的约定,且不违反法律规定,予以支持。

张家港市人民法院判决:

1. 张家港保税区浩波国际贸易有限公司于判决生效后十日内回购张家港保税区盛威贸易有限公司持有的苏州浩波科技股份有限公司 1,900,000 股股份;

2. 张家港保税区浩波国际贸易有限公司于判决生效后十日内给付张家港保税区盛威贸易有限公司股权回购款 9,500,000 元及截至 2014 年 11 月 24 日的年回报款 2,883,835.62 元,合计 12,383,835.62 元。

一审法院判决后,浩波贸易公司不服,向苏州市中级人民法院上诉称:原审法院对《股份转让补充协议》第 6.2 条理解有误。该协议第六条是合同双方对股权回购的约定,其中第 6.1 条规定的是股权回购的触发条件,第 6.2 条是对盛威公司行使回购权的限制,是其行使权利的时间、方式。从合同条款上下文的逻辑机构、行文习惯、合同双方的目的等综合解释,第 6.2 条是对第 6.1 条的进一步补充,盛威公司享有股份回购权是附有行使条件和期限的。若按原审法院理解,第 6.2 条仅是对盛威公司及时行使权利的督促,则该条款无任何意义,盛威公司享有的股份回购请求权将是无期限的,浩波贸易公司将承担无限期回报。因此,在解释合同争议条款时,应考虑订立合同的目的,否则有违《合同法》第一百二十五条的规定。盛威公司未在两个月内以书面方式提出回购,其享有的回购请求权已经消灭,股份回购请求权属于形成权,一旦盛威公司主张即建立回购的法律关系,相对地,第 6.2 条中的两个月约定应理解为权利存续时限。在本案中,合同已经约定行使回购请求权必须采用书面形式,否则不发生法律效力,合同虽未明确写明不按约定行使权利的后果,但其应是合同应有之义。因此盛威公司作为私募参与者,明知相应的投资风险,合同约定股权回购的退出途径,同时保障投资回报,作为平衡,双方约定形式回购请求权的期限,避免因回购可能带来的不稳定。在回购期限之后,盛威公司继续持有公司股份,应当享受普通股东相同的权利承担相同义务。

苏州市中级人民法院经审理认为:

案涉《股份转让补充协议》对股权回购的约定十分明确，至2013年11月14日，由于目标公司浩波科技公司未能完成上市，因此股权回购的条件已经成就。双方仅在合同第6.2条中约定盛威公司有权在约定期满之日起两个月内以书面方式提出股权回购要求，但并未约定超过该两个月时间后，盛威公司便丧失股权回购的请求权，因此双方对行使股权回购请求权的时限并无明确约定，而至2014年7月18日原审法院受理本案，即盛威公司以提起诉讼的方式要求浩波贸易公司进行股权回购，也并未明显超过合理期限，符合法律规定。即便没有关于行使股权回购请求权的时限约定，尚有诉讼时效等法律规定的时间限制，不会出现浩波贸易公司须无期限的承担年回报款的情形。故盛威公司有权要求浩波贸易公司回购案涉股权并支付回购款，浩波贸易公司关于盛威公司未在约定的两个月时限内提出这一要求即丧失请求权的主张，依法不能成立，本院殊难支持。

法院裁判结果

苏州市中级人民法院依照《民事诉讼法》第一百七十条第一款第(一)项的规定，判决如下：

驳回上诉，维持原判。

案件评析

异议股东未在约定的期限内请求公司回购其股份，回购请求权是否丧失是本案的审理重点之一。股东回购请求权是指当股东大会作出对股东利益有重大影响的决议时，对该决议表明异议的股东，享有请求公司以公平的价格收买其所享有的股权，从而退出公司的权利。本案中，投资方与目标公司股东签订的协议仅约定了股权回购行使期限，并未就超过约定时间后盛威公司是否就丧失股权回购的请求权进行约定，换言之，双方未约定超期行使的后果。法院据此认定，投资方回购请求权未经过。

由该案例可知，回购条款中约定了回购请求权的行使期限，未明确约定逾期处理原则的话，回购权不会灭失。需要特别说明的是，投资人需注意，应当在合理的期限内主张权益。

10. 投资方可依约要求非目标公司股东支付股权回购款

——北京嘉俪九鼎投资中心(有限合伙)诉游某、武汉猫人服饰股份有限公司股权转让纠纷案

案件基本信息

1. 裁判书字号

北京市高级人民法院(2015)高民(商)终字第1017号民事判决书[1]

2. 案由:股权转让纠纷

3. 裁判日期:2015年6月23日

4. 当事人

原告(被上诉人):北京嘉俪九鼎投资中心(有限合伙)(以下简称嘉俪中心)

被告(上诉人):游某

被告:武汉猫人服饰股份有限公司(以下简称猫人服饰公司)

基本案情

2011年1月,嘉俪中心作为甲方,猫人服饰公司与游某作为乙方,武汉猫人制衣有限公司(以下简称猫人制衣公司)作为丙方,共同签订《投资协议书》《补充投资协议书》《补充投资协议书二》,约定嘉俪中心向猫人制衣公司投资2400万元,将嘉俪中心向猫人服饰公司及游某实际控制的关联企业上海美敖时装有限公司投入的2400万元转为对猫人制衣公司投资,嘉俪中心对猫人制衣公司合计投资4800万元,并相应持有猫人制衣公司8%股权。

《补充投资协议书》第三条第二款约定,如果猫人制衣公司2010年、2011年、2012年任何一年实现净利润低于5000万元,或者猫人制衣公司任意一季度的销售收入同比下降50%以上,则嘉俪中心有权要求猫人服饰公司与游某或猫人制衣公司受让嘉俪中心持有的全部或部分猫人制衣公司股权,猫人服

[1] 北京市第二中级人民法院(2014)二中民初字第06611号民事判决书(一审)。

饰公司与游某以及猫人制衣公司承诺予以受让，受让价格应保证嘉俪中心本次投资的年复合投资收益率不低于30%，具体按照以下公式确定：受让价款 = 投资款4800万元 × $(1+30\%)^n$ − 嘉俪中心入股期间从猫人制衣公司获得的所有现金股利 − 嘉俪中心届时因已转让部分猫人制衣公司股权所取得的收入。

2011年3月，湖北中信会计师事务有限责任公司出具鄂中信验字(2011)第Y013号验资报告书，确认截至2011年3月22日，猫人制衣公司已收到嘉俪中心认缴的新增注册资本实际出资2400万元。

2011年4月，游某、猫人制衣公司共同出具承诺书，载明：嘉俪中心：上海美敖时装有限公司已经收到贵中心2400万元的投资款，该投资款系贵中心对猫人制衣公司投资的一部分，将专用于上海美敖时装有限公司归还对母公司猫人服饰公司的借款。特此承诺。

2011年4月，大信会计师事务有限公司出具大信审字(2011)第2-0416号审计报告，就猫人制衣公司2010年度的利润表、股东权益变动表和现金流量表及财务报表附注发表无保留审计意见，2010年度的利润表上显示2010年度净利润40,603,457.53元。2012年4月大信会计师事务有限公司出具大信审字(2012)第2-0406号审计报告，就猫人制衣公司2011年度的合并及母公司利润表、合并及母公司股东权益变动表及财务报表附注发表无保留审计意见，2011年度的合并利润表上显示2011年度净利润47,325,018.27元。2013年5月大信会计师事务所(特殊普通合伙)出具大信审字(2013)第2-00010号审计报告，就猫人制衣公司2012年度的合并及母公司利润表和现金流量表、合并及母公司股东权益变动表及财务报表附注发表无保留审计意见，2012年度的合并利润表上显示2012年度利润31,233,903.70元。

另外，猫人服饰公司与游某作为乙方，猫人制衣公司作为丙方共同向甲方嘉俪中心出具《关于股权回购的承诺》，载明：鉴于(1)甲方与乙方、丙方于2011年1月签署了《投资协议书》，并于同日签署了《补充投资协议书》，并据此办理了股权转让变更登记；(2)上述股权转让变更登记完成后，甲方持有丙方8%的股权；(3)甲方希望根据各方按2011年1月签署的补充协议的约定，由乙方购买甲方持有的丙方全部股权，以实现甲方退出。对此，乙方承诺：(1)乙方同意回购甲方持有的丙方股权；(2)考虑到乙方目前的实际情况和资金安排，乙方同意在2014年12月31日完成股权交割和转让对价款的支付；(3)如果到2014年12月31日，丙方经营情况优化，逐步达到上市的条件，甲方可选择继续持有或部分持有丙方股权，并按乙方对其他投资者的股权补偿条件对甲方进行补偿。

2014年6月9日，原审原告嘉俪中心向北京市第二中级人民法院提起诉讼，请求判令：1.猫人服饰公司受让嘉俪中心持有的猫人制衣公司8%的股权；2.猫人服饰公司与游某连带支付给嘉俪中心股权转让款10,545.6万元；3.猫人服饰公司与游某连带承担本案诉讼费用。

案件焦点

1.年复合投资收益率不低于30%标准来计算受让价格是否过高；

2.游某不是猫人制衣公司股东，是否应承担连带责任。

法院裁判要旨

北京市第二中级人民法院经审理认为：

嘉俪中心与猫人服饰公司及游某签订的《投资协议书》《补充投资协议书》《补充投资协议书二》系各方当事人真实意思表示，并未违反法律法规强制性规定，各方当事人应当诚信履行。《补充投资协议书》第三条第二款约定，如果猫人制衣公司2010年、2011年、2012年任何一年实现净利润低于5000万元，嘉俪中心有权要求猫人服饰公司与游某受让嘉俪中心持有的全部或部分猫人制衣公司股权，受让价格应保证嘉俪中心本次投资的年复合投资收益率不低于30%。现猫人制衣公司2010年、2011年、2012年净利润均未达到约定的标准，已触发《补充投资协议书》第三条第二款约定的回购条件。嘉俪中心与猫人服饰公司均系猫人制衣公司股东，有限责任公司股东间的股权转让并不存在法律上的障碍，猫人制衣公司章程亦未对股东间股权转让设置限制性条件，故嘉俪中心主张猫人服饰公司受让嘉俪中心持有的全部猫人制衣公司股权，法院予以支持。

至于股权转让款具体数额，嘉俪中心主张依据《补充投资协议书》应为10,545.6万元，但猫人服饰公司与游某认为该股权转让款过高，要求法院酌减。法院认为嘉俪中心系依据各方约定的计算公式“受让价款＝投资款4800

万元×(1+30%)^{n}－嘉俪中心入股期间从猫人制衣公司获得的所有现金股利－嘉俪中心届时因已转让部分猫人制衣公司股权所取得的收入”计算得出，该公式系合同各方真实意思之表示，法院不持异议，猫人服饰公司与游某提出该股权转让款过高要求酌减之抗辩，无事实与法律依据，法院不予以支持。因游某在《补充投资协议书》与《关于股权回购的承诺》中均作为猫人服饰公司的共同签约方，共同承诺回购股权与支付股权转让款，嘉俪中心主张游某就股权转让款承担连带责任，有事实依据，法院予以支持。

北京市第二中级人民法院判决如下：

1. 嘉俪中心于判决生效之日起30日内将其持有的猫人制衣公司8%股权变更至猫人服饰公司名下；

2. 猫人服饰公司与游某于判决生效之日起30日内支付嘉俪中心股权转让款10,545.6万元。

如果未按判决指定的期间履行给付金钱义务，应当依照《民事诉讼法》第二百五十三条之规定，加倍支付迟延履行期间的债务利息。

上诉人游某不服一审法院上述民事判决，向北京市高级人民法院提起上诉。

北京市高级人民法院查明：2015年4月17日，嘉俪中心以特快专递的形式向猫人服饰公司及猫人制衣公司董事长游某发出通知函，函中称：根据《补充投资协议书》第三条的规定，嘉俪中心依法要求猫人服饰公司、游某董事长受让其持有的猫人制衣公司的8%股权，转让价格为10,545.6万元。鉴于游某董事长不是公司股东，根据猫人制衣公司章程的规定，请你公司及董事长立即召开公司股东会，或者分别征求相关股东对嘉俪中心向游某董事长转让相关股权是否同意的意见。请贵司及董事长接函后就我司上述请求在3日内回复。邮件查询记录显示，2015年4月19日该邮件已妥投。猫人服饰公司、游某至今未予回复，猫人制衣公司亦未召开相关股东会议。

2015年4月，猫人制衣公司股东苏州天昌湛卢九鼎投资中心（有限合伙）、厦门宝嘉九鼎投资管理中心（有限合伙）、苏州嘉赢九鼎投资中心（有限合伙）、嘉兴嘉仁九鼎投资中心（有限合伙）致函嘉俪中心称：对于你司与猫人服饰公司、游某等方签署的《投资协议书》《补充投资协议书》，我方在投资即知晓和认可。对于你司主张合同权利，要求猫人服饰公司、游某受让你司持有的猫人制衣公司的8%股权，我方认可和同意。鉴于游某董事长不是公司股东，根据猫人制衣公司章程的规定，我方对你司向游某董事长转让相关股权，我方不主张优先受让权。

北京市高级人民法院经审理认为：

本案所涉《投资协议书》《补充投资协议书》《补充投资协议书二》是各方当事人真实意思体现，不违反法律、法规强制性规定，合法、有效。各方当事人均应依约履行合同。猫人服饰公司、游某在《补充投资协议书》中作为共同的乙方与嘉俪中心约定了嘉俪中心要求猫人服饰公司、游某受让股权的条件以及受让股权价款的计算方法。在猫人制衣公司2010年、2011年、2012年任何一年实现净利润未达到约定目标的情况下，猫人服饰公司及游某应当依约应嘉俪中心的请求，支付相应的股权价款，受让嘉俪中心持有的猫人制衣公司的股权。现因猫人制衣公司在《补充投资协议书》签订后股权结构发生了变化，由猫人服饰公司100%持股的独资企业变更为八个股东共同持股的公司，而游某并非猫人制衣公司的股东，故按照《公司法》第七十一条第二款的规定，嘉俪中心若要将股权变更至猫人服饰公司及游某名下（即向股东以外的人转让股权），其他股东均应明确表示同意转让或视为同意转让。故，在目前的客观情况下，一审法院判决嘉俪中心将股权变更至猫人服饰公司的名下并无不当。作为共同乙方的游某在承担相应的支付股权受让款的义务后，其有权就应受让的猫人制衣公司的股权份额与猫人服饰公司另行解决。

对于游某主张一审法院判决认定支付股权转让款10,545.6万元有违公平原则、应当予以降低的上诉理由，本院认为，本案各方当事人在订立《投资协议书》时已对履约成本、风险、盈利进行了充分估算与预期，系签约各方作出的自主的商业判断。《补充投资协议书》中对猫人服饰公司和游某受让嘉俪中心持有的猫人制衣公司股权的价款计算方法进行了约定，该约定不违反法律、法规的强制性规定，应为有效。一审法院判决认定支付股权转让款10,545.6万元系依据该计算方法得出，符合《补充投资协议书》的约定，并未加重股权受让方的责任。游某认为股权转让款应予降低的上诉请求，无事实及法律依据，本院不予支持。

法院裁判结果

北京市高级人民法院依照《民事诉讼法》第一百七十条第一款第(一)项之规定,判决如下:

驳回上诉,维持原判。

案件评析

嘉俪中心与猫人服饰公司及游某签订的《投资协议书》《补充投资协议书》《补充投资协议书二》系各方当事人真实意思表示,并未违反法律法规强制性规定,各方当事人应当诚信履行。《补充投资协议书》第三条第二款约定了对赌条款、触发条件及收购价格。现猫人制衣公司2010年、2011年、2012年净利润均未达到约定的标准,已触发约定的回购条件。在合同条款有效的情况下,双方当事人应秉持诚实信用原则履行对应的义务。

《公司法》第七十一条规定,有限责任公司的股东之间可以相互转让其全部或者部分股权。股东向股东以外的人转让股权,应当经其他股东过半数同意。公司章程对股权转让另有规定的,从其规定。嘉俪中心与猫人服饰公司均系猫人制衣公司股东,有限责任公司股东间的股权转让并不存在法律上的障碍,猫人制衣公司章程亦未对股东间股权转让设置限制性条件,故嘉俪中心主张猫人服饰公司受让嘉俪中心持有的全部猫人制衣公司股权的要求合理。游某在《补充投资协议书》与《关于股权回购的承诺》中均作为猫人服饰公司的共同签约方,共同承诺回购股权与支付股权转让款,嘉俪中心主张游某就股权转让款承担连带责任,有事实依据。

11. 国有独资公司签订股权回购协议审批前成立但不生效

——上海阳亨实业投资有限公司与江苏省盐业集团有限责任公司、李某股权转让纠纷案

案件基本信息

1. 裁判书字号

江苏省高级人民法院(2015)苏商终字第00163号民事判决书[1]

2. 案由:股权转让纠纷

3. 裁判日期:2015年7月30日

4. 当事人

被告(上诉人):江苏省盐业集团有限责任公司(以下简称盐业集团)

原告(被上诉人):上海阳亨实业投资有限公司(以下简称阳亨公司)

被告:李某

基本案情

2011年1月20日,江苏省新世纪盐化集团有限责任公司(以下简称目标公司)代表贾某与上海朵仁国际贸易有限公司(以下简称朵仁公司)代表刘某签订股权转让协议一份,协议第二条载明:盐业集团欢迎朵仁公司作为战略投资者收购部分自然人所持股权,并放弃优先购买权,朵仁公司保证股权变更登记手续完成后5年内不得转让。第三条载明:朵仁公司收购不少于20%的股权,收购价格为1元/股,收购资金的支付方式为2011年1月25日前支付不少于600万元,余下资金在2011年2月底之前付清。第四条载明:盐业集团、目标公司承诺,力争在5年内促使目标公司上市,如工商部门办理完股权变更登记手续后5年内仍未上市,朵仁公司提出退股,盐业集团应收购朵仁公司依据

[1] 本案判决作出后,上海阳亨实业投资有限公司向最高人民法院申请再审,最高人民法院经审理作出(2016)最高法民申474号再审民事裁定书驳回其申请。

协议受让的目标公司股权，每股收购价格按"1元/股＋一年期银行同期贷款利息－持有期间累计分红"，朵仁公司提出后，盐业集团应在3个月内完成收购，并向朵仁公司支付全部回购款或股权转让价款。第九条载明：协议经各方法定代表人或授权代表人签字并加盖公章后生效，任何修改需经各方同意并签署书面文件后方可生效。贾某受李某指派与朵仁公司代表刘某在股权转让协议上签字，但均未在该协议上盖章。盐业集团虽被列为股权转让协议的当事人，但未签字盖章。

2014年1月14日，朵仁公司出具情况说明一份，载明：2011年1月签订股权转让协议时，因阳亨公司正在筹建，故以朵仁公司的名义谈判和签署，阳亨公司成立后，出资收购等事宜均由阳亨公司进行，相应权利亦由阳亨公司行使。

2011年4月8日，盐业集团召开党政领导办公会，并形成党政会议纪要一份，原则同意该集团投资发展部提出的目标公司股权整合意见：一是以自然人股东冯某出面以股本金1倍的价格收购目标公司其他自然人股东的股权共计25%，并将20%股权转让给阳亨公司；二是引进战略投资者或盐业集团以股本金1.4倍的价格收购职工持股会所持9.01198%股权，优先考虑由阳亨公司单独收购或与江苏诚行投资管理有限公司共同收购；三是完成本次股权转让5年后，如目标公司未上市，同意阳亨公司、江苏诚行投资管理有限公司退股或由集团收购其退出股份。退股或收购价格按原始转让股权的价格＋股权持有期内银行贷款利息－股权持有期内累计分红。

阳亨公司与冯某签订股权转让协议一份，载明：经双方协商，冯某将其持有的目标公司16.99992%股权计29,325,990元以29,325,990元的价格转让给阳亨公司。冯某、阳亨公司分别在股权转让协议上签章，但未注明签订日期。

2011年1月26日、2月14日，目标公司出具数额合计800万元的收据两份，均载明：收款单位目标公司，事由收购目标公司股权款，交款单位刘某，交款方式由刘某银行卡转至冯某银行卡。2011年3月16日，以案外人陆某名义转账600万元给冯某，以刘某名义转账500万元给冯某。阳亨公司于2011年3月21日、4月11日、5月18日合计转账10,325,990元给冯某。以上合计29,325,990元。

2011 年 8 月 16 日，盐业集团出具承诺书一份，载明：(1) 完成本次股权转让 5 年后，目标公司没有上市，同意诚行企业等三家公司以减资方式退出，股权退出价格按股权原始投资价格 + 股权持有期内银行贷款利息 - 股权持有期内累计分红；(2) 盐业集团有权优先受让诚行企业等三家公司的股权，受让价格按股权原始投资价格 + 股权持有期内银行贷款利息 - 股权持有期内累计分红，此价格为不变价格。盐业集团及目标公司均在承诺书上盖章确认。

署期为 2011 年 9 月 2 日的《江苏省无锡工商行政管理局公司准予变更登记通知书》载明：阳亨公司为目标公司变更后的股东，其认缴、实缴出资额均为 29, 325, 990 元。

阳亨公司在原审中提交其于 2013 年 5 月 16 日致盐业集团、目标公司的《关于退出目标公司股权的通知函》一份，该函载明：因目标公司 2012 年度和 2013 年度 1 ~ 4 月存在巨额亏损，5 年内不可能上市，要求盐业集团、目标公司按照承诺书约定以减资或者受让股权的方式确保阳亨公司等投资方退出目标公司，受让价格为投资本金及同期银行贷款利息，工商股权变更手续和资金退还的期限为 2013 年 6 月 30 日。

2013 年 6 月 23 日，诚行企业执行事务合伙人代表狄某、阳亨公司法定代表人刘某、盐业集团常务副总经理杨某共同签署股权转让专题会议纪要一份，载明：1. 盐业集团同意受让诚行企业、阳亨公司持有的目标公司股权；2. 受让价格按原承诺价格执行；3. 盐业集团同意于 2015 年 12 月 31 日内完成股权受让；4. 盐业集团按规定履行股权受让相关程序；5. 在完成股权转让前，诚行企业、阳亨公司各董事应在目标公司关于银行贷款事宜的历次会议决议上签字同意。

2014 年 1 月 9 日，阳亨公司通过 EMS 向盐业集团发送《关于要求江苏省盐业支付股权转让款的函》一份，要求盐业集团于 2014 年 1 月 14 日前向其支付股权转让款 34, 463, 714. 13 元。盐业集团认可收到该函件，但认为其并无受让阳亨公司持有的目标公司股权的义务，故未予理会。

原审中，法院准许阳亨公司的申请，向时任盐业集团法定代表人的王某、总经理周某、常务副总经理杨某进行调查。王某称：就诚行企业、阳亨公司投资及退出目标公司事项，盐业集团依据目标公司的报告形成党政会议纪要；杨某在股权转让专题会议纪要上签字并非个人行为。周某称：其于 2013 年被任命为总经理，对之前案涉事宜未参与；杨某作为常务副总经理在股权转让专题会议纪要上签字系受其指派。杨某称：引进诚行企业、阳亨公司投资目标公司及退出事项，系由目标公司法定代表人李某依据党政会议纪要精神办理；股权转让专题会议纪要与党政会议纪要的精神基本一致；其在股权转让专题会议纪要上签字，系受周某指派，并非个人行为。

盐业集团成立于1987年6月1日，企业类型为国有独资有限公司，现任法定代表人周某。杨某为盐业集团常务副总经理，分管发展规划、产业拓展、项目投资建设管理、招投标管理、资本运作、股权管理、科技创新以及生产运营管理等方面工作，分管发展规划部、资本运营部、招标办。杨某以盐业集团代表的身份，在目标公司的2011年9月28日第一次、第二次股东会决议，2012年6月12日股东会决议，临时股东会决议上签字，盐业集团在杨某签名处加盖公司印章确认。

目标公司为盐业集团控股的子公司，2012年目标公司的净利润为-131,119,200元。各方当事人均确认目标公司已不具备在诚行企业、阳亨公司受让股权后5年内上市的条件。

2014年1月16日，阳亨公司向江苏省南京市中级人民法院提起诉讼，请求确认盐业集团受让阳亨公司持有的目标公司股权的合同有效，判令盐业集团支付股权转让款34,463,714.13元，并按中国人民银行同期贷款利率支付自每次付款日至判决确定履行期间届满之日止的利息，本案诉讼费由盐业集团负担，李某对盐业集团的前述付款承担连带责任。

案件焦点

1. 盐业集团是否与阳亨公司达成股权回购的合意；

2. 如达成合意，案涉股权回购合同是否因违反法律、行政法规的效力性强制性规定而归于无效；

3. 李某应否承担连带责任。

法院裁判要旨

江苏省南京市中级人民法院认为：

盐业集团于2011年4月8日形成的党政会议纪要已载明，在完成本次股权转让5年后,如目标公司未上市,同意诚行企业、阳亨公司退股或由盐业集团收购其退出的股份。盐业集团在2011年8月16日出具的承诺书中承诺:完成本次股权转让5年后,目标公司未上市,同意阳亨公司减资退出或在阳亨公司转让股权时有权行使优先认购权。2013年6月23日,诚行企业执行事务合伙人代表狄某、阳亨公司法定代表人刘某、盐业集团常务副总经理杨某共同签署的股权转让专题会议纪要对退出目标公司的事项进一步明确为:盐业集团同意受让诚行企业、阳亨公司持有的目标公司股权。收购价格在三份文件中亦均有载明且具有一致性,故在各方均确认目标公司已不具备上市条件的情形下,盐业集团与阳亨公司之间已就股权收购事宜形成合意,成立了股权转让合同关系,该合同关系未违反法律和行政法规的强制性规定,合法有效。

虽然阳亨公司主张盐业集团应收购其持有的目标公司股权所依据的股权转让协议,盐业集团既未盖章也未授权他人签字,但承诺书、股权转让专题会议纪要均足以支持阳亨公司的相应主张,故双方就收购事项的约定应具有法律效力。

关于盐业集团认为杨某在股权转让专题会议纪要上签字系无权代理的抗辩意见,该院认为,法人或其他组织的工作人员就其职权范围内的事项以法人或其他组织名义从事经营活动的构成职务代理,无须法人或其他组织特别授权,其行为后果应当按照委托代理的规定,由法人或其他组织承担。法人或其他组织的工作人员超越其职权范围,以法人或其他组织的名义从事经营活动的,构成无权代理。相对人有理由相信其有代理权的,构成表见代理。杨某作为盐业集团常务副总经理,其职权范围包括分管盐业集团的资本运作、股权管理事务。盐业集团时任法定代表人王某亦认为杨某在股权转让专题会议纪要上的签字非个人行为,时任盐业集团总经理的周某也称杨某在该纪要上签字系受其指派,故杨某在股权转让专题会议纪要上的签字行为应属职务代理。杨某在目标公司多次股东会决议中曾代表盐业集团签字,亦足以佐证前述认定。

关于收购行为应履行的时间节点问题,依据股权转让专题会议纪要约定:"盐业集团同意2015年12月31日内完成股权受让。"故虽然盐业集团受让阳亨公司持有的目标公司股权的前提条件已经具备,且股权受让价格也已确定,但盐业集团同意向阳亨公司支付股权转让款及办理股权交割事项的时间节点为2015年12月31日，阳亨公司要求在2014年1月14日前支付股权转让款，因双方未达成合意，故不应得到支持。

违反法律、行政法规强制性规定的合同无效。盐业集团认为依据《企业国有资产法》第三十条“国家出资企业进行重大投资，应当遵守法律、行政法规以及企业章程的规定，不得损害出资人和债权人的权益”、《企业国有资产评估管理暂行办法》第六条“企业收购非国有单位资产应进行评估”以及第二十七条“企业应当进行资产评估而未进行评估的，由国有资产管理机构通报批评并责令改正，必要时可依法向人民法院提起诉讼，确认相应的经济行为无效”的规定，其收购阳亨公司持有的目标公司股权属于重大投资，应报国有资产管理部门进行批准，同时要对阳亨公司持有的股权进行评估，否则收购阳亨公司股权的合同因违反法律规定而无效。该院认为，《企业国有资产法》第三十条对于盐业集团依约回购阳亨公司在目标公司股权并不具有针对性，同时并非效力性强制性规定。《企业国有资产评估管理暂行办法》属国资委发布的部门规章，其效力级别并不等同于国家法律和行政法规。盐业集团据此认为收购阳亨公司持有股权的合同应为无效的观点缺乏法律根据。

李某在目标公司出具的收款收据上签字，系履行其作为目标公司法定代表人的职务行为，阳亨公司并无证据证明该笔款项被李某个人使用。因此，对阳亨公司要求李某为盐业集团的付款责任承担连带责任的诉请，不予支持。

江苏省南京市中级人民法院依照《公司法》第七十二条，《合同法》第四十九条、第五十二条、第六十条，《民事诉讼法》第一百四十二条之规定，判决如下：

1. 确认盐业集团受让阳亨公司持有的目标公司股权的合同关系合法有效。

2. 驳回阳亨公司的其他诉讼请求。

盐业集团不服原审判决，向江苏省高级人民法院提起上诉。

江苏省高级人民法院经审理认为：

一、盐业集团已与阳亨公司达成在未来时点进行股权回购的合意

1. 应认定以减资方式退出或由盐业集团回购股权已构成阳亨公司在投资目标公司时的合理信赖

阳亨公司向目标公司进行股权投资，其在缔约时关注的是目标公司未来的营业收入及营业利润的增长。案涉股权转让协议约定目标公司应在5年内上市,如能在5年内上市,则投资人通过目标公司的上市可取得本次股权投资的利益最大化。而“5年内未上市”即构成投资人要求减资退出或由盐业集团作为目标公司控股股东进行股权回购的触发条件。盐业集团为引进目标公司的战略投资者,在投资人决定实际投资前承诺如约定的上市条件未成就,则在未来赋予投资人向其主张回购股权的权利。该约定实则是控股股东向外部投资人提供的补偿条款,目的在于降低投资人在投资时误判目标公司价值的投资风险,以促成投融资交易的实现。该补偿条款出于双方当事人自主安排、调控风险及经营激励的自由意志,该约定经意思表示一致而成立。

2. 应认定案涉股权回购的承诺系出于盐业集团的真实意愿

第一,盐业集团党政会议纪要记载目标公司的股权整合方案是先由目标公司原自然人股东冯某收购其他自然人股东合计25%的股权,再由冯某将20%的股权转让给阳亨公司;此外,引进战略投资人收购职工持股会所持9.01198%的股权,由阳亨公司单独或与诚行企业共同收购。第二,从投融资的实际履行情况来看,诚行企业以1.4元/股的价格向目标公司职工持股会收购9.01198%的股权,以1元/股的价格向冯某收购6.91447%的股权;阳亨公司以1元/股的价格向冯某收购16.99992%的股权,股权转让的实际履行情况与党政会议纪要的内容相互对应,盐业集团在前述目标公司的股权转让中亦未主张行使股东优先购买权。第三,在阳亨公司完成投资后,盐业集团作为控股股东多次参加目标公司的股东会会议,在2011年度第一次的股东会会议上,其即已知晓目标公司新股东的加入、股权比例发生的变更,并签署修改目标公司章程的决议。在2012年的临时股东会上,盐业集团表决同意任命新股东指派的董事会成员。参加股东会会议及签署相关决议的行为与党政会议纪要、目标公司的股权整合步骤在时间上前后衔接,变更后的目标公司股东成员及股权比例,与盐业集团党政会议纪要内容亦基本一致。盐业集团虽否认党政会议纪要的效力、认为该纪要不能代表公司意志,但党政会议纪要实则已与目标公司的股权转让、新旧股东共同参与经营管理的行为相互印证,盐业集团的缔约意思与其履行行为已构成不可分割的整体。

3. 应认定杨某在股权转让专题会议纪要上的签名行为系职务行为

第一,杨某系盐业集团的常务副总经理,从盐业集团[2013]7号《关于调整领导人员分工的通知》来看,杨某在签署纪要时负责联系目标公司。第二,杨某接受盐业集团的指派,多次与诚行企业、阳亨公司的代表共同参加目标公司的股东会会议,其代表盐业集团签署的历次股东会决议亦得到盐业集团的盖章确认。盐业集团既以杨某当时未分管该工作为由主张其不享有股权回购等事项的决策权或执行权,又主张盐业集团授权的股东代表与分管工作无须对应,其陈述相互矛盾,故不予采信。盐业集团虽称杨某接受授权的场合及范围须以该集团事先出具的授权委托书的内容为限,但盐业集团亦承认授权委托书仅向目标公司提交,未向目标公司的其他股东出示,因此其事后主张的该项限制性授权条件亦不能约束其他股东。第三,2013 年 6 月 23 日签署的股权转让专题会议纪要关于股权回购的约定,与党政会议纪要的内容及股权转让协议的内容能相互对应,结合王某、周某、杨某在原审法院调查时所作的陈述,应认定杨某的前述行为均系接受盐业集团指派所作出的职务行为,该职务行为即为执行盐业集团党政会议纪要的行为。盐业集团虽提出王某、周某、杨某系受胁迫作证的主张,但未有充分证据能予证明,故不予采信。

4. 应认定股权转让专题会议纪要系对承诺书的补充,两者并不矛盾

盐业集团于 2011 年 8 月 16 日出具的承诺书,所载减资退股价格与党政会议纪要、股权转让补充协议所载的退股价格一致。虽然承诺书的表述为“盐业集团有权优先受让”,从字义内容来看弱化了盐业集团回购股权的强制性,但该承诺书系由盐业集团单方出具,并无证据可证明阳亨公司同意放弃主张由控股股东进行股权回购的权利。其后杨某签署股权转让专题会议纪要,应认定系盐业集团对其在最初投资磋商阶段承诺的股权回购义务予以再次确认。

二、应认定审批程序构成案涉股权回购合同的约定效力要件

1. 国有资产交易应以相关主管部门的审批作为前置程序,阳亨公司作为投资方,对交易对象盐业集团的国有独资企业性质应系明知。案涉股权回购系重大投资行为,即使阳亨公司有合理理由相信杨某可代表盐业集团与其磋商投资事宜,其亦无充分理由可相信在未经盐业集团董事会决议及国有资产监督管理机构同意的情形下,盐业集团可径行完成案涉股权回购。

2. 诚行企业、阳亨公司及盐业集团共同签署 2013 年 6 月 23 日的股权转让专题会议纪要,该纪要的签署背景是目标公司已因连续亏损无法实现预定的上市目标。在此情形下,原约定的回购条件提前成就,原尚不确定是否需履行

的股权回购义务已转化为确定性的回购义务，各方在此背景下签署股权转让专题会议纪要，应认定系各方对即将实施的股权回购行为进行进一步的磋商，对所涉回购条件、回购程序等细节进行确认。各方在该纪要中关于股权回购的约定内容确定、合同要素齐备，依照最高人民法院《关于适用〈中华人民共和国合同法〉若干问题的解释（二）》第一条第一款之规定，应认定各方已通过签署股权转让专题会议纪要的形式形成合同关系，就股权回购具体事宜所形成的合意对各方均具有约束力。

3. 从股权转让专题会议纪要所载的内容来看，仅单向规定盐业集团需在回购中履行相关股权受让程序，并未对出让方负有同样或类似义务作出表述。而在一般的股权转让中，出让方与受让方均需履行股权转让的相关程序，就此表述的字义内容可见，各方在磋商时已充分注意到盐业集团作为国有独资公司在受让股权程序上的特殊性。阳亨公司在签署该纪要时对盐业集团尚需履行向相关主管部门的报批程序具有充分预见，且已知晓"履行股权受让相关程序"系盐业集团能在约定期限届至前完成股权回购义务的必要前提。据此应认定该约定内容系各方对股权回购合同生效要件的确认，现因盐业集团尚未履行报批程序，故应认定案涉股权回购合同尚未生效。

三、欠缺生效要件的合同不产生实质约束力

1. 案涉股权回购合同依当事人的意思表示一致而成立，合同成立即具有形式上的法律约束力，该形式约束力体现为《合同法》第八条第一款所规定的当事人不得擅自变更或者解除合同。《合同法》第四十四条第一款规定依法成立的合同，原则上自成立时生效。但例外情形包括《合同法》第四十五条第一款的规定，即附生效条件的合同自条件成就时生效。案涉股权回购合同即为附条件生效的合同，约定报批程序系促成合同生效的条款，该条款约定义务独立于合同本身，并不受未生效合同的影响。

2. 对合同效力的认定，不仅包括法律对合同是否违反国家强制性、禁止性规定的评判，还包括法律对合同所处阶段性状态的评判。从合同法法理及合同法条文设置的顺序来看，涉及合同生效的控制规则相比于违法无效的控制规则，所处的控制阶段更为靠前。合同要产生当事人预期的法律效果，既要满足法定或约定的生效要件，亦不能违反法律或行政法规的强制性规定，合同生效是合同有效的必要条件。只有当事人的约定能够自始确定地发生当事人所预期的法律后果，合同对当事人才具有完全的约束力。未生效的合同由于欠缺合同生效的要件，即欠缺促使合同具有实质约束力的前提，故合同的效力处于不确定的状态。在阻碍事由尚未消除之前，评判合同是否对当事人具有实质的约束力或是否因违法而致无效并无意义。

3. 未生效的合同尚不具备履行条件，况且在约定经审批才生效的合同中，当事人在缔约时均有合理期待即使合同标的不符合规定亦可在审批环节予以控制，因此如在合同未生效时即认定一方负有合同约定的给付义务，既不符合法律规定，又会导致审批前置的缔约预期被架空，有违当事人缔约时的真实意思表示。

综上，案涉股权回购合同虽成立但未生效，其效力处于尚不确定状态而有待当事人补正。在欠缺生效要件的情形下，无必要判定约定内容是否因违反法律、行政法规的强制性规定而致无效，盐业集团提出股权回购合同因违反法律、行政法规强制性规定应认定无效的上诉理由，本院不予采纳。同理，在合同未生效的状态下，阳亨公司提出确认股权回购合同合法有效及基于有效合同请求判令盐业集团支付股权回购款的诉请主张，本院不予支持。原审判决认定的基本事实清楚，但对案涉股权回购合同的效力状态认定有误，致适用法律及处理结果不当，本院予以纠正。

法院裁判结果

江苏省高级人民法院依照《合同法》第八条、第四十五条第一款，最高人民法院《关于适用〈中华人民共和国合同法〉若干问题的解释（二）》第一条第一款，《民事诉讼法》第一百七十条第一款第（二）项之规定，经本院审判委员会讨论决定，判决如下：

1. 撤销江苏省南京市中级人民法院（2014）宁商初字第 19 号民事判决；
2. 驳回阳亨公司的诉讼请求。

案件评析

在对赌回购业务中，国有企业涉及转让股权或收购股权的行为，均需事先得到有权机构的批准，方可实际执行。《合同法》第四十四条规定："依法成立的合同，自成立时生效。法律、行政法规规定应当办理批准、登记等手续生效的，依照其规定。”《企业国有资产法》第三十条规定：“国家出资企业合并、分立、改制、上市，增加或者减少注册资本，发行债券，进行重大投资，为他人提供大额担保，转让重大财产，进行大额捐赠，分配利润，以及解散、申请破产等重大事项，应当遵守法律、行政法规以及企业章程的规定，不得损害出资人和债权人的权益。”《企业国有资产监督管理暂行条例》第二十三条规定：“国有资产监督管理机构决定其所出资企业的国有股权转让。”对于重要子企业的重大事项，《公司法》第六十六条规定，“国有独资公司不设股东会，由国有资产监督管理机构行使股东会职权。国有资产监督管理机构可以授权公司董事会行使股东会的部分职权，决定公司的重大事项”。依据上述法律、行政法规规定的文义和立法目的，国有资产重大交易，应经国有资产管理部门批准，合同才生效。

本案中，盐业集团系江苏省国资委独资的国有企业，其因对外重大投资而签订的案涉股权买卖合同需经国资管理部门审批后，合同才能生效。因此，案涉《股权转让专题会议纪要》中关于“4. 江苏盐业公司按规定履行股权受让相关程序”的表述应解读为“盐业集团按规定履行股权受让的内外部审批手续”。由于上述审批手续未能完成，依据《最高人民法院关于适用〈中华人民共和国合同法〉若干问题的解释（一）》第九条的规定，应认定案涉股权转让合同并未生效……在合同尚未经审批、未生效的情形下，给付股权转让款的合同义务尚不具有可履行性。

12. 未办理工商变更登记不影响股权回购触发条件的达成

——翁某诉杨某、方某等与公司有关的纠纷案

案件基本信息

1. 裁判书字号

北京市第三中级人民法院(2015)三中民(商)终字第09233号民事判决书〔1〕

2. 案由:与公司有关的纠纷

3. 裁判日期:2015年9月14日

4. 当事人

原告(被上诉人):翁某

被告(上诉人):杭州宙捷科技有限公司(以下简称宙捷公司)

被告(上诉人):杨某

被告(上诉人):方某

基本案情

2013年11月30日,翁某(甲方、投资人)与杨某(乙方)、方某(丙方)及宙捷公司(丁方)签订《投资协议》,约定:丁方为依法设立并有效存续的有限责任公司,现有注册资本200万元人民币,乙方、丙方为丁方的股东,其中乙方出资150万元,占注册资本的75%,丙方出资50万元,占注册资本的25%。投资的数额及方式:根据本协议的条款、条件,各方同意甲方向丁方投资80万元,投资完成后,丁方各股东持股比例如下:甲方出资80万元,持股比例10%;乙方出资150万元,持股比例65%;丙方出资50万元,持股比例25%,合计280万元。本协议生效后的五个工作日内,甲方应将80万元人民币投资款一次性足额划入丁方指定账户,账户名称为杨某,账号为××××。公司变更登记:乙

〔1〕 北京市通州区人民法院(2015)通民(商)初字第6749号民事判决书(一审)。

方、丙方、丁方承诺，在甲方将投资款支付至上述账户之日起三十日内，按照本协议约定修改股东名册、完成公司验资、签发出资证明书、修改公司章程、办理工商登记变更手续等。利润分配和亏损分担：乙方、丙方、丁方同意，甲方对丁方在2015年12月30日前产生的亏损及债务不承担任何责任。退出机制：在甲方正式成为丁方10%股权的股东后，甲方有权在2015年12月30日前随时要求乙方、丙方回购甲方持有丁方的10%股权，乙方、丙方应在甲方通知之日起五日内按照人民币140万元的价格无条件向甲方支付股权回购款，否则每逾期一日，乙方、丙方按应付未付股权回购价款的1%支付违约金。甲方收到全部股权回购款之日起七日内，丁方应办理完毕股权、工商变更登记手续，并支付办理变更登记过程中所产生的税费，否则每逾期一日，丁方按股权回购款总额的1%支付违约金，乙方和丙方应配合办理股权、工商变更登记手续，并与丁方承担连带责任。乙、丙、丁三方承诺，本协议项下乙、丙、丁三方所做的任何声明、承诺、保证均真实、完整，且保证积极履行在本协议项下的一切义务，如因乙、丙、丁三方过错造成甲方任何损失，乙、丙、丁三方均予以充分赔偿，并承担连带责任。此外，《投资协议》还约定了其他内容。《投资协议》签订后，翁某于2013年12月2日向《投资协议》指定的账户转入80万元投资款，履行了投资义务。杨某认可收到了翁某投资的80万元款项。后宙捷公司未办理工商变更登记手续，未将翁某登记为宙捷公司股东。（《投资协议》约定股权比例见图1－3）

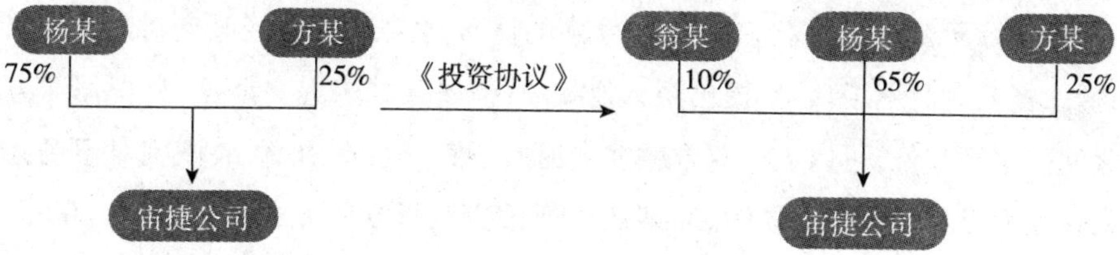

图1－3 《投资协议》约定股权比例

翁某向北京市通州区人民法院提起诉讼，请求判令：1. 杨某、方某立即向翁某支付股权回购款806,400元；2. 杨某、方某向翁某支付逾期付款违约金40万元；3. 宙捷公司对上述债务承担连带给付责任；4. 本案诉讼费由杨某、方某承担。

案件焦点

1. 涉案《投资协议》的性质及效力；

2. 翁某是否有权依据《投资协议》第3.3条“退出机制”条款要求杨某、方某回购其股权；

3. 杨某、方某是否应支付翁某股权回购款、违约金以及具体金额；

4. 宙捷公司是否应与杨某、方某就本案承担连带责任。

法院裁判要旨

北京市通州区人民法院经审理认为：

翁某与杨某、方某、宙捷公司自愿签订的《投资协议》，系各方真实意思表示，且未违反法律及行政法规的强制性规定，应属合法有效，各方均应恪守履行。当事人应当按照约定全面履行自己的义务。根据《投资协议》的约定，在翁某正式成为宙捷公司10%股权的股东后，翁某有权在2015年12月30日前随时要求杨某、方某回购翁某持有的宙捷公司10%股权，杨某、方某应在翁某通知之日起五日内按照人民币140万元的价格无条件向翁某支付股权回购款。翁某按照协议约定实际向宙捷公司投入80万元，杨某认可收到翁某投资的80万元，则翁某成为宙捷公司的股东，出资额为80万元，持股比例为10%。后翁某提出退股，并与杨某就其退股事宜进行协商，双方发生了电子邮件往来，杨某认可双方电子邮件往来的真实性，且认可在2014年7月10日向翁某支付50万元款项。关于该50万元款项的性质，翁某主张系杨某支付的股权回购款，杨某对此不予认可，提出系其他款项，但杨某并未提交证据，且根据双方之间的电子邮件，可以显示双方就翁某退股事宜一直在协商，故该院对于杨某的该项意见不予采信。同时，翁某认可通过折抵货款的方式收到了93,600元的股权回购款，故翁某主张尚欠股权回购款的金额为806,400元。当事人应当按照约定履行自己的义务，既然在《投资协议》中明确约定翁某有权在2015年12月30日前随时要求杨某、方某回购其持有的宙捷公司10%的股权，杨某、方某应按照140万元的价格无条件向翁某支付股权回购款，杨某、方某亦在《投资协议》上签字确认，并认可该约定的真实性，故杨某、方某应遵守诚实信用原则，按照协议的约定履行，对于其提出的回报率过高超过应得收益的答辩意见，该院不予采信。当事人一方未支付价款或者报酬的，对方可以要求其支付价款或者报酬。对于翁某主张杨某、方某支付尚欠股权回购款806,400元,该院予以支持。杨某、方某按照协议约定支付翁某140万元股权回购款后,翁某不再持有宙捷公司的10%股权,不再是宙捷公司股东。

对于翁某主张的从2014年7月10日起至2015年3月31日期间的违约金,翁某主张按照《投资协议》的约定,杨某、方某应在翁某通知之日起五日内按140万元的价格无条件向翁某支付股权回购款,否则每逾期一日,杨某、方某按应付未付股权回购款的1%支付违约金。杨某已经在2014年7月10日退还了部分股权回购款50万元,则翁某已经通知了杨某、方某股权回购事宜,杨某、方某理应在2014年7月10日前支付全部股权回购款140万元,但杨某、方某未按照合同约定履行,至今尚未支付全部股权转让款,构成违约,其应按照协议约定承担违约责任,故该院对于翁某关于违约金的诉讼请求予以支持,协议约定的违约金计算标准为每日按照应付未付金额1%计算违约金,根据该标准计算出来的违约金数额超过200万元,翁某自愿减少到40万元。杨某、方某提出违约金40万元金额过高,请求法院调整。该院认为杨某、方某至今未支付股权回购款给翁某实际造成的损失为资金占用损失,并未有证据显示翁某存在其他损失,故该院按照不高于中国人民银行同期贷款利率四倍的标准依法进行调整,根据翁某主张违约金的期间及考虑到杨某、方某至今未支付股权回购款,该院支持翁某向杨某、方某主张违约金10万元,超出部分不予支持。对于翁某要求宙捷公司对杨某、方某的付款义务承担连带给付责任,该院认为,根据《投资协议》的约定:"乙、丙、丁三方(即杨某、方某、宙捷公司)承诺,本协议项下乙、丙、丁三方所做的任何声明、承诺保证均真实、完整,且保证积极履行在本协议项下的一切义务,如因乙、丙、丁三方过错造成甲方任何损失,乙、丙、丁三方均予以充分赔偿,并承担连带责任",故宙捷公司同意对杨某、方某在本协议项下的一切义务承担连带给付责任。该院对翁某要求宙捷公司承担连带给付责任的诉讼请求予以支持。

北京市通州区人民法院依据《合同法》第六十条第一款、第一百零七条、第一百零九条、第一百一十四条,《担保法》第十八条,《民事诉讼法》第六十四条第一款之规定,判决如下:

1. 杨某、方某于判决生效之日起7日内给付翁某股权回购款806,400元;

2. 杨某、方某于判决生效之日起7日内给付翁某违约金10万元;

3. 宙捷公司对杨某、方某上述债务承担连带给付责任；

4. 驳回翁某的其他诉讼请求。

宙捷公司、杨某、方某不服一审法院上述民事判决，共同向北京市第三中级人民法院提起上诉。

北京市第三中级人民法院经审理认为：

1. 涉案《投资协议》的性质及效力

翁某与杨某、方某、宙捷公司自愿签订的《投资协议》，系各方当事人的真实意思表示，且内容不违反法律及行政法规的强制性规定，应属合法有效，各方当事人均应严格依约履行合同义务。杨某、方某、宙捷公司上诉主张，涉案《投资协议》名为投资，实际上属于翁某与宙捷公司之间的借贷关系，故应属无效。对此，本院认为，投资入股与民间借贷属于完全不同的法律关系，其在性质、来源、运用、目的上均有所区别，具体到本案而言：首先，从签订《投资协议》的主体来看，包括目标公司宙捷公司及其原股东杨某、方某及拟入股的翁某；其次，从签订《投资协议》的目的来看，各方当事人均认可按照《投资协议》应办理增资扩股；再次，从《投资协议》的内容来看，明确约定了翁某投资 80 万元获得宙捷公司 10% 的股权，并约定了办理工商变更登记的时间；最后，从《投资协议》的履行来看，《投资协议》签订后，翁某依约将 80 万元款项汇入指定账户，且各方当事人均认可应办理变更登记但未办理。综合上述情况，杨某、方某、宙捷公司主张翁某与宙捷公司之间属于借贷关系，缺乏事实依据，本院不予采信；其据此主张《投资协议》无效，于法无据，本院不予支持。

2. 翁某是否有权依据《投资协议》第 3.3 条"退出机制"条款要求杨某、方某回购其股权

(1) 关于《投资协议》第 3.3 条"退出机制"条款的效力

《投资协议》第 3.3 条"退出机制"中第 3.3.1 条约定："在甲方正式成为丁方 10% 股权的股东后，甲方有权在 2015 年 12 月 30 日前随时要求乙方、丙方回购甲方持有的丁方 10% 股权，乙方、丙方应在甲方通知之日起五日内按照人民币 140 万元的价格无条件向甲方支付股权回购款……"上述内容系翁某、杨某、方某的真实意思表示，且不违反法律、行政法规的强制性规定，亦属有效。杨某、方某、宙捷公司主张，翁某的退股行为违反了《公司法》关于股东出资的规定，《投资协议》第 3.3 条应属无效。本院认为，《公司法》第三十五条规定，

有限责任公司成立后股东不得抽逃出资,不等于股东在任何情况下不得退出公司。根据《投资协议》的上述约定,杨某、方某应回购翁某持有的宙捷公司10%的股权,在此情况下,宙捷公司的资本不会减少,故杨某、方某、宙捷公司以此为由主张"退出机制"条款无效,缺乏法律依据,不予支持。

(2)关于翁某要求杨某、方某回购其股权的条件是否已经成就

杨某、方某、宙捷公司主张,根据《投资协议》第3.3条的规定,翁某有权主张股权回购的前提条件是"翁某正式成为宙捷公司10%股权的股东",因宙捷公司未办理股东变更登记,且翁某从未行使过股东权利,故翁某并非宙捷公司的正式股东,其无权主张股权回购。本院认为,股东资格的构成要件分为实质要件和形式要件,实质要件是以出资为取得股东资格的必要条件,形式要件是对股东出资的记载和证明,是实质要件的外在表现,就本案而言:

首先,根据最高人民法院《关于适用〈中华人民共和国公司法〉若干问题的规定(三)》第二十二条之规定:"当事人之间对股权归属发生争议,一方请求人民法院确认其享有股权的,应当证明以下事实之一:(一)已经依法向公司出资或者认缴出资,且不违反法律法规强制性规定;(二)已经受让或者以其他形式继受公司股权,且不违反法律法规强制性规定",翁某已依约履行了出资义务,与杨某、方某、宙捷公司达成了增资扩股的合意,且不违反法律、行政法规的强制性规定,故依法可以确认翁某享有宙捷公司10%股权。

其次,办理股权变更登记并非确认股东资格的必要条件。《公司法》第三十二条第三款规定:"公司应当将股东的姓名或者名称向公司登记机关登记;登记事项发生变更的,应当办理变更登记。未经登记或者变更登记的,不得对抗第三人。"根据上述规定,股东变更登记仅产生一种对抗效力,法律并不否认此时民事法律行为效力的产生,只是规定了此种变更不能对抗第三人。因此,公司股东变更登记的性质应属行政确认行为,其意义在于对公司事项变更进行公示,故股东权利的获得和行使并不以工商登记程序的完成为条件。

最后,最高人民法院《关于适用〈中华人民共和国公司法〉若干问题的规定(三)》第二十三条规定:"当事人依法履行出资义务或者依法继受取得股权后,公司未根据公司法第三十一条、第三十二条的规定签发出资证明书、记载于股东名册并办理公司登记机关登记,当事人请求公司履行上述义务的,人民法院应予支持。"《投资协议》第2.1条亦约定:"杨某、方某、宙捷公司承诺,在翁某

将投资款支付至上述账户之日起三十日内，按照本协议约定修改股东名册、完成公司验资、签发出资证明书、修改公司章程、办理工商变更登记手续等。"本案中，宙捷公司应当履行办理股权变更登记的义务，而宙捷公司未依法、依约办理变更登记手续，已构成违约。杨某主张系翁某不配合办理变更登记，但其未提供证据予以证明，故本院对此不予采信。

综合以上三点，宙捷公司、杨某、方某以未办理股东变更登记为由否认翁某的股东资格，于法无据；其以此为由主张股权回购的条件尚未成就，亦不应得到支持，故翁某有权依据《投资协议》第3.3条"退出机制"条款要求杨某、方某回购其股权。

3. 杨某、方某是否应支付翁某股权回购款、违约金以及具体金额

(1)关于股权回购款

《合同法》第六十条第一款规定："当事人应当按照约定全面履行自己的义务。"根据《投资协议》的约定，杨某、方某应在翁某通知之日起五日内按照人民币140万元的价格无条件向翁某支付股权回购款。首先，各方当事人均认可杨某在2014年7月10日向翁某支付50万元款项，关于该50万元款项的性质，翁某主张系杨某支付的股权回购款，杨某对此不予认可，称系基于亲属关系返还的部分投资款。对此，根据《投资协议》的约定和双方的电子邮件，可以认定该50万元系杨某为履行《投资协议》第3.3.1条所付。其次，当事人互负债务，经双方协商一致，可以抵销。因各方当事人均同意以货款93,600元抵销本案所涉款项，故本院对此予以确认。因此，根据《投资协议》第3.3.1条的规定，杨某、方某还应支付翁某股权回购款806,400元。杨某、方某按照协议约定支付翁某140万元股权回购款后，翁某不再持有宙捷公司10%的股权，不再是宙捷公司的股东。

(2)关于违约金

《合同法》第一百一十四条规定："当事人可以约定一方违约时应当根据违约情况向对方支付一定数额的违约金，也可以约定因违约产生的损失赔偿额的计算方法。约定的违约金低于造成的损失的，当事人可以请求人民法院或者仲裁机构予以增加；约定的违约金过分高于造成的损失的，当事人可以请求人民法院或者仲裁机构予以适当减少。"本案中，依据《投资协议》的约定，杨某、方某应在翁某通知之日起5日内按140万元的价格无条件向翁某支付股权

回购款，否则每逾期一日，杨某、方某应按未付股权回购款的1%支付违约金。对于翁某主张的2014年7月10日至2015年3月31日期间的违约金，杨某已经按照《投资协议》的约定在2014年7月10日支付了部分股权回购款50万元，可以证明翁某已经通知了杨某、方某股权回购事宜，故杨某、方某应在2014年7月10日前支付全部股权回购款140万元，但杨某、方某未按照合同约定履行，至今尚未支付全部股权回购款，故其应当按照协议约定承担违约责任。一审法院根据上述约定，结合本案具体情况，按照不高于中国人民银行同期贷款利率四倍的标准，将翁某主张的违约金40万元调整至10万元，并无不当，且翁某对此不持异议，本院亦予以确认。

4. 宙捷公司是否应与杨某、方某就本案承担连带责任

根据《投资协议》第5.4条之约定："乙、丙、丁三方（即杨某、方某、宙捷公司）承诺，本协议项下乙、丙、丁三方所做的任何声明、承诺保证均真实、完整，且保证积极履行在本协议项下的一切义务，如因乙、丙、丁三方过错造成甲方任何损失，乙、丙、丁三方均予以充分赔偿，并承担连带责任"，在杨某、方某未依约向翁某支付股权回购款的情况下，宙捷公司应对杨某、方某在合同项下的给付义务承担连带责任。故一审法院判决宙捷公司就本案所涉股权回购款、违约金与杨某、方某承担连带给付责任，事实清楚，证据充分，应予维持。宙捷公司主张其不应承担连带责任，亦于法无据，本院亦不予支持。宙捷公司承担上述保证责任后，有权向杨某、方某追偿。

法院裁判结果

北京市第三中级人民法院依照《民事诉讼法》第一百七十条第一款第（一）项之规定，判决如下：

驳回上诉，维持原判。

案件评析

股东资格的构成要件分为实质要件和形式要件。实质要件是以出资为取得股东资格的必要条件，形式要件是对股东出资的记载和证明，是实质要件的外在表现。

当事人达成了增资扩股合意，投资方依约履行了出资义务且不违反法律、

行政法规的强制性规定,即可获得股东权利。公司股东变更登记的性质应属行政确认行为,其意义在于对公司事项变更进行公示以对抗第三人。

股权回购协议中约定了投资方以取得股东资格为其进行股权回购的前提条件,投资方满足股东资格的实质要件即可,未办理工商变更登记并不影响股权回购触发条件的达成。

13. 法院可以约定收益为标准对复利及违约金进行调整

——中静汽车投资有限公司诉上海铭源实业集团有限公司股权转让纠纷案

案件基本信息

1. 裁判书字号

最高人民法院(2015)民二终字第204号民事判决书[1]

2. 案由:股权转让纠纷

3. 裁判日期:2016年3月23日

4. 当事人

原告(上诉人):中静汽车投资有限公司(以下简称中静投资公司)

被告(被上诉人):上海铭源实业集团有限公司(以下简称铭源实业公司)

基本案情

2010年2月1日,中静投资公司(甲方)与铭源实业公司(乙方)签订《协议书》约定,鉴于:1. 甲乙双方共同签署《增资协议》,甲方拟以现金认购桂客集团的本次新增股权及根据增资协议完成后续出资,桂客集团增资扩股后将整体变更为股份公司。甲方因首次增资及后续出资形成的权益以下合称"甲方权益。2. 乙方为桂客集团实际控制人,已明确规划了桂客集团未来新能源汽车发展战略以及国内A股上市的目标,引入具有附加价值的投资者对实现前述战略及目标具有重要意义,乙方愿意就甲方权益的未来实现提供必要的保障;甲乙双方经友好协商达成以下协议,以资共同遵守:1. 甲方同意在本协议签署生效后即行签署《增资协议》及其有关增资的法律文件,并按照协议约定履行甲方义务。2. 乙方预测《增资协议》2010年、2011年、2012年实现的合并归属于母公司税后净利润在扣除当年实现的根据《增资协议》中第七条规定的应归属于铭源实业公司及桂林市国有资产投资经营有限公司(以下简称桂林

[1] 安徽省高级人民法院(2014)皖民二初字第00007号民事判决书(一审)。

国投公司)之“退二进三”净收益后,所余税后净利润分别为3000万元、4000万元、7500万元,经具有证券从业资质的会计师事务所审计后,如果上述三个会计年度的税后净利润在扣除“退二进三”净收益后,三年平均数低于乙方预测金额平均数70%的,则甲乙双方同意按照本协议第四条约定执行。3. 乙方承诺在2010年12月31日之前按具有证券从业资质的会计师事务所认可的合规方式,消除桂客集团合并大宇客车公司财务报表之障碍,否则,甲乙双方同意按照本协议第四条约定执行。4. 甲乙双方同意,如果发生本协议第二条、第三条中乙方预测利润未实现,乙方承诺未完成的任一情形,甲方有权按照以下条件向乙方出售甲方权益,乙方不得拒绝:4.1 甲方权益转让价格包括甲方原始出资额以及出资期限内的合理收益部分。甲方原始出资额包括首次增资以及后续实际发生的出资;出资期限为甲方出资完成验资至甲方收到甲方权益交易对价之间的时期;合理收益是指按年利率10%,以甲方原始出资额为基数计算的收益,但该合理收益中已包含甲方从桂客集团获得的现金分红部分,如在出资期限内发生现金分红,应从转让价格中予以扣除。4.2 甲方可在本协议第二条、第三条中乙方预测利润未实现、乙方承诺未完成的任一情形实际发生后90日内,向乙方提出转让甲方权益的书面要求。4.3 乙方以自身或甲方指定的机构、个人作为受让甲方权益的交易主体,该等受让主体应同意遵守《增资协议》中约定的关于中静投资公司应遵守之义务。4.4 乙方需在收到甲方书面要求后30日内,按照本条第4.1款约定的转让价格向甲方支付完毕转让价款,甲方应在收到转让价款后的30日内协助办理完成股权交割手续。4.5 乙方履行上述支付股权价款义务,不以股权转让协议是否签署/或股权交割是否完成为前提条件。在此情形下,无须签署其他文件,乙方有权仅依据本协议要求甲方办理股权交割手续,甲方不得拒绝……6. 若乙方违反约定,未按照本协议约定收购甲方权益并支付股权转让价款的,甲方有权要求乙方实际履行,并按照股权转让价款的20%支付违约金。双方还就其他事项进行了约定。

2010年2月5日,铭源实业公司、桂林国投公司、中静投资公司与柳州五菱汽车有限责任公司(以下简称柳州五菱公司)在桂林市签订《增资协议》约定,铭源实业公司、桂林国投公司、中静投资公司与柳州五菱公司持有桂客集团100%股权,其中铭源实业公司对桂客集团的注册资本出资为9785万元,占桂客集团注册资本总额的51%；桂林国投公司对桂客集团的注册资本出资为9399.8万元，占桂客集团注册资本总额的49%。桂客集团拟通过引入外部投资者进行投资，将公司注册资本由19,184.8万元，增加到30,434.46万元，其中中静投资公司认缴新增注册资本5624.83万元，柳州五菱公司认缴新增资本5624.83万元。该《增资协议》第7.1条约定，"退二进三"净收益指桂客集团及其下属桂林客车发展有限责任公司、大宇客车公司根据《桂林市工业企业"退二进三"搬迁改造管理办法》及《桂林市工业企业"退二进三"搬迁改造管理办法(试行)调整补充意见》享受桂林市人民政府"退二进三"政策，因厂房由中心城区搬迁至指定工业园区、原厂区土地拍卖而从土地储备中心及政府财政实际收到的土地及地面建筑成本及财政补贴款扣除土地账面成本、因搬迁形成的地面建筑及设备损失、搬迁费用、相关税费等按股比折合成的桂客集团净资产增值。第7.3.1项约定，原股东与增资方一致同意"退二进三"净收益归属于原股东。当每块土地"退二进三"净收益实现时，本次增资方应按此次增资后按第7.3.2项所确定计算方式以现金方式补足权益差价，该等权益差价作为本次增资的股本溢价计入桂客集团资本公积。另约定因本协议引起的或与本协议有关的任何争议，本协议有关各方均应当首先通过友好协商谋求解决；如果协商不成，则任何乙方均有权将争议提交签约地人民法院。协议还就其他事项进行了约定。

2011年3月30日，中静投资公司与铭源实业公司签订《补充协议书一》约定，鉴于铭源实业公司积极推进《协议书》第三款约定事项，经双方友好协商，一致同意将该款改为"依法承诺在2011年6月30日之前按具有证券从业资质的会计师事务所认可的合规方式，消除桂客集团合并大宇客车公司财务报表之障碍，否则甲乙双方同意按照《协议书》第四款约定执行"。《协议书》其他条款不变，甲乙双方应继续履行。

2011年4月28日，中静投资公司(甲方)与铭源实业公司(乙方)签订《补充协议书二》，约定甲乙双方一致同意，甲方有权选择以下两种方式之一来为甲方投资于桂客集团的权益实现提供保障：第一种方式，甲方有权按照本协议约定方式分享乙方依照《增资协议》第7.1条约定所得"退二进三"净收益。第二种方式，乙方预测桂客集团2010年、2011年、2012年实现的合并归属于母公司税后净利润在扣除当年实现的根据《增资协议》中第七条规定的应归属于甲方及桂林国投公司之“退二进三”净收益后，所余税后净利润应分别3000万元、4500万元、7500万元，经具有证券从业资质的会计师事务所审计后，如果上述三个会计年度的税后净利润在扣除“退二进三”净收益后，三年平均数低于上述金额平均数70%的，甲方可依照《协议书》第四条的约定将所持的桂客集团权益出售给乙方，并自乙方获得约定的合理收益。甲方应自2013年3月26日起20个工作日内从上述两种方式选择其一，并以书面方式告知乙方。

2011年6月24日，中静投资公司与铭源实业公司签订《补充协议书三》约定，鉴于铭源实业公司正在积极推进《协议书》第三款约定事项，经双方友好协商，一致同意将该款修改为：铭源实业公司承诺在2011年9月30日之前按具有证券从业资质的会计师事务所认可的合规方式，消除桂客集团合并大宇客车公司财务报表之障碍，否则，双方同意按照《协议书》第四款约定执行。《补充协议书一》中有不同之处的，以本协议为准。《协议书》其他条款不变，双方应继续履行。协议还约定了其他事项。

2011年11月24日，中静投资公司与铭源实业公司签订《补充协议书四》，约定中静投资公司有权在2013年12月31日前一个月内向铭源实业公司作出书面选择，向铭源实业公司出售其所持权益或继续持有桂客集团股权。若中静投资公司选择向铭源实业公司出售其所持权益，铭源实业公司向中静投资公司应支付的回购价款包括下列三个部分：(1)中静投资公司对桂客集团的原始出资6000万元；(2)中静投资公司对桂客集团出资完成验资日(即2010年3月26日)至2011年12月31日(共计646天)止原始出资额6000万元按照年利率10%应计利息即1061.92万元；(3)按照年利率15%(复利，每年计算一次，不足一年的按天数年化计算)，以上述(1)+(2)合计7061.92万元为基数，自2012年1月1日起至铭源实业公司向中静投资公司缴付回购价款前一日止应付利息。中静投资公司提出向铭源实业公司出售所持权益后，若铭源实业公司未按照本协议约定回购中静投资公司所持权益、按时支付回购价款的，视为铭源实业公司违约，中静投资公司有权要求铭源实业公司实际履行，并按照回购价款的总额的20%支付违约金。在铭源实业公司按本协议约定向中静投资公司支付完全部回购价款的前提下，无论股权转让协议是否签署及/或股权交割是否完成，无须签署其他文件，铭源实业公司有权依据本协议要求中静投资公司办理股权交割手续，中静投资公司不得拒绝。除本协议另有约定外，本协议与《协议书》《补充协议书一》《补充协议书二》《补充协议书三》不一致的，以本协议约定为准。该份协议还约定因本协议产生的争议，应首先通过友好协商谋求解决，如果协商不成任何一方均有权将该争议事项提交中静投资公司所在地人民法院。

2013 年 12 月 2 日，中静投资公司通过特快专递向铭源实业公司邮寄《关于提请贵司依约回购我司所持桂客集团全部股权的函》，称依据双方签订相关协议约定，要求铭源实业公司回购中静投资公司所持桂客集团全部股权，并按照《补充协议书四》的约定，在 2013 年 12 月 27 日前支付相应股权回购款。如在上述期限未能办理完回购股权事项，中静投资公司有权要求支付铭源实业公司包括但不限于 20% 违约金等违约责任。

2014 年 2 月 19 日，桂客集团召开 2014 年第四次临时股东会，作出《关于批准公司对外借款并向借款方提供担保的决议》；2014 年 3 月 10 日，桂客集团召开 2014 年第五次临时股东会议，并作出决议，上述两份股东会决议均有铭源实业公司、桂林国投公司、中静投资公司加盖印章。

因铭源实业公司未履行回购义务，中静投资公司将其诉至安徽省高级人民法院，请求判令：1. 铭源实业公司立即回购中静投资公司持有之桂客集团 18.4818% 股权，并向中静投资公司支付股权回购款（计算至实际支付之日，暂算至 2014 年 2 月 12 日为人民币 95,044,277 元）；2. 铭源实业公司按照回购价款总额 20% 向中静投资公司支付违约金（应按照铭源实业公司实际支付股权回购款时之金额计算，暂按 2014 年 2 月 12 日之股权回购款金额计算为人民币 19,008,855 元）；3. 铭源实业公司承担本案全部诉讼费用。

案件焦点

中静投资公司诉请铭源实业公司自 2012 年 1 月 1 日起以 7061.92 万元为基数按照年利率 15% 计算的复利及按照回购款总额 20% 支付违约金的诉请应否支持。

法院裁判要旨

安徽省高级人民院经审理认为：

中静投资公司与铭源实业公司签订的《协议书》为各方真实意思表示，内容不违反法律、行政法规的强制性规定，应为合法有效，该院予以确认。依据《合同法》第六十条规定，双方当事人应当按照约定全面履行自己的义务。上述协议签订后，中静投资公司与铭源实业公司等三方签订《增资协议》，并依约出资6000万元，认购桂客集团新增股权18.4818%。嗣后，双方就《协议书》履行的后续事宜又分别签订了《补充协议书一》《补充协议书二》《补充协议书三》，对此各方亦无争议，该院亦予以确认。因《协议书》第二条约定的有关桂客集团预期利润未能实现，中静投资公司依据《补充协议书四》要求铭源实业公司回购其持有的桂客集团18.4818%股权，铭源实业公司对此也予以认可，中静投资公司该项诉请有事实和法律依据，该院予以支持。

关于铭源实业公司应支付的桂客集团18.4818%股权的回购款，中静投资公司主张该款按照《补充协议书四》应为包括其原始出资额6000万元及出资完成验资日（即2010年3月26日）至2011年12月31日止按照年利率10%应计利息即1061.92万元、按照年利率15%（复利，每年计算一次，不足一年的按天数年化计算），以7061.92万元（6000万元+1061.92万元）为基数，自2012年1月1日起至铭源实业公司向中静投资公司缴付回购价款前一日止应付利息，并按照上述回购款支付20%违约金。铭源实业公司对于以6000万元回购桂客集团18.4818%股权以及中静投资公司原始出资日至2011年12月31日按照年利率10%、自2012年1月1日起按照年利率15%计算利息无异议，但对于中静投资公司有关计收复利以及支付回购款20%的违约金的主张不予认可。鉴于：

1. 中静投资公司与铭源实业公司签订《协议书》，与其他各方签订《增资协议》，并实际出资6000万元入股桂客集团，其目的应在于通过桂客集团的经营获得收益，以及对于该集团良好发展前景的期许，而非希望《协议书》约定的事项不能实现，获得高额的违约金。

2.《协议书》《增资协议》约定有关桂客集团国内A股上市目标、三年预期税后利润3000万元、4500万元、7500万元目前未能实现，涉及多方因素，并非全部是铭源实业公司单方原因，也不符合其利益；中静投资公司成为桂客集团股东后，各方股东对于上述目标的实现均负有相应义务。

3. 中静投资公司主张的按照回购款分段按照年利率10%、15%计算利息以及按照回购款20%计算违约金，从其性质上说均是对于《协议书》约定事项未能实现，铭源实业公司向中静投资公司承担的违约责任；按照《补充协议书四》约定自2012年1月1日起以7061.92万元为基数，按照年利率15%每年以此计算复利，此标准计算明显超出《协议书》第4.1条关于合理收益为年利率为10%的预期利益，亦会超过资金出借能够获得的合法收益。

4. 依据《合同法》第一百一十四条等相关规定，违约金制度系以赔偿非违约方的损失为主要功能。本案中，虽然铭源实业公司存在违约情形，但《协议书》《补充协议书四》有关违约金的约定明显过高，导致双方权益严重失衡。铭源实业公司亦对此提出异议，中静投资公司除资金占用损失外，又未能提交证据证明因此给其造成的其他损失。

综合考虑上述因素，根据公平原则和诚实信用原则，安徽省高级人民法院酌定铭源实业公司自2012年1月1日起至回购款实际付清之日期间，应以6000万元为基数，按照年利率15%标准向中静投资公司支付利息。

综上，安徽省高级人民法院依照《合同法》第五条、第六条、第六十条第一款、第一百零七条、第一百一十四条，《民事诉讼法》第一百三十八条之规定，判决如下：

1. 铭源实业公司于判决生效之日30日内回购中静投资公司持有的桂客集团18.4818%股权，并支付股权回购款6000万元及利息（自2010年3月26日起至2011年12月31日止，以6000万元为基数，按照年利率10%计算；自2012年1月1日起至实际支付日止，以6000万元为基数，按照年利率15%计算）。

2. 驳回中静投资公司其他诉讼请求。

中静投资公司不服上述一审民事判决，向最高人民法院提起上诉。

最高人民法院经审理认为：

本案系股权转让及回购纠纷，股东一旦注资成为公司股东，即应承担相应的投资风险，即便此类由股东予以回购的协议并不违反法律禁止性规定，但回购实质上是在双赢目标不能达成之后对投资方权益的一种补足，而非获利，故其回购条件亦应遵循公平原则，在合理的股权市场价值及资金损失范围之内，不能因此鼓励投资方促成融资方违约从而获取高额赔偿。因此，虽然双方在《补充协议四》中自主约定了回购价款及违约金的计算方式，但从其性质上而言均系因《协议书》约定事项未能实现，铭源实业公司向中静投资公司承担的违约责任，故可对此做统一调整和权衡。

具体而言，股权回购价款的第三部分明确表述为按照年利率15%（复利，每年计息一次，不足一年的按天数年化计算），以第一项和第二项的合计数7061.92万元为基数，自2012年1月1日起至铭源实业公司向中静投资公司交付回购价款前一日止应计的利息。从其表述内容与计算方式均可显示出复息的性质。复息计算之规定来源于中国人民银行《人民币利率管理规定》，而该规定适用对象仅限于金融机构，故中静投资公司并不具有向铭源实业公司收取复息的权利。对于中静投资公司的要求自2012年1月1日起以7061.92万元为基数按照年利率15%计算复利的该项上诉主张，本院不予支持。

关于是否应按照回购款总额20%支付违约金的问题。依据双方约定，铭源实业公司支付回购款的最后履行期限应为2013年12月27日，在此之前尚不构成违约。自2013年12月27日至中静投资公司诉讼主张的2014年2月12日，铭源实业公司逾期不足三个月，而中静投资公司以全部回购价款为基数计算得出的违约金数额为19,008,855元，明显高于合理范围。且本院认为，本案中违约责任的特殊之处在于：其一，双方签订协议的根本目的应在于通过桂客集团的经营获得收益，以及对于该集团良好发展前景的期许，而非希望《协议书》约定的事项不能实现，从中获得高额违约金；其二，因双方间事先约定的为股权收益，而造成协议约定的盈利目标未能实现亦涉及多方因素，并不能完全归咎于铭源实业公司单方原因，该结果亦不符合其合同利益，中静投资公司成为桂客集团股东后，各方股东对于盈利目标的实现均负有相应义务，故在区分其违约责任时亦不能简单以到期未偿还资金为由苛以严格的逾期还款违约责任；其三，依据《合同法》第一百一十四条等相关规定，违约金虽兼具以补偿为主、以惩罚为辅的双重性质，但以赔偿非违约方的损失为主要功能。现铭源实业公司对违约金计算方式及数额提出异议，在中静投资公司除资金占用损失外并未提交证据证明其因此所造成的其他损失之情形下，以6000万元投资本金为基数，其诉请支付逾期三个月的违约金19,008,855元显属过高，依法可予以调整。

基于以上考虑，本院认为，结合本案相关事实，依据铭源实业公司的主张可对违约金数额予以适当减少，一审判决以资金占用损失为中静投资公司的实际损失，统一将双方约定的利息及违约金计算方式予以调整，确定按照自

2010 年 3 月 26 日起至 2011 年 12 月 31 日止，以 6000 万元为基数，按照年利率 10% 计算；自 2012 年 1 月 1 日起至实际支付日止，以 6000 万元为基数，按照年利率 15% 计算，有一定的事实与法律依据，亦是在基于公平原则行使自由裁量权的权限范围之内，并无明显不当，本院予以维持。

法院裁判结果

最高人民法院依照《合同法》第一百一十四条，最高人民法院《关于适用〈中华人民共和国合同法〉若干问题的解释（二）》第二十七条、第二十九条，《民事诉讼法》第一百七十条第一款第（一）项之规定，判决如下：

驳回上诉，维持原判。

案件评析

本案系股权转让及回购纠纷，股东一旦注资成为公司股东，即应承担相应的投资风险，即便此类由股东予以回购的协议并不违反法律禁止性规定，但回购实质上是在双赢目标不能达成之后对投资方权益的一种补足，而非获利，故其回购条件亦应遵循公平原则，在合理的股权市场价值及资金损失范围之内，不能因此鼓励投资方促成融资方违约从而获取高额赔偿。因此，虽然双方在《补充协议书四》中自主约定了回购价款及违约金的计算方式，但从其性质上而言均系因《协议书》约定事项未能实现，铭源实业公司向中静投资公司承担的违约责任，故可对此做统一调整和权衡。

以中静投资公司实际损失为基础确定铭源实业公司承担责任的标准，判令铭源实业公司向中静投资公司支付回购款人民币 6000 万元，并以人民币 6000 万元为基数按不同期间以 10% 和 15% 的年利率支付利息，并无不当。2010 年 2 月 1 日，中静投资公司与铭源实业公司签署《协议书》，约定中静投资公司以现金对桂客集团进行增资，并约定在相关条件成就时中静投资公司有权向铭源实业公司转让持有桂客集团的股权，转让价格包括原始出资及出资期限内的合理收益，合理收益是指年利率 10%，以中静投资公司原始出资额为基数计算收益。根据前述约定，在中静投资公司与铭源实业公司签署《增资协议》之前即已确定股权回购价格的构成及计算方式，并进一步确定在回购股权时合理的收益为年利率 10%（预期利益），一审判决铭源实业公司向中静投资公司支付回购款人民币6000万元,并以人民币6000万元为基数按不同期间以10%和15%的年利率支付利息符合中静投资公司与铭源实业公司之间的约定及双方签署《增资协议》的目的。

14. 对赌股东按出资比例回购股权情形认定

——深圳市创新投资集团有限公司诉徐某、王某等合同纠纷案

案件基本信息

1. 裁判书字号

上海市第一中级人民法院(2016)沪01民终2416号民事判决书[1]

2. 案由:合同纠纷

3. 裁判日期:2016年5月23日

4. 当事人

原告(上诉人):深圳市创新投资集团有限公司(以下简称创新公司)

被告(被上诉人):徐某、王某、杨某

基本案情

2011年4月,创新公司作为甲方、案外人上海红土创业投资有限公司(以下简称上海红土公司)作为乙方、浙江红土创业投资有限公司(以下简称浙江红土公司)作为丙方、徐某作为丁方、王某作为戊方、杨某作为己方签订投资合同书约定:"……甲方同意向上海源天忻旅游用品制造有限公司(以下简称源天忻公司)投资1050万元(本文币种均为人民币),成为公司的股东……原股东指丁方、戊方、己方,投资方指甲方、乙方、丙方……3.1 各方同意,投资方以总额2500万元投资公司,其中207万元作为注册资本投入,以取得公司19.61%的股权,余下2293万元记入公司资本公积金;3.2 投资方投资完成后,公司注册资本增加207万元,即注册资本由原本850万元增至1057万元;3.3 增资前,公司的股权结构为徐某持股57%、王某持股38%、杨某持股5%,注册资本为850万元;3.4 增资完成后,公司的股权结构为:徐某持股45.82%、王某持股30.55%、杨某持股4.02%、创新公司持股8.24%、上海红土公司持股5.10%、浙江红土公司持股6.27%。3.5 各方同意,投资方本次投

[1] 上海市奉贤区人民法院(2015)奉民二(商)初字第488号民事判决书(一审)。

资分两阶段：……各投资方两期投资金额如下：创新公司：一期出资额630万元，二期出资额420万元，合计1050万元……”（增资前后股东情况见图1－4）

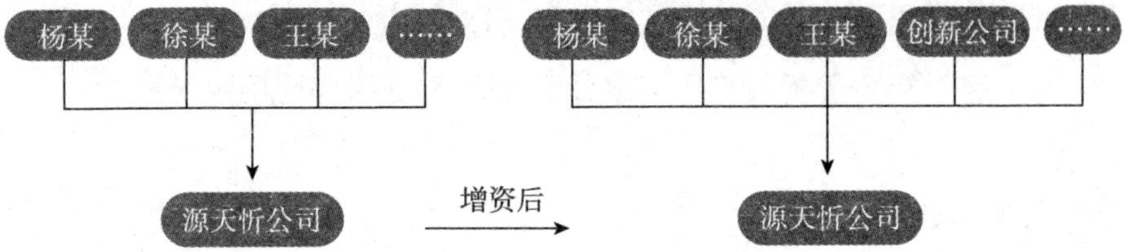

图1－4　增资前后股东情况

2011年4月，创新公司作为甲方、案外人上海红土公司作为乙方、浙江红土公司作为丙方、徐某作为丁方、王某作为戊方、杨某作为己方签订补充协议约定：“……6.1　在下列情况下，原股东在投资方书面通知的要求下，应尽最大努力促使投资方的股权得以全部被回购或被收购：6.1.1　如果公司在2014年12月31日仍未实现在中国境内或境外的公开发行和上市，则投资方可提出回购或收购其股份的要求；……6.2　在第6.1条约定的情形之一出现时，投资方可在其回购通知中要求公司发起股东丁方、戊方和己方收购投资方持有的公司股权。6.3　回购或收购价格　6.3.1　在丁方、戊方和己方收购投资方的股权时，股权收购的价格应按以下原则确定：(1)年收益率9%，公式为：投资额×(1＋9%×实际天数/365)－投资人已自标的公司取得分红，实际天数为投资之日起至回购请求日；或(2)投资人原投资额加上投资人按所持公司股权比例计算的自投资之日起至回购当日已经产生但尚未支付的所有红利。回购价格按照上述两者孰高原则计算……”

2011年5月5日，源天忻公司进行增资，注册资本由850万元，增加至1057.32万元。增加的注册资本207.32万元，由创新公司、上海红土公司和浙江红土公司出资。为履行增资义务，创新公司已于2011年4月28日向源天忻公司增资630万元，其中87.07万元计入实收资本，其余542.93万元计入资本公积金。

2011年6月28日，经所有股东一致同意，源天忻公司形成股东会决议明确：成立新一届董事会，王某不再担任源天忻公司执行董事，徐某委派徐某担任董事，王某委派王某担任董事，创新公司委派案外人邓某某担任董事。

2011年9月29日，创新公司向源天忻公司增资420万元，并计入资本公积金。2012 年 4 月,源天忻公司再次进行增资,注册资本变更为 1073.82 万元,增加的注册资本由案外人楼某、干某某出资。此次增资后,源天忻公司工商登记股东及出资比例变更为(即现工商登记情况):徐某出资 459 万元、持股比例 42.74%;王某出资 323 万元、持股比例为 30.08%;杨某出资 42.5 万元、持股比例为 3.96%;案外人梁某某出资 25.5 万元,持股比例 2.37%;创新公司出资 87.07 万元,持股比例 8.11%;上海红土公司出资 53.91 万元,持股比例 5.02%;浙江红土公司出资 66.34 万元,持股比例 6.18%;楼某出资 12.42 万元,持股比例 1.16%;干某某出资 4.08 万元,持股比例 0.38%。

2013 年 8 月 9 日,邓某某及徐某、王某形成董事会决议,处理向案外人的借款事宜。

2013 年 12 月 28 日,邓某某及徐某等出席债权人第一次会谈纪要,对源天忻公司的债务问题进行处理。

2014 年 1 月 20 日,源天忻公司召开第一次临时股东会会议,并形成对源天忻公司及相关公司进行审计及资产进行处置等的决议。邓某某、楼某、干某某及王某出席此次股东会。

2014 年 10 月 27 日,创新公司向徐某、王某、杨某发送催告函,要求徐某、王某、杨某收购其持有的源天忻公司的股权,并支付相应的对价。徐某、王某、杨某均于 2014 年 10 月 29 日签收上述催告函。创新公司未从源天忻公司领取过红利。经核算,创新公司持有的源天忻公司 8.11% 股权的收购价格应为 13,654,487.67 元。

另外,2010 年 6 月 18 日,杨某从徐某及王某处受让源天忻公司各 2.50% 的股权,并办理了变更登记手续。

2015 年 1 月 8 日,创新公司向上海市奉贤区人民法院提起诉讼,请求判令徐某、王某、杨某共同支付其 13,816,561.64 元,用于受让其持有的源天忻公司 8.11% 的股权。

案件焦点

1. 关于创新公司与源天忻公司之间的法律关系是否属于“名为投资,实为借贷”的问题;

2. 关于创新公司是否不正当促成股权回购条件成就的问题;

3. 关于徐某、王某、杨某对股权收购应承担连带责任、共同责任抑或按份责任的问题。

法院裁判要旨

上海市奉贤区人民法院经审理认为：

1. 关于创新公司与源天忻公司之间的法律关系是否属于“名为投资，实为借贷”的问题

创新公司与源天忻公司之间是投资的法律关系而非借贷的法律关系。具体来说：第一，从意思表示角度看，投资合同及补充协议均明确约定由创新公司向源天忻公司进行投资，从未出现由源天忻公司向创新公司借款的表述，而且从该两份协议的内容来看，亦无法推定出二者之间存在借贷的意思表示，因此，创新公司与源天忻公司之间并未形成借贷的合意，不能认定二者之间存在借贷法律关系。第二，从实际履行来看，创新公司向源天忻公司支出的款项虽部分作为公司资本予以登记，部分作为资本公积金，但资本公积金本身属于一种准资本或资本的储备形式，其主要用于转增公司资本、作股权投资准备等，在本质上属于资本的范畴，申言之，创新公司向源天忻公司支出款项均系用于出资，而非用于借贷，故不能从实际履行的角度推定创新公司与源天忻公司之间存在借贷法律关系。第三，关于杨某第一点辩称理由的问题，其一，创新公司与徐某、王某、杨某于 2011 年签署投资合同书及补充协议时，并不能确定源天忻公司于 2014 年年底能否上市，因此，2014 年年底上市与否可以作为股权收购的条件；其二，补充协议中关于 9% 的约定是计算股权收购价值的一种方式，并不能以此推定创新公司与源天忻公司之间系借贷关系；其三，投资合同关于剩余财产分配的约定系属徐某、王某、杨某对剩余财产分配权的一种处置，亦不能以此推断创新公司所投资款项属于借款。综上，原审法院对杨某的上述辩称不予采信。

2. 关于创新公司是否不正当促成股权回购条件成就的问题

源天忻公司经营状况恶化、无法上市，已是既成之事实，因此，针对该争议问题，应重点审查创新公司是否存在不正当的促使源天忻公司无法上市的行为，具体来说：

第一，根据投资合同书及补充协议的约定，创新公司向源天忻公司进行投

资的核心目的即是获取利润，若源天忻公司经营状况良好，成功上市，则创新公司可获得远超其投资金额的利益，由此可知，创新公司具有使源天忻公司成功上市的动机。创新公司的股权回购请求权仅是在源天忻公司经营状况恶化、无法上市的情况下，保障创新公司投资安全、降低投资风险的一种手段，是一种备用措施，而且股权回购的金额与源天忻公司成功上市给创新公司带来利润亦不可比拟，加之，创新公司股权回购请求权的实现还会涉及诸多不确定因素，因此，创新公司并不存在使源天忻公司经营状况恶化的动机。从此角度而言，创新公司并不会仅仅为了要求徐某、王某、杨某回购其股权，从而故意促使源天忻公司无法上市。

第二，创新公司作为投资方向源天忻公司进行投资以后，其委派人员作为源天忻公司的董事，参与源天忻公司的经营管理，系属正当的公司管理行为，并无不妥，不能仅以此为由，认定创新公司存在不正当促使源天忻公司经营状况恶化，使之无法上市的事实。

第三，创新公司委派人员邓某某虽参与源天忻公司的经营管理，但现有证据并不能证明邓某某存在违规操作、阻碍交易、损害公司利益等妨碍源天忻公司正常经营的行为，因此，难以认定创新公司存在不正当的促使源天忻公司无法上市的事实。其一，徐某、杨某提交的董事会决议、股东会决议等均系多方人员集体决策的结果，并非邓某某一人所为。从此角度而言，即便上述决议存在不妥之处，亦不能由邓某某承担全部责任。其二，涉案董事会决议、借款合同签署页、股东会决议、债权人第一次会谈纪要等材料仅能反映邓某某曾参与上述事件，但并不能证明源天忻公司经营状况恶化系由邓某某的行为所致。

第四，创新公司并非源天忻公司的实际控制人，不能将源天忻公司经营状况恶化、无法上市的责任全部归结于创新公司，并以此推定创新公司不正当的促使源天忻公司无法上市。其一，源天忻公司共设三名董事，创新公司仅派遣一名董事参与董事会，另两名董事由徐某、王某委派，而且经审查，董事会表决并非像杨某所称的实行“一票否决制”。因此，从董事会的设置来看，难以认定创新公司已实际控制源天忻公司。其二，王某系源天忻公司的总经理及法定代表人，具体负责源天忻公司的经营管理活动，涉案股东会决议在源天忻公司停止经营以后，亦授权王某具体负责处理资产及债务等问题。而且，徐某、王某作为源天忻公司的发起人，在董事会三个席位中占据两席，加之，徐某、王某是源天忻公司的大股东，因此，原审法院有理由相信，源天忻公司实际系由徐某及王某控制。其三，徐某辩称，根据源天忻公司章程第16条的规定，可以推定创新公司实际控制源天忻公司。对此，该公司章程第16条是关于公司重大决策需全体股东一致同意的内容，系公司自治的内容，不能得出创新公司实际控制源天忻公司的结论。徐某的辩称意见不能成立。

第五，一般来说，公司经营状况的恶化系由多方面原因所致，包括整体经济走向、市场行情、客户来源等，源天忻公司亦不例外。本案中，根据现有证据，无法确定源天忻公司经营状况恶化、无法上市的具体原因，当然亦无法得出源天忻公司经营状况恶化系由创新公司的行为所致的结论。

综上，原审法院认为，现有证据并不能证明创新公司存在不正当促使源天忻公司无法上市的事实，故其要求徐某、王某、杨某回购股权的条件已经成立。

3. 关于徐某、王某、杨某对股权收购应承担连带责任、共同责任抑或按份责任的问题

徐某、王某、杨某应当按照其出资比例收购创新公司的股权，并支付相应的对价，但无须连带支付股权收购款。理由：第一，连带责任或共同责任属于较为严格的责任类型，只有在法律有明确规定或当事人有明确约定的情况下，才能苛以连带责任或共同责任。具体到本案，现行法律并不存在徐某、王某、杨某应当承担连带责任或共同责任的规定，投资合同书及补充协议亦未明确约定徐某、王某、杨某应当承担连带责任或共同责任，故从此角度而言，创新公司要求徐某、王某、杨某承担连带责任或共同责任缺乏依据。第二，我国《公司法》第七十一条第三款规定："经股东同意转让的股权，在同等条件下，其他股东有优先购买权。两个以上股东主张行使优先购买权的，协商确定各自的购买比例；协商不成的，按照转让时各自的出资比例行使优先购买权。"本案虽不涉及优先购买权的行使问题，但徐某、王某、杨某按何种比例购买创新公司的股权与该条款中两名以上股东共同行使优先购买权的情形类似，可以参照处理。由于投资合同及补充协议对徐某、王某、杨某如何购买创新公司股权并未明确约定，参照上述规定，徐某、王某、杨某按照出资比例收购创新公司的股权较为合理。第三，徐某、王某、杨某按照出资比例收购创新公司股权符合公平原则。股东按照出资额对公司享有股权，根据权利义务一致原则，不能苛求股东承担超出其权利的责任，尤其是对小股东而言。以杨某为例，本案中，杨某

仅出资42.50万元,持股比例仅为3.96%,且未实际参加公司经营管理,如若要求杨某支付1000万余元用于收购创新公司股权,显然有违公平。徐某及王某的情况亦可作相同分析。因此,从公平原则出发,应当要求徐某、王某、杨某按出资比例收购创新公司的股权。第四,创新公司认为,补充协议第6.4条存在连带责任的约定。对此,原审法院认为,该条仅明确徐某、王某、杨某应保证股东会或董事会同意创新公司的股权被收购,并未明确规定徐某、王某、杨某应连带收购创新公司的股权,因此,创新公司上述观点缺乏依据,应不予采信。

综合上述三个争议焦点的分析,原审法院认为,投资合同及补充协议合法有效,股权收购的条件亦已经成就,徐某、王某、杨某应当按照其出资比例收购创新公司持有的源天忻公司的股权。

上海市奉贤区人民法院依照《合同法》第六十条第一款,《民事诉讼法》第六十四条第一款、第一百四十四条的规定,判决如下:

1. 徐某于判决生效之日起十日内给付创新公司股权收购款7,601,453.29元,用于购买创新公司持有的源天忻公司4.51%的股权;

2. 王某于判决生效之日起十日内给付创新公司股权收购款5,349,828.27元,用于购买创新公司持有的源天忻公司3.18%的股权;

3. 杨某于判决生效之日起十日内给付创新公司股权收购款703,206.11元,用于购买创新公司持有的源天忻公司0.42%的股权。

创新公司不服一审判决,提起上诉。

上海市第一中级人民法院经审理认为:

本案中,涉案补充协议并未明确约定徐某、王某、杨某应当对回购系争股权承担连带责任,故创新公司主张三人对回购股权、支付回购款承担连带责任,没有合同依据。创新公司通过增资扩股成为源天忻公司股东,在其之后尚有其他数名股东以同样方式加入成为公司股东。即源天忻公司股东并非仅有投资合同书所列六名当事人。对补充协议第6.4条约定的,原股东在此连带地保证:如投资方要求收购其持有公司的全部或部分股权,原股东应保证公司的股东或董事会同意该收购并签署一切必须签署的法律文件,如有违约,其均应承担投资方因此导致的一切直接经济损失,应理解为徐某、王某、杨某系对该条后述事项承诺承担连带责任,不应作扩大解释。创新公司主张该条约定可理解为徐某、王某、杨某承诺对回购股权、支付股权回购款承担连带责任,缺乏依据。上诉人创新公司关于股权投资中原股东对股权回购应承担连带责任系通行做法和行业惯例的主张，亦无事实依据，本院均不予采信。

法院裁判结果

上海市第一中级人民法院依照《民事诉讼法》第一百七十条第一款第（一）项、第一百七十五条之规定，判决如下：

驳回上诉，维持原判。[1]

案件评析

投资方在与目标公司股东进行对赌时，一般都会在协议中约定由目标公司股东承担回购义务。此时若协议中明确约定对赌股东应对回购投资方股权承担连带责任，双方对此不存在争议，但协议未明确约定时，股东应当连带承担还是按份承担回购义务会引发争议。本案中法院认为：第一，连带责任或共同责任属于较为严格的责任类型，只有在法律有明确规定或当事人有明确约定的情况下，才能苛以连带责任或共同责任。第二，股东间按何种比例购买投资方的股权与《公司法》第七十一条第三款规定的两名以上股东共同行使优先购买权的情形类似。参照上述规定认定股东按照出资比例收购投资方股权较为合理。第三，股东按照出资比例收购原告股权符合公平原则，股东按照出资额对公司享有股权，根据权利义务一致原则，不能苛求股东承担超出其权利的责任。

除本案外，上海市第二中级人民法院在张继承、梁丽华与唐晨股权转让纠纷案[2]中也支持了本案观点。两个法院的判决观点成为目前司法实践中的主流，即认为在没有明确约定承担连带责任的情况下，各股东按份承担责任符合公平原则。

---

〔1〕 二审判决作出后，深圳市创新投资集团有限公司不服，向上海市高级人民法院申请再审，上海市高级人民法院经审理作出（2016）沪民申 2206 号再审民事裁定书驳回其申请。

〔2〕 参见上海市第二中级人民法院（2017）沪 02 民终 6040 号民事判决书。

15. 股权回购条款的性质认定

——山东华立投资有限公司诉 LAURITZ KNUDSEN ELECTRIC CO. PTE. LTD 股权转让纠纷案

案件基本信息

1. 裁判书字号

广东省高级人民法院(2015)粤高法民四终字第224号民事判决书[1]

2. 案由:股权转让纠纷

3. 裁判日期:2016年8月5日

4. 当事人

原告(上诉人):山东华立投资有限公司(以下简称华立公司)

被告(被上诉人):LAURITZ KNUDSEN ELECTRIC CO. PTE. LTD(以下简称 L. K. E 公司)

基本案情

埃尔凯电器(珠海)有限公司(以下简称埃尔凯公司)原系一家中外合资企业,2010年9月14日经珠海市科技工贸和信息化局批准,由外资企业转为中外合资企业,L. K. E 公司是合资方之一。L. K. E 公司的法定代表人苏某是埃尔凯公司的法定代表人和董事长。2010年10月9日,华立公司、L. K. E 公司签订一份《增资扩股协议》。该协议约定,L. K. E 公司经有关主管部门批准、公司董事会批准、授权,并经合作他方同意,与华立公司签订本协议,协议主要内容是华立公司对埃尔凯公司投资,华立公司、L. K. E 公司增资扩股等。第三条约定,L. K. E 公司同意增资到折合人民币7200万元,华立公司同意增资人民币2000万元,以现金方式投入,以使埃尔凯公司注册资本金达到折合人民币8000万元,而华立公司占股10%。第四条约定,在完成增资扩股后,埃尔凯公司注册资本折为人民币8000万元。L. K. E 公司持有75%股权,华立公司持有

[1] 广东省珠海市中级人民法院(2014)珠中法民四初字第16号民事判决书(一审)。

10%股权，其他股东持有15%股权。第七条约定，华立公司终止协议并收回增资扩股投资款项的情形：(1)如果L. K. E公司违反了本协议的任何条款，并且该违约行为使本协议的目的无法实现；(2)如果出现了任何使L. K. E公司的声明、保证、承诺在实质意义上不真实的事实或情况。第十三条约定，华立公司必须于2010年10月10日将投资款汇到埃尔凯公司的验资账户。第十四条约定，本协议自各方法定代表签字、加盖公章之日生效，并由埃尔凯公司向珠海市科技工贸和信息化局申报和办理相关手续。

增资扩股协议签订后，华立公司于2010年10月11日将投资款人民币2000万元分两笔汇入L. K. E公司指定的埃尔凯公司的验资账户。埃尔凯公司于2011年6月2日将人民币2000万元分5笔退回华立公司账户。埃尔凯公司未依约向珠海市科技工贸和信息化局申报和办理相关手续。

2010年12月6日，L. K. E公司作为甲方、华立公司作为乙方又签订一份《股权转让协议》，约定主要内容有：鉴于中外合资企业埃尔凯电器(珠海)有限公司将申请改制成立股份有限公司(以下简称目标公司)，改制后乙方(华立公司)占有目标公司股份800万股。第一条约定，在2013年10月10日后，华立公司有权向L. K. E公司提出以原始出资额为限转让所持目标公司的股权份额；如华立公司提出转让部分所持股权份额，按照原始出资额与股权份额比例确定转让金额；第二条约定，L. K. E公司承诺无条件以自身名义或指定第三方收购华立公司提出的拟转让股份。

2011年1月27日，埃尔凯公司的新旧各方股东签订一份《增资扩股协议》，埃尔凯公司的注册资本由375万美元增至416.67万美元，增加注册资本41.67万美元，由华立公司对该部分增资以人民币2000万元进行溢价认购(溢价部分计入"资本公积")，华立公司占10%股权。协议第七条对在股东变更前的任何时间，协议终止的情况进行了约定，该条第二款约定如果出现约定情况，华立公司有权在通知L. K. E公司后终止本协议，并收回此次增资扩股的投资。协议第十三条约定，华立公司必须于2011年8月31日前将投资款汇到埃尔凯公司的验资账户。为此各方签署《合资经营埃尔凯电器(珠海)有限公司补充合同之(二)》和《埃尔凯电器(珠海)有限公司章程(中外合资)修改之(二)》。2011年5月11日，珠海市科技工贸和信息化局以《关于合资企业埃尔凯电器(珠海)有限公司补充合同之二及章程修改之二的批复》同意有关协议和章程。2011 年 6 月 2 日华立公司将2000 万元汇入埃尔凯公司指定的另一账户。2011 年 6 月 9 日,珠海市工商管理局完成了埃尔凯公司的股东变更登记手续,华立公司正式成为埃尔凯公司的股东,占 10.001% 股权,L. K. E 公司仍是埃尔凯公司的大股东,占 76.499% 股权。(协议签订前后股东情况见图 1-5)

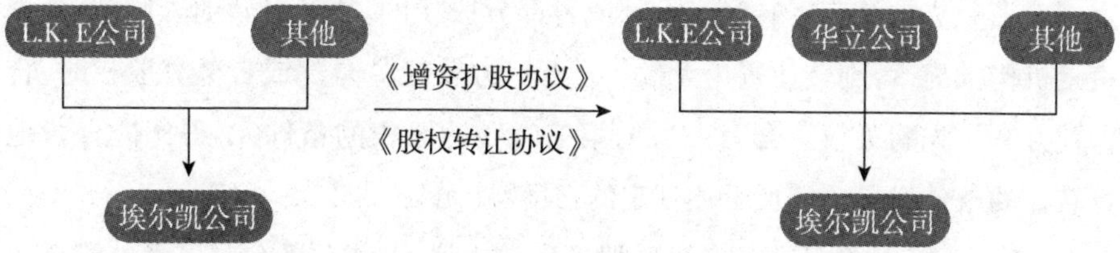

图 1-5　协议签订前后股东情况

华立公司于2014 年 11 月 4 日向一审法院起诉,请求:1. L. K. E 公司按照2010 年 12 月 6 日双方签订的《股权转让协议》的约定,收购华立公司在埃尔凯公司中所持有的 10.001% 的股权。2. L. K. E 公司支付华立公司原始出资额人民币 2000 万元及自 2013 年 10 月 10 日之后的利息(利息按人民银行同期一年期贷款利率计算,暂计至起诉之日 2014 年 10 月 31 日止为人民币 1,286,666.67 元)。3. L. K. E 公司承担本案的诉讼费用。

案件焦点

1. 双方签订的《股权转让协议》是否有效;

2.《股权转让协议》约定的履行条件是否成就;

3. 双方于2010 年 10 月 9 日和 2011 年 1 月 27 日签订的《增资扩股协议》以及 2010 年 12 月 6 日的《股权转让协议》的性质和效力应如何认定;

4. 华立公司是否应收购 L. K. E 公司在埃尔凯公司所持有的 10.001% 股权;

5. L. K. E 公司是否应返还华立公司原始出资额 2000 万元及利息。

法院裁判要旨

广东省珠海市中级人民法院经审理认为:

1. 关于双方签订的《股权转让协议》是否有效

《中外合资经营企业法》第四条规定，“合营企业的形式为有限责任公司。在合营企业的注册资本中，外国合营者的投资比例一般不低于百分之二十五。合营各方按注册资本比例分享利润和分担风险及亏损。合营者的注册资本如果转让必须经合营各方同意”。《中外合资经营企业法实施条例》第二十条规定，“合营一方向第三者转让其全部或者部分股权的，须经合营他方同意，并报审批机构批准，否则转让行为无效。合营一方转让其全部或者部分股权时，合营他方有优先购买权。合营一方向第三者转让股权的条件，不得比向合营他方转让的条件优惠。违反上述规定的，其转让无效”。

2010 年 12 月 6 日，双方签订《股权转让协议》时埃尔凯公司已由外资企业变更为中外合资企业，故埃尔凯公司的合营方转让股权之行为必须遵守上述法律和法规的相关规定。涉案中《股权转让协议》仅由 L. K. E 公司与华立公司签署，未经合营其他各方同意，未报审批机构批准，违反了上述法律、行政法规的效力性强制性规定，依照《合同法》第五十二条第（五）项“有下列情形之一的，合同无效：……（五）违反法律、行政法规的强制性规定”及最高人民法院《关于适用〈中华人民共和国合同法〉若干问题的解释（二）》第十四条“合同法第五十二条第五项规定的‘强制性规定’，是指效力性强制性规定”的规定，该《股权转让协议》系无效合同。华立公司主张该《股权转让协议》经过了合营其他各方同意，但并未提供合营其他各方同意的直接证据，一审法院不予采纳。华立公司主张该《股权转让协议》无须报审批机构批准的辩解亦与法律规定不符，一审法院不予采纳。

2.《股权转让协议》约定的履行条件是否成就

退一步讲，2010 年 12 月 6 日签订的《股权转让协议》有效，其约定的回购条件是否成就。《股权转让协议》“鉴于”部分第二段陈述：“中外合资企业埃尔凯电器（珠海）有限公司将申请改制成立股份有限公司（以下简称目标公司），改制后乙方（华立公司）占有目标公司股份 800 万股”，《股权转让协议》第一条约定：“在 2013 年 10 月 10 日后，乙方（华立公司）有权向甲方（L. K. E 公司）提出以原始出资额为限转让所持目标公司的股权份额”，根据上述约定，华立公司转让标的为“目标公司”股权，即埃尔凯公司改制后设立的股份有限公司的股权，而非埃尔凯公司的股权。埃尔凯公司至今未完成股份制改造，仍为中外合资有限责任公司，即《股权转让协议》约定的“目标公司”尚未设立，故《股权转让协议》的履行条件未成就。华立公司依据《股权转让协议》要求L. K. E公司收购华立公司所持有的埃尔凯公司的股权与《股权转让协议》的约定不符。

综上，一审法院认为，2010年12月6日之《股权转让协议》不符合法律法规之规定，不具有法律效力，华立公司依据2010年12月6日之《股权转让协议》要求L. K. E公司收购其所持有的埃尔凯公司股权的理由不能成立；2011年1月27日之《增资扩股协议》第七条亦没有约定L. K. E公司收购华立公司所持有的埃尔凯公司股权的内容，华立公司的诉讼请求无事实和法律依据，一审法院不予支持。

一审法院依照《中外合资经营企业法》第四条、《中外合资经营企业法实施条例》第二十条、《合同法》第五十二条第（五）项、最高人民法院《关于适用〈中华人民共和国合同法〉若干问题的解释（二）》第十四条的规定，判决如下：驳回华立公司的全部诉讼请求。

宣判后，华立公司不服，向广东省高级人民法院提起上诉。

广东省高级人民法院经审理认为：

1. 关于2010年10月9日和2011年1月27日的《增资扩股协议》、2010年12月6日的《股权转让协议》的性质和效力应如何认定的问题

华立公司与L. K. E公司围绕华立公司通过增资方式取得埃尔凯公司股权先后签订2010年10月9日的《增资扩股协议》、2010年12月6日的《股权转让协议》以及2011年1月27日的《增资扩股协议》。华立公司上诉认为上述三份协议具有内在的关联性，2010年10月9日的《增资扩股协议》在三份协议当中具有总体框架协议地位，《股权转让协议》和2011年1月27日的《增资扩股协议》都是在履行2010年10月9日的《增资扩股协议》。判断合同的内容间是否具有内在的关联性，需审查合同中的具体约定。2010年10月9日的《增资扩股协议》是有关L. K. E公司与华立公司为使埃尔凯公司的注册资本金达到人民币8000万元双方有关权利义务的约定，即L. K. E公司同意对埃尔凯公司增资人民币7200万元，华立公司同意增资人民币2000万元以取得埃尔凯公司股权的10%。2010年12月6日的《股权转让协议》则是在埃尔凯公司的注册资本金已经达到8000万元，华立公司占埃尔凯公司10%的股权比例的

情形下,华立公司在2013年10月10日后可以以原始出资额为限转让埃尔凯公司的股权份额。2011年1月27日的《增资扩股协议》是埃尔凯公司的所有股东同意公司注册资本由375万美元增至416.67万美元,华立公司则以增资人民币2000万元认购埃尔凯公司10%股权。上述协议虽然都是围绕华立公司通过增资方式取得埃尔凯公司股权而设定权利义务,但约定的内容不相同,合同之间的内在关联性在合同的条款中并无体现。无法通过合同间的内容推导出2010年10月9日的《增资扩股协议》在三份协议书当中具有总体框架地位,《股权转让协议》和《增资扩股协议》是为履行该《增资扩股协议》而订立,在2011年1月27日的《增资扩股协议》中L. K. E公司负有增资7200万元的义务。故华立公司此关于合同间关系的上诉理由缺乏事实依据,本院不予支持。2010年10月9日《增资扩股协议》约定对埃尔凯公司进行增资,依据《中外合资经营企业法实施条例》第二十一条的规定,合营企业注册资本的增加、减少,应当经董事会会议通过,并报审批机构批准,向登记管理机构办理变更登记手续,以及最高人民法院《关于审理外商投资企业纠纷案件若干问题的规定(一)》第一条的规定,该合同所约定内容属于应经外商投资企业审批机关批准后才生效的合同,未经外商投资企业审批机关批准的,该合同应当认定未生效。2011年1月27日的《增资扩股协议》内容没有违反法律、行政法规的强制性规定,且已得到外商投资企业主管部门的批准同意,依法应认定有效。华立公司因而已取得埃尔凯公司10.001%的股权,并在工商管理部门进行了变更登记。

2010年12月6日,L. K. E公司与华立公司签订的《股权转让协议》所约定内容的前提条件是埃尔凯公司的注册资本金已经达到8000万元并且经过改制已经成为股份有限公司,则在2013年10月10日后华立公司有权向L. K. E公司以原始出资额为限转让所持目标公司的股权份额。该份《股权转让协议》的内容是附事实条件的股权转让,只有在埃尔凯公司改制成为股份有限公司后,华立公司才能将其所持有的埃尔凯公司的股权转让给L. K. E公司。而埃尔凯公司改制成为股份有限公司后,股东间转让股权的行为已无须外商投资企业审批机关审批,未经其他股东同意的股东间的股权转让并不导致合同无效,故该份《股权转让协议》对将来发生事实的约定未违反法律、行政法规的强制性规定,依法应认定有效。一审判决认定合同无效缺乏法律依据,本院不予支持。华立公司上诉认为合同有效具有事实和法律依据,但华立公司上诉认为该份合同性质应认定为股权投资估值调整协定纠纷。对此,首先,股权投资估值调整协议不属于法律上认定合同性质的概念;其次,股权投资估值调整协议是在资本市场领域为合理控制风险投资公司在向目标公司投资时所面临的投资风险而拟定的估值调整条款,订立双方一般会约定在一个固定期限内要达成的经营目标,在该期限内如果企业不能完成经营目标,则一方应当向另一方进行支付或者补偿。如果达到该经营目标,则反之。本案中的《股权转让协议》并没有将埃尔凯公司改制成为股份有限公司作为双方预先设订的经营目标,而是将其作为公司已然达到的一个条件,且协议中也没有约定作为股东的L. K. E公司在目标公司埃尔凯公司无法完成股份制改造情况下应承担股权回购的责任。故华立公司上诉认为双方协议性质是一份股权投资估值调整协议缺乏事实依据,本院不予支持。

2. 关于L. K. E公司是否应收购华立公司在埃尔凯公司所持有的10.001%股权以及L. K. E公司是否应返还华立公司原始出资额2000万元及利息的问题

华立公司上诉认为L. K. E公司应依《股权转让协议》的约定收购华立公司在埃尔凯公司10.001%的股权。《股权转让协议》虽然有效,但《股权转让协议》中没有约定在埃尔凯公司无法转制成为股份制公司时,另一股东L. K. E公司负有回购华立公司股权的义务,其次协议约定在埃尔凯公司注册资本增资至8000万元、埃尔凯公司改制成为股份有限公司后,华立公司才能提出由L. K. E公司受让其所持有的在埃尔凯公司的股权。而目前埃尔凯公司仍为中外合资企业,华立公司请求L. K. E公司回购股权的条件尚不成立,其上诉认为L. K. E公司应回购股权的理由缺乏事实和法律依据,本院不予支持。如上分析,2010年10月9日的《增资扩股协议》是一份未生效的协议,合同中所约定的华立公司与L. K. E公司的权利义务对双方尚未产生法律效力,L. K. E公司尚不负有增资7200万元款项的义务,故华立公司不能据此主张L. K. E公司承担未履行增资义务的违约责任。2011年1月27日的《增资扩股协议》依法应认定有效,如前分析,2010年10月9日《增资扩股协议》中约定L. K. E公司应增资7200万元的义务并未在此体现,依据协议约定华立公司能够收回增资扩股投资款2000万元的条件是因任何一方违约导致协议终止且需在股东变更前的任何时间行使该项权利,该约定也符合公司法中股东不得抽回出资的规定。双方在履行协议过程中,既没有出现违约行为导致协议终止的情形,华立公司也已于2011年6月9日取得埃尔凯公司的股权,故华立公司不存在以此协议请求收回增资扩股投资款的权利。综上,华立公司上诉认为L.K.E公司应依《股权转让协议》及《增资扩股协议》收购华立公司所持有的埃尔凯公司10.001%股权及返还原始出资额2000万元及利息的理由均缺乏事实和法律依据,本院不予支持。

至于华立公司上诉认为一审法院未采信其所提交的证据十二《谈判录音》内容和证据十四非公开发行《2012年中小企业私募债券募集说明书》,遗漏事实问题。该两份证据华立公司均是在一审举证期限届满之后提交,并且未充分说明逾期提交证据理由。依据《民事诉讼法》第七十一条的规定,录音证据作为视听资料的一种形式,在辨别真伪的前提下,需结合案件的其他证据来审查认定。证据十二的录音内容中L.K.E公司法定代表人苏某并没有明确说明同意收购华立公司的全部股权,且也无其他证据相印证,故一审法院未予采纳不存在遗漏事实。证据十四《2012年中小企业私募债券募集说明书》是埃尔凯公司经营过程中通过发行私募债券募集资金,虽然私募债券发行人律师与本案L.K.E公司的委托代理律师为同一律师事务所,但与华立公司所要证明的L.K.E公司收购华立公司股权事实毫无关联性,故一审法院未采纳也无不当。

综上所述,一审判决认定事实清楚,适用法律基本正确,处理结果恰当,应予维持。华立公司的上诉理由虽然有部分成立,但请求仍应予以驳回。

法院裁判结果

广东省高级人民法院依照《民事诉讼法》第一百七十条第一款第(一)项的规定,判决如下:

驳回上诉,维持原判。

案件评析

本案是一宗中国国内公司通过股权转让形式对中外合资企业进行投资的案件,其典型意义在于如何判断当事人在合同中约定的股权回购条款的性质,是否属于新型的投融资方式即股权投资估值调整协议，以及该种约定能否得到支持。该判决一方面肯定了股东之间为适应现代市场经济高度融资需求有权自治约定股权投资估值调整的内容；另一方面坚持股权投资估值调整的合意必须清晰地约定于合同中的原则。针对本案《股权转让协议》没有设定经营目标也没有约定埃尔凯公司无法完成股份制改造时由L. K. E公司承担股权回购责任的情况，认定双方真实意思表示是先将埃尔凯公司改制成为股份有限公司，故股权转让协议性质为附未来事实条件的股权转让。在埃尔凯公司改制成为股份有限公司这一条件未成就前，华立公司无权请求L. K. E公司回购股权。该案判决运用文义解释方法，确定当事人的投资意思表示，并有效避免公司资本被随意抽回，维持了中外投资者合资关系的稳定性，依法保护了投资者权益，对于“一带一路”新型投资方式的有序开展起到了强有力的保障作用。

16. 股权回购请求权诉讼时效自回购义务期限届满之日起计算

——潘某诉高能控股有限公司委托合同纠纷案

案件基本信息

1. 裁判书字号

北京市第三中级人民法院(2016)京03民终8837号民事判决书[1]

2. 案由:委托合同纠纷

3. 裁判日期:2016年9月27日

4. 当事人

原告(被上诉人):潘某

被告(上诉人):高能控股有限公司(以下简称高能公司)

基本案情

2007年10月6日,甲方高能公司与乙方云南路桥股份有限公司(以下简称路桥公司)签订了《合作协议》,约定乙方协调安排将其股东的63,238,439股占18.07%的股权转让给甲方及甲方指定的公司,乙方同意并安排转让的股权为云南大理交通运输集团公司持有乙方股权28,238,439股,昆明鸿基实业公司持有乙方17,500,000股,昆明北市区客运有限公司持有17,500,000股;本次股权转让的价格为3.2元每股,是乙方预测2007年度每股税后利润0.4元的基础上确定。本次股权转让所得价款,一部分用于支付股权所有人的股权转让款,另一部分用于增资乙方下属的子公司云南景谷威远江水电开发经营有限公司(以下简称景谷威远公司)以改善乙方的资产负债等财务结构,补充乙方的经营性资本。乙方未能在2008年6月30日前向中国证监会上报有关发行材料并获准受理,如因乙方经营、财务、法律和公司治理问题影响公开材料上报,乙方承诺在各转让方和景谷威远公司等协议约定或指定回购人无

[1] 北京市朝阳区人民法院(2015)朝民(商)初字第17424号民事判决书(一审)。

能力或其他原因无法回购受让各方所持股份时,乙方承诺全部回购,并在本协议规定的回购条件成立之日起五个工作日内将上述款项外加利息(按年利率15%计算)一次性汇至甲方指定账户,但在中国证监会受理材料后本条款自动失效。

2007年10月19日,甲方(委托方)潘某与乙方(被委托方)高能公司签订了《合作及委托投资协议》,约定:路桥公司系云南省大型路桥建设公司,经国信证券尽责调查及立项审核符合发行上市标准,已签署辅导重组及承销协议,拟于年内完成辅导,计划于2008年4月向中国证监会报道申报材料,2008年内上市;乙方与路桥公司有良好的合作关系,一直以来均为财务顾问及上市顾问,乙方已与路桥公司签署协议,受让其持有的路桥公司6300万股法人股;甲方拟与乙方合作,通过委托乙方投资的方式获得路桥公司法人股,并授权乙方进行投资管理;甲方以自有资金1000万元委托乙方投资购买路桥公司250万股权,并授权乙方对上述股份进行资方管理及股权管理;乙方同意接受甲方委托进行上述受托投资。乙方在完成上述委托投资后向甲方出具委托投资书及股权权益证明书;本次股权转让的价格为每股4元,是以乙方预测2007年每股税后利润0.4元的基础上确定;投资期间,甲方享有上述股权收益权、监督权、知情权等权益,并获得利润或收益分成;如路桥公司2008年6月30日前未获中国证监会上市审核通过,则甲方有权要求乙方一次性原价回购上述股份,并按年息15%支付利息;双方在合同尾部签字盖章,王某在高能公司授权代表处签字。

2007年10月19日,高能公司向潘某出具股权权益证明书,受潘某委托购买的路桥公司股权,投资金额为1000万元,每股价格为4元,权益数为250万股份。

2007年10月30日、31日,上海通航电气有限公司(以下简称通航公司)向高能公司汇款590万元、160万元、250万元,合计1000万元。2015年7月28日,通航公司出具证明2007年的1000万元系通航公司代潘某支付的投资款。

2008年2月,高能公司与中交投资有限公司签订了《股权转让协议》,将2000万股(持股比例为5.71%)转让给了中交投资有限公司,股份转让价格为4.3元。

2008 年 3 月 28 日，高能公司与北京高盛源商贸有限公司（以下简称高盛源公司）签订《股权转让协议》，将其持有的 600 万股转让给高盛源公司，每股价格为 1 元。高能公司为高盛源公司的股东，持股比例为 100%。

2009 年 1 月 10 日，甲方高能公司与乙方高盛源公司签订了《委托持股协议》，约定鉴于甲方高能控股公司对外举债，为保护路桥公司实际股东项下股权资产的安全性，同时也征得了隐名股东的同意，现对路桥公司股权资产进行剥离；甲方委托乙方作为路桥项目公司股权的持有方，乙方除自身持有的路桥公司股份外，继续在市场增持路桥公司股份，以保证路桥公司实际股东的资产权益；乙方代甲方担任路桥公司股东，全面履行路桥股东和管理人的职能，依照甲方与实际股东签订的协议，进行分红和项目管理。

2009 年 11 月 16 日，高能公司与山东华勤控股有限公司签订《股权转让协议》，将其持有的 2000 万股转让给山东华勤控股有限公司，每股价格为 4 元。

2009 年 11 月 18 日，高能公司与鲁某等四十一人签订了《股权转让协议》，将其持有的 10,279,257 股分别转让给鲁某等四十一人，每股价格为 3.1 元。

2009 年 12 月 24 日，高能公司分别与上海載荣投资管理有限公司、自然人李某、李某奇签订了《股权转让协议》，高能公司将持有的 6,209,971 股、2,000,000 股、4,000,000 股分别转让给上述三方，转让价为每股 4 元。

2009 年 12 月 25 日，高能公司分别与无锡中科、宣威会伦、浙商创投、温州环亚签署《股权转让协议》，将持有的 150 万股、225 万股、300 万股、600 万股分别转让给上述四方，转让价每股 3 元。

2010 年 4 月 20 日，高能公司与中交投资签署《股权转让协议》，将其持有的 600 万股转让给中交投资，每股价格为 3 元。至 2010 年年底，高能公司已经不持有路桥公司的股份，高盛源公司持有 24,000,000 股，占 6.8571%。

2010 年 1 月 19 日，高能公司与潘某签署股权权益证明及变更确认书，潘某原认购 250 万股，高能公司已经回购 50 万股，最终权益数为 200 万股。200 万股权益最终归属权由潘某取得，高能公司系代持机构。

2013 年 5 月 16 日，路桥公司召开 2012 年度股东大会，通过利润分配决议，以总股本 35,000 万股为基数，每十股派发现金红利 1 元。高盛源公司获得分红后，向潘某支付了 20 万元。潘某认为 20 万元系股权回购款，高能公司认为支付的是分红。

2014 年,路桥公司在新三板市场上市。

潘某向一审法院起诉请求:判令高能公司支付股权回购款 800 万元及利息(自 2007 年 10 月 19 日开始至付清之日止,按照年利率 15% 计算);判令高能公司承担本案诉讼费。

一审诉讼中,证人王某出庭作证称:其与本案双方当事人关系很好,当时高能公司要将路桥公司重组上市,就把潘某介绍给了高能公司,双方签订了合同。2008 年 6 月,高能公司称路桥公司帮政府垫资款未收回故不能上市。2008 年至 2014 年投资人每年均要求王某向高能公司提出退款,期间王某曾带领部分投资者到高能公司要求还钱。

案件焦点

1. 潘某与高能公司之间系何种法律关系;

2. 潘某起诉要求高能公司回购股权是否已经超过诉讼时效;

3. 潘某与高能公司关于股权回购与支付利息的合同条款是否有效。

法院裁判要旨

北京市朝阳区人民法院经审理认为:

潘某与高能公司签订的《合作及委托投资协议》系双方的真实意思表示,其内容未违反法律法规的强制性规定,应属合法有效。

首先,潘某与高能公司之间的法律关系。从合同条文看,双方之间成立的是委托关系,潘某出资委托高能公司购买路桥公司的股份,之后高能公司代潘某持有股份。高能公司自路桥公司以每股 3.2 元的价格购买了股份,高能公司与潘某之间约定的价格为每股 4 元,高能公司从中收取了差价,双方之间系有偿的委托关系。

其次,双方对赌上市的条款。双方合同约定如路桥公司未在 2008 年 6 月 30 日前上市则高能公司原价回购股份并支付利息。虽然路桥公司上市与否受多种条件的制约,但是高能公司作为路桥公司的财务顾问,更了解路桥公司的企业发展,且高能公司与路桥公司之间的合同中亦有以上市作为对赌条件的约定,故高能公司向投资者作出了承诺,如不能上市则原价回购并支付利息。高能公司作为路桥公司的财务顾问是典型的商事主体,其对自己的盈利模式及履约风险有合理的预测，才对投资者作出了如此承诺。路桥公司未能按照合同约定的期间上市，高能公司应履行其向投资者的承诺。

最后，潘某要求回购及支付利息的请求是否过诉讼时效。民法通则规定，权利人向人民法院请求保护其权利的诉讼时效期间为两年，诉讼时效因提起诉讼、当事人一方提出要求或者同意履行义务而中断。从中断时起，诉讼时效期间重新计算。在2008年6月30日路桥公司未能上市，潘某获得了要求高能公司原价回购及支付利息的请求权。之后潘某向合同中高能公司的授权代表持续主张权利，起到诉讼时效中断的效果，其权利未过诉讼时效。高能公司提出的时效抗辩法院不予采信。高能公司已经支付了20万元款项，虽然高能公司认为其性质为分红，但现并无证据能够证明潘某同意继续持有路桥公司的股份，故法院认定20万元为股权回购款。潘某主张的利息应自投资款全部实际到位之日起计算。

关于高能公司提出潘某为路桥公司的股东，应承担投资风险的答辩意见。高能公司与路桥公司之间亦约定有对赌条款，在对赌条件成就后高能公司未要求路桥公司原价回购股份并支付利息，且在此关键性问题的选择上并未征求潘某的意见，高能公司单方决定继续持有路桥公司的股份。在路桥公司迟迟未能上市后高能公司将股份转移至关联公司，股份转让行为亦未得到股东的同意。高能公司在履行合同中的重要节点并未征求潘某的意愿，由此造成的风险应由高能公司自行负担。故对其答辩意见，法院不予采信。

北京市朝阳区人民法院判决如下：

1. 高能公司于判决生效之日起七日内向潘某支付股权回购款780万元及利息（自2007年10月31日起至付清之日止，按照年息15%计算）；

2. 驳回潘某的其他诉讼请求。

一审判决后，高能公司向北京市第三中级人民法院提出上诉。

北京市第三中级人民法院经审理认为：

1. 认定当事人之间的法律关系，应当结合当事人之间签订的合同内容、合同履行情况、交易惯例等因素综合判断。

潘某作为甲方与高能公司作为乙方于2007年10月19日签订了《合作及委托投资协议》，该协议约定乙方已与路桥公司签署协议，受让其持有的路桥公司6300万股法人股；甲方以自有资金1000万元委托乙方投资购买路桥公司

250万股权，并授权乙方对上述股份进行资方管理及股权管理；如路桥公司2008年6月30日前未获中国证监会上市审核通过，则甲方有权要求乙方一次性原价回购上述股份，并按年息15%支付利息。经双方当事人庭审确认，在签订该协议时高能公司已经成为路桥公司的股东，潘某购买的250万股份系高能公司已持有的路桥公司股份中的一部分。签订协议当日，高能公司即向潘某出具了股权权益证明书。虽然潘某与高能公司签订的协议名称为合作及委托投资协议，且协议条款约定潘某委托高能公司购买路桥公司的股权，但从双方实际履行的情况来看，潘某系直接受让高能公司已持有的路桥公司的股权，潘某从高能公司处受让股权后未进行变更登记，而是作为隐名股东委托高能公司作为显名股东代为持股，同时双方约定了在一定条件下潘某可以要求高能公司回购股权，因此，双方之间成立两种法律关系：一是股权转让法律关系，即高能公司将股权转让给潘某以及高能公司从潘某处回购股权；二是股权托管法律关系，即在潘某依据协议约定要求高能公司回购股权之前，高能公司作为受托人代潘某对路桥公司进行股权管理。故一审法院认定高能公司与潘某系有偿委托关系确有不妥，本院予以纠正。

2. 债权请求权的诉讼时效从债务履行期限届满之日起开始计算。

当事人未约定履行期限，且依据合同法的相关规定不能确定履行期限的，诉讼时效期间从债权人要求债务人履行义务的宽限期届满之日起计算，但债务人在债权人第一次向其主张权利之时明确表示不履行义务的，诉讼时效期间从债务人明确表示不履行义务之日起计算。本案中，潘某的股权回购请求权的诉讼时效，应当从高能公司履行股权回购义务的期限届满之日起开始计算，但《合作及委托投资协议》中仅约定了股权回购请求权的成立条件，未对高能公司履行股权回购义务的期限作出约定，故若路桥公司未能如期获准上市，则自2008年6月30日以后，潘某可随时向高能公司要求回购股权。双方合同约定的上市是指路桥公司在中国上海或深圳证券交易所公开发行股票上市的行为，故截至目前，路桥公司仍未符合合同约定的上市情形，潘某向高能公司主张回购股权具有合同依据。因并无证据表明潘某曾为高能公司设定过履行股权回购义务的宽限期，亦无证据显示高能公司曾明确拒绝履行股权回购义务，故潘某通过本案诉讼要求高能公司回购股权，并未超过诉讼时效。高能公司主张潘某的诉讼请求已超过诉讼时效，没有事实及法律依据，本院不予采纳。

3. 潘某与高能公司之间签订的《合作及委托投资协议》，系双方真实意思表示，且未违反法律、行政法规的强制性规定，应属合法有效。

因潘某与高能公司之间系股权转让法律关系而非委托理财关系，故有关股权回购与支付利息的条款并非保底条款，而是股权投资领域为保障投资者利益而设的对赌条款，且该对赌条款亦不违反公司法、证券法的相关规定，故不存该条款无效的情形。高能公司主张该条款违反公平原则且属于保底条款应为无效，但高能公司系专业从事股权投资的商事机构，其对于交易规则与交易风险应当明知，故其该项主张没有事实及法律依据，本院不予采纳。

法院裁判结果

北京市第三中级人民法院依照最高人民法院《关于审理民事案件适用诉讼时效制度若干问题的规定》第六条，《合同法》第六条、第一百零七条，《民事诉讼法》第一百七十条第一款第（一）项，最高人民法院《关于适用〈中华人民共和国民事诉讼法〉的解释》第三百三十四条之规定，判决如下：

驳回上诉，维持原判。

案件评析

股权回购是对赌协议最重要的估值调整方式之一，通常表述为：在交易各方约定的某个时点，如果目标公司不能实现约定目标（通常为业绩指标，或者为境内外 IPO 或被上市公司整体并购），则投资方有权要求目标公司的股东（通常为控股股东或实际控制人）以约定的价格回购其持有的股权，回购价格为投资款加算投资期间的资金成本。

在投资协议未对股权回购的行使期限作出明确约定的情况下，回购权在什么期限内行使在实践中存在比较大的争议。主要存在两种观点：第一种观点为回购权属于请求权，行使期限适用民法关于诉讼时效的相关规定，超过诉讼时效丧失胜诉权。第二种观点为回购权属于形成权，适用除斥期间的规定，在合理期限内不行使，即丧失权利。这类观点通常认为合理期限不宜过长，其出发点是维护交易安全、维护标的公司的经营稳定性。本案中，法院采取了第一种观点。

17. 投资方可同时主张股权回购与业绩补偿款

——正邦集团有限公司诉王某民、王某丽股权转让纠纷案

案件基本信息

1. 裁判书字号

江西省高级人民法院(2017)赣民终161号民事判决书[1]

2. 案由:股权转让纠纷

3. 裁判日期:2017年6月21日

4. 当事人

原告(被上诉人):正邦集团有限公司(以下简称正邦公司)

被告(上诉人):王某民

被告(上诉人):王某丽

基本案情

2011年5月5日,大民种业股份有限公司(以下简称大民种业)、王某民与正邦公司签订《合作协议书》,约定正邦公司向大民种业出资6000万元,成为大民种业的参股股东,持有大民种业25%的股份;王某民持有大民种业45%的股份,王某丽持有大民种业22.50%的股份,王某东持有大民种业7.5%的股份。若因企业发展需要引进其他方投资者由王某民、王某丽、王某东出让股权,股价不得低于正邦公司获得25%股权的价格。但向其他方投资者出让后,持有大民种业股份三人合计股份不低于51%。合同就出资款的给付约定,第一期5000万元,第二期1000万元,大民种业承诺2012年经会计师审计后税后净利润不低于3000万元,若实现该经营目标,正邦公司将剩余1000万元投资款支付给大民种业。大民种业同时承诺2014年税后净利润不低于3600万元,2015年税后净利润不低于4320万元,若未达到上述承诺的利润额,不足部分由王某民现金补足。为了上市需要,大民种业在正邦公司第一次增资款5000

[1] 江西省南昌市中级人民法院(2016)赣01民初457号民事判决书(一审)。

万元注入之日起三年内不进行利润分配。合同第二条第五款回购条款中明确约定：在正邦公司向大民种业注入第一期增资款5000万元之日起四年内，无论何种原因（冰雹、冻害、干旱、洪水、地震、战争等原因除外），大民种业未完成公开发行股票并上市的目标，王某民有义务收购正邦公司持有的全部股权，收购价格为：实际投资额×（1+每年12%的收益率×投资年限）。合同生效后，正邦公司于2011年6月24日按照合同约定向大民种业缴清第一期增资款5000万元。

2012年2月，大民种业股东会通过决议，同意正邦公司将其持有的部分大民种业的股权转让给王某民，并办理了相应的股权变更登记手续。2015年7月，大民种业、王某民与正邦公司签订了《合作协议书之补充协议之补充协议》，约定：因正邦公司将其持有的12%的大民种业的股份转让给九穗禾公司，三方一致确认：正邦公司与九穗禾公司共同享有合同约定的正邦公司的权利；原《合作协议书》第二条第三款第（三）项约定"大民种业同时承诺2014年税后净利润不低于3600万元，2015年税后净利润不低于4320万元，若未达到上述承诺的利润额，不足部分由王某民现金补足。"现协议各方一致确认：按协议各方确认的大民种业2014年度企业所得税后净利润946.11万元为基础计算王某民应补足利润的义务做以下变更：王某民向正邦公司支付2,919,279元补偿款，向九穗禾公司支付3,184,668元补偿款，并于2015年7月30日前向正邦公司与九穗禾公司分别履行上述款项支付义务。原《合作协议书》第二条第三款第（三）项约定"大民种业2015年度企业所得税后净利润未达到4320万元，不足部分由王某民现金补足，"现变更为"若大民种业2015年度企业所得税后净利润未达到3600万元，不足部分由王某民以上述方式向正邦公司与九穗禾公司补偿。"同时约定：王某民依然负有合同第二条第五款约定的股权回购义务。王某民在收到正邦公司及九穗禾公司要求回购股份的通知后两个月内履行收购正邦公司及九穗禾公司所持有的大民种业全部股份的义务，王某民迟延履行约定义务的，按迟延履行金额每日千分之一向正邦公司及九穗禾公司计付违约金。

自2011年6月24日正邦公司缴清5000万元增资款之日起4年内，王某民并未按照《合作协议书》及《补充协议》的约定完成大民种业公开发行股票并上市的目标。2015年8月3日，王某民向九穗禾公司支付了3,184,668元业绩补偿款;2015年11月3日,大民种业向九穗禾公司支付2,400,000元分红款;2016年8月5日,王某民向九穗禾公司支付了3,083,552元业绩补偿款。

2016年6月1日,九穗禾公司向王某民发出了《要求履行股份回购义务的通知》,要求王某民在收到本函之日起两个月内将九穗禾公司所持有的大民种业12%股份回购并向九穗禾公司支付回购价格为:5000万元×12%/23%(1+12%×5)=4173.91万元。之后,九穗禾公司就股权回购等事宜向王某民发出《律师函》,提醒王某民履行股权回购的义务。2016年6月25日,王某民向正邦公司发出《关于正邦集团及九穗禾股份回购的沟通函》,确认:6月4日收到正邦公司发出的《要求履行股份回购义务的通知》,并于6月7日收到正邦公司发出的《律师函》。因对正邦公司持有的大民种业1100万股,九穗禾公司持有的大民种业股份1200万股,在2011~2015年间正邦公司收到大民种业以现金、分红形式补偿款分别为455万元、662万元、460万元、610万元,由于目前种业行业市场竞争激烈,公司业绩不佳,王某民个人已负债累累,望正邦集团、九穗禾公司充分予以考虑实际情况,在回购金额方面给予优惠,对正邦公司与九穗禾公司提出的回购金额因其没有能力予以全部接受,请重新考虑补偿款金额。至今,王某民未履行回购正邦公司持有11%大民种业的股权。王某丽与王某民系夫妻关系。

2016年8月29日,正邦公司向江西省南昌市中级人民法院起诉请求:1.判决王某民向正邦公司支付股权回购款3826.08万元;2.判决王某民向正邦公司支付违约金49.74万元(以3826.08万元为基数,自2016年8月4日起,按日1‰计算暂计至2016年8月16日,要求计算至实际支付完毕为止);3.判决王某丽对上述请求承担连带责任;4.本案的诉讼费由王某民、王某丽全部承担。

案件焦点

1.王某民是否应向正邦公司支付股权转让款3826.08万元,《合作协议书》《补充协议》中关于股权转让的条款是否有效,王某民转让股份是否存在违约行为,王某民已经支付的分红款项是否从股权回购款当中扣除;

2.王某民是否应自2016年8月5日起承担迟延支付股权回购款的违约金若应承担,违约金是否偏高;

3.王某丽是否应对王某民的涉案债务承担连带清偿责任。

法院裁判要旨

江西省南昌市中级人民法院经审理认为:

2011年5月5日,大民种业、王某民与正邦公司签订《合作协议书》。2015年7月,大民种业、王某民与正邦公司签订的《合作协议书之补充协议之补充协议》,属当事人自愿达成的协议,未违反法律法规强制性规定,合法有效,应受法律保护。当事人应当按照约定全面履行自己的义务。《合作协议书》约定:正邦公司向大民种业注入第一期增资款5000万元之日起四年内,无论何种原因,大民种业未完成公开发行股票并上市的目标,王某民有义务收购正邦公司持有的全部股权,收购价格为:实际投资额×(1+每年12%的收益率×投资年限),该约定对双方当事人具有法律约束力。大民种业在此期间未完成公开发行股票并上市的目标,正邦公司主张由王某民依约收购其股权,符合双方在《合作协议书》的约定,原审法院予以支持。

王某民辩称应当将正邦公司已经获得的收益共计1911.5869万元应在股权回购款中扣除。因该1911.5869万元是由2012年5月24日,大民种业向正邦公司支付455万元分红款;2014年8月18日大民种业向正邦公司支付338万元分红款;2014年8月19日大民种业向正邦公司支付324万元分红款;2015年8月3日,王某民向正邦公司支付291.9279万元业绩补偿款;2015年11月3日,大民种业向正邦公司支付220万元分红款;2016年8月6日,王某民向正邦公司支付282.659万元业绩补偿款组成,上述款项属大民种业向股东分红及大民种业未完成约定的利润,而由公司控股股东王某民依约向正邦公司支付的业绩补偿款,与股权回购款属两个不同的法律关系,对王某民应将正邦公司已经获得的收益共计1911.5869万元应在股权回购款中扣除的抗辩,原审法院不予支持。

王某民称正邦公司的违约行为致使合同目的根本不能实现,构成根本违约,应当支付其利息960万元。王某民未提出反诉,原审法院不予审理。

如上所述,王某民应向正邦公司支付所持有的大民种业11%股权回购款5000万元×11%/23%(1+12%×5)=3826.08万元。2016年6月1日,正邦公司向王某民发出了《要求履行股份回购义务的通知》,王某民确认6月4日收到正邦公司发出的《要求履行股份回购义务的通知》,但未按约在收到正邦公司要求回购股份的通知后两个月内履行收购正邦公司所持有的大民种业全部股份的义务，只是以王某民个人已负债累累，望正邦公司充分予以考虑实际情况，在回购金额方面给予优惠为由，未能履行股权回购义务，王某民该理由不能成为其不履行合同义务的依据，王某民在股权回购中存在违约行为，应向正邦公司承担违约责任，王某民应自其收到股权回购通知的两个月后即 2016 年 8 月 5 日起向正邦公司承担违约责任，违约金的计算双方约定按迟延履行金额每日千分之一向正邦公司计付，该约定过分高于对正邦公司造成的损失，应适当减少，原审法院决定按月息 2% 计算违约金。

根据最高人民法院《关于适用〈中华人民共和国婚姻法〉若干问题的解释（二）》第二十四条规定："债权人就婚姻关系存续期间夫妻一方以个人名义所负债务主张权利的，应当按夫妻共同债务处理。但夫妻一方能够证明债权人与债务人明确约定为个人债务，或者能够证明属于婚姻法第十九条第三款规定情形的除外。"王某丽与王某民系夫妻关系，且在正邦公司投资大民种业期间，王某丽与王某民均为大民种业的股东，期间大民种业实为家族企业，因此，王某丽对王某民的债务应是知晓的，王某丽并无证据证明其不应对王某民的债务承担责任的法定理由，王某民因经营所负债务，应属夫妻共同债务，正邦公司请求判令王某丽对王某民债务承担连带清偿责任的诉讼请求，原审法院予以支持。

江西省南昌市中级人民法院判决如下：

1. 王某民在本判决生效后十日内与正邦公司办理股权回购义务，向正邦公司支付所持有的大民种业 11% 股权回购款 3826.08 万元，并自 2016 年 8 月 5 日起至付清 3826.08 万元股权回购款之日止，按月息 2% 计算违约金；

2. 王某丽对王某民上述债务承担连带清偿责任；

3. 驳回正邦公司的其他诉讼请求。

一审判决后，王某民、王某丽不服，向江西省高级人民法院提出上诉。

江西省高级人民法院经审理认为：

1. 关于《合作协议书》《原补充协议》的效力问题

2011 年 5 月 5 日，大民种业、王某民（甲方）与正邦公司（乙方）签订了一份《合作协议书》，该协议对乙方出资投资甲方的相关事宜进行了约定，包括出资方式、投资差额补偿方式、业绩差额补偿方式、股份回购方式等。2015 年，大民种业（甲方）、王某民（乙方）与正邦公司（丙方）签订了一份《原补充协议》，对双方之间的权利义务进行补充变更。同年，三方又签订了一份《合作协议书之补充协议之补充协议》（以下简称《补充协议》），对《合作协议书》和《原补充协议》的内容进行了补充变更，并约定以该补充协议为准。上述协议均为当事人真实意思表示，未违反法律法规的相关规定，合法有效。2012 年 2 月 27 日，正邦公司（甲方）与九穗禾公司（乙方）签订一份《股权转让协议》，约定正邦公司将部分股份转让给九穗禾公司，正邦公司在转让部分股份后持有大民种业 11% 股份。

2. 关于王某民是否应向正邦公司支付股权转让款 3826.08 万元的问题

第一，正邦公司其并非大民种业的发起人、控股股东和实际控制人，其根据案涉协议约定要求王某民回购其所持有的大民种业 11% 的股份，该股权回购行为不属于《公司法》和其他相关法律法规中规定的股东不得转让所持公司股份的情形，故正邦公司按照上述合同约定要求王某民回购股份，并未违反相关法律规定。王某民主张股权转让条款无效，其不存在违约行为，无事实和法律依据，本院不予支持。第二，根据《合作协议书》和《补充协议》的约定，大民种业 2014 年、2015 年的税后净利润未达到 3600 万元，不足部分由王某民以现金补足，即若大民种业当年的年度税后净利润未达到 3600 万元，则应当支付业绩补偿款，计算方式为（3600 万元 − 年度税后净利润）×11%。大民种业 2014 年度税后净利润为 946.11 万元，2015 年度税后净利润为 1030.3731 万元。根据约定，王某民于 2015 年 8 月 3 日向正邦公司付款 291.9279 万元，于 2016 年 8 月 6 日向正邦公司付款 282.6590 万元，并注明为业绩补偿款。上述款项为双方在合同中约定的业绩补偿款，与股份回购款并非同一事项，不应从股份回购款中扣除。2015 年 11 月 3 日，大民种业向正邦公司支付 220 万元分红款，该款为公司向股东的分红，股东分红是正邦公司作为股东享有的权利，与股份回购亦非同一事项。故王某民主张应在股份回购款中将该业绩补偿款和分红款扣除，无事实和法律依据，本院不予支持。第三，正邦公司持有大民种业 11% 的股份，根据《合作协议书》第二条第五点约定，王某民回购股份的收购价格为：实际投资额 ×（1 + 每年 11% 的收益率 × 投资年限），故王某民应当支付给正邦公司的股份回购款为 3826.08 万元，一审认定事实清楚，本院予以维持。

3. 关于王某民是否应自 2016 年 8 月 5 日起承担迟延支付股权回购款的违约金的问题

根据《合作协议书》第二条第五款和《补充协议》第二条第 2. 2 款的约定，王某民应当在收到正邦公司要求回购股份的通知后两个月内对正邦公司持有的大民种业的股份进行回购。正邦公司于 2016 年 6 月 1 日向王某民发出了《要求履行股份回购义务的通知》，王某民确认同年 6 月 4 日收到正邦公司发出的《要求履行股份回购义务的通知》，但未按约在收到正邦公司要求回购股份的通知后两个月内履行收购正邦公司所持有的大民种业全部股份的义务，存在违约行为，应向正邦公司承担违约责任。王某民应自其收到股权回购通知的两个月后即 2016 年 8 月 5 日起向正邦公司承担违约责任。双方约定的违约金为按迟延履行金额每日千分之一计算，一审法院认为该约定过分高于对正邦公司造成的损失，酌定按月息 2% 计算违约金，并无不当，本院予以维持。

4. 关于王某丽是否应对王某民的涉案债务承担连带清偿责任的问题

王某丽与王某民系夫妻关系。最高人民法院《关于适用〈中华人民共和国婚姻法〉若干问题的解释（二）》第二十四条规定："债权人就婚姻关系存续期间夫妻一方以个人名义所负债务主张权利的，应当按夫妻共同债务处理。但夫妻一方能够证明债权人与债务人明确约定为个人债务，或者能够证明属于婚姻法第十九条第三款规定情形的除外。"本案中涉各方签订《合作协议书》时，王某丽是大民种业的股东，虽然现在其已不再是大民种业的股东，但上述《合作协议书》中的合作事项未发生变化，王某丽并无证据证明其对该协议中的事项不知情，也不具备婚姻法及相关司法解释规定的其他例外情形。婚姻法中规定了婚姻关系存续期间的生产经营收益归夫妻共同所有，而根据权利、义务、责任相统一原则，本案中王某民因投资经营所产生的债务，也应当作为其与王某丽的夫妻共同债务。王某民、王某丽主张王某民在协议中承诺回购股份的行为，具有担保的性质，其配偶王某丽对担保行为不承担连带清偿责任。本案中王某民作为单独的一方当事人与大民种业、正邦公司签署协议，约定其在特定情形下进行股份回购，该行为为当事人真实意思表示，不具备法律规定的担保的法律要件，也不符合法律规定的担保形式，故王某民承诺进行股份回购的行为不属于担保行为。王某民、王某丽的主张，无事实和法律依据，本院不予支持。原审法院认定王某丽对王某民的涉案债务承担连带清偿责任，有事实和法律依据，并无不当。

法院裁判结果

江西省高级人民法院依照《民事诉讼法》第一百七十条第一款第(一)项之规定，判决如下：

驳回上诉，维持原判。

案件评析

实践中对赌协议往往会设置业绩补偿条款或股权回购条款，如果协议中明确约定了业绩补偿或股权回购选择适用，那么尊重当事人的意思自治，自然不会同时适用业绩补偿和股权回购。但如果对赌协议并未明确约定业绩补偿和股权回购的关系，在两者条件均成就时，就会出现投资方是否可以同时主张的问题。

从对赌协议的内在逻辑出发，当对赌协议同时设置了业绩补偿条款和股权回购条款，在二者条件均成就时，投资方应可以同时主张。理由如下：

首先，对赌协议的内在逻辑是估值调整，而业绩补偿条款和股权回购条款都是估值的基础。正如《九民纪要》所言，对赌协议是投融资双方"对未来目标公司的估值进行调整的协议"。投融资双方在进行交易时，无法对目标公司的估值达成一致，因此将估值争议先搁置，共同约定目标公司未来几年的经营目标业绩，以此为基础得出目标公司的总体价值，从而计算投资方增资扩股的认购价格。当对赌协议同时设置业绩补偿条款和股权回购条款时，该两个条款同时构成投资方以高溢价认购目标公司股权的前提与基础。换言之，因为有业绩补偿条款和股权回购条款，投资方才会愿意在信息不对称且无法控制目标公司经营管理的情况下以高溢价认购目标公司股权。若只设置业绩补偿条款或股权回购条款其中之一，那么投资溢价将远低于同时设置业绩补偿条款和股权回购条款。因此，股东或者实际控制人的业绩补偿和股权回购义务是和投资方高溢价认购目标公司股权相对应的，符合权利义务相一致的原则。

其次，业绩补偿条款和股权回购条款并非对投资方的保底。投资方投资目标公司获得股权，目的并非是按期获得固定收益，业绩补偿条款和股权回购条款也并非投资方逃避投资风险的保底条款。投融资双方真实的交易目的是通过增资为目标公司的经营获得资金，从而完成对赌协议设定的经营目标业绩，达到双方共赢的局面。此外，业绩补偿条款和股权回购条款的触发条件一般为目标公司的净利润（或其他财务指标）、申请上市等，此类条件能否成就取决于目标公司管理层的经营，在签订对赌协议时是不确定的，能否主张以及主张的数额都是不确定的。因此，同时支持业绩补偿和股权回购，并不会脱离设置对赌协议的初衷。

最后，《九民纪要》虽然未直接规定业绩补偿条款和股权回购条款能否同时支持，但《九民纪要》传递的审判导向对该问题有参考意义。最高人民法院民事审判第二庭在《〈全国法院民商事审判工作会议纪要〉理解与适用》中提出："在认定投资方与目标公司'对赌协议'有效的情况下，纪要同时规定，由目标公司回购投资方的股权或者/同时向投资方承担金钱补偿义务的约定，投资方请求履行的，能否判决强制履行，人民法院应审查是否符合公司法关于'股东不得抽逃出资'或者股份回购的强制性规定。这样规定，理由在于，在合同有效的前提下，合同的履行也要注意不违反法律、行政法规的效力性强制性规定。"[1]可见，最高人民法院民事审判第二庭认为，《九民纪要》对投资方同时诉请目标公司承担业绩补偿和股权回购义务的审查，强调的是应不违反公司法的效力性强制性规定。也就是说，在不违反公司法的效力性强制性规定的情况下，应支持目标公司同时承担业绩补偿和股权回购义务。

〔1〕 参见最高人民法院民事审判第二庭编著：《〈全国法院民商事审判工作会议纪要〉理解与适用》，人民法院出版社2018年版，第116页。

18. 侵害股东优先购买权不必然导致股权回购条款无效

——湖南湖大海捷津杉创业投资有限公司诉张某、柳某等与公司有关的纠纷案

案件基本信息

1. 裁判书字号

湖南省高级人民法院(2017)湘民终245号民事判决书[1]

2. 案由:与公司有关的纠纷

3. 裁判日期:2017年7月5日

4. 当事人

原告(上诉人):湖南湖大海捷津杉创业投资有限公司(以下简称海捷公司)

被告(上诉人):张某

被告(上诉人):柳某

被告:长沙正忠科技发展有限公司(以下简称正忠公司)

基本案情

正忠公司成立于2003年1月27日,该公司法定代表人系张某。张某与柳某系夫妻。海捷公司与正忠公司于2011年8月25日签订了《增资扩股协议》,该协议载明:"在本协议签署前,张某持有正忠公司36.9%的股权,柳某持有24.6%的股权,两人合计持有该公司61.5%的股份,系该公司的实际控制人。海捷公司将向正忠公司支付2012.4万元增资款,其中430万元计入正忠公司的注册资本,占正忠公司增资后注册资本的19.55%,1582.4万元计入正忠公司的资本公积。"同日,海捷公司与柳某、张某、正忠公司又签订了《增资扩股补充协议》,该协议约定:"2.1　正忠公司及实际控制人共同承诺,2011年度、2012年度、2013年度经审计的净利润分别不低于人民币1500万元、2250万

[1] 湖南省长沙市中级人民法院(2015)长中民四初字第02014-1号民事判决书(一审)。

元、3375 万元，三年合计不低于 7125 万元。2.2　如果正忠公司 2011 年和 2012 年合计实现的净利润低于 3750 万元，则差额部分由实际控制人按照海捷公司持有的正忠公司的股权比例对海捷公司予以现金补偿；差额部分如果没有超过 375 万元，则海捷公司对于正忠公司的差额补偿义务予以豁免。2.3　如果正忠公司 2011 年、2012 年和 2013 年合计实现的净利润低于 7125 万元，则差额部分由实际控制人按照海捷公司持有的正忠公司股权比例对海捷公司予以现金补偿，差额部分如果没有超过 712.5 万元，则海捷公司对于正忠公司的差额义务予以豁免。本款的补偿金额应扣减掉第 2.2 款中的补偿金额，不足扣减部分由海捷公司退还给实际控制人。”上述补充协议还载明：“正忠公司及实际控制人承诺，正忠公司将在海捷公司增资款到位后 36 个月内上市，否则，海捷公司有权要求正忠公司及实际控制人或其指定的企业或自然人回购海捷公司持有的正忠公司的全部或部分股权。在海捷公司提出回购之日起的 3 个月内，正忠公司及实际控制人确保回购人履行回购义务，回购价款为以下两种方式较高者：(1)海捷公司已支付的增资款加上按年化收益率 12% 计算的收益，但应扣除海捷公司累计从正忠公司获得的现金分红及业绩差额补偿；(2)回购时点经审计后的净资产中海捷公司按所占比例拥有的份额。海捷公司、正忠公司、张某、柳某均在该协议上盖章或签字。”2011 年 8 月 26 日，海捷公司向正忠公司的账户通过银行转账的方式支付了 2012.4 万元。2011 年 9 月 6 日，正忠公司向海捷公司出具了《出资证明书》，载明：“海捷公司于 2011 年 9 月 6 日向正忠公司缴纳了增资款 2012.4 万元，其中注册资本为人民币 430 万元，占注册资本的 19.91%。该股东自本出资证明书核发之日起，享有本公司章程所规定的股东权。”

2014 年 8 月 11 日，正忠公司、柳某、张某向海捷公司发出了一份《工作联系函》，该函第三条写明：关于股权回购的问题，正忠公司同意予以回购海捷公司 19.55% 的股权。但鉴于正忠公司的实际情况，建议股权转让金分五年左右的时间付清，在付款期间，正忠公司愿意适当支付一定的利息。海捷公司在庭审中亦认可该公司 2014 年 8 月向正忠公司、张某以及柳某提出了要求回购该公司股份的相关事宜。张某于 2014 年 10 月 21 日签收了海捷公司向其送达的《法律函》，柳某于 2014 年 10 月签收了海捷公司向其送达的《法律函》。

正忠公司有包括张某、柳某、海捷公司在内等 30 名股东，海捷公司在正忠公司的工商登记资料中显示其所持股比例为 19.5455%，出资额为 430 万元。正忠公司的《公司章程》第十六条规定股东转让股份，应当经其他过半数股权的股东同意，其他过半数股权的股东不同意转让的，不同意的股东应当购买该转让的股权，不购买视为同意。第十七条规定，经股东同意转让的股份，在同等条件下，其他股东有优先购买权，两个以上股东主张行使优先购买权的，协商各自的购买比例，协商不成的，按照转让时，各自的出资比例行使优先购买权。

正忠公司在海捷公司起诉时，仍未完成上市。

海捷公司向一审法院起诉请求：（1）正忠公司、柳某、张某履行回购义务，支付海捷公司回购款 3038.7 万元（仅计算至 2015 年 11 月 30 日，计算方式：本金 2012.4 万元以及以 2012.4 万元为本金按年化率 12% 计算的收益，最终回购总金额以回购清偿时间为准来计算）；（2）正忠公司、柳某、张某承担相应律师费用、差旅费用；（3）正忠公司、柳某、张某承担诉讼费用。

案件焦点

1. 海捷公司与正忠公司、柳某、张某签订的《增资扩股协议》及《增资扩股补充协议》是否有效；

2. 关于正忠公司、柳某、张某是否应当支付海捷公司回购股权的相应价款及数额以及相应的律师费及差旅费用；

3. 关于张某、柳某应否以及如何承担股权回购义务的问题。

法院裁判要旨

湖南省长沙市中级人民法院经审理认为：

1. 海捷公司与正忠公司、柳某、张某签订的《增资扩股协议》及《增资扩股补充协议》是否有效

根据《公司法》第三十五条以及第三十七条的规定，有限责任公司注册资本确定后，未经法定程序，不得随意减少和抽回。该法第七十四条规定，有下列情形之一的，对股东会该决议投反对票的股东可以请求公司按合理的价格收购其股权：（1）公司连续五年不向股东分配利润，而公司该五年连续盈利，并且符合本法规定的分配利润的条件的；（2）公司合并、分立、转让主要财产的；

(3)公司章程规定的营业期限届满或者章程规定的其他解散事由出现,股东会通过决议修改章程使公司存续的。本案中,涉案的《增资扩股协议》及《增资扩股补充协议》均系合同各方当事人的真实意思表示,但《增资扩股补充协议》中关于正忠公司回购股份的条款因违反了《公司法》的上述强制性规定且侵害了该公司其他股东的利益而无效。该协议中有关正忠公司的实际控制人张某、柳某回购股份等条款的约定,清晰而明确,是当事人在《增资扩股协议》外特别设定的保护投资人利益的条款,属于缔约过程中当事人对投资合作商业风险的安排,并不违反相关国家法律、行政法规的禁止性规定,且属各方当事人的真实意思表示,故应为有效。

2. 关于正忠公司、柳某、张某是否应当支付海捷公司回购股权的相应价款及数额以及相应的律师费及差旅费用

第一,根据《增资扩股补充协议》第3.1条的约定,海捷公司的增资款到位后的36个月内,正忠公司应当上市,否则海捷公司有权要求正忠公司及其实际控制人或其指定的企业或自然人回购海捷公司持有的正忠公司的全部或部分股权。虽《增资扩股补充协议》中有关正忠公司回购海捷公司所持有的该公司相关股权的约定因违反《公司法》等强制性规定以及侵害正忠公司的其他股东利益而无效,但海捷公司与正忠公司实际控制人在上述补充协议中有关回购股权的约定系双方当事人的真实意思表示且亦未违反法律法规的禁止性规定而有效。因正忠公司与海捷公司以及张某、柳某签订的《增资扩股协议》中已经阐明了正忠公司的实际控制人系张某及柳某,且该两人在签订该协议时合计持有正忠公司总股份的61.5%,而目前为止,正忠公司仍未完成上市,海捷公司提出回购股份的条件已经成就,故对于海捷公司提出张某及柳某系正忠公司实际控制人,应回购海捷公司所持有的正忠公司的相关股份的诉讼请求,予以支持。第二,根据《增资扩股补充协议》第3.2条的规定,在海捷公司提出回购要求之日起的3个月内,正忠公司及其控制人要确保回购人履行回购义务,回购价款根据海捷公司支付的增资款加上按年化收益率12%计算的收益,但应扣除海捷公司累计从正忠公司获得的现金分红及业绩差额补偿。从2014年8月11日,正忠公司、柳某以及张某向海捷公司出具的《工作联系函》可以看出,海捷公司于2014年8月11日之前,即向正忠公司提出了回购股份的相关事宜,张某及柳某对此也理应知晓。但根据该补充协议的相关约定,

此时还未到达海捷公司向正忠公司支付完增资款项的36个月之期限。又结合张某于2014年10月21日签收的海捷公司向其送达的法律函以及张某与柳某之间系夫妻关系等情况可以确定，海捷公司于2014年10月21日已再次向张某及柳某提出了有关回购股权事宜的相关要求。再根据上述补充协议的第2.1条至第2.3条的约定可以看出，海捷公司与正忠公司及该公司实际控制人有关于2011年度至2013年度的现金分红及差额补偿的约定，故该补充协议中关于12%年化收益率的约定应适用于海捷公司提出回购之日后来计算相关回购款项。而对于海捷公司与正忠公司及该公司实际控制人有关2011年度至2013年度的现金分红及差额补偿等约定，因海捷公司未提出起诉，故对此不予审理，该公司可另行主张。再根据《增资扩股协议》及《增资扩股补充协议》的相关约定可知，海捷公司向正忠公司支付的增资款为2012.4万元，且海捷公司亦未从正忠公司领取过现金分红或业绩差额补偿，故张某及柳某应支付给海捷公司的回购价款为2012.4万元加上以此基数按照年化收益率12%计算出来的收益。第三，海捷公司主张正忠公司及张某、柳某应向该公司支付相关的律师费用及差旅费用的诉讼请求，因没有事实及法律依据，不予支持。

综上所述，依照《合同法》第八条，《公司法》第三十五条、第三十七条、第七十四条的规定，判决如下：

1. 限张某、柳某于判决生效之日起七日内支付海捷公司股权回购款2012.4万元及以2012.4万元为基数乘以年化收益率12%计算出来的收益（计算期限为2014年10月21日起至判决履行完毕之日）；

2. 驳回海捷公司的关于律师费用及差旅费用的诉讼请求。

海捷公司、张某、柳某不服湖南省长沙市中级人民法院（2015）长中民四初字第02014－1号民事判决，向湖南省高级人民法院提起上诉。

湖南省高级人民法院审理认为：

关于张某、柳某应否以及如何承担股权回购义务的问题。

《增资扩股协议》系海捷公司与正忠公司所签订，且经过正忠公司股东大会通过，系当事人之间的真实意思表示，内容不违反法律法规的强制性规定，应为有效合同。《增资扩股补充协议》中关于正忠公司回购股份的条款，原审法院认为该系列条款违反《公司法》的强制性规定无效，驳回海捷公司对正忠公司的诉讼请求，海捷公司对此并没有提出上诉，故对该部分处理，本院予以维持。根据《合同法》第五十六条的规定，合同部分无效，不影响其他部分效力的，其他部分仍然有效。本案中，《增资扩股补充协议》关于正忠公司实际控制人张某、柳某回购股权的约定，是当事人真实意思表示，内容不违反法律法规的强制性规定，该约定条款合法有效。张某、柳某上诉主张《增资扩股补充协议》侵害其他股东的优先购买权，并且违背正忠公司公司章程的规定，是无效协议。本院认为，根据《公司法》第七十一条的规定，有限责任公司之间的股东可以相互转让全部或部分股权。正忠公司的公司章程规定，股东转让股份，应当经过过半数股权的股东同意，其他过半数股权的股东不同意转让的，不同意的股东应当购买该转让的股权，不购买视为同意。该章程主要是针对股权的转让应当经过过半数股权的股东的同意。本案中，张某、柳某合计持有正忠公司 61.5% 股权，已经超过正忠公司过半数股权，其与海捷公司签订《增资扩股补充协议》并没有违反正忠公司的章程规定。此外，张某、柳某并没有提交其他股东主张购买海捷公司股权的相关证据，且股东优先购买权的行使与否并不影响到协议的效力，故张某、柳某以前述补充协议侵害了其他股东的优先购买权主张合同无效，没有事实和法律依据，本院依法予以驳回。此外，张某、柳某以《增资扩股补充协议》是一份对赌协议，是张某、柳某与海捷公司恶意串通所签订，侵害了其他股东的知情权、盈余分配权和公司剩余财产分配权，属于无效协议。本院认为，《增资扩股补充协议》关于张某、柳某回购股权的约定，是当事人在投资合作中的商业风险承担的安排，是当事人的真实意思表示，并没有侵害其他股东的权利，该补充协议中关于张某、柳某回购股权条款应为有效。《增资扩股补充协议》约定，正忠公司实际控制人张某、柳某承诺，正忠公司在海捷公司增资款到位后三十六个月内上市，否则海捷公司有权要求正忠公司实际控制人回购海捷公司持有的正忠公司的全部或部分股权。该条款明确约定，正忠公司实际控制人张某、柳某承担的是回购股权的义务。《增资扩股补充协议》还约定，张某、柳某对正忠公司的相关违约承担连带责任。故本案当事人在《增资扩股补充协议》中除约定张某、柳某需承担回购义务外，还应当对正忠公司的违约承担连带担保责任。现海捷公司在本案中的诉讼请求中主张张某、柳某承担股权回购义务，并没有主张其承担连带担保责任。张某、柳某以海捷公司没有主张担保责任，否认海捷公司主张其承担回购义务，系对合同约定的混淆，本院不予支持。从 2014 年 8 月 11 日，正忠公司、张某、柳某向海捷公司出具的《工作联系函》可以看出，海捷公司在2014年8月11日已经提出回购股权的要求。2014年10月21日，张某再次签收海捷公司向其出具的法律函，看出海捷公司在2014年10月21日再次主张对方回购股权。张某、柳某上诉称海捷公司从未向其主张回购事宜与事实不符。因补充协议约定海捷公司提出回购的条件是在其完成增资的36个月期限，因海捷公司第一次主张回购的期限没有达到36个月，第二次主张回购的期限超出36个月，故本院认为，海捷公司提出回购的有效期限为2014年10月21日。根据补充协议约定，回购价款按照海捷公司已支付的增资款加上按照年化收益率12%计算的收益。因海捷公司的增资款总额为2012.4万元，故原审判决张某、柳某向海捷公司支付2012.4万元增资款，并支付以2012.4万元为计算依据按照年化收益率12%计算收益，符合合同的约定。张某、柳某上诉称，应以增资的430万元为计算依据亦与合同不符，本院不予支持。至于收益的时间计算起点，因合同约定不明确，一审法院从海捷公司主张回购的日期计算，充分考虑了本案的实际情况，也符合公平原则。海捷公司上诉主张该收益应从签订《增资扩股补充协议》的第二日即2011年8月26日计算，张某、柳某主张应从海捷公司提起本案诉讼之日起计算本院均不予支持。张某、柳某系夫妻，其持股总额占正忠公司61.5%，在本案《增资扩股协议》《增资扩股补充协议》中均明确张某与柳某是实际控制人，故张某与柳某上诉称柳某不是实际控制人，不应当承担责任与事实不符，本院予以驳回。此外，海捷公司上诉主张其一审诉讼中向保险公司缴纳的诉讼财产保全保险费用85,083元应由张某、柳某承担。因海捷公司在本案的诉讼请求中，并没有明确主张该部分费用，故本院不予支持。海捷公司还主张张某、柳某应承担起为此案支付的律师费用，因海捷公司并没有提交相关律师费用的支付凭证，故该项诉讼请求没有相关证据予以支持，本院予以驳回。

法院裁判结果

湖南省高级人民法院依照《民事诉讼法》第一百七十条第一款第（一）项规定，判决如下：

驳回上诉，维持原判。[1]

---

〔1〕 二审判决作出后，张某、柳某因不服，向最高人民法院申请再审，最高人民法院经审理作出（2018）最高法民申908号民事裁定书驳回其申请。

案件评析

本案中,虽然正忠公司《公司章程》第十六条规定,股东转让股份,应当经其他过半数股权的股东同意,其他过半数股权的股东不同意转让的,不同意的股东应当购买该转让的股权,不购买的视为同意。即依据该规定,股东无论是对内还是对外转让股权,均应当经其他过半数股权的股东同意。但本案中并无证据证明《增资扩股补充协议》中关于张某、柳某股权回购的约定经过股东会同意或者其他过半数股权的股东同意,《增资扩股补充协议》的上述约定侵害了其他股东的优先购买权。但有限责任公司股东之间股权回购协议系对将来转让股权的约定和安排,股东之间转让股份未损害公司以及其他债权人的利益,也未破坏有限责任公司的人合性,即便未召开股东会或者违反公司章程的规定,侵害了其他股东的优先购买权,在不存在《合同法》第五十二条规定的情形时,并不必然导致股权回购协议无效。换言之,侵害其他股东优先购买权并不必然导致协议无效。

19. 目标公司为股东对赌提供担保无效后的责任承担

——通联资本管理有限公司诉四川久远新方向智能科技有限公司、成都新方向科技发展有限公司与公司有关的纠纷案

案件基本信息

1. 裁判书字号

最高人民法院(2017)最高法民再258号民事判决书[1]

2. 案由:与公司有关的纠纷

3. 裁判日期:2017年9月29日

4. 当事人

原告(二审被上诉人、再审申请人):通联资本管理有限公司(以下简称通联公司)

被告(二审上诉人、再审被申请人):四川久远新方向智能科技有限公司(以下简称久远公司)

被告(二审上诉人、再审被申请人):成都新方向科技发展有限公司(以下简称新方向公司)

基本案情

2010年6月8日,通联公司(甲方)、久远公司(乙方)、新方向公司(丙方)签订了《增资扩股协议》,约定:"1.1　本次增资方案为:乙方同意向甲方增发1500万股,每股认购价格2元,甲方共需出资人民币3000万元。1.2　各方同意,投资协议签署后,甲方在5个工作日内,将投资款项汇入乙方书面指定的账户。2.2　乙方应依照法定程序在甲方缴足出资款后30个工作日内向乙方登记管理机关办理注册资本、股东、出资等事项的工商变更登记手续……3.1　本次增资完成后,甲方即成为乙方新股东,按照其持股比例享有公司的权益及承担相

[1] 四川省成都市中级人民法院(2015)成民初字第2084号民事判决书(一审),四川省高级人民法院(2016)川民终671号民事判决书(二审)。

应的风险。……4.7　乙方及丙方承诺并保证,除已向甲方披露的资料外,乙方并未签署任何对外担保性文件,亦不存在任何其他未披露的债务。如乙方还存在未披露的或有负债或者其他债务,全部由丙方承担。若乙方现行承担并清偿上述债务,因此给甲方造成损失,丙方应当在甲方实际发生损失后五个工作日内,向甲方全额赔偿。4.8　乙方及丙方承诺并保证,若由于乙方及丙方的保证和承诺未全面履行而对甲方造成损失,乙方及丙方一并承诺履行赔偿义务。如乙方不能保证赔偿或无赔偿之履行能力,则由丙方对乙方一并承担连带责任,赔偿资金按以下途径执行:①新方向公司在乙方取得的分红或从其他合法渠道筹措资金的权益(现金);②新方向公司资产;③新方向公司和乙方实际控制人向某个人资产……6.1　当出现以下情况之一时,甲方有权要求乙方或丙方回购甲方所持有的全部乙方股份:6.1.1　甲方在2012年6月30日对乙方能否IPO上市进行独立判断,并在2012年7月30日前决定是否要求乙方回购甲方所持有的全部乙方股份;6.1.2　如果乙方不能在2013年12月31日前获得中国证监会关于乙方首次公开发行股票并上市的核准文件,该等原因包括乙方经营业绩方面不具备上市条件,或由于乙方历史沿革方面的不规范未能实现上市目标,或由于参与乙方经营的丙方存在重大过错、经营失误原因造成乙方无法上市;6.1.3　在2013年12月31日之前的任何时间,丙方或乙方发生股权变更而导致乙方的实际控制人发生变化;6.1.4　在2013年12月31日之间的任何时间,丙方或乙方明示放弃本协议项下的乙方上市安排或工作;6.1.5　甲方在2014年3月30日对乙方能否IPO上市再次进行独立判断,并在2014年4月30日前决定是否要求乙方或丙方回购甲方所持有的全部乙方股份。6.2　本协议项下股份回购价格应按以下两者较高者确定:6.2.1　按照本协议第一条规定的甲方的全部投资价款3000万元及自从实际付款支付日起至丙方实际支付回购价款之日按年利率15%计算的利息,乙方及丙方承担履约连带责任;6.2.2　回购时甲方所持有公司股权(如公司以净资产转增股本时,包括该等股份对应的转增股本部分)所对应的公司经审计的净资产。6.3　本协议项下的股份回购均应以现金形式进行,全部股份回购款应在甲方发出书面回购要求之日起60日内全额支付给甲方,所涉及税收由乙方或丙方另行承担。甲方在股份回购之前从公司所收到所有股息和红利可作为购买价格的一部分予以扣除。股份回购计算公式为:回购金额=甲方本次支付的实际出资额×(1+15%×投资月数/12)-累计分红(含税)……"《增资扩股协议》还对收益归属、目标补偿、公司治理、违约责任、争议解决等事项进行了约定。(各方交易结构见图1-6)

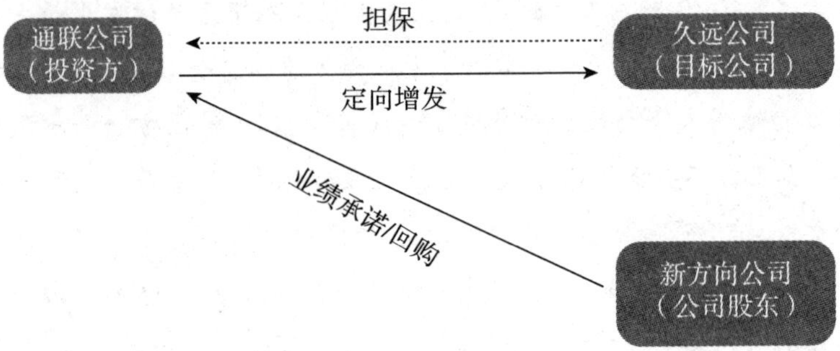

图1-6　各方交易结构

2010年6月1日,久远公司向通联公司发出《关于提请支付投资款的函》,提请通联公司将投资款人民币3000万元汇至久远公司以下账户:开户名称:久远公司;开户银行:中国光大银行成都天府支行;开户账号:39×××84。2010年6月9日,通联公司将3000万元打入久远公司的上述指定账户,同日,久远公司出具收据,载明收到通联公司通过银行电汇的投资款3000万元。上述协议签订后,久远公司完成了工商变更登记手续,通联公司成为久远公司的股东。

2014年12月12日,国浩律师(杭州)事务所接受通联公司委托,就要求新方向公司及久远公司回购通联公司持有的久远公司股权事宜发出《律师函》,认为依据《增资扩股协议》第六条约定,目前有关回购事项已经出现,通联公司有权要求久远公司、新方向公司回购通联公司持有的久远公司的股份;要求两公司在接函三十天内依法履行《增资扩股协议》约定的回购义务,如有逾期,通联公司将委托该所律师通过司法途径予以解决。该《律师函》于2014年12月15日送达给新方向公司和久远公司。

通联公司向四川省成都市中级人民法院起诉请求:(1)新方向公司向通联公司支付股权转让款3000万元,并从2010年6月9日起按照年利率15%计算利息至实际支付回购价款之日止(暂计算至2015年6月9日为2250万元);(2)本次股份回购涉及的税款由新方向公司承担(起诉之日暂无该项费用);(3)久远公司在诉讼请求第(1)项和第(2)项范围之内与新方向公司承担连带责任;(4)判令新方向公司和久远公司承担本案所有诉讼费用。

四川省成都市中级人民法院判决如下:

1.新方向公司在判决生效之日起十日内向通联公司支付股权回购款3000万元,并支付相应的利息,计算方法为:以3000万元为基数,按照年利率15%计算,从2010年6月9日始计算至实际支付回购款之日止;

2.久远公司对新方向公司上述第1项付款义务承担连带支付责任;

3.驳回通联公司的其他诉讼请求。

新方向公司、久远公司不服一审判决,向四川省高级人民法院提起上诉。

在二审法院限定的举证期间内,新方向公司与久远公司提交了一份落款时间为2010年6月9日,有包括通联公司在内的四名股东签章的久远公司《股东会决议》,拟以该决议所通过的公司章程相关内容,证明久远公司为新方向公司提供担保,未履行我国公司法及公司章程规定的股东会决议程序,应属无效;通联公司作为久远公司股东,应当知道公司章程的相关规定。

案件焦点

1.案涉《增资扩股协议》中的股权回购条款是否有效;

2.通联公司要求新方向公司支付股权回购款的条件是否成就及股权回购价格如何确定;

3.久远公司应否承担“连带责任条款”无效后的过错赔偿责任。

法院裁判要旨

四川省高级人民法院认为:

1.关于案涉《增资扩股协议》中的股权回购条款的效力问题

案涉《增资扩股协议》为通联公司作为投资方与作为融资方的目标公司久远公司及其原股东新方向公司之间签订的投资协议,该协议中关于“股权回购”的条款,是当事人之间根据企业未来不确定的目标是否实现对各自权利与义务所进行的一种约定,目前在我国资本市场上俗称“对赌协议”。关于由目标公司的股东新方向公司在约定条件出现时按约定价格回购股权的约定,具有与股东之间就特定条件下的股权转让达成的合意相同的法律效果,该约定系当事人的真实、自愿的意思表示,不违反公司法的规定,不涉及公司资产的减少，不构成抽逃公司资本，不影响公司债权人的利益，应属合法有效。一审法院仅对涉及新方向公司的股权回购条款作出有效认定，并无不当。

2. 关于通联公司要求新方向公司回购股权的条件是否成就及股权回购价格的确定问题

《增资扩股协议》第 6.1 条明确约定“当出现以下情况之一时”，通联公司均享有相应的回购权利，其中第 6.1.1 条、第 6.1.5 条对通联公司主张回购的时间作出了约定，但第 6.1.2 条、第 6.1.3 条、第 6.1.4 条，并未对其权利的行使期限作出限制；且根据现已查明的事实，久远公司至今尚未完成上市公司的股份制改造，无法实现 IPO 上市，通联公司的预期投资目的未能实现，应有权要求新方向公司依约进行股权回购。一审法院关于通联公司向新方向公司主张股权回购的条件已成就的认定，并无不当。

关于股权回购价格的问题。《增资扩股协议》第 6.2 条是当事人之间关于股权回购价格的约定，该约定是当事人的真实意思表示，不违反我国法律、行政法规的禁止性规定，系合法有效。通联公司选择依照《增资扩股协议》第 6.2.1条关于“以其全部投资价款 3000 万元及自从实际付款支付日起至新方向公司实际支付回购价款之日按年利率 15% 计算的利息”的价款标准主张股权回购款，符合协议约定，新方向公司应依约予以支付。久远公司与新方向公司上诉主张该 15% 的利息实为违约金，并请求法院予以调减，是对当事人之间协议所确定的股权回购价款性质的不当理解，不应予以支持。

3. 关于久远公司是否应对新方向公司回购股权承担连带责任的问题

本案中，久远公司在《增资扩股协议》中承诺对新方向公司进行股权回购承担连带责任，虽然有其法定代表人签章，但并未向通联公司提供相关的股东会决议，事后久远公司亦否认该事项经过其股东会的同意或是就此事召开过股东会；基于通联公司未对久远公司法定代表人作出的该项意思表示是否经过股东会决议尽到基本的形式审查义务，其不应属于善意的相对人，久远公司法定代表人的该代表行为，对通联公司不发生法律效力。通联公司关于其当时尚不是久远公司的股东、不知道公司的内部决议程序的抗辩理由，不能对抗《公司法》第十六条第二款的明文规定，不能成立；其依据案涉《增资扩股协议》第 4.8 条与第 6.2.1 条的约定，要求久远公司对新方向公司的股权回购义务承担连带责任的主张，不予支持。新方向公司与久远公司关于久远公司不应对新方向公司所承担的股权回购责任承担连带责任的上诉请求成立，二审法院依法予以支持。

四川省高级人民法院判决如下：

1. 变更四川省成都市中级人民法院（2015）成民初字第2084号民事判决第一项为：新方向公司于判决生效之日起十日内向通联公司支付股权回购款3000万元及利息（利息计算方法为：以本金3000万元为基数，按照年利率15%的标准，从2010年6月9日始计算至实际支付回购款之日止），用于受让通联公司持有的久远公司1650.01万元股权；

2. 撤销四川省成都市中级人民法院（2015）成民初字第2084号民事判决第二项、第三项，即久远公司对新方向公司上述第一项付款义务承担连带支付责任，驳回原告通联公司的其他诉讼请求；

3. 驳回通联公司的其他诉讼请求。如新方向公司未按本判决指定期限履行付款义务，应当按照《民事诉讼法》第二百五十三条之规定，加倍支付延迟履行期间的债务利息。

通联公司不服二审判决，向最高人民法院申请再审。

再审法院查明，《久远公司章程修正案》（2010年6月修订）中关于"公司章程规定的其他职权"第（二）项规定"股东会审计前述第13、14项事项应当经代表三分之二以上表决权的股东同意通过，且关联股东应当回避表决。"第13项是关于公司担保的相关规定。

另查明，《久远公司章程》（2008年11月修订）及2009年4月、2009年6月、2009年9月、2009年10月、2010年3月的《久远公司章程修正案》中均没有关于公司对外担保的相关规定。

再查明，《增资扩股协议》签订时，久远公司三位股东的持股比例如下：新方向公司占81.76%，四川久远投资控股集团有限公司占1.5%，成都高新创新投资有限公司占16.74%。

最高人民法院认为：

1. 关于2010年6月9日的《股东会决议》能否证明通联公司明知久远公司内部决议程序问题

根据再审查明的事实情况，《增资扩股协议》签订于2010年6月8日，在此之前通联公司与久远公司、新方向公司就增资扩股等事宜进行磋商，而此时

《久远公司章程》中并没有关于公司对外担保议事程序的相关规定，至2010年6月9日才召开股东会决议对公司章程进行修订，增加了公司担保，包括对股东、实际控制人及其关联方提供担保的内部决议程序。可见，通联公司在签订《增资扩股协议》时，即使其查阅《久远公司章程》，但因章程中并无公司对外担保议事程序的相关规定。因此，2010年6月9日的《股东会决议》不能证明《增资扩股协议》签订时通联公司已经知道久远公司章程有关公司对股东提供担保需经过股东会决议。因此，二审法院将2010年6月9日的《股东会决议》作为新证据采信，以后来发生的事实，来判断此前行为人的审查注意义务，认定通联公司在签订《增资扩股协议》时非为善意相对人，违背了新证据须对待证事实存在关联性的客观要求，属于证据采信不当。

2. 关于久远公司应否对新方向公司的股权回购义务承担履约连带责任问题

《增资扩股协议》中约定新方向公司在约定触发条件成就时按照约定价格回购通联公司持有的久远公司股权，该约定实质上是投资人与目标公司原股东达成的特定条件成就时的股权转让合意，该合意系当事人真实意思表示，亦不存在违反公司法规定的情形，二审判决认定新方向公司与通联公司达成的“股权回购”条款有效，且触发回购条件成就，遂依协议约定判决新方向公司承担支付股权回购款本金及利息，适用法律正确，本院予以维持。新方向公司辩称《增资扩股协议》约定的股权回购条款无效、回购条件不成就，没有事实和法律依据，应不予支持。

至于《增资扩股协议》中约定久远公司对新方向公司的股权回购义务承担履约连带责任的条款效力问题。本院认为，首先，久远公司不是股权回购的义务主体，并不产生久远公司回购本公司股份的法律后果，即不存在新方向公司答辩中称《增资扩股协议》约定久远公司对新方向公司的股权回购义务承担履约连带责任的条款违反《公司法》第三十五条、第三十六条、第三十七条第一款第（七）项及第七十四条规定的情形。其次，《增资扩资股协议》第6.2.1条约定久远公司对新方向公司负有的股权回购义务承担履约连带责任，并未明确为连带担保责任。通联公司在一审也是诉请久远公司对新方向公司承担的股份回购价款及涉及的税款承担连带责任。但是，久远公司、新方向公司二审上诉中称“通联公司明知未经股东会批准，而约定由久远公司对新方向公司提供担保,有违我国《公司法》第十六条第二款的规定,其请求亦不应得到支持"。通联公司亦抗辩称"我国《公司法》第十六条第二款属于管理性强制性规定,即使久远公司所提供的该担保未经股东会议决议,也不影响担保的有效性"。二审法院在双方当事人将《增资扩资股协议》第6.2.1条约定的"连带责任"条款解释为"连带担保责任"基础上,并适用《公司法》第十六条第二款的规定裁判本案。本院认为,连带担保责任属于连带责任的情形之一,但连带担保责任有主从债务之分,担保责任系从债务。双方当事人将"连带责任"理解为"连带担保责任",并未加重久远公司的责任负担,且从通联公司诉请久远公司的责任后果看,是对新方向公司承担的股权回购价款本息承担连带责任,仍然属于金钱债务范畴,也与久远公司实际承担的法律责任后果一致,本院予以确认。因此,二审判决依据《公司法》第十六条第二款关于公司对控股股东、实际控制人提供担保的相关规定来裁判久远公司对新方向公司的股权回购义务承担履约连带责任的条款效力,并无不当。最后,通联公司申请再审称《公司法》第十六条第二款的规定系管理性规范,久远公司承诺为新方向公司的股权回购义务承担履约连带责任,虽然未经久远公司股东会决议通过,亦不影响公司承诺担保条款的效力,并提交最高人民法院相关案例佐证。本院认为,《公司法》第十六条第二款明确规定"公司为公司股东或者实际控制人提供担保的,必须经股东会或者股东大会决议",该条规定的目的是防止公司股东或实际控制人利用控股地位,损害公司、其他股东或公司债权人的利益。对于合同相对人在接受公司为其股东或实际控制人提供担保时,是否对担保事宜经过公司股东会决议负有审查义务及未尽该审查义务是否影响担保合同效力,公司法及其司法解释未作明确规定。二审法院认为,虽然久远公司在《增资扩股协议》中承诺对新方向公司进行股权回购义务承担连带责任,但并未向通联公司提供相关的股东会决议,亦未得到股东会决议追认,而通联公司未能尽到基本的形式审查义务,从而认定久远公司法定代表人向某代表公司在《增资扩股协议》上签字、盖章行为,对通联公司不发生法律效力,适用法律并无不当。

3. 久远公司应否承担"连带责任条款"无效后的过错赔偿责任

通联公司在签订《增资扩股协议》时,因《久远公司章程》中并无公司对外担保议事程序规定,通联公司有合理理由相信向某有权代表公司对外签订有担保意思表示内容的《增资扩股协议》,但其未能尽到要求目标公司提交股东会决议的合理注意义务，导致担保条款无效，对协议中约定的担保条款无效自身存在过错。而久远公司在公司章程中未规定公司对外担保及对公司股东、实际控制人提供担保议事规则，导致公司法定代表人使用公章的权限不明，法定代表人向某，未经股东会决议授权，越权代表公司承认对新方向公司的股权回购义务承担履约连带责任，其对该担保条款无效也应承担相应的过错责任。最高人民法院《关于适用〈中华人民共和国担保法〉若干问题的解释》第七条规定："主合同有效而担保合同无效，担保人无过错的，担保人不承担民事责任；担保人有过错的，担保人承担民事责任的部分，不应超过债务人不能清偿部分的二分之一。"根据该条规定，通联公司、久远公司对《增资扩股协议》中约定的"连带责任"条款无效，双方均存在过错，久远公司对新方向公司承担的股权回购款及利息，就不能清偿部分承担二分之一的赔偿责任。

法院裁判结果

最高人民法院依照《民事诉讼法》第二百零七条第一款、第一百七十条第一款第（二）项，最高人民法院《关于适用〈中华人民共和国民事诉讼法〉的解释》第四百零七条第（二）项，最高人民法院《关于适用〈中华人民共和国担保法〉若干问题的解释》第七条之规定，判决如下：

1. 撤销四川省高级人民法院（2016）川民终 671 号民事判决、四川省成都市中级人民法院（2015）成民初字第 2084 号民事判决；

2. 成都新方向科技发展有限公司于本判决生效之日起十日内向通联资本管理有限公司支付股权回购款 3000 万元及利息（利息计算方法为：以本金 3000 万元为基数，按照年利率 15% 的标准，自 2010 年 6 月 9 日始计算至实际支付回购款之日止），用于受让通联资本管理有限公司持有的四川久远新方向智能科技有限公司 1650.01 万元股权；

3. 四川久远新方向智能科技有限公司对成都新方向科技发展有限公司承担上述第二项付款本息不能清偿部分二分之一的赔偿责任；

4. 驳回通联资本管理有限公司的其他诉讼请求。

案件评析

近年来，最高人民法院的裁判观点发生了重大变化。开始是针对银行等专业金融机构加重了审查义务，未审查公司担保是否履行内部决策程序的，担保对公司不生效力。后来，范围逐渐扩大，并发展出以下裁判规则：

1. 关于公司对外担保合同的效力认定

公司依照《公司法》第十六条规定的程序为他人提供担保且不具有其他合同无效情形的，应认定担保合同有效。公司的法定代表人、其他人员等行为人未按《公司法》第十六条的规定以公司名义为他人提供担保，但符合《合同法》第四十九条、第五十条的规定或者公司事后予以追认的，应认定该担保行为有效；依法不构成表见代表、表见代理或者公司不予追认的，应认定该担保合同对公司不发生效力。

2. 关于有权决议机构的认定

公司章程规定公司为他人提供担保由董事会决议，而公司股东会或者股东大会作出同意决议的，应认定公司同意或追认担保。公司章程没有规定公司为他人提供担保决议机构的，相对人以担保行为经董事会同意或者追认为由要求公司承担担保责任的，应予支持，但违反《公司法》第十六条第二款规定的除外。

3. 关于表见代表（理）的认定及举证责任

相对人能够证明其在订立合同时已经对公司章程、事会、股东会或者股东大会决议等与担保相关的文件进行了审查，且有关决议在形式上符合《公司法》第十六条、第一百零四条、第一百二十一条等法律规定的，应认担保行为符合《合同法》第四十九条、第五十条规定，对相对人要求公司承担担保责任的主张，应予支持；相对人的形式审查范围包括同意担保的决议是否由公司有权决议机构作出、决议是否经法定或章程规定的多数通过以及参与决议表决人员是否为公司章程载明的股东或者董事等；上市公司为他人提供担保，相对人依据前款规定进行形式审查的，应当以上市公司公开披露的信息为准。

4. 关于对表见代表（理）情形下善意相对人的特别保护

公司以相关董事会、股东会或者股东大会决议具有可撤销、无效或者不成立事由，以及担保金额超出章程规定的担保总额限制等相对人形式审查担保文件所不能发现的情形为由，主张担保行为对公司不发生效力的，人民法院不予支持。但公司能够举证证明相对人在订立担保合同时对前述情形知道或者应当知道的除外。担保金额超出公司章程规定的单笔担保限额的，未超出限额部分对公司发生效力。

5. 关于未经公司有权决议机构同意的对外担保责任承担

公司以担保行为违反《公司法》第十六条的规定、对公司不生效力为由提出抗辩后，相对人在一审法庭辩论终结前请求追加行为人为被告的，应予准许。公司拒绝追认担保且该担保不构成表见代表、表见代理的，相对人主张由行为人履行保证合同约定的义务或者承担赔偿责任的，应予支持；相对人在订立担保合同时知道或者应当知道该担保行为未经公司决议的，行为人与相对人按照各自的过错承担责任；相对人不能举证证明与其订立合同的行为人的，人民法院应当裁定驳回起诉。[1]

---

〔1〕 参见贺小荣主编：《最高人民法院民事审判第二庭法官会议纪要》，人民法院出版社 2018 年版，第 193～195 页。

20. 恶意促使回购条件提前成就的举证责任与证明标准

——共青城招银叁号投资合伙企业诉杨某、北京乾坤翰林文化传播有限公司合同纠纷案

案件基本信息

1. 裁判书字号

江西省高级人民法院(2016)赣民初46号民事判决书[1]

2. 案由:合同纠纷

3. 裁判日期:2017年10月31日

4. 当事人

原告:共青城招银叁号投资合伙企业(有限合伙)(以下简称招银叁号)

被告:杨某

被告:北京乾坤翰林文化传播有限公司(以下简称翰林公司)

基本案情

2015年年初,案外人沈阳合金投资股份有限公司(以下简称合金股份)的控股股东辽宁省机械(集团)股份有限公司(以下简称辽机集团)与北京千和资本投资管理有限公司(原告方股东,以下简称千和资本)等资金方达成初步合作意向,原告方作为该买壳项目的资金方,计划与优质资产方联合共同买壳上市。在此期间资金方考察了几家资产方,后经人介绍认识的杨某及其翰林公司。根据被告提供的2011年至2013年的审计报告,翰林公司的财务状况非常优质,尤其是2013年主营业务收入已经达到4.5亿元,净利润达到1亿元。资金方认为被告杨某、翰林公司可以合作,2015年2月16日千和资本与杨某、翰林公司签署了《投资框架协议》,约定双方共同收购目标公司上市股权(即合金股份的股权),并同时与辽机集团签署了有关合金股份的《股份转让合作协

[1] 一审判决作出后,双方当事人均未提起上诉。后杨某、北京乾坤翰林文化传播有限公司向最高人民法院申请再审,最高人民法院经审理作出(2018)最高法民申3275号民事裁定书驳回其申请。

议》，杨某和共青城招银玖号投资合伙企业（有限合伙）（以下简称招银玖号）同作为乙方收购辽机集团持有合金股份的股权。中航信托股份有限公司（以下简称中航信托）及关联公司珠海展翼股权投资基金合伙企业（有限合伙）（以下简称珠海展翼）分别为翰林公司提供8000万元和6000万元的借款或投资款，支持翰林公司大力发展业务，积极筹备上市。

2015年4月，中航信托发起成立了中航信托·天启719号翰林并购基金集合资金信托计划，预计总规模为人民币12亿元。拟通过招银玖号投资于合金股份；通过招银叁号投资于翰林公司。

2015年4月2日，辽机集团作为合金股份的控股股东，分别与杨某、招银玖号签订《股份转让协议》，约定向杨某转让辽机集团持有的合金投资5260万股股份，向招银玖号转让辽机集团持有的合金投资4740万股股份。（合计转让其持有的合金股份10,000万股股份，约占合金股份总数的25.967%）

原告方与杨某达成合作意向，计划以翰林公司2015年业绩对赌实现的净利润的10倍作为公司估值收购乾坤翰林20%的股权（先行受让30%，待2015年审计报告出具后，根据对赌协议调整比例）。杨某将该笔股权转让款专款专用于购买合金股份5260万股，以锁定该优质资产借壳上市，而原告方在其中获取一定的投资收益。双方经过反复协商，最终形成了在本轮中由原告方作为资金方提供全部买壳资金，在下一轮并购资产时由资产方注入其优质资产以通过借壳上市获利的合作架构。

根据交易安排，本案原、被告签订的一系列协议如下：

1. 2015年4月2日，招银叁号与杨某、翰林公司签订《合作协议》主要约定：第二条合作整体安排：2.2　中航信托·天启719号翰林并购基金集合资金信托计划募集资金中的7.1亿元用来认购招银叁号份额，招银叁号以其中3000万元通过《股权转让协议》受让翰林公司30%股权；其中6.7亿元通过《借款合同》提供给杨某按约定目的使用。2.3　杨某以借款中的部分金额通过《股份转让协议》受让合金股份，股份转让完成后，杨某持有合金股份约5260万股股份。2.4　杨某受让合金股份交割完成后，应将持有的合金股份5260万股股份质押给招银叁号。第四条业绩对赌：4.1　招银叁号与杨某以翰林公司2015年度经审计的净利润为基准进行对赌。4.2　业绩对赌期间翰林公司未进行增资的前提下，待翰林公司2015年审计报告出具后，若翰林公司2015年净利润大于或等于3.5亿元，招银叁号将实际持股比例(原持有翰林公司30%)调整为20%，即招银叁号以1000万元为对价向杨某转让10%的翰林公司股权；若净利润小于3.5亿元，根据翰林公司业绩实际完成情况调整招银叁号实际持有翰林公司的股权比例。第五条股权回购安排：5.1 杨某同意，若翰林公司于2016年9月30日仍未通过证监会等部门同意其IPO或将其资产注入上市公司的批复，届时杨某将以其持有的现金、实物、有价证券等作为对价，回购招银叁号持有翰林公司的全部股权。

2. 2015年4月2日，甲方杨某与乙方招银叁号签订了《关于北京乾坤翰林文化传播有限公司股权转让协议》，主要约定，标的股权的转让：2.1 杨某同意向招银叁号转让其所持有的翰林公司30%股权(对应注册资本3000万元)。3.1 本次股权转让的价格为3000万元。

3. 2015年4月2日，贷款人(甲方)招银叁号与借款人(乙方)杨某签订了编号2015-04-JKHT002《借款合同》主要约定，借款金额和期限：招银叁号向杨某出借资金4.7亿元。借款期限2年。借款用途：杨某将借入的资金全部用于受让合金股份的5260万股股份。

4. 2015年4月2日，出质人(债务人)杨某与质权人(债权人)招银叁号签订一份《股票质押合同》，主要约定，被担保的主债权：杨某所担保的主债权为杨某在主合同(《借款合同》)项下所负有的偿还借款本金的义务，主债权数额为4.7亿元。质押股票：质押股票为杨某合法持有合金股份的5260万股股票。

5. 2015年4月2日，贷款人(甲方)招银叁号与借款人(乙方)杨某签订了编号2015-04-JKHT001《借款合同》主要约定，借款金额和期限：招银叁号向杨某出借资金2亿元。借款期限2年。借款用途：杨某借入资金的使用接受招银叁号的监督。

6. 2015年4月22日，招银叁号与杨某、翰林公司签订了一份《备忘录》，鉴于：(1)2015年4月2日，杨某、招银叁号、翰林公司之间签订了《合作协议》，就杨某、招银叁号之间业绩对赌、回购安排的相关事宜进行了约定。(2)2015年4月2日，杨某、招银叁号签订了《关于北京乾坤翰林文化传播有限公司股权转让协议》，约定杨某将持有的翰林公司30%股权转让给招银叁号，股权转让价格为3000万元。(3)2015年4月2日，杨某、招银叁号签订了《借款合同》和《股票质押合同》，双方协商一致，由招银叁号向杨某出借资金4.7亿元，借款期限2年，年化利率15%。杨某受让合金股份5260万股股份后，应将该5260万股股票全部质押给招银叁号，以为4.7亿元借款提供质押担保。(4)2015年4月2日，杨某、招银叁号签订了《借款合同》，双方协商一致，由招银叁号向杨某出借资金2亿元，借款期限2年，年化利率15%。(5)翰林公司系杨某持有90%股权的有限责任公司，杨某收购并持有合金股份5260万股股份后，拟将翰林公司资产注入合金股份。

备忘录主要约定内容："3.杨某对翰林公司的出资义务：杨某应于翰林公司借壳上市前完成对于翰林公司10,000万元注册资本的出资义务……5.业绩对赌：5.1 招银叁号与杨某一致同意以翰林公司2015年度经审计的净利润为基准进行对赌。5.2 业绩对赌期间翰林公司未进行增资事宜的前提下，待翰林公司2015年审计报告出具后：5.2.1 若2015年净利润大于或等于3.5亿元，招银叁号将实际持有翰林公司的股权比例调整为20%，即招银叁号以1000万元为对价向杨某转让10%的翰林公司股权。5.2.2 若2015年净利润小于3.5亿元，根据翰林公司业绩实际完成情况调整招银叁号的实际持有翰林公司的股权比例。6.翰林公司股权回购安排：6.1 各方同意，若翰林公司于2016年9月30日仍未取得政府部门等有权机关、机构(包括但不限于证监会)同意将其资产注入合金股份的批复，2016年10月8日起，杨某以其持有的合金股份5260万股股票作为对价回购招银叁号持有的翰林公司全部股权，各方须无条件配合上述回购安排。否则，不配合上述回购安排的一方为违约方，违约方应每迟延一日按照7亿元的0.05%向守约方支付逾期履行违约金直至回购安排完成。"

上述合同签订后，按照协议约定，招银叁号以3000万元股权转让款受让了杨某持有的翰林公司30%股权，向杨某支付了6.7亿元借款，针对其中4.7亿元借款，招银叁号与杨某签订《股票质押合同》，杨某将其持有的合金股份5260万股股票质押给了招银叁号作为借款担保，并办理了质押登记手续。2015年6月3日杨某对翰林公司完成10,000万元注册资本的出资义务，但杨某、翰林公司未能通过业绩对赌，调整招银叁号对翰林公司的持股比例。

合同履行过程中，原告(资金方)通过相关的信息源对杨某的财务数据真实性产生怀疑，于是向杨某提出接受资金方委派的专业团队进场进行专项审计的口头要求，杨某对此断然拒绝并提出根据千和资本实际控制人马某承诺的四个董事席位提出相应的席位要求,资金方认为这与双方约定不符并予以拒绝,双方关系迅速紧张起来。2015 年 5 月 24 日,杨某向辽机集团、千和资本、招银玖号发出第一次临时股东大会书面异议函,认为大会未体现杨某第一大股东的要求和议案内容,也违反了披露规则,要求取消会议,选举的新董事辞职退出。2015 年 5 月 25 日,中航信托正式发函至翰林公司要求对其进行专项审计。杨某拒绝并发律师函,双方矛盾迅速升级,杨某一方在其获得四个董事席位的要求不能得到满足后,实施了拒不签署董事声明、连续无故缺席董事会、发律师函反对股东大会的召开、投票反对股东大会议程等言行,并向深交所、辽宁省证监局举报上市公司和资本方的信息披露存在违规行为,上市公司合金股份和相关责任主体被监管部门调查并最终做出公开批评的处罚决定。资金方据此判断双方合作已经很难继续进行,为了保护自己的投资安全,加上杨某拒不配合办理翰林公司股权质押等违约行为,被迫采取了相应的法律手段(仲裁和诉讼)保护自身合法权益。

原告招银叁号向法院提出诉讼请求:(1)判令杨某立即向招银叁号转让其持有的合金股份 5260 万股股票,用以回购招银叁号持有的翰林公司 30% 的股权。(2)判令翰林公司对上述第(1)项诉讼请求中杨某回购股权事项承担协助义务,配合办理翰林公司股东变更的工商变更登记手续。(3)判令杨某在不履行上述第(1)项诉讼请求的情况下,自 2016 年 10 月 8 日起,每迟延一日,按照 7 亿元的 0.05% 向招银叁号支付逾期履行违约金,直至杨某上述第(1)项诉讼请求履行完毕。(4)判令翰林公司在不履行上述第(2)项诉讼请求的情况下,自 2016 年 10 月 8 日起,每迟延一日,按照 7 亿元的 0.05% 向招银叁号支付逾期履行违约金,直至杨某的上述第(1)项诉讼请求履行完毕。(5)判令本案的全部诉讼费用由杨某和翰林公司承担。

案件焦点

1. 杨某是否应向原告招银叁号转让其持有的合金股份 5260 万股股票,用于回购招银叁号持有的翰林公司 30% 的股权;

2. 杨某若不履行,是否自 2016 年 10 月 8 日起,每迟延一日,按照 7 亿元的 0.05% 向招银叁号支付逾期履行违约金,直至履行完毕;

3. 翰林公司是否应对上述股权回购事项承担协助义务,配合办理股东变更手续；

4. 翰林公司若不履行协议配合义务，是否自 2016 年 10 月 8 日起，每迟延一日，按照 7 亿元的 0.05% 向招银叁号支付逾期履行违约金，直至履行完毕。

法院裁判要旨

江西省高级人民法院经审理认为：

1. 从整个合作合同约定及相关条款内容看双方签约当时的真实意思表示，确认回购条款是否触发。

本案《合作协议》对于合作整体安排、业绩对赌及股权回购作了约定，但之后的《备忘录》明确此前内容与备忘录不一致的，应以备忘录约定为准，故本案股权回购条款应以备忘录第 6.1 条为准，“各方同意，若翰林公司于 2016 年 9 月 30 日仍未取得政府部门等有权机关、机构（包括但不限于证监会）同意将其资产注入合金股份的批复，2016 年 10 月 8 日起，杨某以其持有的合金股份 5260 万股股票作为对价回购招银叁号持有的乾坤翰林全部股权，各方须无条件配合上述回购安排。否则，不配合上述回购安排的一方为违约方，违约方应每迟延一日按照 7 亿元的 0.05% 向守约方支付逾期履行违约金直至回购安排完成”。从该条款字面意思理解，回购条款是一个特定情况出现时各方必须执行的预案。从整个备忘录内容来看，前面的价款支付、资金共管等约定是如何“进入”，后面的业绩对赌、回购安排则是如何“退出”。而退出约定本身并未明确必须是以某一方的违约或责任而触发这个前提，属于到期无条件退出的约定，因为在借壳上市的实际操作过程中，还存在诸多不能归责于某一方原因导致借壳上市不能成功，如优质资产与壳资源不匹配、并购方案未被股东大会通过以及不确定的政策性因素等。在双方合作不畅，被告方不提交翰林公司财务真实状况、不启动业绩对赌的相关程序的情况下，原告已经难以通过实现《备忘录》中业绩对赌的约定来调整其持有被告翰林公司的股权比例，更无法按期实现《备忘录》所述整个交易中关于将被告翰林公司的资产注入合金股份，以期被告翰林公司成功上市获得投资收益的最终目的。故原告根据本案协议约定，要求行使股权回购，有事实及法律依据，应予支持。被告认为只有杨某有权提出股权回购的抗辩理由与事实不符，不能成立。

2. 从合同履行过程来看原告是否存在违约、被告杨某是否应当承担回购股权的民事责任问题。

其一，关于原告方关联公司控制上市公司董事会，并未向证监会上报并购事项及申报的问题。根据双方合同约定，资产方必须完成第五条约定的对赌业绩并提交合格的2015年审计报告，只有当被告方提交的2015年度审计报告满足对赌业绩约定的情况下（杨某承诺完成3.5亿元净利润，根据对赌公式计算，其最低需要完成7000万元净利润的业绩），才有可能启动并购程序。向证监会申报并购审核并不是一个简单的手续或如被告表述的“原告未将合金股份拟并购翰林公司的事项报请证监会审核”这么简单即可，而是需要细致谨慎的方案设计与自我审核。通常情况下，方案设计的起点是被并购企业提交其上年度审计报告，然后上市公司聘请专业机构进行尽职调查确认该审计报告中财务数据真实性后结合上市公司市值和基本面等才能共同设计具体的并购方案（其中包括新发股份数量、新股定价、募集资金总额及用途等），再报具体方案到上市公司董事会，董事会讨论通过后报上市公司股东大会投票表决。股东大会投票表决通过之后，再报证监会接受其非常严格的审核，审核通过后方能上市。没有真实合规的财务审计，上市公司董事会不可能同意向证监会申报，公司业绩低劣根本不可能通过证监会严格的审查。现有证据证实，案涉合同并未约定资金方须给予被告方四个董事席位，杨某本人是合金股份第一大股东，依法可以行使相应的股东权力，暨有权提出相关的并购议案。而证监会的处罚决定内容中并未涉及上市公司控制人的内容，现有证据不能证实被告提出的原告方控制董事会的主张。故被告认为原告方关联公司控制上市公司董事会，并未向证监会上报并购事项的理由与本案事实不符，本院不予采信。至于被告提出上市公司有其他资产重组方案的事项，系在翰林公司项目不能如期进行的情况下，合金股份为改善上市公司经营状况、维护股价稳定，而采取的正常运作手段及措施，与是否启动翰林公司并购项目并无直接的关联性。其二，关于原告方恶意提起仲裁及诉讼，查封资产的问题。在一般的仲裁或诉讼中，财产保全是当事人为了防止执行中出现其他债权人首保首封造成不利影响而采取的常规风险控制措施，而本案股权的保全本来就是建立在该股权已经被质押和应该被质押的情况下进行的，该措施并不会对杨某的生产经营产生实质性的影响。珠海展翼对通州仓库图书的查封在一定程度上有可能对杨某的资金使用造成影响，但该处库房内所存图书多为2013年版本过季图书，这仅仅影响到资产方不超过5400万元的资产使用，而申请查封主体是案外人珠海展翼，查封的范围也仅限于珠海展翼为其额外投入的资金量以内，对翰林公司的原有资产和经营并没有造成重大影响，并且该案珠海展翼已经胜诉，北京市高级人民法院也依法驳回了翰林公司对查封提出的异议，说明该查封具有正当性合法性。本案审理过程中，被告并未提交充足的证据证明所查封图书的价值，故被告主张超标的查封不能成立。

3. 综合全案案情及证据来看，案涉交易的实质就是资金方先行现金买壳，而后待资产方完成对赌业绩后注入优质资产最终实现借壳上市、取得双赢的合作。

显然合作前提为翰林公司必须是一个真正的优质企业，故对于被告翰林公司以往的业绩、真实资产规模及预期增长率是否满足借壳上市的要求，被告应承担举证责任，这也是双方争执的核心问题。合作之初被告提交的2011～2013年财务报表显示公司业绩非常优秀，但原告证据证实2013年翰林公司有高达1.6亿元的三年应收账款，且合作过程中无法正常了解到被告方2015年的业绩。合同签订后，原告已按约定履行了现金买壳，并向被告方贷款和拟发并购基金支持被告发展壮大，为借壳上市积极准备。但之后合作过程双方产生矛盾并逐渐恶化，而被告一直拒不提交2015年的审计报告。本案诉讼期间，本院也做了双方的调解工作，但差距过大。现双方矛盾已到了不可调和的境地、合作已无继续可能，借壳上市不能实现已是无法回避的客观事实，依据《合同法》第一百零八条关于当事人一方明确表示或者以自己的行为表明不履行合同义务的，对方可以在履行期限届满之前要求其承担违约责任的规定，故原告可以依照合同约定要求被告承担股权回购的责任，并不受《备忘录》约定的权利起始日条件约束。被告认为原告提前起诉属恶意诉讼的理由与本案实际情况不符，依法不能成立。综合本案实际情况，本院认定备忘录所约定的股权回购条件已成就，被告应当按约履行相应的合同义务，向原告承担回购股权的民事责任。

关于翰林公司是否应承担配合股权回购的义务。现已查明，被告翰林公司是作为合同一方主体参与合作，其身份不是本案的保证人。根据《备忘录》中的约定，股权回购条件已成就时，翰林公司有义务协助办理股权变更的相关手续。被告认为翰林公司仅是一种担保性质、作为被告不适格的主张与事实不符,亦无法律依据,本院不予支持。

关于原告主张如杨某、翰林公司拒不配合履行股权过户义务应承担的责任问题。股权回购条款中明确约定,不配合上述回购安排的一方为违约方,违约方应每迟延一日按照7亿元的0.05%向守约方支付逾期履行违约金直至回购安排完成。故原告该项诉请有合同依据,依法应予支持。

法院裁判结果

江西省高级人民法院依据《合同法》第四十五条、第六十条第一款、第一百零七条、第一百零八条,《民事诉讼法》第一百四十二条之规定,判决如下:

1. 被告杨某于本判决生效之日起三十日内向原告共青城招银叁号投资合伙企业(有限合伙)转让其持有的沈阳合金投资股份有限公司5260万股股票,用以回购原告共青城招银叁号投资合伙企业(有限合伙)持有的北京乾坤翰林文化传播有限公司30%的股权;

2. 被告北京乾坤翰林文化传播有限公司对上述第1项判决中杨某回购股权事项承担协助义务,于本判决生效之日起六十日内配合办理北京乾坤翰林文化传播有限公司股东变更的工商变更登记手续;

3. 被告杨某不按期履行上述第1项判决内容,每迟延一日,按照人民币7亿元的0.05%向原告共青城招银叁号投资合伙企业(有限合伙)支付逾期履行违约金,直至杨某履行完毕;

4. 被告北京乾坤翰林文化传播有限公司不按期履行上述第2项判决内容,每迟延一日,按照人民币7亿元的0.05%向原告共青城招银叁号投资合伙企业(有限合伙)支付逾期履行违约金,直至履行完毕。

案件评析

基于对赌交易的复杂性和长期性,投资方在对赌交易中存在部分违约行为的可能性时有发生。当投资方存在部分违约行为时,需考察该等部分违约行为:(1)是否直接导致对赌条件的成就;(2)是否出于主观故意。

在部分法院将履行对赌义务视为承担违约责任的情形下(其实对赌条件只是回购行为所附的生效条件,并非违约责任),若投资方的部分违约行为直接导致对赌条件的成就,相应法院可能认为系投资方的违约行为直接导致对赌条件成就，而目标公司或原股东并未违约，故可能判决目标公司或原股东无须承担回购义务。退言之，即便相应法院不将履行对赌义务视为承担违约责任，其也可能出于公平原则考虑，基于投资方违约行为而致对赌条件成就之事实判令投资方相应降低所主张的回购价款。当然，若投资方虽有违约行为，但该行为与对赌条件成就之间没有直接因果关系，法院也可以投资方的违约行为不影响对赌条件之成就，从而判令目标公司或原股东继续承担回购义务。

若投资方的部分违约行为不仅直接导致对赌条件的成就，而且该等违约行为系出于投资方故意而为，法院会认为投资方恶意促成条件成就而认定条件不成就，从而判令目标公司或原股东无须承担回购义务。

21. 因财产保全不当给被保全人造成损失的应承担损害赔偿责任

——青岛中金渝能置业有限公司诉青岛中金实业股份有限公司、滨州市中金豪运置业有限责任公司侵权责任纠纷案

案件基本信息

1. 裁判书字号

最高人民法院(2017)最高法民终118号民事判决书[1]

2. 案由:侵权责任纠纷

3. 裁判日期:2017年12月8日

4. 当事人

原告(被上诉人):青岛中金渝能置业有限公司(以下简称青岛渝能公司)

被告(上诉人):青岛中金实业股份有限公司(以下简称中金实业公司)

被告(上诉人):滨州市中金豪运置业有限责任公司(以下简称中金豪运公司)

基本案情

2005年9月22日,青岛渝能公司经青岛市工商行政管理局市南分局注册成立,公司类型为有限责任公司,企业法人,经营范围为房地产开发及销售等。本案所涉"青岛国际贸易中心"项目由其开发建设。

2008年4月3日,为解决项目资金短缺问题,青岛渝能公司的股东重庆渝能产业有限公司、山东基德生态科技有限公司、中金实业公司、中铁置业集团有限公司(以下简称中铁公司)、青岛渝能公司五方签订《合作框架协议》。该协议约定,重庆渝能产业有限公司、山东基德生态科技有限公司、中金实业公司同意分别将其对青岛渝能公司享有的50%、24.5%、17.5%的股权转让给中铁公司。中铁公司通过外资进入的方式向青岛渝能公司投资,进行项目的开

[1] 山东省高级人民法院(2014)鲁民一重初字第1号民事判决书(一审)。

发经营，并享受项目销售带来的收益。

2008年4月13日和5月9日，中铁公司（甲方）、中金实业公司（乙方）、青岛渝能公司（丙方）就项目具体合作事项先后签订了《补充协议》和《投资合作协议》。《投资合作协议》第五条约定甲方对公司的投资属战略性投资、阶段性持股，甲方在收回投资（股权投资除外）及收益后，同意乙方对甲方所持公司股权进行回购。第七条约定项目达到预售条件后，公司即行销售，销售回款首先应偿还甲方投资本金及收益。该条还约定投资收益按年计算，每年为该年度公司实际占用甲方投资总额的30%，并于当年12月20日前清算并支付完毕。第八条约定了乙方回购甲方所持公司全部股权的条件。回购对价按照甲方股权投资额加上股权投资额每年溢价30%的金额计算；乙方回购甲方全部股权应在协议签订后5年内进行。第十一条第五款约定项目开发经营过程中，除资产处置、股权转让、对外担保之外的其他经营活动，甲方有权自行决定，但乙方享受知情权。另外，乙方有权对项目的营销策划提供方案，最终方案须经公司董事会通过。第六款约定为保证本协议约定的各项内容的顺利进行，一方遇有协助义务的，另一方应积极协助与配合。第十二条约定：各方应当按照协议约定全面履行各自的义务，一方违约给其他方造成损失的，应对其他方赔偿相应损失。

上述协议签订后，青岛渝能公司召开股东会，通过了协议约定的股权转让事宜，作出了章程修正案，青岛渝能公司股东变更为中铁公司（出资额9200万元）和中金实业公司（出资额800万元）。在章程修正案中还同时删除了原章程第二十八条关于"公司利润分配按照《公司法》及有关法律、法规，国务院财政主管部门的规定执行"的规定。

之后，中铁公司开始介入青岛渝能公司，陆续投入和筹集资金，推动了项目的开发建设。2010年3月31日，青岛渝能公司与荣置地公司签订了《青岛中心项目销售代理合同》，委托荣置地公司对项目进行销售。2011年1月19日，青岛渝能公司召开董事会会议，对青岛国际贸易中心项目价格策略方案进行审议。该次会议最终以五名董事中四名同意，一名反对（中金实业公司），通过了该价格策略方案，同时责成公司经理层办理项目预售许可证，并授权其择机确定开盘时间。2011年3月7日，青岛渝能公司取得了青岛国际贸易中心的预售许可证。在其备案的商品房预售方案中载明，预售部分楼房的价格为：

住宅均价41,111元/平方米，办公楼均价41,637元/平方米，商业楼均价73,371元/平方米，公寓式酒店均价36,667元/平方米。

2011年1月24日，中金实业公司以中铁公司、青岛渝能公司、荣置地公司为被告提起诉讼称，2008年5月9日，中金实业公司、中铁公司、青岛渝能公司签订《投资合作协议》，根据该协议，在回购条件成就时，中金实业公司有权回购中铁公司对青岛渝能公司所享有的92%股权，同时，在回购条件成就前中金实业公司有权引入战略投资者受让中铁公司一定比例的股权。中金实业公司享有进行股权回购及引进战略投资者的权利。2010年7月9日，中金实业公司向中铁公司及青岛渝能公司发出配合股权回购的函，要求配合启动相应的股权回购程序。中铁公司及青岛渝能公司拒绝配合实现股权回购条件，恶意阻扰条件成就，严重违反了《投资合作协议》第十一条约定的“积极协助与配合”的义务。而且股权回购条件均需中铁公司和青岛渝能公司的协助与配合方能成就。中铁公司及青岛渝能公司恶意阻扰股权回购条件成就，根据《合同法》规定，应当视为条件已经成就。而且中金公司2010年7月9日就提出了回购请求，只是因为中铁公司和青岛渝能公司拒不配合未能完成，中铁公司无权再享有7月9日之后的年投资回报率。投资合作协议签订后，中铁公司利用其阶段性股东身份，挪用项目公司资金达12亿元；恶意以低于市场价的内部销售方式造成中金实业公司18亿元的损失；强行对项目进行停工每天造成上百万元的损失；擅自用项目公司1.2亿元的现金提供担保。这些行为严重违反了《投资合作协议》第十一条的约定，依法应赔偿中金实业公司所遭受的损失。遂请求法院判令：(1)中金实业公司在中铁公司履行合同约定的协助、配合义务的情况下，有权进行股权回购；(2)中铁公司、青岛渝能公司配合中金实业公司即日起(2011年6月29日)实现《投资合作协议》第八条第二款约定的股权回购条件；(3)中铁公司、青岛渝能公司协助中金实业公司将中铁公司名下92%的股权办理工商变更登记到中金实业公司或中金实业公司指定的第三方战略投资者名下；(4)中铁公司根据投资合作协议享有的年投资回报率30%截止计算至2010年7月9日；(5)被告立即停止对项目任何形式(包括但不限于销售、停止施工、抵押、资金占用等)的恶意处置行为，并承担因此所造成的损失约30亿元人民币，暂主张4.8亿元(经多次变更后)，以法院审核为准；(6)诉讼、审计、评估、保全等费用均由中铁公司、青岛渝能公司承担。

2011年1月26日，根据中金实业公司的申请，山东省高级人民法院作出(2011)鲁商初字第2-1号民事裁定，对青岛渝能公司的财产进行了诉讼保全。中金豪运公司以在其名下的山东省滨州市渤海十七路以东、黄河七路以南新都心世贸广场192号的房产提供担保。2011年1月28日，该院对青岛渝能公司所开发建设的青岛国际贸易中心项目的土地使用权予以实际查封。为了解除该查封，保证项目的正常销售，青岛渝能公司从中铁公司筹措1.2亿元的存款作为担保，申请解除上述查封。2011年2月23日，该院作出(2011)鲁商初字第2-3号民事裁定，解除了对青岛国际贸易中心项目土地使用权的查封，同时冻结了青岛渝能公司的1.2亿元存款。2011年3月7日，青岛渝能公司取得了商品房预售许可证。2011年2月25日，中金实业公司将诉讼请求标的额增加至2.4亿元，继续申请对青岛渝能公司的财产保全，中金豪运公司继续以其相应价值房产提供担保。2011年3月2日，该院作出(2011)鲁商初字第2-5号民事裁定，裁定对青岛渝能公司的青岛国际贸易中心项目土地使用权进行查封。2011年3月9日，该院对青岛国际贸易中心项目土地使用权进行了实际查封。此后，中金实业公司又多次变更诉讼请求，申请增加财产保全的数额。截至2011年6月29日，中金实业公司最终将其主张的经济损失赔偿数额提高到4.8亿元。在中金豪运公司的担保支持下，2011年9月8日，该院作出(2011)鲁商初字第2-8号民事裁定，将青岛渝能公司财产保全的限额提高到3.9亿元。

2011年9月13日，山东省高级人民法院作出(2011)鲁商初字第2号民事判决，以证据不足为由，判决驳回了中金实业公司的诉讼请求。中金实业公司向最高人民法院提起上诉，最高人民法院2012年3月15日(2011)民二终字第108号民事判决驳回了中金实业公司的上诉请求。

2012年4月10日，根据中铁公司和青岛渝能公司的申请，山东省高级人民法院作出(2011)鲁商初字第2-11号民事裁定，解除了对青岛渝能公司青岛国际贸易中心项目土地使用权的查封，解除了对青岛渝能公司在中国银行股份有限公司山东省分行账户23×××56的冻结。

2010年10月26日，中国银行股份有限公司山东省分行向青岛市房产登记中心出具证明一份，该证明载明，青岛渝能公司开发的青岛国际贸易中心项目，位于青岛市×××乙，计划总投资418,000万元(不含地价款)，现工程已投入建设资金85,592万元(不含地价款),其中:前期工程费24,530万元、建安工程费104,853万元,开发间接费56,209万元,占总投资额的44%。同日,中国工商银行股份有限公司青岛市南第二支行出具证明称,青岛渝能公司开发的青岛国际贸易中心项目,位于青岛市×××乙,土地证号为:青房地权市字第201065164号,已将使用权抵押给我行,属于土地抵押(抵押范围不包含公共配套设施),我行同意该公司办理预售许可证,对外销售。同日,中国农业银行股份有限公司青岛市南支行也出具了与中国工商银行股份有限公司青岛市南第二支行相同的证明。2011年3月7日,青岛渝能公司取得了青房注字(2011)第009号青岛市商品房预售许可证。该证载明的项目名称为青岛国际贸易中心,坐落地点为市南区香港××路××乙××楼、戊、己,地上部位建筑面积为212,252.80平方米。2011年3月7日,青岛渝能公司制作的商品房预售方案载明,预售总套数656套,预售面积212,252.80平方米。在该项目土地使用权被查封期间,商品房预售许可证所许可销售的商品房未能实际销售。

2011年1月28日,青岛市人民政府办公厅发布青政办发[2011]8号《关于进一步做好房地产市场调控工作促进房地产市场平稳健康发展的意见》,决定实行限定购房套数政策,严格限制投机性购房。该政策自该意见发布之日起至2011年12月31日,在青岛市市区(市××区)实行住房限购措施。

青岛国际贸易中心项目的销售机构为荣置地公司。2012年4月14日,荣置地公司向青岛渝能公司提供的《关于青岛国际贸易中心项目销售情况预测报告》载明,开盘时间2011年1月28日前,开盘一周内预计销售进度为22%,开盘一月内预计销售进度30%,开盘一年内预计销售进度为61%。开盘时点所处背景为市场状况良好,沿海一线无新的竞品项目推出,项目形象健康、定价合理具有标志性,备受客户瞩目与期待。开盘时间2011年3月,开盘一周内预计销售进度为17%,开盘一月内预计销售进度19%,开盘一年内预计销售进度为47%。开盘时点所处背景为项目官司缠身,财产被查封,引起社会广泛质疑,客户渐渐流失,新国八条、青岛限购令相继出台,项目处于尴尬局面。开盘时间2012年3月,开盘一周内预计销售进度为10%,开盘一月内预计销售进度13%,开盘一年内预计销售进度为30%。开盘时点所处背景为房地产市场调控一年来,青岛高端房产价格回落明显,项目维持原价销售已不现实,建议降低销售价格。

青岛渝能公司主张的损失额为，项目销售迟延半年的利息损失189,553,873.10元，1.2亿元资金被冻结半年的利息损失351万元。其计算方法为，项目全部销售后的总价值10,013,411,148.72元，按开盘销售最低30%计算，该等款项仅一年利息损失为189,553,873.10元；1.2亿元资金被冻结按半年期贷款利率5.85%计算（2011年2月23日至8月23日）为利息损失351万元（1.2亿元×5.85%×0.5）。上述两项合计为193,063,873.10元。

2014年12月18日，最高人民法院作出（2013）民申字第161号民事裁定，驳回了中金实业公司对于（2011）民二终字第108号民事判决的再审申请。

申请及实施保全措施时，中国人民银行公布的贷款利率为：半年期利率5.85%，一年期利率6.31%。

青岛渝能公司一审诉讼请求：（1）中金实业公司赔偿青岛渝能公司因申请财产保全错误造成的损失193,063,873.10元；（2）中金豪运公司与中金实业公司对青岛渝能公司因财产保全错误的损失193,063,873.10元承担连带赔偿责任。

案件焦点

1. 中金实业公司是否存在申请保全错误的问题；

2. 青岛渝能公司因申请财产保全错误而造成损失数额的确定问题；

3. 中金豪运公司是否应承担连带赔偿责任的问题。

法院裁判要旨

山东省高级人民法院经审理认为：

1. 关于对于中金实业公司是否存在申请保全错误的问题

错误申请财产保全造成被申请人财产损失的行为，属于《民法通则》和《侵权责任法》所规定的行为人由于过错侵害他人的财产，依法应当承担民事责任的行为。《民事诉讼法》第一百零五条规定，申请有错误的，申请人应当赔偿被申请人因保全所遭受的损失。根据审理查明的事实，2011年1月28日，根据中金实业公司的申请，在另案中该院对青岛渝能公司的销售账户、土地使用权采取了冻结、查封的保全措施。但案件审理结果是中金实业公司的诉讼请求被该院和最高人民法院驳回，其诉讼请求未获支持。另外，在保全措施实施中，为了保证项目销售的正常进行，青岛渝能公司提供了1.2亿元存款作为担保，于2011年2月25日置换并解除了对项目土地使用权的保全措施。2011年3月7日，在青岛渝能公司取得商品房预售许可证后，中金实业公司又申请增加了1.2亿元的保全申请，将对青岛渝能公司财产保全数额提升到2.4亿元。青岛渝能公司已经取得预售许可证的项目再次因土地使用权被查封而无法销售。为了对抗青岛渝能公司解封申请，中金实业公司不断增加诉讼请求标的额，并申请追加查封限额，至2011年9月8日，其申请保全的数额提高到3.9亿元，导致青岛渝能公司的项目土地使用权长达一年多处于被查封状态，影响了项目销售。因此，中金实业公司财产保全申请尤其是屡次增加保全申请数额的行为，不但主观上存在过错，客观上也给青岛渝能公司造成了经济损失。该损害结果与中金实业公司的行为之间具有直接的因果关系，中金实业公司应当承担赔偿责任。

2. 关于青岛渝能公司因申请财产保全错误而造成损失数额的确定问题

青岛渝能公司主张的损失包括以下两个部分：

一是关于1.2亿元资金被冻结的利息损失问题。因青岛渝能公司1.2亿元资金被冻结半年（2011年2月23日至8月23日），影响其资金周转，造成了相应的损失。对于中金豪运公司提出的借款系违法借贷及应为存款利息等抗辩事由，既无事实和法律依据，又缺乏资金被冻结造成损失的关联性，该院不予采纳。现青岛渝能公司按中国人民银行同期贷款利息主张此项损失，应当予以支持。根据2011年4月6日中国人民银行公布的半年期贷款利率5.85%计算，青岛渝能公司1.2亿元存款被冻结半年的利息损失为351万元（1.2亿元×5.85%×0.5）。

二是关于迟延销售楼房的利息损失。青岛渝能公司主张按预计全部销售额的30%计算一年的利息，作为其损失的赔偿数额。因该预计销售额系备案的商品房预售方案中载明的价格，且中金实业公司提起诉讼申请保全的原因也包括售价过低的问题，以该销售额作为计算损失的依据，既可以反映当时的市场交易价格，也不会侵害中金实业公司的权益，可以作为计算损失数额的依据。对于计算损失的比例问题，根据中金实业公司的申请，该院于2011年1月28日裁定查封、冻结青岛渝能公司相关财产。由于青岛市政府于2011年1月20日就发布了商品住宅限购的相关政策。本案所涉住宅、办公、商业、酒店式公寓的销售,即使不被诉讼保全亦必然受到影响。因房地产的价格波动及销售进度受政策、市场等各方面影响较大,且尽管中金实业公司对申请查封存在过错,但提起诉讼存在一定的合同及事实依据,并非为阻止房产销售虚构的诉讼。综合考量各种因素后酌情确定为:按其全部销售额的10%为基数计算一年的利息损失。按照中国人民银行公布的同期银行贷款利率6.31%计算,中金实业公司应赔偿青岛渝能公司项目销售迟延一年的销售款利息损失为63,184,624.35元(1,639,314,102.72元×10%×6.31%=63,184,624.35元)。

综上所述,中金实业公司应向青岛渝能公司赔偿因申请财产保全错误而造成的损失66,694,624.35元。

3. 关于中金豪运公司是否应当承担连带赔偿责任的问题

中金豪运公司抗辩其提供担保,未经过股东会或者股东大会决议,违反了《公司法》第十六条第二款、第三款关于公司提供担保的规定,且在提供担保过程中,中金实业公司存在欺诈行为,担保应为无效,中金豪运公司不应承担担保责任。对此,该院认为:根据《民事诉讼法》第一百条、第一百零五条规定,人民法院采取保全措施,可以责令申请人提供担保,申请有错误的,申请人和担保人应当赔偿被申请人因保全所受的损失。

中金实业公司在青岛渝能公司提供担保财产要求解封的情况下,屡屡提高保全数额,中金豪运公司自愿不断增加提供担保财产,为中金实业公司的保全申请提供担保。根据《民事诉讼法》关于保全及担保的规定,中金豪运公司对于其提供担保可能造成申请错误而带来的赔偿,应当是明知的。中金豪运公司提供担保的行为,造成青岛渝能公司的资金被冻结、项目土地使用权被查封,根据《侵权责任法》第八条规定,依法应当承担连带赔偿责任。中金豪运公司关于提供担保违反了公司法的规定及中金实业公司存在欺诈行为的抗辩,属于公司内部管理及股东权利行使的问题,中金豪运公司为保全提供担保,已被人民法院审查接受,其担保是合法有效的。对于中金豪运公司与中金实业公司之间的纠纷,可另行解决。故对于中金豪运公司的这一答辩理由,该院不予采信。中金豪运公司应当对中金实业公司申请保全错误造成的损失承担连带赔偿责任。

综上所述,依照《侵权责任法》第六条、第八条,《民事诉讼法》第一百条、第一百零五条、第一百五十二条之规定，判决如下：

1. 中金实业公司于本判决生效之日起十日内赔偿青岛渝能公司因申请财产保全错误造成的损失66,694,624.35元；

2. 中金豪运公司对本判决第1项承担连带赔偿责任；

3. 驳回青岛渝能公司的其他诉讼请求。

中金实业公司不服一审判决，向最高人民法院提起上诉。

最高人民法院认为：

1. 关于中金实业公司是否应因申请财产保全而赔偿青岛渝能公司损失的问题

中金实业公司上诉主张其财产保全行为没有过错，主观亦无恶意；中金豪运公司上诉主张中金实业公司不具有错误申请财产保全以损害青岛渝能公司合法权益的主观故意和重大过失，一审法院仅以中金实业公司的诉求没有得到支持就认定申请保全错误，没有事实和法律依据。本院认为，《民事诉讼法》第一百条规定，“人民法院对于可能因当事人一方的行为或者其他原因，使判决难以执行或者造成当事人其他损害的案件，根据对方当事人的申请，可以裁定对其财产进行保全、责令其作出一定行为或者禁止其作出一定行为”；第一百零五条规定，“申请有错误的，申请人应当赔偿被申请人因保全所遭受的损失”。财产保全制度的目的在于保障将来生效裁判文书的执行，申请财产保全是当事人重要的诉讼权利。依当事人申请裁定的财产保全，虽系人民法院对申请进行形式审查后作出的司法措施，但其前提和基础是当事人的财产保全申请。如因申请保全人权利行使不当造成他人财产损失的，应由申请保全人承担侵权赔偿责任。侵权责任的认定，应当适用《侵权责任法》第六条“行为人因过错侵害他人民事权益，应当承担侵权责任”规定。申请保全人是否有过错，不仅要看其诉讼请求最终是否得到支持，还要看其是否存在故意或重大过失。申请保全人是否存在故意或重大损失，要根据其诉讼请求及所依据的事实和理由考察其提起的诉讼是否合理，或者结合申请保全的标的额、对象及方式等考察其申请财产保全是否适当；申请保全人提起的诉讼合理且申请财产保全适当的，不属于故意或重大过失，否则系存在过错。本案中，首先，中金实业公司提起山东省高级人民法院(2011)鲁商初字第2号案的诉讼缺乏合理性。按照《合作框架协议》《补充协议》《投资合作协议》的约定，中铁公司投资青岛渝能公司是为获得项目销售带来的收益，股权回购的前提也是中铁公司已按约定比例获得正常经营期间的投资收益。根据最高人民法院（2011）民二终字第2号生效民事判决的认定，案涉项目尚未进行销售，中铁公司在项目中的投资风险并未释放完毕，在案涉项目的建设、销售完成之前，中金实业公司不享有请求中铁公司立即实现约定股权回购条件的权利，并最终驳回了中金实业公司的全部诉讼请求。在中铁公司投资入股青岛渝能公司推动项目开发经营后尚未通过项目销售获得收益的情况下，中金实业公司以行使股权回购权为由，对中铁公司提起山东省高级人民法院（2011）鲁商初字第2号案的诉讼，并要求巨额赔偿，明显不符合双方在合同中关于股权回购的约定；中金实业公司在没有相应证据证明青岛渝能公司的经营行为明显损害公司利益的情况下，将青岛渝能公司列为共同被告，并要求青岛渝能公司停止项目任何形式的处置行为，缺乏事实基础。其次，中金实业公司的诉讼保全行为缺乏适当性。一方面，中金实业公司在可以通过冻结青岛渝能公司房屋销售账户以保护其实现股权回购后的利益的情况下，采取保全措施查封青岛渝能公司土地使用权，阻止了案涉项目的正常销售，其申请保全的对象和方式不适当。另一方面，在青岛渝能公司提供1.2亿元存款作为担保置换解封了项目土地使用权的情况下，中金实业公司为对抗青岛渝能公司的解封不断增加诉讼请求标的额及查封限额，导致项目土地使用权长达一年多时间处于被查封状态，该保全行为也明显不适当。因此，在山东省高级人民法院（2011）鲁商初字第2号案件中，不仅是中金实业公司的诉讼请求被全部驳回，而且其提起该案诉讼缺乏合理性、申请财产保全措施缺乏适当性，主观上明显存在过错，客观上也给青岛渝能公司造成损失，按照《民事诉讼法》第一百零五条的规定，中金实业公司应因其申请财产保全错误而赔偿青岛渝能公司所遭受的损失。

2. 关于中金实业公司赔偿数额如何确定的问题

青岛渝能公司在本案中诉讼主张的损失为两个方面：一是其提供1.2亿元换封资金被冻结半年的利息损失；二是项目因诉讼财产保全而迟延销售一年对应的房款利息损失。

（1）关于青岛渝能公司1.2亿元被冻结的利息损失。中金实业公司、中金豪运公司上诉主张青岛渝能公司未及时申请解除冻结存在过错，该损失不存在，即使存在也应为存款利息，并因系违法借贷而应予收缴。本院认为，申请财产保全冻结被保全人的资金，影响了被保全人对资金的使用收益，必然造成相应的利息损失，申请保全人应当赔偿。被保全人提供证据证明该资金系向他人借贷或被冻结之前已签订合同借贷他人的，该利息损失为实际损失，但该利息损失加上被冻结资金的银行利息之和不应超过最高人民法院《关于审理民间借贷案件适用法律若干问题的规定》规定的年利率24%上限；否则，被保全人的资金利息损失，可参照中国人民银行同期贷款基准利率，或者最高人民法院《关于审理民间借贷案件适用法律若干问题的规定》关于未约定期内及逾期利率的情况下资金占用利息为年利率6%的标准确定。本案中，首先，青岛渝能公司提供1.2亿元换封案涉项目土地使用权后，中金实业公司却提高诉讼标的额及保全限额，青岛渝能公司申请解除资金冻结及人民法院审查作出裁定均需要相应的时间，中金实业公司、中金豪运公司关于青岛渝能公司未及时申请解除冻结存在过错的主张不能成立。其次，青岛渝能公司为解除案涉项目土地使用权的查封而从其股东中铁公司处借款1.2亿元，并不违反有关民间借贷的法律法规及司法解释的规定，中金实业公司、中金豪运公司主张因违法借贷而应予收缴缺乏法律依据。最后，青岛渝能公司作为房地产开发的企业，其巨额资金被冻结必然要产生相应的资金损失，在案涉合同中亦约定中铁公司每年要按青岛渝能公司实际占用投资总额的30%计算投资收益，中金实业公司、中金豪运公司关于没有损失及损失应为存款利息的上诉主张与事实不符。因此，一审判决根据青岛渝能公司的诉讼主张，按照中国人民银行同期贷款利率判处中金实业公司赔偿青岛渝能公司1.2亿元被冻结半年的资金利息损失351万元，并无不当。

(2)关于项目迟延销售的损失。青岛渝能公司诉讼主张按预计全部销售额的30%计算一年的利息，一审法院酌情按其全部销售额的10%为基数计算一年的利息损失。中金实业公司上诉主张即使其不保全查封，房屋销售款也不能完全由青岛渝能公司掌握，存在账户中也只是存款利率而非贷款利率。中金豪运公司上诉主张，青岛渝能公司房屋销售受地方政策等多种因素影响，其损失与中金实业公司的财产保全没有因果关系；按照青岛市2011年以来持续上涨的房产价格，青岛渝能公司房产推迟销售不但没有损失而且还因此盈利，一审判决酌情确定的房屋销售款利息损失，缺乏事实依据。本院认为，最高人民法院《关于人民法院办理财产保全案件若干问题的规定》第二十条规定，“财产保全期间，被保全人可以请求对被保全财产自行处分，人民法院经审查，认为不损害申请保全人和其他执行债权人合法权益的，可以准许，但应当监督被保全人按照合理价格在指定期限内处分，并控制相应价款。被保全人请求对作为争议标的的被保全财产自行处分的，须经申请保全人同意。人民法院准许被保全人自行处分被保全财产的，应当通知申请保全人；申请保全人不同意的，可以依照民事诉讼法第二百二十五条规定提出异议”。错误财产保全赔偿的是被保全人的实际损失，且该损失的发生与申请保全人的行为有直接的因果关系。被保全人依据前述司法解释规定有权选择对被保全财产是否处分，被保全人未请求或者其请求不当而未获人民法院准许的，被保全财产因市场变化而产生的价值贬损，系被保全人应自行承担的风险，与申请财产保全行为没有直接的因果关系。但申请保全人不同意被保全人自行处分的，则被保全人因不能行使处置权而发生的财产损失与申请保全人的行为有直接的因果关系，在财产保全错误时应由申请保全人承担相应的赔偿责任；被保全人的实际损失，应为被保全财产在保全开始与保全结束两个时点的价差，以及开始时的价款对应的资金利息损失。本案中，首先，青岛渝能公司筹措 1.2 亿元换封了案涉项目的土地使用权欲进行房屋销售，但中金实业公司不断增加诉讼请求标的额及查封限额，其错误财产保全行为阻却了青岛渝能公司的房屋销售，应赔偿青岛渝能公司在此期间遭受的实际损失，中金实业公司、中金豪运公司关于保全查封与房屋销售损失没有因果关系及青岛渝能公司怠于行使保全复议、未采取换封措施减少损失存在重大过错等上诉理由，均不能成立。其次，一审判决以青岛渝能公司全部销售额的 10% 为基数，并按同期银行贷款利率计算的利息，酌定为中金实业公司应赔偿的项目迟延销售损失，有相应的事实和法律依据。中金实业公司、中金豪运公司虽主张青岛市房产价格 2011 年以来持续上涨，但并未提供证据证明 10% 的项目房屋在查封结束时实际销售价款或市场价值与在查封开始时预计销售的价款之差，减去青岛渝能公司 10% 的项目房屋查封开始时预计销售的价款在错误保全查封期间的融资损失，大于一审判决酌定的房款利息损失，故中金实业公司、中金豪运公司关于青岛渝能公司房产推迟销售没有损失而不用赔偿的上诉主张亦不能成立。一审判决酌定中金实业公司赔偿青岛渝能公司项目迟延销售的利息损失 63, 184, 624.35 元并无不当，本院予以维持。

3. 关于中金豪运公司是否应当承担连带赔偿责任的问题

中金豪运公司上诉主张其担保因未经股东会决议而无效，即使承担责任也应仅就其提供的担保财产承担责任，而非连带保证责任。本院认为，为财产保全提供的担保系向人民法院出具的司法担保，而非平等民事主体之间的担保。财产保全措施系因申请而采取，财产保全错误的，申请保全人是侵权行为人。第三人提供担保的，对被保全人的损失，应当按照承诺承担相应的担保责任。本案中，首先，中金豪运公司在山东省高级人民法院（2011）鲁商初字第2号案中提供的担保，经该院审查接受后合法有效，中金豪运公司关于其担保因未经股东会决议而无效的上诉主张，缺乏法律依据。其次，山东省高级人民法院（2011）鲁商初字第2号案中错误财产保全的行为主体是中金实业公司，而非中金豪运公司，中金豪运公司为中金实业公司提供保全担保，并不属于共同侵权行为。一审判决依据《侵权责任法》第八条的规定认定中金豪运公司与中金实业公司构成共同侵权并承担连带赔偿责任，属于适用法律不当，本院予以纠正。最后，中金豪运公司出具的三份《财产保全担保书》中明确表示以其名下滨州市渤海十七路以东、黄河七路以南都心世贸广场192号房产为中金实业公司的保全提供财产担保，如因财产保全不当给被保全人造成损失的，愿承担相应责任，故应在担保财产的价值范围内承担担保责任。中金豪运公司出具的担保书中没有承担无限连带责任的意思表示，青岛渝能公司关于中金豪运公司应按照担保书承诺而承担连带责任的主张与事实不符。

此外，根据本案诉争焦点及查明的事实，中铁公司、荣置地公司是否参加诉讼，并不影响本案的审理，本案的审理结果亦与中铁公司、荣置地公司没有关系，中金实业公司在二审中申请追加中铁公司、荣置地公司为本案被告或者第三人参加诉讼，缺乏事实和法律依据，本院不予支持。另外，根据本院前述分析，除中金豪运公司出具的担保书外，各方当事人在二审中提交的其他新证据与本案事实及争议焦点的认定没有关联性，在本案中均不予采信。

法院裁判结果

最高人民法院依照《民事诉讼法》第一百七十条第一款第（二）项之规定，判决如下：

1. 维持山东省高级人民法院（2014）鲁民一重初字第1号民事判决第一

项、第三项；

2. 变更山东省高级人民法院(2014)鲁民一重初字第1号民事判决第二项为青岛中金渝能置业有限公司有权就本判决第一项确定的债权对滨州市中金豪运置业有限责任公司名下滨州市渤海十七路以东、黄河七路以南都心世贸广场192号房产折价或者拍卖、变卖价款优先受偿。[1]

案件评析

财产保全制度的目的在于保障将来生效裁判文书的执行，申请财产保全是当事人重要的诉讼权利。如因申请保全人权利行使不当造成他人财产损失的，应由申请保全人承担侵权赔偿责任。

本案中，根据原审查明的事实，《合作框架协议》《补充协议》《投资合作协议》约定中铁公司投资渝能公司是为获得项目销售带来的收益，股权回购的前提也是中铁公司要已按约定比例获得正常经营期间的投资收益。中金实业公司提起股权回购之诉时，案涉项目尚未进行销售，中铁公司在项目中的投资风险并未释放完毕，在案涉项目的建设、销售完成之前，中金实业公司不享有请求中铁公司立即实现约定股权回购条件的权利，其全部诉讼请求依法被驳回。本案原审认定在中铁公司投资入股渝能公司推动项目开发经营后尚未通过项目销售获得收益的情况下，中金实业公司以行使股权回购权为由，对中铁公司提起(2011)鲁商初字第2号案诉讼，并要求巨额赔偿，不符合双方在合同中关于股权回购的约定；中金实业公司在没有相应证据证明渝能公司的经营行为明显损害公司利益的情况下，将渝能公司列为共同被告，并要求渝能公司停止项目任何形式的处置行为缺乏事实基础，并无不当。

渝能公司筹措1.2亿元资金换封涉案项目土地使用权欲进行房屋销售，中金实业公司不断增加诉讼请求标的额及查封限额阻却渝能公司的房屋销售，一方面巨额资金被冻结必然要产生相应的资金损失，另一方面保全查封致使房屋无法销售。原审根据渝能公司的诉讼主张，按照中国人民银行同期贷款利率判处中金实业公司赔偿渝能公司1.2亿元被冻结半年的资金利息损失351万元、以渝能公司全部销售额的10%为基数，并按同期银行贷款利率计算

[1] 二审判决作出后，中金实业公司不服向最高人民法院提起再审申请，最高人民法院经审理作出(2018)最高法民申3300号民事裁定书驳回其申请。

的利息，酌定中金实业公司应赔偿项目迟延销售损失 63,184,624.35 元的基本事实并不缺乏证据证明。

中金实业公司主张原判超出渝能公司诉讼请求范围，但所指事项与其并无利害关系；渝能公司起诉请求中金豪运公司与中金实业公司对渝能公司因财产保全错误的损失承担连带赔偿责任，因中金豪运公司出具的三份《财产保全担保书》中明确表示以其名下房产为中金实业公司的保全提供财产担保，如因财产保全不当给被保全人造成损失的，愿承担相应责任，故法院据此认定其应在担保财产的价值范围内承担担保责任而非无限连带责任，未超出渝能公司的诉讼请求范围。

22. 投融资双方可协商变更回购义务主体

——浙江赛康创业投资有限公司诉莱恩农业装备有限公司、浙江星莱和农业装备有限公司等股权转让纠纷案

案件基本信息

1. 裁判书字号

浙江省金华市中级人民法院(2018)浙07民终198号民事判决书[1]

2. 案由:股权转让纠纷

3. 裁判日期:2018年5月15日

4. 当事人

原告(被上诉人):浙江赛康创业投资有限公司(以下简称赛康创业投资公司)

被告(上诉人):莱恩农业装备有限公司(以下简称莱恩农业装备公司)

被告(上诉人):浙江星莱和农业装备有限公司(以下简称星莱和农业装备公司)

被告(被上诉人):杨某

基本案情

2012年6月11日,赛康创业投资公司和莱恩农业装备公司、杨某和案外人上海玺望创业投资中心(有限合伙)、胡定某、胡晓某签订《莱恩农业装备有限公司增资协议》(以下简称《增资协议》)、《莱恩农业装备有限公司增资协议之特别协议》(以下简称《特别协议》),约定:莱恩农业装备公司及原股东同意公司注册资本由6000万元增加至6666.67万元,新增出资额为666.67万元,其中上海玺望创业投资中心(有限合伙)以现金2000万元出资认购444.45万元出资额,占增资后公司注册资本的6.67%,赛康创业投资公司以1000万元认购222.22万元出资额,占增资后公司注册资本的3.33%,公司将中国农业

[1] 浙江省金华市婺城区人民法院(2017)浙0702民初10440号民事判决书(一审)。

银行金华市分行账号19×××38指定为认购款的收款账户；杨某在增资前后的持股比例分别为90%和81%，在公司合格上市前，杨某的实际控制人地位不变，且单次和/或累计转让的股权不得超过其目前确定持有股权总数的30%等。（增资、转股前后股东情况见图1－7）

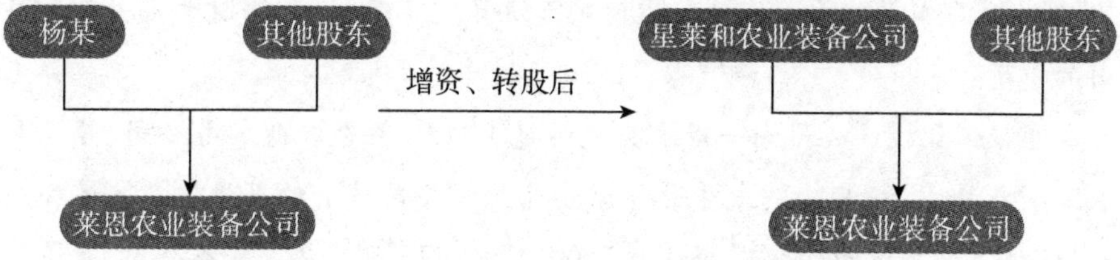

图1－7　增资、转股前后股东情况

2012年6月28日，上述各方签订《莱恩农业装备有限公司增资协议之补充协议》（以下简称《补充协议》），约定：如莱恩农业装备公司在2015年12月31日前，因公司自身原因仍未实现首次公开发行股票并上市，或协议各方有合理的理由相信公司不能在2015年12月31日前实现首次公开发行股票并上市的等原因，新股东有权要求公司或控制股东（杨某）回购或受让新股东持有的公司股权（回购权），如果届时控股股东不受让新股东持有的公司股权，公司有义务回购新股东持有的全部公司股权；回购价款为该行使回购权的新股东支付的认购款按照10%的年利率计算的本利之和，自新股东提出要求之日起一年内按时间均等分三次等额支付给新股东，新股东在持股期间取得的现金红利，应当从回购或转让价款中扣除等。

2012年7月19日，赛康创业投资公司交付1000万元出资，并于当年10月15日办理注册资本增加的工商登记变更手续。

2016年5月12日，莱恩农业装备公司召开临时股东会形成了同意杨某无偿转让81%股权给星莱和农业装备公司，赛康创业投资公司等其他股东均放弃优先购买权的决议。16日，星莱和农业装备公司和杨某签订《股权转让协议书》，次日签订《股权转让补充协议》，杨某在莱恩农业装备公司相应的股东权利和义务由星莱和农业装备公司承继等。24日，莱恩农业装备公司完成股权变更登记，星莱和农业装备公司成为莱恩农业装备公司实际控制人。

2017年3月21日，星莱和农业装备公司出具回函，确认收到赛康创业投资公司提出行使回购请求权。

金华中健联合会计师事务所出具3份审计报告显示，莱恩农业装备公司2013～2015年期间均亏损。

截至赛康创业投资公司向一审法院提起诉讼，莱恩农业装备公司仍未依法上市。2017年9月6日，莱恩农业装备公司以严重资不抵债，缺乏清偿能力，资金流断裂为由向一审法院申请破产清算。11日，一审法院裁定受理该公司的申请。

赛康创业投资公司向一审法院起诉请求：(1)莱恩农业装备公司、星莱和农业装备公司、杨某回购或受让赛康创业投资公司持有的莱恩农业装备公司3.33%股权、支付回购款或受让款1500万元；(2)莱恩农业装备公司、星莱和农业装备公司、杨某承担诉讼费。

案件焦点

1.关于《增资协议》《特别协议》《补充协议》中约定莱恩农业装备公司回购义务的条款效力问题；

2.关于股权受让义务主体应当是杨某还是星莱和农业装备公司的问题；

3.关于赛康创业投资公司于2017年3月行使回购权是否超过诉讼时效的问题。

法院裁判要旨

浙江省金华市婺城区人民法院经审理认为：

《增资协议》《特别协议》《补充协议》均系合同当事人自愿协商所签，属当事人的真实意思表示，亦不违反法律或行政法规的强制性规定，属合法有效。合同各方均应按约履行。莱恩农业装备公司未能在2015年12月31日前实现首次公开发行股票并上市，合同约定的赛康创业投资公司可行使回购权的条件已经成就，赛康创业投资公司根据约定要求莱恩农业装备公司回购其股权，并按约定的计算方式支付回购款均无不当，予以支持。杨某现已并非公司股东和实际控制人，且其与受让人即新控股股东星莱和农业装备公司达成的《股权转让协议书》已约定，其原有的债权债务均由新控股股东承继，故杨某原先因控股股东身份所承担的责任由星莱和农业装备公司承担，无须杨某承担。赛康创业投资公司诉请杨某承担共同责任不当，不予支持。莱恩农业装备公司虽自2013年起连年亏损,不符合上市条件,但2015年亏损的审计报告系2016年所出,且合同已约定了赛康创业投资公司行使回购权的条件和期限,即2015年12月31日,故抗辩诉讼时效起算日期应早于该日期的意见,不予采纳。股权回购并未影响注册资本的增减,关于主张双方回购的约定违反公司法强制规定的抗辩,亦不予采纳。

浙江省金华市婺城区人民法院依照《合同法》第六十条、第一百零七条、第一百零八条规定,判决如下:

1. 莱恩农业装备公司、星莱和农业装备公司于判决生效之日起7日内,以1500万元的价款回购赛康创业投资公司享有的莱恩农业装备公司3.33%的股权;

2. 驳回赛康创业投资公司的其他诉讼请求。如果未按判决指定的期间履行给付金钱义务,应当依照《民事诉讼法》第二百五十三条规定,加倍支付迟延履行期间的债务利息。

莱恩农业装备公司不服一审判决向金华市中级人民法院提起上诉。

浙江省金华市中级人民法院经审理认为:

1. 关于《增资协议》《特别协议》《补充协议》中约定莱恩农业装备公司回购义务的条款效力问题。

从公司法法理来看,公司作为法人主体,其从事经营活动的主要目的是营利、取得利润。股东向公司投资的主要目的是通过参与公司经营管理、获取公司从可分配利润中分配给股东的利润即股东红利,因此,股东与公司是利益共同体,利益共享、风险共担。上述协议中约定在一定条件下莱恩农业装备公司有回购赛康创业投资公司的股权的义务,使赛康创业投资公司作为公司股东获益,脱离了公司的经营业绩,悖离了公司法法理精神,最终使赛康创业投资公司规避了交易风险,将公司可能存在的经营不善及业绩不佳的风险转嫁给公司即债权人,严重损害了公司其他股东和债权人的合法利益。根据《公司法》的相关规定,有限责任公司和股份有限公司原则上都不允许回购本公司的股份,股东要求公司回购必须符合《公司法》第七十四条或第一百四十二条规定的相应情形。上述协议所约定的回购条件不属于《公司法》规定的公司可以回购公司股份的情形,因此,该约定因违反法律强制性规定,根据《合同法》第五十二条的规定,应认定为无效。

2. 关于股权受让义务主体应当是杨某还是星莱和农业装备公司的问题。

根据《补充协议》回购条款的约定，股权受让义务主体为控股股东。《增资协议》中专门就控股股东的定义进行明确约定，即指在该企业中拥有50%以上股权、表决权或权益，或有权委派或指示该企业的经营管理层，或有权委派或选举该企业的多数董事，或有权决定该企业的财务和经营政策，并能据以从该企业的经营活动中获取利益的股东。在星莱和农业装备公司与杨某签订《股权转让协议》及《股权转让补充协议》受让其全部股份后，即成为莱恩农业装备公司的控股股东。故，一审法院认为杨某原先因控股股东身份所承担的责任由星莱和农业装备公司承担，并无不当。

3. 关于赛康创业投资公司于2017年3月行使回购权是否超过诉讼时效的问题。

《补充协议》约定了赛康创业投资公司行使回购权的条件为：莱恩农业装备公司在2015年12月31日前，因公司自身原因仍未实现首次公开发行股票并上市，或协议各方有合理的理由相信公司不能在2015年12月31日前实现首次公开发行股票并上市的等原因。上述约定明确赛康创业投资公司可以选择在约定的期限即2015年12月31日行使回购权，或者在有理由相信莱恩农业装备公司不能上市的时间主张回购权。星莱和农业装备公司认为赛康创业投资公司主张回购权的起算点应当从2013年12月31日起算，依据不足，其关于赛康创业投资公司于2017年3月行使回购权已经超过诉讼时效的主张，本院不予支持。

法院裁判结果

浙江省金华市中级人民法院依照《合同法》第五十二条、第六十条、第一百零七条、第一百零八条，《公司法》第三十五条、第七十一条、第七十四条，《民事诉讼法》第一百七十条第一款第（二）项规定，判决如下：

1. 撤销浙江省金华市婺城区人民法院（2017）浙0702民初10440号民事判决；

2. 浙江星莱和农业装备有限公司于本判决生效之日起15日内，以1500万元的价款受让浙江赛康创业投资有限公司享有的莱恩农业装备有限公司3.33%的股权；

3. 驳回浙江赛康创业投资有限公司的其他诉讼请求。[1]

案件评析

对赌因对投资人利益起到保护作用,为股权投资领域常见的协议安排,其中股权回购是对赌失败时常见的退出方式。根据本案,目标公司经过股权转让,其控股股东及实际控制人由杨某变更为星莱和农业装备公司,因投资协议中只约定回购主体为控股股东,未具体指定杨某就是回购主体,因此其回购主体由杨某变更为星莱和农业装备公司,即因为股权变更导致了回购主体也发生变更。

实务中,对于投资人而言,通过股权回购实现投资退出的最大障碍是回购主体已无回购的能力,主要是因为回购主体无法支付相应的股权回购款,进而造成对赌失败又无法退出的被动局面。因此,在进行回购条款的设计时,对于回购主体的确定首要要考虑的因素是其应具备回购能力或有其他增信措施,以最大限度保证实现投资退出。在具体的协议安排上,可以根据实际情况采用以下约定具体确定回购主体:(1)协议签署时的控股股东或实际控制人(或其他第三方);(2)回购条件成就时的控股股东或实际控制人(或其他第三方);(3)在发生与本案类似的股权变更导致控股股东、实际控制人发生变更的,由投资人指定任何一方作为回购主体。第三种方式对投资人而言具有选择权,更有利于其实现退出,因此对投资人而方更为有利。

[1] 二审判决作出后,浙江星莱和农业装备有限公司向浙江省高级人民法院申请再审,浙江省高级人民法院经审理作出(2019)浙民再212号民事判决书,维持二审判决。

23. 目标公司可为股东与投资方间的对赌提供担保

——强某诉曹某、山东瀚霖生物技术有限公司股权转让纠纷案

案件基本信息

1. 裁判书字号

最高人民法院(2016)最高法民再128号民事判决书[1]

2. 案由:股权转让纠纷

3. 裁判日期:2018年9月7日

4. 当事人

原告(二审上诉人、再审申请人):强某

被告(二审被上诉人、再审被申请人):曹某

被告(二审被上诉人、再审被申请人):山东瀚霖生物技术有限公司(以下简称瀚霖公司)

基本案情

2011年4月26日,瀚霖公司作为甲方,北京冷杉投资中心(有限合伙)、福建国耀投资有限公司、强某、孙某、许某作为乙方,曹某作为丙方,三方共同签订了《增资协议书》及《补充协议书》。主要约定乙方向甲方增资扩股及其他事宜。其中,关于强某向瀚霖公司增资以及其他事宜部分,《增资协议书》主要约定:强某向瀚霖公司增资3000万元,其中400万元作为瀚霖公司的新增注册资本,其余2600万元作为瀚霖公司的资本公积金,强某持有瀚霖公司0.86%的股权。《补充协议书》第二条第一款约定:曹某承诺争取目标公司于2013年6月30日前获准首次公开发行股票并在国内主板或创业板证券交易所上市(以下简称合格IPO);第二款约定:如果目标公司未能在2013年6月30日前完成合格IPO,强某有权要求曹某以现金方式购回强某所持的目标公司股权,回购

[1] 四川省成都市中级人民法院(2014)成民初字第1180号民事判决书(一审);四川省高级人民法院(2015)川民终字第445号民事判决书(二审)。

价格为强某实际投资额再加上每年8%的内部收益率溢价，计算公式为 $P=M\times(1+8\%)^{T}$，其中：P为购回价格，M为实际投资额，T为自本次投资完成日至强某执行选择回购权之日的自然天数除以365；第六款约定：瀚霖公司为曹某的回购提供连带责任担保。《增资协议书》及《补充协议书》落款处有甲方瀚霖公司加盖印章及法定代表人签名，乙方北京冷杉投资中心（有限合伙）、福建国耀投资有限公司、强某、孙某、许某签章，丙方曹某签名。（各方交易结构见图1-8）

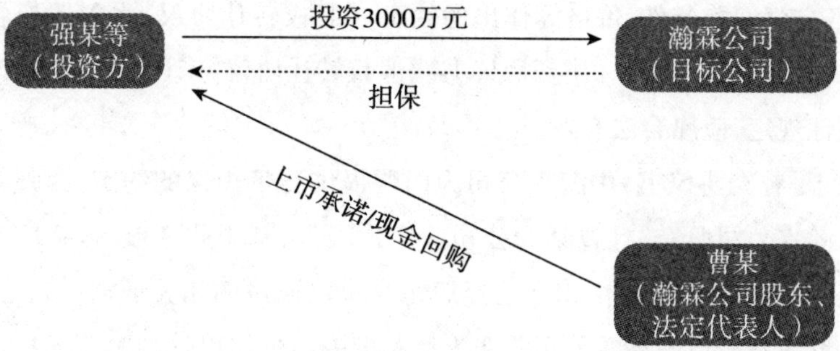

图1-8　各方交易结构

上述协议签订后，强某于2011年4月29日将3000万元转入瀚霖公司账上，瀚霖公司将强某登记在其股东名单中。

2012年5月31日，强某与曹某签订了《股权转让协议》，约定：强某将持有的瀚霖公司股权转让给曹某，按《补充协议书》约定的价格计算方式回购，曹某应在协议签订后30个工作日内全额付清转让款，逾期未付清应按欠款额每日千分之五支付违约金；逾期超过30日仍未付清，则强某有权要求曹某付清转让款和违约金后，退出股权。《股权转让协议》签订后，曹某未履行支付义务。2014年4月2日，强某书面通知曹某、瀚霖公司支付股权转让款并承担违约责任，但曹某、瀚霖公司未履行付款义务。

强某向一审四川省成都市中级人民法院起诉请求：1. 曹某支付强某股权转让款37,791,360元，并从强某起诉之日起按银行逾期付款违约金的计算标准承担违约金；2. 瀚霖公司对曹某的付款承担连带清偿责任；3. 案件诉讼费由曹某、瀚霖公司承担。

曹某、瀚霖公司一、二审均未到庭参加诉讼，亦未提交书面答辩意见。

案件焦点

案涉《补充协议书》所约定瀚霖公司担保条款的效力问题。

法院裁判要旨

成都市中级人民法院经审理认为：

案涉《增资协议书》系股权投资合同，是对强某出资入股的相关约定；《补充协议书》第二条第六款关于瀚霖公司为回购提供连带责任担保外的其他条款，系各方就回购条件、价格等作出的约定；《股权转让协议》系对股权转让价款、支付方式等的约定。《增资协议书》《股权转让协议》未违反法律、行政法规的强制性规定，应属合法有效。

关于《补充协议书》中瀚霖公司为回购提供连带担保的约定，因强某与曹某均系瀚霖公司股东，且曹某为公司法定代表人，基于此情形，强某应当提交瀚霖公司为股东曹某提供担保已经股东会决议通过的相关证据；结合强某与曹某的股东身份以及瀚霖公司并非为经营发展向公司以外的第三人提供担保的事实，该约定损害了公司、公司其他股东以及公司债权人的利益，应认定为无效。

《补充协议书》的其余条款系强某与曹某的真实意思表示，不损害公司及公司债权人的利益，不违反法律、行政法规的强制性规定，合法有效，协议各方均应按约履行义务。强某按约出资后，瀚霖公司未在约定预期获准首次公开发行股票并在国内主板或创业板证券交易所上市的情况下，强某要求曹某回购的条件已经成就，曹某应在收到回购通知函后按约定价格回购股权。根据《补充协议书》和《股权转让协议》的约定，回购价格是实际投资额加上每年8%的内部收益率溢价，强某出资时间为2011年4月29日，起诉时间为2014年5月14日，强某主张按3年计算，放弃超出的十六天，故回购款计算方式为：3000万元（实际投资额）$\times(1+8\%)^3=37,791,360$元，对强某要求曹某支付股权转让款37,791,360元的请求予以支持。强某主张自其起诉之日起曹某应按银行逾期付款违约金的计算标准承担违约金，符合《股权转让协议》的相关约定，考虑违约金的主要功能系补偿损失，强某的损失也主要体现为资金占用利息的损失，故一审法院酌情认定以中国人民银行同期贷款基准利率计算违约金。关于强某要求瀚霖公司对股权转让款的支付承担连带清偿责任的主张,综上所述,《补充协议书》关于瀚霖公司提供担保的约定无效,一审法院对强某的该项请求不予支持。曹某未到庭参加诉讼,视为对强某诉讼请求及所举证据放弃抗辩权。

成都市中级人民法院判决如下:

曹某于判决生效之日起10日内向强某支付股权转让款37,791,360元;曹某于判决生效之日起10日内向强某支付逾期付款的违约金(计算方式:以股权转让款37,791,360元为基数,自2014年5月14日起按中国人民银行同期贷款基准利率计至付完股权转让款之日止);驳回强某其他诉讼请求。

一审判决后,强某不服一审判决,向四川省高级人民法院提起上诉,请求依法改判瀚霖公司对曹某应当承担的37,791,360元及其违约金的债务承担连带责任或发回重审。

四川省高级人民法院二审审理中补充查明:各方2011年4月26日所签《补充协议书》约定,关于业绩保障条款,曹某承诺目标公司分别于2011年、2012年经具有证券从业资格的会计师事务所审计后的年度合并财务报表归属于母公司所有者的税后利润,不低于25,000万元、35,000万元,否则曹某按比例退还强某出资款。二审审理中,强某委托诉讼代理人称:瀚霖公司2011年的利润未达到约定的业绩目标,且公司涉及大量诉讼,经营情况严重下滑,最终未能上市。

四川省高级人民法院经审理认为:

从公司法法理来看,公司作为法人主体,其从事经营活动的主要目的是营利、取得利润。股东向公司投资的主要目的是通过参与公司经营管理、获取公司从可分配利润中分配给股东的利润即股东红利,因此,股东与公司是利益共同体,利益共享、风险共担。具体来说,股东能否从公司获取经济利益取决于公司经营业绩如何及法律和公司章程规定可分配给股东的利润情况,"无利润不得分配",无论公司经营业绩如何,股东均可从公司获取经济利益,可能有损于公司的长远发展,且损害公司债权人的利益。综观本案《增资协议书》《补充协议书》《股权转让协议》的约定,强某向瀚霖公司增资目的在于实现瀚霖公司上市并获取瀚霖公司上市后的溢价收益,且瀚霖公司的实际控制人曹某保证瀚霖公司2011年、2012年的最低利润达到一定条件,如未达条件,则由曹某退还部分投资款,而曹某回购强某的股权并支付股权转让款是曹某补偿强某的具体履行方式,并由瀚霖公司承担担保责任。强某、曹某关于股权回购的约定是其真实意思表示,亦不违反法律、行政法规的禁止性规定,属合法有效。

对于瀚霖公司提供担保行为的效力问题,瀚霖公司为曹某回购强某股权的股权转让款支付提供担保,其实质是不管瀚霖公司经营业绩如何,股东强某均可以从瀚霖公司获取收益,该约定使股东获益脱离了公司的经营业绩,背离了公司法法理精神,最终使股东强某规避了交易风险,将瀚霖公司可能存在的经营不善及业绩不佳的风险转嫁给瀚霖公司及其债权人,严重损害了瀚霖公司其他股东和债权人的合法利益,应当认定《增资协议书》《补充协议书》约定的瀚霖公司为曹某回购强某股权产生的责任承担担保责任无效。强某签订《增资协议书》时是否具备瀚霖公司股东身份以及瀚霖公司提供担保是否经股东会决议,均不影响瀚霖公司提供担保行为的效力认定。上诉人强某关于要求瀚霖公司应就曹某应承担的责任承担连带责任的上诉理由缺乏事实依据和法律依据,二审法院不予支持。

四川省高级人民法院判决驳回强某上诉,维持原判。

二审判决后,强某向最高人民法院提请再审,请求改判瀚霖公司对曹某支付股权转让款及违约金承担连带责任。

最高人民法院再审审理中补充查明:

案涉《增资协议书》载明"甲方(瀚霖公司)已通过股东会决议,原股东同意接受新股东本次增资,并放弃优先购买权;各方已采取一切必要行动、履行一切必要的内部程序确保其具有签订本协议并履行其在本协议下义务的全部权力、权利、授权以及必要的政府批准和第三方同意;各方授权代表已获得本方正式授权,有权代表各方签署本协议及其他相关交易文件。"案涉《补充协议书》载明"甲方(瀚霖公司)通过股东会决议同意本次增资扩股事项。"

最高人民法院经审理认为:

本案二审判决认定瀚霖公司担保条款无效的主要裁判理由系担保条款使股东获益脱离公司经营业绩,背离公司法法理精神,使强某规避了交易风险,严重损害瀚霖公司其他股东和债权人的合法利益。本院认为,合同无效的判定严格遵循法定主义,本案二审判决否定担保条款效力的裁判理由不符合合同法关于合同无效的各类法定情形,该项认定已违反合同法基本规则,构成适用法律错误。案涉《补充协议书》所约定担保条款合法有效,瀚霖公司应当依法承担担保责任，理由如下：

其一，强某已对瀚霖公司提供担保经过股东会决议尽到审慎注意和形式审查义务。案涉《增资协议书》载明，“瀚霖公司已通过股东会决议，原股东同意本次增资；各方已履行内部程序确保其具有签订本协议的全部权利；各方授权代表已获得本方正式授权”。《补充协议书》载明，“甲方（瀚霖公司）通过股东会决议同意本次增资扩股事项”。因两份协议书约定内容包括增资数额、增资用途、回购条件、回购价格以及瀚霖公司提供担保等“一揽子”事项，两份协议书均由瀚霖公司盖章及其法定代表人签名。对于债权人强某而言，增资扩股、股权回购、公司担保本身属于链条型的整体投资模式，基于《增资协议书》及《补充协议书》的上述表述，强某有理由相信瀚霖公司已对包括提供担保在内的增资扩股“一揽子”事项通过股东会决议，曹某已取得瀚霖公司授权代表公司对外签订担保条款，且瀚霖公司在本案审理中亦没有提交其他相反证据证明该公司未对担保事项通过股东会决议，故应当认定强某对担保事项经过股东会决议已尽到审慎注意和形式审查义务，因而案涉《补充协议书》所约定担保条款对瀚霖公司已发生法律效力。

其二，强某投资全部用于公司经营发展，瀚霖公司全体股东因而受益，故应当承担担保责任。《公司法》第十六条之立法目的，系防止公司大股东滥用控制地位，出于个人需要、为其个人债务而由公司提供担保，从而损害公司及公司中小股东权益。本案中，案涉担保条款虽系曹某代表瀚霖公司与强某签订，但是3000万元款项并未供曹某个人投资或消费使用，亦并非完全出于曹某个人需要，而是全部投入瀚霖公司资金账户，供瀚霖公司经营发展使用，有利于瀚霖公司提升持续盈利能力。这不仅符合公司新股东强某的个人利益，也符合公司全体股东的利益，瀚霖公司本身是最终的受益者。即使确如瀚霖公司所述并未对担保事项进行股东会决议，但是该担保行为有利于瀚霖公司的自身经营发展需要，并未损害公司及公司中小股东权益，不违反《公司法》第十六条之立法目的。因此，认定瀚霖公司承担担保责任，符合一般公平原则。

综上所述，强某已对瀚霖公司提供担保经过股东会决议尽到审慎注意和形式审查义务，瀚霖公司提供担保有利于自身经营发展需要，并不损害公司及公司中小股东权益，应当认定案涉担保条款合法有效，瀚霖公司应当对曹某支付股权转让款及违约金承担连带清偿责任。一审、二审法院关于瀚霖公司担保无效的认定，应予纠正。

法院裁判结果

最高人民法院依照《民事诉讼法》第二百零七条第一款、第一百七十条第一款第（二）项规定，判决如下：

1. 撤销四川省高级人民法院（2015）川民终字第445号民事判决。

2. 维持四川省成都市中级人民法院（2014）成民初字第1180号民事判决第（一）项、第（二）项，即：曹某向强某支付股权转让款37,791,360元；曹某向强某支付逾期付款的违约金（计算方式：以股权转让款37,791,360元为基数，自2014年5月14日起按中国人民银行同期贷款基准利率计至付完股权转让款之日止）。

3. 撤销四川省成都市中级人民法院（2014）成民初字第1180号民事判决第（三）项，改判为：山东瀚霖生物技术有限公司对曹某所承担股权转让款及逾期付款违约金债务承担连带清偿责任。

案件评析

在"海富案"判决正当性之争未有定论之时，股权市场投资热度有增无减。对于股权投资人而言，将目标公司财产加入对赌责任财产是降低投资风险的关键，而目标公司是否为对赌协议的相对方相对而言并不重要。为了规避"海富案"判决带来的风险，大量投资协议转而采用目标公司为投资人与原股东对赌提供连带责任保证的交易结构，进而间接达到将公司资产纳入对赌承诺的效果。

最高人民法院认为合同无效的判定严格遵循法定主义，二审法院否定担保条款效力的裁判理由不符合合同法关于合同无效的各类法定情形，该项认定违反合同法基本规则。本案和"久远案"的判决结果，在司法实践中就对赌协议中约定的目标公司对股权回购义务的担保条款效力和责任确定了以下裁判规则：第一，就对赌协议中约定的目标公司对股权回购义务的担保条款的效力认定应遵循合同法基本规则，合同无效的判定应严格遵循法定主义；第二，在投资人对目标公司提供担保经过股东会决议尽到审慎注意和形式审查义务的情况下，担保条款合法有效，目标公司应依据担保条款就股权回购义务承担担保责任；第三，在目标公司提供担保未经过股东会决议程序，且投资人对此未尽到审慎注意和形式审查义务的情况下，担保条款无效，若目标公司和投资人对担保条款无效均有过错的，目标公司就股权回购义务承担二分之一的责任。此外，最高人民法院在“久远案”和“瀚霖案”中关于目标公司对股权回购义务的担保责任的认定和观点，也正体现了最高人民法院在“海富案”后对投资人与目标公司之间对赌协议效力和股权回购责任承担上的转变和突破。

从“海富案”到“久远案”，再到“瀚霖案”，可以看到投资人通过各种方式减少对赌风险的努力和尝试得到了司法裁判的回应。需要特别注意的是，最高人民法院并未机械地将“海富案”中目标公司作为对赌主体无效扩大到目标公司参与对赌当然无效。相反，最高人民法院似乎已在“久远案”与“瀚霖案”中展现尊重契约自由与当事人意思自治的裁判倾向。总结投资人在“久远案”与“瀚霖案”中的司法实践中观点的变化并进一步采取相应的安排，对于减少投资人在设计并实践目标公司担保条款过程中的风险具有重要意义。

24. 中外合资企业内部中方股东之间转让股权无须审批

——北京兴业凯富创业投资中心(有限合伙)诉深圳市东方汇富创业投资管理有限公司、上海吉联投资管理有限公司股权转让纠纷案

案件基本信息

1. 裁判书字号

广东省高级人民法院(2018)粤民终1240号民事判决书[1]

2. 案由:股权转让纠纷

3. 裁判日期: 2018年10月25日

4. 当事人

原告(被上诉人):北京兴业凯富创业投资中心(有限合伙)(以下简称兴业凯富投资中心)

被告(上诉人):深圳市东方汇富创业投资管理有限公司(以下简称东方汇富公司)

被告:上海吉联投资管理有限公司(以下简称吉联公司)

基本案情

黑河中兴牧业有限公司(以下简称中兴牧业公司)是经黑龙江省黑河市商务局批准、由东方汇富公司等十二家中外股东于2011年9月9日依法设立的中外合资经营企业,初始注册资本为10,750万元。2012年7月27日,兴业凯富投资中心作为甲方、中兴牧业公司作为乙方、东方汇富公司作为丙方,共同签订了一份《投资协议书》,约定中兴牧业公司估值为15.05亿元,兴业凯富投资中心向中兴牧业公司投资5600万元参与增资,占增资后中兴牧业公司3.5066%的股份。中兴牧业公司及东方汇富公司在协议中做了业绩承诺;三方约定了估值调整及股权回购等条款。其中第三条约定:如果中兴牧业公司未能在2017年12月31日或者各方协商同意的其他时间在国内A股市场公开发

[1] 广东省深圳市中级人民法院(2017)粤03民初888号民事判决书(一审)。

行股份并上市或境外其他证券市场公开发行股份并上市，或者中兴牧业公司2016年年底在扣除非经常性损益后的净利润低于3.6亿元，或者丙方及其一致行动人丧失对乙方控制权等重大变化时，丙方承诺回购甲方持有的乙方全部或部分股权……回购股权价款支付时间是丙方在收到甲方提出要求回购股权的书面通知之日起一年内或双方协商同意的其他时间。

2012年8月，兴业凯富投资中心通过兴业银行向中兴牧业公司汇付了5600万元投资款。

2013年1月29日，三方又签订了《补充协议》，调整了中兴牧业公司的估值为6.0497亿元，兴业凯富投资中心增资数额仍为5600万元，但增资后持有中兴牧业公司的股权比例相应变更为8.0348%，同时，修订中兴牧业公司业绩承诺为2016年年底在扣除非经常性损益后的净利润低于20,540万元，兴业凯富投资中心可以要求东方汇富公司进行现金补偿或者回购股权，股权回购的价格计算公式及支付时间未变。

2013年2月18日，中兴牧业公司董事会作出决议，一致通过同意兴业凯富投资中心向中兴牧业公司增资2162.96万元，占增资后中兴牧业公司8.0347%的股份；中兴牧业公司股东会作出《第七次股东会决议》，全体股东同意增加兴业凯富投资中心为合营方，以债权转股权形式出资2162.96万元，占增资后中兴牧业公司8.0347%的股份，同意兴业凯富投资中心委派黄某萍担任公司监事。中兴牧业公司通过《章程修正案（第六次修正）》，修改公司投资总额，并对兴业凯富投资中心向中兴牧业公司增资2162.92万元，占投后公司股权8.0347%载入公司章程，对投资方式表述为“债权转股权”。

2013年3月15日，中兴牧业公司董事会作出决议，一致通过同意吉联公司向中兴牧业公司增资1920.8万元，占投后公司股权的6.66%；同时决议同意兴业凯富投资中心委派邱某河担任公司董事。

2013年12月30日，中兴牧业公司及东方汇富公司共同向兴业凯富投资中心出具《承诺函》，承诺：(1)为了配合中兴牧业公司工作需要，兴业凯富投资中心需盖章签署《债转股承诺书》《债权转股权协议书》以及会计师事务所询证函，签署以上文件仅为了办理工商需要，中兴牧业公司及东方汇富公司确认兴业凯富投资中心5600万元投资款性质为股权投资款，非债转股款，三方权利义务不受上述法律文件约束；(2)与兴业凯富投资中心2012年7月27日签订的

《投资协议书》以及2013年1月签订的《补充协议》，不受签署上述文件而受到任何影响，各方都确认仍系约束三方权利义务的法律文件。

2014年3月11日，黑河市商务局作出《关于黑河中兴牧业有限公司增加合资方和投资总额、注册资本、监事的批复》，批准中兴牧业公司上述增加兴业凯富投资中心为合营方、以债转股形式向中兴牧业公司投资2162.96万元，注册资本增加2162.96万元以及章程的修改事宜。同年4月24日，中兴牧业公司进行了工商登记变更。

2016年8月20日，兴业凯富投资中心向东方汇富公司发出《关于要求回购黑河中兴牧业有限公司股权的通知》，要求东方汇富公司按照约定回购兴业凯富投资中心持有的中兴牧业公司2162.96万元股权，截至2016年8月20日，回购价为9240万元。

2016年10月24日，兴业凯富投资中心作为乙方、东方汇富公司作为甲方、吉联公司作为丙方签订了一份《股权回购协议》。该协议第一条约定：回购标的为兴业凯富投资中心持有的中兴牧业公司2162.96万元注册资本股权，包括该股权所代表的全部权利、利益及相对应的股东义务；第二条约定：本协议签订之日视为乙方向甲方发出了回购股权的书面通知且甲方对其回购2162.96万元注册资本股权给予确认，并承诺按照《投资协议书》《补充协议》和本协议的约定履行义务，享受权利；第三条约定：回购价款 = 股权转让金额 ×（1 + 13% ×N）– 乙方累计分得的红利（N为截至本协议签订之日，乙方持有中兴牧业公司股权的年数，不足一年按一年计算），即56,000,000 ×（1 +13% ×5）–0 = 9240万元，甲方应在2017年3月31日前将前述计算的回购价款支付给乙方指定账户中；第五条约定：丙方承诺对甲方的本次回购责任承担连带担保责任；第六条约定：甲方若不能按照本协议约定向乙方支付回购价款的，应向乙方承担违约责任，每逾期一日，由甲方按应支付而未支付款项的万分之六向乙方支付违约金。后东方汇富公司未履行上述协议下支付回购价款义务，吉联公司亦未履行连带保证责任。

兴业凯富投资中心向一审法院起诉请求：(1)东方汇富公司履行《股权回购协议》，向兴业凯富投资中心支付股权回购价款9240万元；(2)东方汇富公司支付违约金（以未付款9240万元为基数，按照每日万分之六的标准计算，自2017年4月1日起至实际支付之日）；(3)吉联公司承担连带保证责任；(4)本案诉讼费全部由东方汇富公司、吉联公司承担。

案件焦点

1. 各方当事人之间签订的《股权回购协议》的效力问题;

2. 东方汇富公司是否应当履行《股权回购协议》约定的支付股权回购价款的义务。

法院裁判要旨

广东省深圳市中级人民法院认为:

本案是基于投资的股权转让及回购合同纠纷,兴业凯富投资中心依据与东方汇富公司、吉联公司之间签订的《股权回购协议》,请求东方汇富公司、吉联公司支付股权回购款并承担违约责任。东方汇富公司、吉联公司抗辩称兴业凯富投资中心投资的目标公司中兴牧业公司属中外合资经营企业,涉案的《股权回购协议》既是东方汇富公司、吉联公司受到兴业凯富投资中心胁迫签订,而且涉及中外合资经营企业的股权变更、资本金变更,根据法律法规的规定及中兴牧业公司《章程》的规定,因未履行内部及行政审批程序,依法尚未生效。

首先,本案《股权回购协议》是基于之前兴业凯富投资中心与目标公司中兴牧业公司及东方汇富公司签订的《投资协议书》及《补充协议》,该三方《投资协议书》及《补充协议》约定,兴业凯富投资中心以增资的方式向中兴牧业公司投资5600万元获得相应股权,同时在一定条件下,作为中兴牧业公司大股东的东方汇富公司,愿意以事先约定的对价回购兴业凯富投资中心在中兴牧业公司的股权权益。这些回购条款也是目前风险投资领域常见的核心条款之一,实质上是在中兴牧业公司未能按照预期上市或者遇到经营困难时,其实际控制人或大股东(通常是创始股东)以承诺回购风险投资人股权的方式,确保投资人的退出和收益。这种风险安排方式,主要目的是吸引投资人,同时也可以起到督促中兴牧业公司实际控制人或大股东的作用。这种风险投资股权回购模式在对待“对赌”双方(如果可以称为“对赌”的话),尽管在公平性上有值得完善的地方,但当前在部分市场主体存在融资难、风险投资退出机制单一的情况下,又有其存在的土壤和一定的合理性,因此整体上仍然属于合理的商业风险安排范畴，是当事人之间真实意思表示。在没有法律禁止性规定的情况下，司法应予以尊重。本案兴业凯富投资中心与东方汇富公司、吉联公司之间签订的《股权回购协议》，正是依据和落实之前的《投资协议书》及《补充协议》的约定，且内容并没有背离各方初始的商业模式和真实意思表示。

其次，涉案的《股权回购协议》并没有违反法律法规的强制性规定，或需要依据相关规定经审批后生效。虽然涉案的《股权回购协议》名为回购协议，但实质内容依然涉及股东之间转让股权，只是主体和方向上有细微区别而已，并无实质性不同，因此兴业凯富投资中心主张本案股权回购并非股权转让关系，理由不能成立。但是，本案《股权回购协议》约定的是目标公司中兴牧业公司两个中方股东之间的股权转让，不涉及中外股东之间，更不涉及中兴牧业公司减少注册资本和资本公积金的问题；从法律行为性质上，属于负担行为而非处分行为，也就是说，是一方相对于他方承担一定行为义务的法律行为，而非变更权利内容、设定权利负担或废止权利之法律行为。因此，只要合同相对人之间达成一致，即发生法律效力，无须其他股东同意和董事会一致通过，也无须商务部门审批。东方汇富公司、吉联公司抗辩称本案《股权回购协议》，依据中兴牧业公司《章程》、《中外合资经营企业法》及《外商投资企业设立及变更备案管理暂行办法》相关规定，未经公司董事会及股东会通过，并经过管理机构审批备案程序，属于效力待定的合同，理由不成立。退言之，即使需要履行上述程序，也是合同履行问题，并不影响当事人之间合同的效力。故对东方汇富公司、吉联公司前述抗辩，一审法院也不予采纳。

最后，东方汇富公司、吉联公司还抗辩称，本案《股权回购协议》是兴业凯富投资中心利用中兴牧业公司经营困难，亟须引入新的投资者之际，以公司董事会和股东会的投票权相要挟，胁迫东方汇富公司、吉联公司违背真实意思表示签订，属于可撤销的合同。本院认为，公司董事代表股东独立行使表决权是股东及董事的法定权利，即使兴业凯富投资中心派出董事提出以赞成中兴牧业公司引进新投资人的议案作为条件，与东方汇富公司、吉联公司签订涉案《股权回购协议》，东方汇富公司、吉联公司内心并不情愿，但东方汇富公司、吉联公司既可以选择签订也可以选择不签订，其最终选择签订也是出于商业利益考虑，故不构成民法意义上的胁迫行为。东方汇富公司、吉联公司的该项抗辩不能成立，一审法院不予采纳。

综上所述，兴业凯富投资中心与东方汇富公司、吉联公司之间签订的《股权回购协议》，是各方当事人真实意思表示，内容没有违反法律行政法规的效力性强制性规定，合法有效，各方应依约履行。依据《股权回购协议》约定，东方汇富公司回购兴业凯富投资中心持有的中兴牧业公司股权的对价为9240万元，支付时间应于2017年3月31日之前，吉联公司承担连带担保责任。东方汇富公司未履行付款义务，构成违约。故兴业凯富投资中心请求东方汇富公司支付股权回购价款9240万元，以及自2017年4月1日起至实际支付之日、按照合同约定的每日万分之六的标准计算的违约金，吉联公司承担连带保证责任，合法有据，法院予以支持。东方汇富公司、吉联公司抗辩称《股权回购协议》中确立的回购数额计算方法违背了原投资协议，显失公平，本案应依照《投资协议书》《补充协议》及中兴牧业公司商业登记情况，计算回购价款应当为3006.5144万元，缺乏证据证明，也与各方约定及中兴牧业公司与东方汇富公司共同出具的《承诺函》中承诺的内容不符，法院不予采纳。但东方汇富公司支付价款或吉联公司承担担保责任后，兴业凯富投资中心应配合将持有的中兴牧业公司2162.96万元注册资本对应的股权过户给东方汇富公司。

法院依照《合同法》第六十条第一款、第一百零七条、第一百零九条，《担保法》第十八条、第三十一条，《民事诉讼法》第一百五十二条、第一百六十四条第一款之规定，判决如下：

1. 深圳市东方汇富创业投资管理有限公司应于本判决生效之日起10日内向北京兴业凯富创业投资中心（有限合伙）支付股权回购价款9240万元及违约金（违约金以本金9240万元为基数，按照每日万分之六的标准自2017年4月1日起计算至实际清偿之日）。

2. 上海吉联投资管理有限公司对上述第一项债务承担连带清偿责任。若上海吉联投资管理有限公司承担清偿责任后，可以就实际清偿部分向深圳市东方汇富创业投资管理有限公司追偿。

3. 北京兴业凯富创业投资中心（有限合伙）收到上述第一项款项后，应配合将持有的黑河中兴牧业有限公司2162.96万元注册资本对应的黑河中兴牧业有限公司股权过户给深圳市东方汇富创业投资管理有限公司。

东方汇富公司不服一审判决，向广东省高级人民法院提起上诉。

广东省高级人民法院审理认为：

1. 关于涉案《股权回购协议》的效力问题

首先，本案中，《投资协议书》《补充协议》《股权回购协议》，所约定的股权回购义务方均为东方汇富公司。中兴牧业公司于2013年9月10日通过董事会决议，明确由中兴牧业公司通过减资等方式向兴业凯富投资中心支付股权回购价款的责任，系中兴牧业公司内部的决议，是公司内部为管理公司事务而进行的表决程序，而非对外意思表示，并不构成当事人之间的协议。且《股权回购协议》签订于2013年9月10日董事会决议之后，协议并未将中兴牧业公司列为股权回购义务方。因此，东方汇富公司以2013年9月10日的董事会决议作为依据，主张涉案《股权回购协议》实际上系投资方与目标公司之间的对赌，应认定为无效，理由不能成立，本院不予采纳。

其次，关于涉案股权转让是否需报外商投资企业审批机关批准问题。《最高人民法院关于审理外商投资企业纠纷案件若干问题的规定(一)》第一条规定，"当事人在外商投资企业设立、变更等过程中订立的合同，依法律、行政法规的规定应当经外商投资企业审批机关批准后才生效的，自批准之日起生效"；第九条规定："外商投资企业股权转让合同成立后，受让方未支付股权转让款，转让方和外商投资企业亦未履行报批义务，转让方请求受让方支付股权转让款的，人民法院应当中止审理，指令转让方在一定期限内办理报批手续。该股权转让合同获得外商投资企业审批机关批准的，对转让方关于支付转让款的诉讼请求，人民法院应予支持。"东方汇富公司依据上述规定，主张本案应中止审理，指令兴业凯富投资中心在一定期限内办理报批手续。根据《中外合资经营企业法》(2016年修正)第十五条的规定，以及2016年10月8日商务部发布的《外商投资企业设立及变更备案管理暂行办法》的规定，现行法律、行政法规已将不涉及国家规定实施准入特别管理措施的外商投资企业的设立和变更，由审批改为备案管理。本案股权转让的目标公司中兴牧业公司的经营范围为奶牛养殖、自产原料奶销售、畜牧技术咨询服务，并不涉及现行国家规定实施准入特别管理措施的清单范围，因此，不属于《最高人民法院关于审理外商投资企业纠纷案件若干问题的规定(一)》第一条所规定的"依法律、行政法规的规定应当经外商投资企业审批机关批准后才生效的"的情形，东方汇富公司主张本案应中止审理，指令兴业凯富投资中心在一定期限内办理报批手续，理由不能成立，本院亦不予采纳。

综上所述,涉案《股权回购协议》并未违反法律、行政法规的强制性规定,或者需要经审批后方生效,是当事人之间的真实意思表示,合法有效,各方应依约履行。

2. 对于东方汇富公司是否应当履行《股权回购协议》约定的支付股权回购价款义务的问题

东方汇富公司主张涉案《股权回购协议》项下股权回购款的支付是以兴业凯富投资中心先行履行相关融资配合义务为前提,兴业凯富投资中心未履行相关的融资配合义务,作为违约方应自行承担由此导致的违约责任。本院经审查认为,东方汇富公司提供的证据并不足以证明东方汇富公司、吉联公司与兴业凯富投资中心协议约定涉案《股权回购协议》项下股权回购款的支付是以兴业凯富投资中心先行履行相关融资配合义务为前提。首先,《股权回购协议》中并无相关表述;其次,中兴牧业公司股东会、董事会的讨论、表决,系公司股东、董事行使管理公司权利的方式,即使东方汇富公司、吉联公司与兴业凯富投资中心有相关代表人员曾在股东会、董事会上对涉案股权回购事项有过磋商,也并不能证明各方最终就此达成一致并作出协议约定。因此,对东方汇富公司的该主张,本院不予采信。

东方汇富公司主张案涉《股权回购协议》签订后,该协议被中兴牧业公司的4·28董事会明确否决,未能获得中兴牧业公司全体合营方的一致同意,协议存在无法履行的障碍,应依法予以解除。对此,中兴牧业公司章程第十四条规定:"公司注册资本的增加、减少或对外转让,须经董事会一致通过后,报审批部门批准,并向登记部门办理变更登记手续。"本案《股权回购协议》是中兴牧业公司的两个中方股东之间的股权转让,并非公司章程规定的对外转让,且即使是公司注册资本对外转让,根据公司章程第十五条的规定,合营他方不同意转让,但又不购买该拟转让的出资的,则视为该方同意此转让。因此,东方汇富公司以未经董事会通过以及合营他方同意为由主张协议履行不能,应予解除,依据不足,本院不予采信,东方汇富公司应当依照《股权回购协议》的约定履行支付股权回购价款的义务。

法院裁判结果

广东省高级人民法院依照《民事诉讼法》第一百七十条第一款第(一)项之

规定，判决如下：

驳回上诉，维持原判。

案件评析

本案的要点为涉案股权转让是否需报外商投资企业审批机关批准问题。《最高人民法院关于审理外商投资企业纠纷案件若干问题的规定(一)》第一条规定，当事人在外商投资企业设立、变更等过程中订立的合同，依法律、行政法规的规定应当经外商投资企业审批机关批准后才生效的，自批准之日起生效；未经批准的，人民法院应当认定该合同未生效。依据《中外合资经营企业法》第十五条及2016年10月8日商务部发布的《外商投资企业设立及变更备案管理暂行办法》规定，现行法律、行政法规已将不涉及国家规定实施准入特别管理措施的外商投资企业的设立和变更，由审批改为备案管理。本案中兴牧业经营范围并不涉及现行国家规定实施准入特别管理措施的清单范围，因此，不属于法律规定的“依法律、行政法规的规定应当经外商投资企业审批机关批准后才生效的”的情形。

且本案《股权回购协议》约定的是中外合资经营企业内中方投资者相互之间内部的股权转让，不涉及外资投资比例的调整、外资的退出，以及外资向外资股东的转让等可能涉及国家外商投资企业政策的股权转让行为。因此，只要合同相对人之间达成一致，即发生法律效力，无须其他股东同意和董事会一致通过，也无须商务部门审批。

25. 目标公司可通过减资程序回购股权

——江苏华工创业投资有限公司诉扬州锻压机床股份有限公司、潘某等请求公司收购股份纠纷案

案件基本信息

1. 裁判书字号

江苏省高级人民法院(2019)苏民再62号民事判决书[1]

2. 案由:请求公司收购股份纠纷

3. 裁判日期:2019年4月3日

4. 当事人

原告(二审上诉人、再审申请人):江苏华工创业投资有限公司(以下简称华工公司)

被告(二审被上诉人、再审被申请人):扬州锻压机床股份有限公司(以下简称扬锻公司)

被告(二审被上诉人、再审被申请人):潘某、董某、耿某、赵某、张某、何某、钟某、扬州淮左投资中心(有限合伙)(以下简称淮左投资中心)、扬州亚东投资中心(有限合伙)(以下简称亚东投资中心)

被告(二审被上诉人、再审被申请人):扬州吉安投资中心(有限合伙)(以下简称吉安投资中心)

被告(二审被上诉人、再审被申请人):扬州金锻投资中心(有限合伙)(以下简称金锻投资中心)

基本案情

2011年7月6日,华工公司与扬州锻压机床集团有限公司(以下简称扬锻集团公司)、招商湘江产业投资有限公司、苏州盛泉万泽股权投资合伙企业(有

[1] 江苏省扬州市邗江区人民法院(2016)苏1003民初9455号民事判决书(一审),江苏省扬州市中级人民法院(2017)苏10民终2380号民事判决书(二审)。

限合伙)、江苏高投鑫海创业投资有限公司、深圳市盛桥创鑫投资合伙企业(有限合伙)、华夏君悦(天津)股权投资基金合伙企业(有限合伙)、扬州英飞尼迪创业投资中心(有限合伙)、上海锐合创业投资中心(有限合伙)及潘某、董某、耿某、赵某、张某、何某、钟某、淮左投资中心、亚东投资中心、吉安投资中心、金锻投资中心共同签订《增资扩股协议》一份,约定以公司2011年预测净利润9350万元为基础,按10.12倍估值,以增资后注册资本8600万元计算,确定本次增资的价格为人民币11元/股注册资本,华工公司以现金2200万元人民币对公司增资,其中200万元作为注册资本,2000万元列为公司资本公积金。

同日,潘某、董某、耿某、赵某、张某、何某、钟某、淮左投资中心、亚东投资中心、吉安投资中心、金锻投资中心作为甲方,扬锻集团公司作为乙方,华工公司作为丙方,三方就增资的有关事宜达成《补充协议》一份。《补充协议》第一条股权回购第一款约定:若乙方在2014年12月31日前未能在境内资本市场上市或乙方主营业务、实际控制人、董事会成员发生重大变化,丙方有权要求乙方回购丙方所持有的全部乙方的股份,乙方应以现金形式收购;第二款约定:乙方回购丙方所持乙方股权的价款按以下公式计算:回购股权价款 = 丙方投资额 +(丙方投资额 ×8% ×投资到公司实际月份数/12) - 乙方累计对丙方进行的分红;第三款约定:甲方、乙方应在丙方书面提出回购要求之日起三十日内完成回购股权等有关事项,包括完成股东大会决议,签署股权转让合同以及其他相关法律文件,支付有关股权收购的全部款项,完成工商变更登记;第四款约定:若甲方、乙方在约定的期间内未予配合并收购丙方所持有公司股份,则乙方应按丙方应得回购股权价款每日的0.5‰比率支付罚息,支付给丙方;第三条违约责任约定:本协议生效后,乙方的违约行为导致丙方发生任何损失,甲方、乙方承担连带责任。(各方交易结构见图1-9)

2011年7月20日,华工公司向扬锻集团公司实际缴纳新增出资2200万元,其中注册资本200万元,资本溢价2000万元。扬锻集团公司出具收据,载明收款事由为投资款。

2011年11月20日,扬锻集团公司召开创立大会,所有股东参加,股东一致表决同意通过新的公司章程,章程第一条规定:扬锻公司为股份有限公司;第二条规定:本公司章程自生效之日起,即成为规范公司的组织与行为、公司与股东、股东与股东之间权利义务关系的具有法律约束力的文件,对公司、股

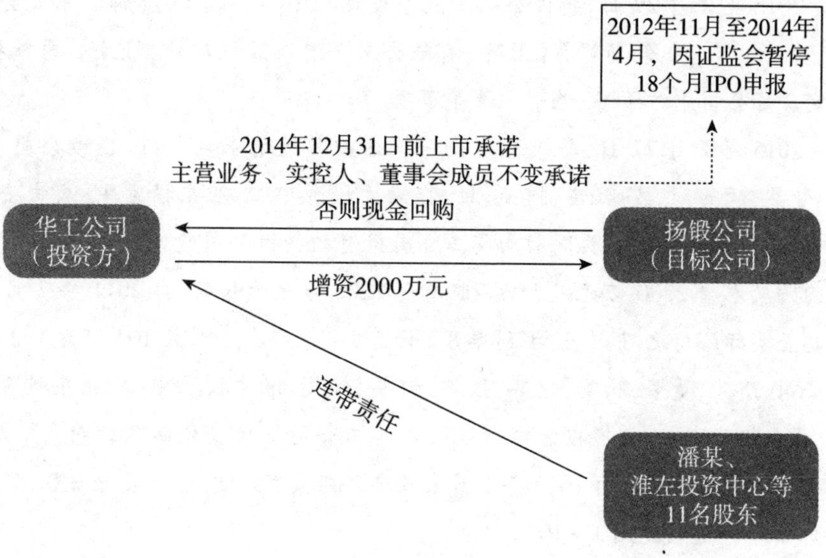

图1-9 各方交易结构

东、董事、监事、高级管理人员具有法律约束力；第十六条记载华工公司为公司股东；第二十一条规定：公司在下列情况下可以依照法律、行政法规、部门规章和本章程的规定回购本公司的股份：(1)减少公司注册资本；(2)与持有本公司股份的其他公司合并；(3)将股份奖励给本公司职工；(4)股东因对股东会作出的公司分立、合并决议持异议，要求公司回购其股份。除上述情形外，公司不进行买卖本公司股份的活动。

2012年11月至2014年4月，因证监会暂停18个月申报，扬锻公司于2014年10月16日召开临时股东大会通过申报新三板的议案，并于2014年10月22日致函华工公司要求其明确是否支持公司申报新三板。

2014年11月25日，华工公司致函扬锻公司，述称华工公司除口头提出请求外，亦以书面提出回购请求如下：根据《补充协议》，鉴于扬锻公司在2014年12月31日前不能在境内资本市场上市，现要求扬锻公司以现金形式回购华工公司持有的全部公司股份，回购股权价格同《补充协议》的约定。

2012年7月27日、2013年7月3日、2014年8月18日、2016年6月8日，华工公司分别从扬锻公司领取分红款各26万元，合计104万元。根据《补充协议》约定，在案涉股权回购有效且回购条件成就的情况下，截至2015年7月19日，华工公司应获得的股权回购价款为：本金2200万元、利息626万元。

2016年3月29日，扬锻公司向股东发送2016年第二次临时股东大会会议通知，拟审议与舒勒贸易（上海）有限公司合资及股权转让、修改公司章程、确定合资公司中方董事、监事人选等事项。

2015年7月27日，华工公司向一审法院起诉请求判令：1. 扬锻公司、潘某、董某、耿某、赵某、张某、何某、钟某、淮左投资中心、亚东投资中心、吉安投资中心、金锻投资中心共同回购华工公司持有的扬锻公司股份，并共同支付股权回购款本金2200万元及利息（以本金2200万元为基数，自2011年7月20日起至实际给付之日止，按年利率8%计算，同时扣除分红款104万元）；2. 扬锻公司、潘某、董某、耿某、赵某、张某、何某、钟某、淮左投资中心、亚东投资中心、吉安投资中心、金锻投资中心连带向华工公司支付股权回购款罚息（以本金2200万元为基数，自2015年1月1日起至判决生效之日止，按每日0.5‰计算）。（事件进展见图1－10）

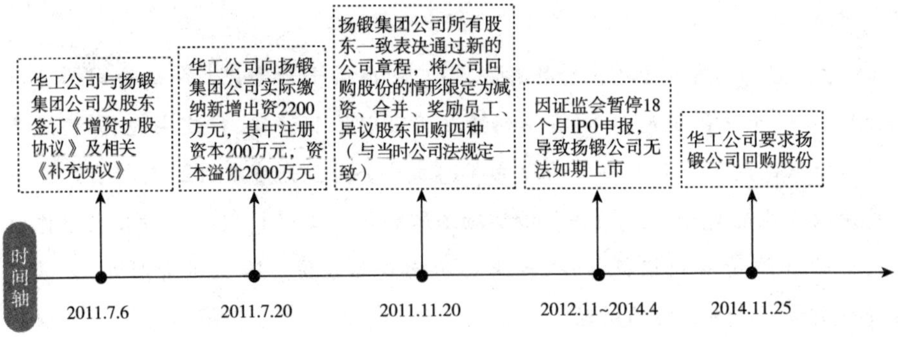

图1－10 事件进展

一审法院另查明，2011年12月29日，扬锻集团公司经扬州工商行政管理局核准变更为扬锻公司，即本案被告。

案件焦点

1.《补充协议》约定的股权回购主体除扬锻公司外是否还包括原扬锻公司股东；

2. 扬锻公司新章程是否构成对《对赌协议》的变更；

3. 案涉股权回购约定的效力应如何认定。

法院裁判要旨

江苏省扬州市邗江区人民法院经审理认为：

1.《补充协议》约定的股权回购主体除扬锻公司外是否还包括原扬锻公司股东

《补充协议》关于股权回购的主体仅限于扬锻公司，对赌双方为华工公司与目标公司扬锻公司。首先，《补充协议》第一条股权回购第一款、第二款、第四款对于扬锻公司作为股权回购主体、回购价款及罚金给付主体的约定清晰明确；而第三款、第四款则系对于扬锻公司及原股东可能发生的约定义务事项（包含配合义务事项）的不完全概括性罗列，在股权回购主体已得到协议其他条款明确的情形下，不能作出协议各方已就原股东亦作为股权回购主体形成了一致意思表示的推定及解释；其次，其他私募股权投资方在投资后以与原股东签订股权转让协议的方式退出系双方在投资后另就股权转让形成的一致意思表示，华工公司未能提供证据证明该股权转让就是对作为格式合同的《补充协议》项下股权回购义务的履行，故该事实亦不能作为判断原股东系股权回购主体的依据；最后，华工公司在本案起诉前并未向原股东提出过股权回购主张，其要求履行回购义务的对象一直为扬锻公司。综上，案涉股权回购主体为扬锻公司，不包含扬锻公司原股东。

2. 案涉股权回购约定的效力应如何认定

案涉股权回购约定因违反《公司法》禁止性规定且违背公司资本维持和法人独立财产原则而无效。在公司有效存续期间，股东基于其投资可以从公司获得财产的途径只能是依法从公司分配利润或者通过减资程序退出公司，而公司回购股东股权必须基于法定情形并经法定程序。首先，《公司法》第一百四十二条对于四种法定情形外公司不得收购本公司股份作出了明确规定。案涉《补充协议》关于约定情形下公司应以现金形式按约定计算方法回购股权的约定不符合上述法定情形、违反了上述禁止性规定；其次，该约定实际是让华工公司作为股东在不具备法定回购股权的情形以及不需要经过法定程序的情况下，直接由公司支付对价而抛出股权，使股东可以脱离公司经营业绩、不承担公司经营风险而即当然获得约定收益，损害了公司、公司其他股东和公司债权人的权益，与《公司法》第二十条资本维持、法人独立财产原则相悖。故该股权回购约定当属无效。同时，扬锻公司 2011 年新公司章程对公司回购股份情形的重新约定系各股东真实意思表示，构成对《补充协议》约定的否定，对华工公司具有约束力。2011 年 11 月 20 日，扬锻公司所有股东参加股东会并一致表决通过并经工商部门变更登记备案的新公司章程第二十一条对公司回购股份的情形作了重新约定，并规定除上述情形外，公司不进行买卖本公司股份的活动。该规定符合《公司法》第一百四十二条股份有限公司不得收购本公司股份的规定，系各股东对股权回购等内容的真实意思表示，亦是对《补充协议》中股权回购约定的否定，对作为股东的华工公司具有约束力。

江苏省扬州市邗江区人民法院一审判决：驳回华工公司的诉讼请求。

一审判决后，华工公司不服，提起上诉。请求撤销原判，改判支持华工公司的全部诉讼请求。

二审中华工公司表示扬锻公司在 2017 年 9 月 20 日以分红款名义向其汇款 663,000 元，其已收到该款。

江苏省扬州市中级人民法院认为：

1. 关于股权回购的主体如何认定

11 位扬锻集团公司原股东不是《补充协议》约定的股权回购的主体。理由如下：

《补充协议》并非扬锻公司提供的格式合同，根据《合同法》第三十九条第二款的规定："格式条款是当事人为了重复使用而预先拟定，并在订立合同时未与对方协商的条款。"本案中，扬锻公司与华工公司是平等主体，在投资过程中存在未协商的可能性极低，且华工公司未能提供证据证明该协议是扬锻公司提供并重复使用。因此，对《补充协议》的理解不能适用格式合同的理解规则。

民事义务的设定需经明确意思表示，本案所涉股东回购义务的标的额巨大，为确保各方当事人的合法权益，更应以明确意思表示为准，不能轻易以推理、解释的方式认定巨额义务的负担。本案中《补充协议》第一条第一款明确约定丙方（华工公司）有权要求乙方（扬锻公司）回购丙方所持有的全部乙方的股份，乙方应以现金形式收购；该条第二款明确约定乙方回购股份的条件和价款标准。该条第三款、第四款约定扬锻公司和十一名扬锻公司原股东在回购时的相关义务。综观《补充协议》，未有明确的由十一名扬锻公司原股东作为回购主体的表述。同时，在对合同进行整体解释时，含义明晰的条款原则上应优于不明晰的条款，在该条第一款、第二款语义明确，而第三款、第四款语焉不详的情况下，宜以第一款、第二款为准。

如将回购主体理解为扬锻公司和十一名扬锻公司原股东，则前述第一条四个条款之间存在明显矛盾，解释难以自圆其说，无法解释第一款、第二款为何未将十一名扬锻公司原股东列为回购主体的疑问，客观上也使第一条第一款、第二款成为赘文。而如将回购主体理解为扬锻公司，则不存在矛盾。客观上，十一名扬锻公司原股东所做系对回购事宜履行如参加股东大会等义务的解释更有合理性。即如将回购主体限于扬锻公司，在逻辑上通顺完整，在内容上也使各条款相互衔接有序，不存在矛盾，也不会造成任何一个条款无意义。

《补充协议》第三条违约责任约定："本协议生效后，乙方（扬锻公司）的违约行为导致丙方（华工公司）发生任何损失，甲方、乙方承担连带责任。"验证扬锻公司才是约定的回购股权的主体，若十一位扬锻公司原股东亦承担回购的义务，则违约行为的主体就不仅限制于扬锻公司。

2014 年 11 月 25 日，华工公司向扬锻公司致函要求该公司根据《补充协议》回购股权，而未向其他各方发函，亦验证《补充协议》约定的回购股权的主体仅为扬锻公司。

2. 回购约定无效情形下，扬锻公司所称权益的保障

华工公司诉讼请求要求判令扬锻公司及十一位扬锻公司原股东共同回购华工公司持有的扬锻公司股份，现一审法院认定约定的回购主体仅为扬锻公司，需确定该情形下回购约定的效力。对此相关法律和扬锻公司章程均明确公司不能从事该回购事宜，否则明显有悖公司资本维持这一基本原则和法律有关规定，故一审认定回购约定无效依据充分。一审判决驳回华工公司诉讼请求，未涉及华工公司所称赔偿和返还投资款的问题。鉴于华工公司在一审诉请中未提及该问题，且一审法院的处理也未实质影响华工公司可能的权益，华工公司如认为有关条款或合同存在效力问题致影响其相关权益，可另行主张。

江苏省扬州市人民法院二审判决如下：驳回上诉，维持原判决。

二审判决后，华工公司向江苏省高级人民法院申请再审。

江苏省高级人民法院经审理认为：

1. 案涉协议约定的股权回购主体应认定为扬锻集团公司

华工公司（合同丙方）与扬锻集团公司（合同乙方）及潘某等扬锻集团公司

全体股东(合同甲方)于2011年7月6日签订的《补充协议》俗称"对赌协议",该协议第一条第一款约定,如扬锻集团公司发生在2014年12月31日前未能在境内资本市场上市或主营业务、实际控制人、董事会成员发生重大变化等情形,华工公司有权要求扬锻集团公司回购华工公司所持有的全部股份,扬锻集团公司应以现金形式收购;第二款约定,回购股权价款计算公式为:回购股权价款=华工公司投资额+(华工公司投资额×8%×投资到公司实际月份数/12)-扬锻公司累计对华工公司进行的分红;第三款约定:扬锻集团公司、扬锻集团公司原全体股东应在华工公司书面提出回购要求之日起30日内完成回购股权等有关事项,包括完成股东大会决议,签署股权转让合同以及其他相关法律文件,支付有关股权收购的全部款项,完成工商变更登记;第四款约定:若扬锻集团公司、扬锻集团公司原全体股东在约定的期间内未予配合并收购华工公司所持有公司股份,则扬锻集团公司应按华工公司应得回购股权价款每日的0.5‰比率支付罚息,支付给华工公司。该补充协议第一条第一款中明确约定"丙方(华工公司)有权要求乙方(扬锻集团公司)回购丙方所持有的全部乙方的股份,乙方应以现金形式收购",该款明确股权回购义务的承担主体为扬锻集团公司,未包括该公司股东;第三款、第四款对扬锻集团公司及其11名股东在回购时的相关义务作出了约定。因《补充协议》并未明确约定扬锻公司原股东是回购主体,亦未对扬锻公司原股东是否应当承担支付回购款的义务作出明确。该《补充协议》第三条关于违约责任的约定,即"本协议生效后,乙方的违约行为导致华工公司发生任何损失,甲方(扬锻集团公司全体股东)、乙方承担连带责任",亦可印证合同约定的股权回购主体为扬锻集团公司,扬锻集团公司股东是对该公司的违约行为承担连带责任。进言之,扬锻公司原股东不是回购主体。另外,华工公司在合同约定的股权回购条件成就后,仅向扬锻公司致函要求该公司回购股权,而未向原扬锻集团公司股东提出回购要求,进一步证明该补充协议约定的回购股权的主体仅为扬锻集团公司。根据上述约定及事实,以合同条款文义及合同条款体系的合理性为依据,原扬锻集团公司股东所应承担的义务应为对回购事宜的履行辅助如参加股东大会、保证回购决议通过等义务,以及在扬锻集团公司发生违约时承担连带责任的担保义务。二审判决认定合同约定的回购主体限于扬锻集团公司,在逻辑上通顺完整,在内容上也使各条款相互衔接有序,不存在矛盾,也不会造成任何一个条款无意义，并无不当。华工公司认为扬锻集团公司股东系股权回购共同责任主体，不能成立。

2. 扬锻公司新章程未对对赌协议作出变更

2011 年 11 月 20 日，扬锻集团公司召开创立大会，所有股东参加，股东一致表决同意通过新的公司章程。新章程第一条规定：扬锻公司为股份有限公司；第二条规定：本公司章程自生效之日起，即成为规范公司的组织与行为、公司与股东、股东与股东之间权利义务关系的具有法律约束力的文件，对公司、股东、董事、监事、高级管理人员具有法律约束力；第十六条记载华工公司为扬锻公司股东；第二十一条第一款规定，公司在下列情况下可以依照法律、行政法规、部门规章和本章程的规定回购本公司的股份：(1)减少公司注册资本；(2)与持有本公司股份的其他公司合并；(3)将股份奖励给本公司职工；(4)股东因对股东会作出的公司分立、合并决议持异议，要求公司回购其股份。第二款规定，除上述情形外，公司不进行买卖本公司股份的活动。该章程虽对公司回购股份作出原则性限制，但同时亦载明因符合该章程规定的事由，扬锻公司可以回购本公司股份。该章程第二十一条第一款第一项规定公司可回购本公司股份的事由为“减少公司注册资本”。该规定与《补充协议》约定的股份回购并不存在冲突，即扬锻公司可在不违反《公司法》及公司章程关于股份回购强制性规定的情形下，通过履行法定手续和法定程序的方式合法回购华工公司持有的股份。故扬锻公司等关于公司章程对原对赌协议作出变更的辩解理由，不能成立。

3. 案涉对赌协议效力应认定有效

案涉对赌协议签订时扬锻集团公司系有限责任公司，且该公司全体股东均在对赌协议中签字并承诺确保对赌协议内容的履行。该协议约定扬锻集团公司及其原全体股东应在华工公司书面提出回购要求之日起 30 日内完成回购股权等有关事项，包括完成股东大会决议，签署股权转让合同以及其他相关法律文件，支付有关股权收购的全部款项，完成工商变更登记；扬锻集团公司的违约行为导致华工公司发生任何损失，扬锻集团公司及其全体股东承担连带责任。上述约定表明，扬锻集团公司及全部股东对股权回购应当履行的法律程序及法律后果是清楚的，即扬锻集团公司及全部股东在约定的股权回购条款激活后，该公司应当履行法定程序办理工商变更登记，该公司全体股东负有履行过程中的协助义务及履行结果上的保证责任。

我国《公司法》并不禁止有限责任公司回购本公司股份，有限责任公司回购本公司股份不当然违反我国《公司法》的强制性规定。有限责任公司在履行法定程序后回购本公司股份，亦不会损害公司股东及债权人利益，亦不会构成对公司资本维持原则的违反。在有限责任公司作为对赌协议约定的股份回购主体的情形下，投资者作为对赌协议相对方所负担的义务不仅限于投入资金成本，还包括激励完善公司治理结构以及以公司上市为目标的资本运作等。投资人在进入目标公司后，亦应依《公司法》的规定，对目标公司经营亏损等问题按照合同约定或者持股比例承担相应责任。案涉对赌协议中关于股份回购的条款内容，是当事人特别设立的保护投资人利益的条款，属于缔约过程中当事人对投资合作商业风险的安排，系各方当事人的真实意思表示。股份回购条款中关于股份回购价款约定为：华工公司投资额 +（华工公司投资额 ×8% ×投资到公司实际月份数/12）－扬锻集团公司累计对华工公司进行的分红。该约定虽为相对固定收益，但约定的年回报率为 8%，与同期企业融资成本相比并不明显过高，不存在脱离目标公司正常经营下所应负担的经营成本及所能获得的经营业绩的企业正常经营规律。华工公司、扬锻集团公司及扬锻集团公司全体股东关于华工公司上述投资收益的约定，不违反国家法律、行政法规的禁止性规定，不存在《合同法》第五十二条规定的合同无效的情形，亦不属于合同法所规定的格式合同或者格式条款，不存在显失公平的问题。扬锻公司及潘某等关于案涉对赌协议无效的辩解意见，本院不予采信。扬锻集团公司变更为扬锻公司后，案涉对赌协议的权利义务应由扬锻公司承继，在案涉对赌条款激活后，扬锻公司应按照协议约定履行股份回购义务，潘某等原扬锻集团公司股东应承担连带责任。

4. 案涉对赌协议具备履行可能性

2011 年 11 月 20 日，扬锻集团公司股东一致表决通过新的公司章程，明确扬锻公司为股份有限公司。同年 12 月 29 日，扬锻集团公司经工商部门核准变更为扬锻公司。故案涉对赌协议约定的股份回购义务应由扬锻公司履行。扬锻公司作为股份有限公司，不同于原扬锻集团公司，故华工公司诉请扬锻公司履行股份回购义务，尚需具备法律上及事实上的履行可能。

关于股份有限公司股份回购，《公司法》第一百四十二条第一款规定，公司不得收购本公司股份。但是,有下列情形之一的除外:(1)减少公司注册资本;(2)与持有本公司股份的其他公司合并;……第二款规定,公司因前款第(1)项至第(3)项的原因收购本公司股份的,应当经股东大会决议;……第三款规定,公司依照前款规定收购本公司股份后,属于第(1)项情形的,应当自收购之日起十日内注销……根据上述规定可知,《公司法》原则上禁止股份有限公司回购本公司股份,但同时亦规定了例外情形,即符合上述例外情形的,《公司法》允许股份有限公司回购本公司股份。本案中,扬锻公司章程亦对回购本公司股份的例外情形作出了类似的规定,并经股东一致表决同意,该规定对扬锻公司及全体股东均有法律上的约束力。《公司法》第三十七条、第四十六条、第一百七十七条、第一百七十九条,已明确规定了股份有限公司可减少注册资本回购本公司股份的合法途径。如股份有限公司应由公司董事会制订减资方案;股东会作出减资决议;公司编制资产负债表及财产清单;通知债权人并公告,债权人有权要求公司清偿债务或提供担保;办理工商变更登记。扬锻公司履行法定程序,支付股份回购款项,并不违反公司法的强制性规定,亦不会损害公司股东及债权人的利益。关于华工公司缴纳的冲入扬锻公司资本公积金部分的本金2000万元及相关利息损失。《公司法》第三条第一款规定,公司是企业法人,有独立的法人财产,享有法人财产权。公司以其全部财产对公司的债务承担责任。第二款规定,有限责任公司的股东以其认缴的出资额为限对公司承担责任;股份有限公司的股东以其认购的股份为限对公司承担责任。公司的全部财产中包括股东以股份形式的投资以及其他由公司合法控制的能带来经济利益的资源,如借款等。公司对外承担债务的责任财产为其全部财产,也即上述资产均应作为对外承担债务的范围。对赌协议投资方在对赌协议中是目标公司的债权人,在对赌协议约定的股权回购情形出现时,当然有权要求公司及原股东承担相应的合同责任。在投资方投入资金后,成为目标公司的股东,但并不能因此否认其仍是公司债权人的地位。投资方基于公司股东的身份,应当遵守公司法的强制性规定,非依法定程序履行减资手续后退出,不能违法抽逃出资。而其基于公司债权人的身份,当然有权依据对赌协议的约定主张权利。《公司法》亦未禁止公司回购股东对资本公积享有的份额。案涉对赌协议无论是针对列入注册资本的注资部分还是列入资本公积金的注资部分的回购约定,均具备法律上的履行可能。

扬锻集团公司在投资方注资后，其资产得以增长，而且在事实上持续对股东分红，其债务承担能力相较于投资方注资之前得到明显提高。扬锻公司在持续正常经营，参考华工公司在扬锻公司所占股权比例及扬锻公司历年分红情况，案涉对赌协议约定的股份回购款项的支付不会导致扬锻公司资产的减损，亦不会损害扬锻公司对其他债务人的清偿能力，不会因该义务的履行构成对其他债权人债权实现的障碍。相反，华工公司在向扬锻集团公司注资后，同时具备该公司股东及该公司债权人的双重身份，如允许扬锻公司及原扬锻集团公司股东违反对赌协议的约定拒绝履行股份回购义务，则不仅损害华工公司作为债权人应享有的合法权益，亦会对华工公司股东及该公司债权人的利益造成侵害，有违商事活动的诚实信用原则及公平原则。案涉对赌协议约定的股份回购条款具备事实上的履行可能。

5. 扬锻公司应承担责任的范围

华工公司实际于2011年7月20日缴纳列入注册资本的200万元及列入资本公积金的2000万元。2014年11月25日，华工公司书面要求扬锻公司回购股份。结合对赌协议关于股份回购条款激活时限为2014年12月31日，股份回购履行期限为30日的约定，扬锻公司应自2015年1月30日前履行回购义务。回购价款依协议约定应为：华工公司投资额2200万元+（华工公司投资额2200万元×8%×投资到公司实际月份数42.4个月/12）-扬锻集团公司累计对华工公司进行的分红3,019,530.86元，计25,199,135.81元。因扬锻公司未在约定期限内履行股份回购义务，还应按照《补充协议》的约定按华工公司应得回购股权价款每日的0.5‰比率支付罚息，结合华工公司一审诉讼请求范围，该逾期付款利息应以2200万元为本金按每日0.5‰自2015年1月31日起计算。根据公司法关于股份有限公司股份回购所涉召开董事会、股东大会、通知公司债权人及办理回购股份的注销事宜、办理工商登记变更等事项的规定，扬锻公司确需一定的期限完成法定程序，以确保该公司在履行义务过程中不发生违反法律规定进而损害公司股东及其他债权人利益的事项发生。但案涉对赌协议约定的股份回购条款已于2014年12月31日激活，扬锻公司及潘某等有充分时间按约完成与股份回购有关的作出股东会决议、制订回购方案、完成工商登记变更等事项，但时逾数年仍未履行。基于扬锻公司的违约情形，本院确定上述款项支付时间为判决生效后十日内。扬锻公司还应依《公司法》的规定履行完成工商登记变更等相应法定程序。

《补充协议》第三条约定:扬锻集团公司的违约行为导致华工公司发生任何损失,扬锻集团公司及其股东承担连带责任。该协议经扬锻集团公司原全体股东签字。故扬锻集团公司原全体股东,即潘某、董某、耿某、赵某、张某、何某、钟某、淮左投资中心、亚东投资中心、吉安投资中心、金锻投资中心应对上述扬锻公司应承担的义务承担连带清偿责任。

法院裁判结果

江苏省高级人民法院依照《公司法》第十一条、第三十七条、第四十六条、第一百四十二条、第一百七十七条、第一百七十九条,《合同法》第六十条、第一百零七条、第一百一十四条,《民事诉讼法》第二百零七条第一款、第一百七十条第一款第(二)项规定,判决如下:

1. 扬州锻压机床股份有限公司于本判决生效之日起十日内支付江苏华工创业投资有限公司股份回购款 25,199,135.81 元及以 2200 万元为本金按每日 0.5‰计算的逾期付款利息自 2015 年 1 月 31 日起计算至本判决生效之日止;

2. 潘某、董某、耿某、赵某、张某、何某、钟某、扬州淮左投资中心、扬州亚东投资中心、扬州吉安投资中心、扬州金锻投资中心对本判决第二项确定的义务承担连带清偿责任。

案件评析

本案判决强调了商事领域内意思自治的基本原则。江苏省高级人民法院认为,对赌回购安排是"当事人特别设立的保护投资人利益的条款,属于缔约过程中当事人对投资合作商业风险的安排,系各方当事人的真实意思表示"。当前投资领域内普遍存在的对赌协议,其法律效力将逐步得到确认。这不仅符合当前投资领域的客观实际情况,也符合契约自由、鼓励交易的商法精神,强调商事活动应遵循自由效率原则。

判决认为公司回购股份不违反任何强制性法律规定。无论是有限责任公司还是股份有限公司,立法均未完全禁止公司回购股份。本案中,江苏省高级人民法院认定目标公司具备通过法定减资程序完成回购的条件,可通过减资方式支付回购款项,并不违反任何强制性法律规定。

从“海富案”到“瀚霖案”再到“华工案”，本案被业内认为是与目标公司对赌合同效力裁判的新突破，裁判认定对赌条款系各方当事人基于真实意思表示所特别设立的保护投资者利益条款，并区别对待对赌协议的有效性与对赌协议履行的可能性，对类似案件裁判产生一定的示范作用。

最高人民法院于2019年11月发布的《全国法院民商事审判工作会议纪要》（以下简称《九民纪要》）首次以统一适用的文件形式对“对赌协议”一系列争议问题予以了回应。根据《九民纪要》的规定，人民法院在审理“对赌协议”纠纷案件时，不仅应当适用合同法的相关规定，还应当适用公司法的相关规定；既要坚持鼓励投资方对实体企业特别是科技创新企业投资原则，从而在一定程度上缓解企业融资难问题，又要贯彻资本维持原则和保护债权人合法权益原则，依法平衡投资方、公司债权人、公司之间的利益。

26. 对赌中投资方支付的股权转让款被认定为投资本金

——浙江天越创业投资有限公司、杭州钱江浙商创业投资合伙企业等诉夏某、杭州宇天投资管理有限公司等合同纠纷案

案件基本信息

1. 裁判书字号

浙江省高级人民法院(2019)浙民终94号民事判决书[1]

2. 案由:合同纠纷

3. 裁判日期:2019年4月19日

4. 当事人

原告(被上诉人):浙江天越创业投资有限公司(以下简称天越公司)

原告:杭州钱江浙商创业投资合伙企业(有限合伙)(以下简称钱江合伙企业)

原告:杭州联创永津创业投资合伙企业(有限合伙)(以下简称联创合伙企业)

原告:浙江华睿盛银创业投资有限公司(以下简称华睿公司)

被告(上诉人):夏某

被告:杭州宇天投资管理有限公司(以下简称宇天公司)

被告:余某

被告:彭某

基本案情

2009年11月23日,宇天公司及其股东游某、钟某、陈某、朱某与天越公司签订《股权转让协议》,约定游某、钟某、陈某、朱某将其所持有的宇天公司5.68%的股权即注册资本中100万元转让给天越公司,天越公司出资2000万元受让上述股权等。同日,宇天公司及其全体股东与天越公司签订了《股权转

[1] 浙江省杭州市中级人民法院(2018)浙01民初4号民事判决书(一审)。

让补充协议》,各方就宇天公司的净利润考核目标、股权回购、收购条件及价格等作了约定。

2009年11月24日,宇天公司及其全体股东与天越公司、钱江合伙企业、联创合伙企业、华睿公司签订了《投资协议》,约定天越公司、钱江合伙企业、联创合伙企业、华睿公司以增资的方式共同投资4800万元,认购宇天公司新增注册资本240万元,其中天越公司投资1200万元,认购新增注册资本60万元,钱江合伙企业、联创合伙企业各投资1400万元,分别认购新增注册资本70万元,华睿公司投资800万元,认购新增注册资本40万元。同日,宇天公司及其全体股东与天越公司、华睿公司签订了《投资补充协议》一份,与钱江合伙企业、联创合伙企业签订了《投资补充协议》一份,各方对宇天公司的净利润考核目标、股权回购、收购条件及价格等进行了约定。

2009年11月25日,天越公司向宇天公司支付投资款1200万元,钱江合伙企业向宇天公司支付投资款1400万元,联创合伙企业向宇天公司支付投资款1400万元,华睿公司向宇天公司支付投资款800万元。天越公司并于2009年12月2日向钟某支付股权转让款1000万元,向陈某支付股权转让款620万元,并为其代缴税款380万元。2009年12月14日,宇天公司办理了工商变更登记手续,公司增加注册资本至2000万元,天越公司、钱江合伙企业、联创合伙企业、华睿公司成为宇天公司股东。2011年5月27日,宇天公司向天越公司支付2010年度股利160万元,向钱江合伙企业支付股利70万元,向联创合伙企业支付股利70万元,向华睿公司支付股利40万元。

2013年5月23日,宇天公司的全体股东作为甲方、天越公司、钱江合伙企业、联创合伙企业、华睿公司作为乙方、宇天公司作为丙方签订了《投资补充协议(二)》,各方在协议中约定,鉴于甲方、乙方、丙方已于2009年11月24日签署《投资协议书》及《投资补充协议书》,由乙方认购公司新增注册资本并成为公司股东,各方对于丙方的利润承诺、回购条款等作了约定;因公司连续两年未完成《投资补充协议》约定的承诺利润,各方就乙方的补偿及后续可能出现的回购方案达成协议:夏某向乙方无偿转让其持有的公司2.56%股权;游某、钟某、陈某、朱某向乙方无偿转让其持有的公司9.44%股权;上述股权转让变更完成后,夏某另行向乙方支付900万元补偿款。该协议并约定了回购、收购事宜:当出现下列情况的,乙方有权要求夏某、宇天公司、余某、彭某收购或丙方回购其所持有的丙方全部或部分股权:“1. 丙方至2015年12月31日其上市申报材料未被中国证监会受理或无法实现上市目标的;2. 丙方未履行决策程序而导致丙方放弃上市计划的。”丙方回购(或夏某、宇天公司、余某、彭某收购)乙方全部股权价格分别按照以下方式计算:乙方各自投资本金扣除本次获得的补偿金×(1+10%×N)(N指自乙方增资款到账之日起至乙方要求履行回购之日的年度数,不足一年的按照实际天数除以365天的比例计算),乙方所获得的丙方现金分红金额应于回购或收购支付款项中扣除。夏某、宇天公司、余某、彭某或宇天公司应在该协议所约定的回购、收购条件成就之日起两个月内履行完毕回购、收购义务,并付清全部款项。该协议还约定,自该协议生效之日起,各方于2009年11月24日签订的《投资补充协议》失效。

2013年5月24日,宇天公司、夏某与天越公司、钱江合伙企业、联创合伙企业、华睿公司签订《投资补充协议(三)》,约定夏某应支付的补偿金数额由《投资补充协议(二)》约定的900万元变更为1000万元。其后,夏某向天越公司支付补偿款1,882,353元,向钱江合伙企业、联创合伙企业各支付补偿款823,529元,向华睿公司支付补偿款470,589元。

之后,宇天公司未在2015年12月31日前完成上市目标。天越公司、钱江合伙企业、联创合伙企业、华睿公司根据《投资补充协议(二)》的约定,向宇天公司、夏某、余某、彭某发函,并在函件中载明了各自持股比例、回购股权价款和账户信息。天越公司、钱江合伙企业、联创合伙企业、华睿公司在发函单位处盖章,函件载明发函时间为2016年1月16日。宇天公司、夏某、余某、彭某在收函确认单处签名或盖章,并在收函时间处注明日期“2016.1.15”。

因宇天公司、夏某、余某、彭某一直未履行约定的股权收购义务,天越公司、钱江合伙企业、联创合伙企业、华睿公司诉至该院。

天越公司、钱江合伙企业、联创合伙企业、华睿公司2018年1月2日共同向原审法院起诉,请求判令宇天公司、夏某、余某、彭某连带向天越公司、钱江合伙企业、联创合伙企业、华睿公司分别支付股权收购价款4698.99万元、2057.37万元、2057.37万元、1175.64万元及逾期付款利息损失(以股权收购价款为基数,按银行同期贷款利率自2016年3月16日计算至实际付清之日),合计10,798.64万元(逾期付款利息损失暂计至2017年11月20日)。

案件焦点

1.《投资补充协议(二)》《投资补充协议(三)》股权收购及补偿条款的效力；

2. 案涉股权收购条件是否成就；

3. 关于收购价格、利息以及逾期利息的计算。

法院裁判要旨

浙江省杭州市中级人民法院经审理认为：

天越公司、钱江合伙企业、联创合伙企业、华睿公司据以要求宇天公司、夏某、余某、彭某履行收购义务的依据是2013年5月23日签订的《投资补充协议(二)》。该协议系合同各方当事人的真实意思表示，未损害社会公共利益，案涉收购条款亦未违反法律、行政法规的强制性规定，故应认定合法有效，各方当事人均应按约履行收购义务。根据《投资补充协议(二)》第四条的约定，宇天公司至2015年12月31日其上市申报材料未被中国证监会受理或无法实现上市目标的，天越公司、钱江合伙企业、联创合伙企业、华睿公司有权要求宇天公司、夏某、余某、彭某收购或宇天公司回购其所持有的宇天公司全部或部分股权。现宇天公司未能如期达成上述约定情形，《投资补充协议(二)》的收购条件已触发，宇天公司、夏某、余某、彭某应按约履行收购义务。

针对各方当事人的诉辩意见，具体分析如下：

首先，案涉《投资补充协议(二)》《投资补充协议(三)》中有关股权收购及补偿的约定合法有效。上述协议各方当事人均为具备一定商业素养和从商经验的主体，各方在协议中约定了股权收购及补偿条款，应视为系根据事前商业判断所自愿负担的责任后果，未违反公平原则。宇天公司、夏某、余某、彭某认为上述协议显失公平的抗辩意见不能成立，况且其也未在法定期限内依法行使撤销权。因此，上述协议应认定合法有效。

其次，案涉股权收购的条件已成就。根据《投资补充协议(二)》第四条的约定，宇天公司至2015年12月31日其上市申报材料未被受理或无法实现上市目标的，权利人有权要求收购。现宇天公司确实未达成上述条件，宇天公司、夏某、彭某抗辩认为由于天越公司、钱江合伙企业、联创合伙企业、华睿公司在公司治理过程中存在过错，导致宇天公司无法上市。该院认为，根据已查明的事实，天越公司、钱江合伙企业、联创合伙企业、华睿公司完成对宇天公司的投资后，合计取得公司17%的股权，也派驻了董事，但根据现有有效证据，并不能证明因其参与并知晓公司的管理经营而使公司业绩下滑、无法上市，也不能就此证明其促成了《投资补充协议（二）》中约定的收购条件的成就。宇天公司、夏某、彭某的该项抗辩意见，无事实依据，不予采信，宇天公司、夏某、彭某、余某履行收购义务的条件已经成就。

最后，关于收购价格、利息以及逾期利息的计算。根据《投资补充协议（二）》第四条的约定，宇天公司、夏某、余某、彭某收购股权的价格按照以下方式计算：投资本金扣除本次获得的补偿金额×（1+10%×N），并扣除已获得的现金分红。

1. 关于"投资本金"数额。对于钱江合伙企业投资本金1400万元，联创合伙企业投资本金1400万元，华睿公司投资本金800万元的事实，各方并无争议。对于天越公司的投资本金，宇天公司、夏某、彭某抗辩认为，天越公司根据2009年11月23日的《股权转让协议》支付的股权转让款不应作为投资本金。该院认为，根据案涉交易过程，天越公司在两天内分别签订《股权转让协议》和《投资协议》，以1∶20的溢价2000万元受让宇天公司股东游某等四人的股权，并以1∶20的溢价1200万元认购宇天公司的增资款，从交易时间的安排以及溢价比例分析，天越公司的上述行为是一个整体性的投资行为，也就是说，其对宇天公司的投资实质上是通过股权转让和认购增资两种方式完成的。因此，天越公司在交易中支付的股权转让款及增资款均应认定为其投资本金，合计为3200万元。宇天公司、夏某、彭某的该项抗辩意见，不予采信。

2. 关于"本次获得的补偿金"数额。根据已查明的事实，天越公司获得补偿款1,882,353元，钱江合伙企业、联创合伙企业各获得补偿款823,529元，华睿公司获得补偿款470,589元。宇天公司、夏某、彭某抗辩认为计算方式中的"本次获得的补偿金"应为《投资补充协议（二）》约定并为《投资补充协议（三）》变更了的补偿金1000万元，而非实际获得的补偿金，该意见显然与合同约定不符，有违合同本意，不予采信。

3. 关于年投资回报率以及逾期付款利率。根据协议约定的计算方式，天越公司、钱江合伙企业、联创合伙企业、华睿公司通过股权收购获取的投资回报率为10%，结合案涉投资性质、投资期限等因素，该回报率在合理范围内；天越公司、钱江合伙企业、联创合伙企业、华睿公司并主张按4.75%的利率计算逾期付款利息,亦属合理,予以支持。

4.关于逾期利息的起算时间。天越公司、钱江合伙企业、联创合伙企业、华睿公司主张自2016年3月16日起计算逾期付款利息。根据已经查明的事实,天越公司、钱江合伙企业、联创合伙企业、华睿公司于2016年1月16日向宇天公司、夏某、余某、彭某发送了《关于要求股份回购的函》。宇天公司、夏某、余某、彭某均对函件的效力提出异议,该函件发送时间为2016年1月16日,其收件时间却为2016年1月15日,且其签字盖章时,函件仅有第二页。该院认为,虽然该函件的落款时间有瑕疵,但各当事人的签章均真实。即使签章时函件只有第二页,但根据函件第二页的内容,结合《投资补充协议(二)》中约定的收购条件触发的时间点,宇天公司、夏某、余某、彭某在收件时也应知晓天越公司、钱江合伙企业、联创合伙企业、华睿公司选择了要求其收购股权的履行方式。并且,《投资补充协议(二)》第四条约定宇天公司、夏某、余某、彭某应在收购条件成就之日起两个月内履行完毕收购义务,并付清全部款项。该条款确定了履行期限为2015年12月31日后的两个月内,即2016年2月29日前,逾期付款利息应自2016年3月1日起算。现天越公司、钱江合伙企业、联创合伙企业、华睿公司主张从2016年3月16日起算逾期利息,并无不妥,予以支持。

浙江省杭州市中级人民法院判决如下:

1.宇天公司、夏某、余某、彭某于判决生效之日起十日内向天越公司支付股权收购价款4698.99万元,支付逾期付款利息损失380.68万元(暂计至2017年11月20日,自2017年11月21日至实际付清之日的逾期付款利息,以4698.99万元为基数,按中国人民银行公布的同期同档次贷款基准利率计算)。

2.宇天公司、夏某、余某、彭某于判决生效之日起十日内向钱江合伙企业支付股权收购价款2057.37万元,支付逾期付款利息损失166.68万元(暂计至2017年11月20日,自2017年11月21日至实际付清之日的逾期付款利息,以2057.37万元为基数,按中国人民银行公布的同期同档次贷款基准利率计算)。

3.宇天公司、夏某、余某、彭某于判决生效之日起十日内向联创合伙企业支付股权收购价款2057.37万元,支付逾期付款利息损失166.68万元(暂计至2017年11月20日,自2017年11月21日至实际付清之日的逾期付款利息,以2057.37万元为基数,按中国人民银行公布的同期同档次贷款基准利率计算)。

4. 宇天公司、夏某、余某、彭某于判决生效之日起十日内向华睿公司支付股权收购价款1175.64万元，支付逾期付款利息损失95.24万元(暂计至2017年11月20日，自2017年11月21日至实际付清之日的逾期付款利息，以1175.64万元为基数，按中国人民银行公布的同期同档次贷款基准利率计算)。

一审判决后，夏某不服，向浙江省高级人民法院提出上诉。

浙江省高级人民法院经审理认为：

根据现有证据及查明的事实，原审判决认定天越公司的投资本金为3200万元，并无不当。

首先，2009年11月23日，天越公司与宇天公司及其股东游某、钟某、陈某、朱某签订《股权转让协议》，约定游某、钟某、陈某、朱某将其所持有的宇天公司5.68%的股权即注册资本100万元转让给天越公司，天越公司出资2000万元受让上述股权等。同日，天越公司与宇天公司及其全体股东签订《股权转让补充协议》一份，各方就宇天公司的净利润考核目标、股权回购、收购条件及价格等作了约定。2009年11月24日，天越公司、钱江合伙企业、联创合伙企业、华睿公司与宇天公司及其全体股东签订《投资协议》，约定天越公司、钱江合伙企业、联创合伙企业、华睿公司以增资的方式共同投资4800万元，认购宇天公司新增注册资本240万元。同日，宇天公司及其全体股东与天越公司、华睿公司签订《投资补充协议》一份，另与钱江合伙企业、联创合伙企业签订《投资补充协议》一份，各方对宇天公司的净利润考核目标、股权回购、收购条件及价格等进行了约定。比较《股权转让协议》《股权转让补充协议》《投资协议》《投资补充协议》的签署情况可知，虽然前两份协议为股权转让协议，后两份协议为增资协议，但是：(1)从协议签署时间看，前两份协议和后两份协议的签署时间极为接近，在前后两天内完成；(2)从股权转让和增资的价格看，天越公司均以1∶20的溢价受让股权和认购增资；(3)从协议约定的内容看，前两份协议与后两份协议关于经营业绩、业绩补偿及回购条款等的约定均相同。股权转让和增资系公司经营过程中通常采用的引进投资者的两种方式。根据上述协议签署情况以及约定的内容，原审判决认定受让股权和增资均系天越公司向宇天公司投资的方式，具有事实依据。其次，《投资补充协议(三)》约定夏某支付给天越公司、钱江合伙企业、联创合伙企业及华睿公司现金补偿1000万元，后夏某实际支付给天越公司1,882,353元，支付给钱江合伙企业和联创合伙企业务823,529元，支付给华睿公司470,589元。如果将天越公司的投资款按照3200万元计算，其所得补偿款应该是1,882,353元。从夏某实际支付给天越公司的补偿款数额来看，天越公司的投资本金系按3200万元计算。另外，宇天公司2010年度进行了分红，天越公司、钱江合伙企业、联创合伙企业及华睿公司共计分得340万元股利。如果将天越公司的投资款按3200万元计算，其所得分红应该为160万元。而天越公司实际收到的分红即为160万元。由此说明，宇天公司支付给天越公司的分红也是按天越公司投资本金为3200万元计算。因此，协议的实际履行情况也可以支持天越公司的主张。最后，天越公司、钱江合伙企业、联创合伙企业、华睿公司2016年1月16日向宇天公司、夏某、余某、彭某发送了《关于要求股份回购的函》，该函件中载明了各自持股比例、回购股权价款等内容，其中列明"回购股权价款=投资额×(1+10%×年)-分红款及补偿款(截至日期2016年3月16日)"。就天越公司的回购股权价款，列明"{1200万元×[1+10%×(6+112天/365)+2000万元×(1+10%×(6+106天/365)]}-160万元-141.1765万元=4913.7235万元"。由此可见，对于天越公司的投资额系按3200万元计算。而宇天公司、夏某、余某、彭某在收函确认单处签名或盖章时并未就此提出异议，应当认定夏某当时对于天越公司的投资本金数额为3200万元系认可的。因天越公司的投资本金数额为3200万元，根据《投资补充协议(二)》第四条就回购价款计算方式的约定，原审判决认定天越公司应当获得的股权收购价款为4698.99万元(暂计至2017年11月20日)，亦无不当。

法院裁判结果

浙江省高级人民法院依照《民事诉讼法》第一百七十条第一款第(一)项之规定，判决如下：

驳回上诉，维持原判。[1]

案件评析

本案为投资方与目标公司、目标公司股东对赌案件，浙江省高级人民法院

---

[1] 二审判决作出后，余某向浙江省高级人民法院申请再审，浙江省高级人民法院经审理作出(2019)浙民申1805号民事裁定书驳回其申请。

2019年作出判决，认定投资方与目标公司签订的对赌协议有效，且目标公司及股东应履行股权回购义务。但本案中当事人并未以协议效力作为抗辩理由，本案也未如“华工案”般引起广泛讨论。

本案中投资方与目标公司、股东争议的焦点在于对赌时投资本金的数额。投资方对赌时一般采用股权转让、增资扩股的方式将资金投入目标公司。本案中目标公司及股东均主张投资方支付的股权转让款不能认定为投资本金，故股权回购款应以投资方依据增资扩股协议投入目标公司的款项为基数计算。但两级法院均对此观点予以驳回。法院从交易时间的安排以及溢价比例分析，投资方受让股权及认购增资款是一个整体性的投资行为，也就是说，其投资实质上是通过股权转让和认购增资两种方式完成的。因此，投资方在交易中支付的股权转让款及增资款均应认定为其投资本金。

27. 增资协议中因对赌条款引发的纠纷不适用公司专属管辖

——厦门信达物联科技有限公司诉李某、蒋某股权转让纠纷案

案件基本信息

1. 裁判书字号

最高人民法院(2019)最高法民辖终170号民事裁定书[1]

2. 案由:股权转让纠纷

3. 裁判日期:2019年4月29日

4. 当事人

原告(被上诉人):厦门信达物联科技有限公司(以下简称信达公司)

被告(上诉人):李某

被告:蒋某

基本案情

原告信达公司与被告李某、蒋某股权转让纠纷一案,被告信达公司提出管辖权异议,福建省高级人民法院作出(2018)闽民初47号之一民事裁定后,李某不服,向最高人民法院提出管辖权异议上诉。

李某上诉称,(1)本案纠纷根据《民事案件案由规定》应包含股权转让纠纷和公司增资纠纷两个案由。(2)原裁定书以约定管辖确定管辖权,属于适用法律错误。本案包含股权转让和公司增资两个法律关系,引起本案争议的对赌条款对应的是增资协议方面的纠纷,且对赌条款触发的条件是深圳市安尼数字技术有限公司(以下简称安尼公司)的业绩,根据《民事诉讼法》第二十六条、第三十四条及《最高人民法院关于适用〈中华人民共和国民事诉讼法〉的解释》第二十二条,本案应由安尼公司所在地法院管辖。(3)根据《最高人民法院关于调整高级人民法院和中级人民法院管辖第一审民商事案件标准的通知》第

[1] 福建省高级人民法院(2018)闽民初47号之一民事裁定书(一审)。

二条的规定:“当事人一方住所地不在受理法院所处省级行政辖区的第一审民商事案件:北京、上海、江苏、浙江、广东高级人民法院,管辖诉讼标的额3亿元以上一审民商事案件,所辖中级人民法院管辖诉讼标的额5000万元以上一审民商事案件。”安尼公司的住所地在深圳市龙岗区,故本案应由深圳中院管辖。请求:撤销福建省高级人民法院(2018)闽民初47号之一民事裁定,将本案移送深圳中院审理。

信达公司辩称,(1)《民事诉讼法》第三十三条规定的三类专属管辖案件,并不包括与公司有关的纠纷。第二十四条至第三十二条系针对不同类型案件确定的特殊地域管辖,但并不排除约定管辖,当事人有约定的应从约定,无约定的依照相关规定确定管辖。本案当事人在诉争合同第17.2条已明确约定“向本协议签署地具有管辖权的人民法院提起诉讼”,前述约定亦不违反级别管辖和专属管辖。(2)根据最高人民法院《关于调整高级人民法院和中级人民法院管辖第一审民商事案件标准的通知》第二条第二款的规定,福建省高级人民法院对本案具有管辖权。综上,信达公司认为福建省高级人民法院作出的民事裁定正确,请求驳回李某的上诉请求,维持原裁定,并对其有违诚信的行为予以惩戒。

案件焦点

本案是否适用公司纠纷专属管辖。

法院裁判要旨

最高人民法院经审查认为:公司增资纠纷,是指公司在增加注册资本过程中因增资行为引起的纠纷,本案纠纷虽发生在信达公司与李某在履行股权转让和增资协议过程中,但系因案涉协议中承诺利润的对赌条款而产生,与增资行为无关,并不涉及目标公司即安尼公司本身或该公司的内部法律关系,即本案纠纷存在于目标公司之外。而《民事诉讼法》第二十六条规定针对的是公司内部纠纷,故本案不属于《民事诉讼法》第二十六条和最高人民法院《关于适用〈中华人民共和国民事诉讼法〉的解释》第二十二条规定的应由公司住所地人民法院管辖的公司纠纷。

《民事诉讼法》第三十四条规定当事人就合同或者其他财产权益纠纷可以

书面协议选择被告住所地、合同履行地、合同签订地、原告住所地、标的物所在地等与争议有实际联系的地点的人民法院管辖。本案中，信达公司与李某在讼争协议中关于“因本协议产生的或与本协议有关的任何争议，任何一方均有权向本协议签署地具有管辖权的人民法院提起诉讼”的约定符合上述规定，且不违反级别管辖和专属管辖，而讼争协议签署于福建省厦门市湖里区。

此外，本案诉讼标的金额总计超过人民币 1 亿元，且本案当事人有一方住所地不在福建省辖区，根据《最高人民法院关于调整高级人民法院和中级人民法院管辖第一审民商事案件标准的通知》第二条之规定，福建省高级人民法院对本案有管辖权。故一审法院据此裁定驳回李某对本案管辖权提出的异议并无不当。

法院裁判结果

最高人民法院依照《民事诉讼法》第一百七十条第一款第（一）项、第一百七十一条规定，判决如下：

驳回上诉，维持原裁定。

案件评析

因对赌协议或对赌条款引发的纠纷除多见于股权转让纠纷外，因对赌条款约定于增资协议中，故公司增资纠纷也是对赌条款纠纷的常见案由。以公司增资纠纷起诉时，是否应根据《民事诉讼法》及民事诉讼司法解释适用公司纠纷专属管辖的规定，及增资协议对管辖的约定是否因违反公司纠纷专属管辖的规定而无效，在司法实践中一直未有定论。本案中最高人民法院认定增资协议中对赌条款的产生，与增资行为无关，不涉及目标公司或公司的内部法律关系，不属于应由公司住所地人民法院管辖的公司纠纷，当事人对管辖的约定有效。

28. 融资方不能以投资方过度介入为由拒绝支付业绩补偿

——北京四方继保自动化股份有限公司诉方某、陆某合同纠纷案

案件基本信息

1. 裁判书字号

北京市高级人民法院(2019)京民终252号民事判决书[1]

2. 案由:合同纠纷

3. 裁判日期:2019年8月6日

4. 当事人

原告(被上诉人):北京四方继保自动化股份有限公司(以下简称四方继保公司)

被告(上诉人):方某

被告(上诉人):陆某

基本案情

2015年10月22日,四方继保公司与上海泓申科技发展有限公司(以下简称泓申公司)、方某等原股东共同签订了《增资协议》,主要内容为:四方继保公司为了支持泓申公司目前所从事的安防领域智能视频分析行业业务发展,四方继保公司依据本协议之约定向泓申公司进行增资。本次增资完成后,四方继保公司将持有泓申公司30%的股权,原股东将合计持有泓申公司70%的股权。第1.3条净利润:净利润以经四方继保公司指定的具有证券从业资格的会计师事务所,按中国会计准则出具的无保留意见的审计报告为准。第2.2条本协议各方同意,四方继保公司拟出资9000万元认缴泓申公司股权比例30%。第3.1条原股东充分理解且本协议各方均确认并同意:四方继保公司认购本次增资系基于原股东关于泓申公司未来业绩状况向四方继保公司作出的

[1] 北京市第一中级人民法院(2018)京01民初333号民事判决书(一审)。

保证与承诺，即泓申公司2015年度、2016年度、2017年度经审计的归属于母公司股东的实际净利润（以当年经审计的扣除非经常性损益前后较低的金额为准）平均不低于3000万元。若泓申公司2015年度、2016年度、2017年度的累计经审计净利润合计未达到前述承诺净利润的90%即8100万元，则视为原股东未完成本协议约定的业绩承诺，四方继保公司有权根据其独立判断，采取下述方案之一，要求原股东对四方继保公司进行补偿：方案一：现金补偿。如泓申公司于2015年度、2016年度、2017年度的累计经审计净利润合计高于前述承诺合计利润70%（即6300万元），但低于前述承诺合计利润90%（即8100万元）的，则原股东应在收到四方继保公司书面通知之日起10个工作日内将实际业绩不足8100万元部分按届时持股比例分别根据四方继保公司书面通知具体要求一次性支付给泓申公司。(1)如泓申公司于2015年度、2016年度、2017年度的累计经审计净利润合计低于前述承诺合计利润70%（即6300万元）的，则原股东应在收到四方继保公司书面通知之日起10个工作日内按届时持股比例分别根据四方继保公司书面通知具体要求一次性向四方继保公司支付本次增资全部增资款及8%利息作为补偿。(2)为避免疑义，如泓申公司于2015年度、2016年度、2017年度的累计经审计净利润合计高于前述承诺合计利润90%（即8100万元），但低于前述承诺合计利润100%（即9000万元）的：则原股东无须对四方继保公司进行补偿。方案二：股权补偿。第3.2条泓申公司的经营业绩以具有证券从业资格的会计师事务所出具的审计报告和财务报表为准。泓申公司应于2015年、2016年、2017年会计年度结束后30日内，聘请由四方继保公司指定的具有证券从业资格的会计师事务所对泓申公司年末财务报告进行审计，并于会计年度结束后60日内向四方继保公司及原股东提交由上述会计师事务所出具的审计报告。

2015年10月28日，四方继保公司通过中国民生银行向泓申公司转账4500万元。2015年12月2日，四方继保公司通过中国民生银行向泓申公司转账4500万元。

2016年3月25日，北京中证天通会计师事务所（以下简称中证天通会计师事务所）出具中证天通（2016）审字第0201285号《上海泓申科技发展有限公司2015年度财务报表之审计报告》（以下简称《泓申公司2015年审计报告》），其中2015年度净利润载明为19,921,183.56元。2017年，泓申公司制作的

2017 年度财务报表《合并利润表》显示,2017 年度净利润为 -37,359,938.85 元。方某在法定代表人处签字,陆某在主管会计工作负责人处签字。

2017 年 3 月 14 日,周某给陆某发送的邮件载明:"陆总,您好! 昨天审计师把泓申公司 2016 年审计报表定稿数发过来了,我都核对过了。数据没有问题。2016 年泓申公司净利润为 527.90 万元。比我们提供 2016 年 12 月利润表中净利润 551.87 万元,降低了 23.97 万元。主要是主营业务税金滚调了 10.60 万元,所得税调整中对账面招待调整增了所得税 13.37 万元。请您审阅,如果没有问题,我准备答复审计师按此版报告出具审计报告了!"

2017 年 5 月 31 日,方某给高某发送邮件并抄送给屠某、郗某、陆某等,邮件载明:"1. 鉴于 2016 年泓申公司实际经营业绩未达预期,预计至 2017 年年底为止 26 个月内完成总计 9000 万元净利润的可能性较小。2. 按照泓申公司与四方继保公司的投资协议约定,四方继保公司将启动退出条款,我会配合并开始积极引入新投资人,以确保履行协议条款让四方继保公司顺利退出对泓申公司的投资。3. 为顺利引入泓申公司新投资人并让四方继保公司顺利退出,希望四方继保公司可以书面同意由我收回股权或新投资人或多个投资人按照协议条款受让四方继保公司的所有股权……"

2018 年 2 月 5 日,陆某给刘某(投资发展部)发送邮件并抄送郗某,载明:"刘某,你好! 附件是方总写的关于对赌到期后的执行方案的设想及财产清单,请查阅!"附件《对赌协议到期后的执行方案建议》主要内容为:(1)对赌到期约定:按照投资协议第 3.1 条,方案一现金补偿;方案二股权补偿。(2)两种执行方案的分析及结果推演:1. 现金补偿方案。(1)如果四方继保公司选择这个方案执行,因个人财产远不足履约,作为公司大股东将依法提请清算公司,清算所得全部用于履行现金补偿义务。(2)现金补偿履约中不足的部分,我将以我和妻子名下现有的所有资产,按照存在形态,依法进行履约处置,原增资协议终止。2. 股权补偿方案:(1)执行此约定条款,四方继保公司按约稀释原股东股权,成为绝对大股东,原投资协议终止。(2)我愿拿出我们夫妻名下的全部财产(适当考虑赡养老人的基本住房外)质押给四方继保公司,换取四方继保公司保证泓申公司健康发展的相应条件,同时以此表达我对泓申公司未来前景的看好,财产清单及具体情况见附件……落款为泓申公司创始人方某,2018 年 2 月 4 日。

2018 年 2 月 7 日，陆某给刘某（投资发展部）发送邮件并抄送郗某，载明"附件《对赌协议到期后的执行方案进一步建议》主要内容为：C 股权回购方案：（1）我个人承诺回购四方继保公司原增资款的 15%，四方继保公司剩余股权继续留在泓申公司一起共同发展。（2）我个人在 2 月内筹 300 万元现金回购 15%中的一部分股权。（3）我个人承诺在未来两年内回购完 15%中余下部分的股权，其中可以我名下物业为质押物。四方继保公司需承诺公司健康发展的相关责任和义务。落款为泓申公司创始人方某，2018 年 2 月 7 日。

2018 年 3 月 12 日、13 日，各方邮件往来中，附件《对赌协议到期后的执行方案建议》主要内容为：泓申公司的经营在过去的几年中主要由经营团队负责，针对目前的公司经营结果应当承担主要责任，对于对赌协议现拿出解决方案建议：（1）按照对赌协议中股权补偿的方案中的约定履行，四方继保公司会占泓申公司 61%的股份，原股东按照比例进行稀释。（2）公司经营团队持股平台中除原员工代持部分后的全部股份，承担小股东对对赌协议中的股份损失部分，小股东股份比例保持不变……落款处大股东方某签字，经营团队贾某、陆某、常某、黄某签字，落款日期为 2018 年 3 月 12 日。

2018 年 3 月 28 日，中证天通会计师事务所出具《关于上海泓申科技发展有限公司业绩承诺实现情况的专项审核报告》（以下简称《泓申公司专项审核报告》），载明：泓申公司 2015 年度净利润为 19,921,183.56 元，扣除非经常性损益后的净利润为 19,858,233.15 元；2016 年度净利润为 5,278,986.49 元，扣除非经常性损益后的净利润为 4,327,929.50 元；2017 年度净利润为 -37,359,938.85 元，扣除非经常性损益后的净利润为 -38,049,329.11 元，合计 -13,863,166.46 元。

四方继保公司向一审法院起诉请求：（1）方某、陆某向四方继保公司支付业绩补偿款 47,301,428.57 元。（2）方某、陆某向四方继保公司支付业绩补偿款利息（以 23,650,714.285 元为基数，按照 8%的年利率，自 2015 年 10 月 29 日起计算至实际付清之日止；以 23,650,714.285 元为基数，按照 8%的年利率，自 2015 年 12 月 3 日起计算至实际付清之日止）。

一审审理中，方某、陆某认为，四方继保公司增资后，深度介入了泓申公司的核心技术与新产品的研制研发工作，且为泓申公司的产品进行供货。但四方继保公司新产品的研发不断延误、对客户供货不断延迟，且产品存在质量问题，返修率高达90%以上，影响了泓申公司全国市场的业务布局与推进节奏，影响了销售业绩，四方继保公司应为泓申公司经营业绩承担责任。因此，四方继保公司不但无权提出所谓业绩补偿的主张，反而应向泓申公司赔偿损失。

案件焦点

1. 协议约定的业绩补偿条款是否被触发，即方某是否需要向四方继保公司支付业绩补偿款47,301,428.57元及利息；

2. 如四方继保公司介入泓申公司研发、经营等造成重大影响，是否可以减轻或免除方某及陆某之业绩补偿责任。

法院裁判要旨

北京市第一中级人民法院经审理认为：

1. 关于协议约定的业绩补偿条款是否被触发问题。

通过查明事实可知，《增资协议》第3.1条约定，如果四方继保公司于2015年度、2016年度、2017年度的累计经审计净利润合计低于前述承诺合计利润70%（即6300万元）的，则原股东应按届时持股比例一次性向四方继保公司支付本次增资全部增资款及8%利息作为补偿。因此，上述业绩补偿条款是否被触发的判断标准为2015年度、2016年度、2017年度的累计经审计净利润是否低于6300万元。

一审法院认为，当事人对自己提出的诉讼请求所依据的事实或者反驳对方诉讼请求所依据的事实，应当提供证据加以证明。对于泓申公司是否完成了6300万元业绩问题，四方继保公司提供了如下证据，以证明泓申公司未完成6300万元业绩：其一，《泓申公司2015年审计报告》，显示2015年度的净利润为19,921,183.56元；2017年3月14日邮件往来，提到2016年审计师发送的审计报表定稿中泓申公司2016年度的净利润为527.9万元；经方某签字的《合并利润表》，显示2017年度净利润为-37,359,938.85元。故2015年度、2016年度、2017年度累计净利润为负数，远未达到6300万元。其二，各方2018年2月5日、2月7日、3月12日、3月13日等邮件往来，提到了《对赌协议到期后的执行方案建议》《对赌协议到期后的执行方案进一步建议》等，其中方某明确表示"现金补偿履约中不足的部分，我将以我和妻子名下现有的所有资产，按照存在形态，依法进行履约处置，原增资协议终止。”“按照对赌协议中股权补偿的方案中的约定履行，四方继保公司会占泓申公司61%的股份，原股东按照比例进行稀释”，均体现出方某、陆某多次认可未能完成预期业绩，需要承担补偿义务。由此可见，四方继保公司就其主张的泓申公司未完成6300万元业绩已经提供了相应证据予以证明。而方某作为泓申公司法定代表人、董事长，抗辩称业绩补偿条款未被触发，但其并未就泓申公司2015年度、2016年度、2017年度的净利润数额进行举证证明。综上，一审法院认为，通过现有证据可以认定泓申公司2015年度、2016年度、2017年度累计的净利润未达到6300万元，业绩补偿条款已经被触发，方某应当按照约定承担补偿义务。

2. 关于如四方继保公司介入泓申公司研发、经营等造成重大不利影响，是否可以减轻或免除方某及陆某业绩补偿责任的问题。

本案中，方某、陆某主张四方继保公司深度参与泓申公司的研发、生产经营等环节，导致泓申公司的销售业绩和市场推广受到重大不利影响。因此，四方继保公司无权提出所谓业绩补偿的主张，反而应向泓申公司赔偿损失。对此一审法院认为，首先，方某、陆某并未提供其上述主张的合同依据，即《增资协议》中并未约定如四方继保公司介入泓申公司研发、管理、经营造成重大不利影响，则其无权向方某提出业绩补偿要求。其次，本案需要解决的是方某、陆某是否需要依照约定承担业绩补偿义务的问题，而方某、陆某主张的四方继保公司对泓申公司造成重大不利影响，系属于基于四方继保公司的股东身份而损害公司利益纠纷，或基于其他合同产生的纠纷，与本案分属不同的法律关系。至于四方继保公司是否需要对泓申公司承担责任以及承担何种责任，不属于本案审理的范畴，各方均可另行解决。

北京市第一中级人民法院判决如下：

方某、陆某于判决生效之日起10日内向四方继保公司支付业绩补偿款47,301,428.57元及利息（以23,650,714.285元为基数，按照8%的年利率，自2015年10月29日起计算至实际付清之日止；以23,650,714.285元为基数，按照8%的年利率，自2015年12月3日起计算至实际付清之日止）。

一审判决后，方某、陆某不服一审判决，向北京市高级人民法院提起上诉。

北京市高级人民法院经审理认为：

根据中证天通会计师事务所出具的2015～2017年的三份审计报告显

示，泓申公司2015年度净利润为19，921，183.56元、2016年度净利润为5，278，986.49元、2017年度净利润为-37，359，938.85元，未达到《增资协议》第3.1条包括方某在内的泓申公司原股东向四方继保公司作出的承诺。因一审法院未对四方继保公司于一审庭审后提交的《泓申公司2016年审计报告》《泓申公司2017年审计报告》进行质证，亦未将该两份审计报告作为定案依据，故一审判决在认定泓申公司2015~2017年的业绩情况时，认定2015年度净利润为《泓申公司2015年审计报告》载明的19，921，183.56元；2016年度净利润为泓申公司内部往来邮件中表述的泓申公司制作的2016年利润表中净利润为5，518，700元，经中证天通会计师事务所审计报表定稿中的净利润为5，279，000元；2017年度净利润为经方某、陆某签字确认的泓申公司制作的2017年《合并利润表》载明的-37，359，938.85元。一审判决以上述证据认定的泓申公司2016年度、2017年度净利润与二审确认的两份审计报告中载明的泓申公司2016年度、2017年度净利润数额基本一致，未对本案相关事实的认定产生影响，故一审判决关于泓申公司2015~2017年三年累计净利润为负数，远未达到承诺业绩6300万元的认定正确，本院予以确认。

四方继保公司依据《增资协议》向泓申公司增资后，成为持有泓申公司30%股权的股东。但《增资协议》未对四方继保公司作为持股30%的股东利用公司内部治理结构控制、影响泓申公司经营方针及具体营销作出限制性约定，也未约定如四方继保公司介入泓申公司研发、管理、经营造成重大不利影响时，四方继保公司不享有向方某等原股东提出业绩补偿的请求权。故一审判决对方某、陆某关于四方继保公司因深度介入泓申公司经营而对泓申公司造成重大不利影响，其无权提出业绩补偿请求的主张没有合同依据的认定正确，本院予以确认。

法院裁判结果

北京市高级人民法院依照《民事诉讼法》第一百七十条第一款第（一）项之规定，判决如下：

驳回上诉，维持原判。

案件评析

本案中投资方与目标公司及股东签订的《增资协议》，未对投资方作为持股股东利用公司内部治理结构控制、影响目标公司经营方针及具体营销作出限制性约定，也未约定如投资方介入目标公司研发、管理、经营造成重大不利影响时，投资方不享有向目标公司原股东提出业绩补偿的请求权。

本案需要解决的是目标公司原股东及配偶是否需要依照约定承担业绩补偿义务的问题，而股东主张的投资方对目标公司造成重大不利影响，系属于基于投资方的股东身份而损害公司利益纠纷，或基于其他合同产生的纠纷，与本案分属不同的法律关系。至于投资方是否需要对目标公司承担责任以及承担何种责任，不属于本案审理的范畴，各方均可另行解决。

29. 股权收购义务形成的夫妻共同债务情形认定

——建银文化产业股权投资基金(天津)有限公司诉金某合同纠纷案

案件基本信息

1. 裁判书字号

北京市高级人民法院(2018)京民终18号民事判决书[1]

2. 案由:合同纠纷

3. 裁判日期:2019年10月22日

4. 当事人

原告(被上诉人):建银文化产业股权投资基金(天津)有限公司(以下简称建银文化基金)

被告(上诉人):金某

基本案情

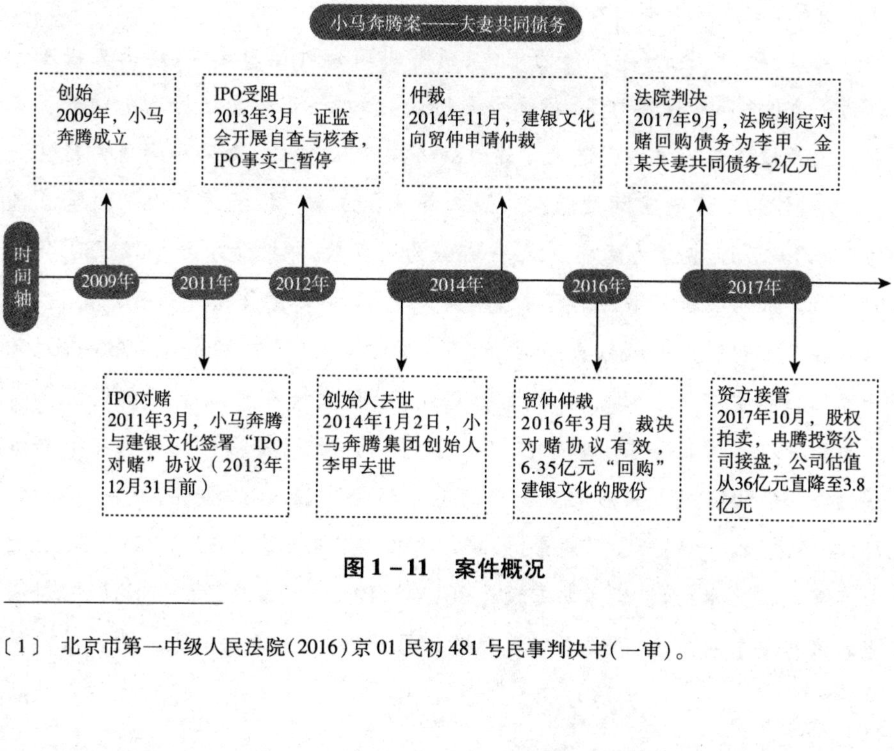

图1-11 案件概况

[1] 北京市第一中级人民法院(2016)京01民初481号民事判决书(一审)。

2011 年 3 月 22 日，北京新雷明顿广告有限公司（以下简称新雷明顿公司，2011 年 12 月改制并更名为小马奔腾）、李甲、李乙、李丙、北京小马欢腾投资有限公司（以下简称小马欢腾）、包括建银文化基金在内的多名投资人（新股东）及当时新雷明顿公司的其他多名原股东共同签订了《关于北京新雷明顿广告有限公司的增资及转股协议》（以下简称《增资及转股协议》），约定：在本协议内，李甲、李乙和李丙合称为实际控制人。新雷明顿公司是于 2007 年 8 月 6 日在中国合法成立并有效存续的有限责任公司，注册资本为 1539.5436 万元，现有股东包括李乙（出资额 650 万元，出资比例 42.2203%）、李丙（出资额 450 万元，出资比例 29.2294%）等，新股东拟通过向李乙和李丙收购新雷明顿公司股权以及认购新雷明顿公司新增注册资本的方式获得新雷明顿公司的股权，成为新雷明顿公司的股东。小马欢腾将以现金 866.5641 万元受让李丙的出资额 216.5641 万元和李乙的出资额 650 万元，合计股权比例为 50.7334%；建银文化基金将以现金 22,269.5090 万元向李丙购买其持有的出资额 126.7938 万元，以现金 22,730.4910 万元认购公司的新增注册资本 129.4174 万元，其中 129.4174 万元作为注册资本金投入，剩余 22,601.0736 万元将作为资本公积金投入新雷明顿公司，建银文化基金合计将取得新雷明顿公司 256.2112 万元的出资额，合计股权比例为 15%。

同日，李乙、李丙、李甲作为甲方、新雷明顿公司作为乙方、建银文化基金作为丙方（投资方），签订了《投资补充协议》，约定：乙方拟通过增加注册资本和股东股权转让的方式引进丙方作为战略投资人，李乙、李丙和李甲为兄妹关系，共同作为乙方的实际控制人。第三条投资方案。投资方本次拟投资总额为 45,000 万元，共分为两部分，第一部分为增资款，即投资方出资 22,730.4910 万元用于认购公司新增注册资本，其中，129.4174 万元作为注册资本金投入，以取得新雷明顿公司股权重组后 7.5768% 的股权，剩余 22,601.0736 万元作为资本公积金投入公司。本次投资完成后，丙方持有股权重组完成后公司 15% 的股权。第五条陈述和保证。公司及甲方承诺，将尽一切努力完成新雷明顿公司首次公开发行股票并上市事宜。第七条股权强制收购及投资补偿。7.1　甲方和新雷明顿公司同意，若新雷明顿公司未能在 2013 年 12 月 31 日之前实现合格上市，则投资方均有权在 2013 年 12 月 31 日后的任何时间，在符合当时法律要求的情况下，要求新雷明顿公司、甲方或甲方任一方一次性收购其所持有的公司股权。7.8 甲方和/或新雷明顿公司履行股权强制收购、投资补偿、投资价差补偿等义务的担保。7.8.1 公司实际控制人之一李甲为甲方和新雷明顿公司履行本协议以及本协议约定的股权强制收购、投资补偿、投资价差补偿等义务承担连带责任保证。(各方交易结构见图1-12)

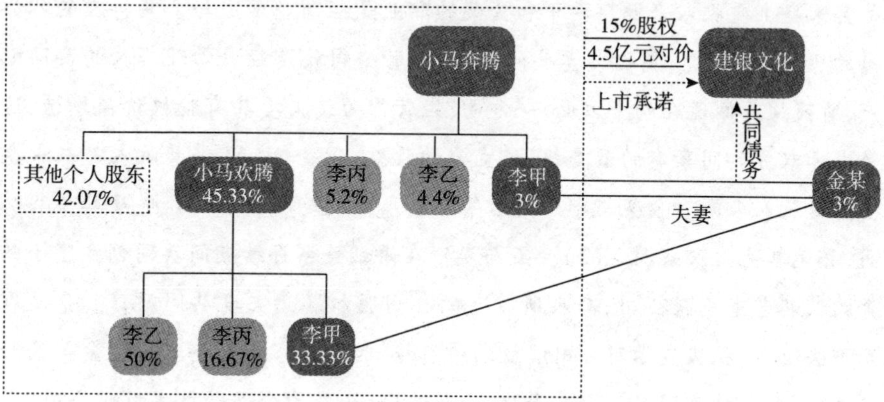

图1-12 各方交易结构

后小马奔腾未能在2013年12月31日之前实现合格上市。

金某与李甲于1993年11月19日结婚,李甲于2014年1月2日去世。

2014年10月31日,建银文化基金作为申请人,向中国国际经济贸易仲裁委员会(以下简称贸易仲裁委员会)提出了对李乙、李丙、金某、李某在、李某云、邓某辉为被申请人的仲裁申请书。

2016年2月23日,贸易仲裁委员会作出(2016)中国贸仲京裁字第0164号裁决书(以下简称0164号裁决书),认定:《增资及转股协议》及《投资补充协议》合法有效,股权回购义务条件已经成就,李乙、李丙、李甲应当依约履行该项义务。金某、李某在、李某云、邓某辉应当在各自继承李甲遗产的范围内对股权回购义务承担清偿责任。0164号裁决书同时认定:金某是否因与李甲具有夫妻关系而应承担股权回购义务,不属于本案管辖的范围。金某仅能因其承继了李甲于仲裁事项中的权利义务而受仲裁协议之约束,而仲裁庭审理的范围也只能限于金某与李甲于仲裁事项中的权利义务相关的事项,对于其婚姻法上的夫妻事实、婚姻法上的夫妻共同债务的认定等,均不属于仲裁庭的仲裁范围。

建银文化基金向北京市第一中级人民法院起诉,请求:判令金某对贸易仲裁委员会0164号裁决书第一项、第三项及第四项裁决所确定的、李乙和李丙向建银文化基金连带支付股权回购款、律师费及仲裁费的义务在2亿元的范围内承担连带清偿责任。

建银文化基金诉称：(1)李甲与金某经营公司的收益用于夫妻共同生活，是其家庭主要收入来源。李甲和金某的职业是经商。李甲与金某持有的各公司的股权是二人主要的夫妻共同财产，经营公司就是经营管理二人的共同财产，所获收益体现在两个方面：一方面，经营行为使夫妻共有股权价值增值，这是夫妻双方共同享有的最直接、最主要的收益。另一方面，经营收入是二人主要家庭收入来源。金某与李甲婚后的主要事业就是经营小马奔腾及其关联公司，并无其他收入来源。(2)金某与李甲在婚姻关系存续期间共同创立了小马奔腾及其多家关联公司，二人所持有的公司股权属于夫妻共同财产。金某在李甲去世后，积极宣示对公司股权的所有权，起诉多家公司要求确认金某的股东身份，要求将李甲名下小马奔腾、小马欢腾、小马力合防伪技术有限公司（以下简称小马力合）、鹏丰投资有限公司（以下简称鹏丰投资）、腾骏贸易等公司的股权的一半过户至金某名下。可见，金某不仅非常了解和在意其与李甲共同拥有的股权，还主动确认其股东身份，以便行使股东权利。案涉债务是夫妻共同经营其所有的公司而产生的债务，具体而言，是为小马奔腾引进建银文化基金4.5亿元的投资、谋求公司上市进而扩大家庭财富所背负的债务。

金某辩称：(1)夫妻一方的经营活动与家庭的生产经营活动是不同概念，回购债务的对赌性质决定其不应被认定为夫妻共同债务。案涉《建银文化产业股权投资基金（天津）有限公司与北京新雷明顿广告有限公司及李乙、李丙、李甲之投资补充协议》（以下简称《投资补充协议》）项下的股权回购义务实为对赌债务，是股东个人举债为公司融资，系为公司运营所需，为公司经营所负，与家庭利益无关。金某认为，合理认定家庭经营活动，在经营模式上应限定为合理控制杠杆，成本与盈利可预期的经营活动，此类经营活动在外观上具有稳定和可持续的特点，债权人方有理由相信一方经营活动代表了夫妻双方的共同意思。(2)为逐利而无视风险的经营活动，因其偶发且高度风险，不应当然地认定为夫妻间相互代理。(3)在缔结案涉对赌协议的过程中，金某始终是局外人，在债务关系的设立和履行中不充当任何角色，也没有法律地位。金某不是《投资补充协议》的当事人，建银文化基金从未与金某交涉、磋商，金某对于

《投资补充协议》的协商、签订过程并不知情。金某在经营活动中的地位和作用决定了对赌债务不应被认定为共同债务。(4)建银文化基金在合同缔结过程中曾要求金某参与合同缔结或出具任何书面确认文件,建银文化基金存在非善意行为。

案件焦点

因《投资补充协议》中约定李甲的股权收购义务而形成的李甲对建银文化基金的债务,是否为李甲与金某的夫妻共同债务。

法院裁判要旨

北京市第一中级人民法院经审理认为:

夫妻共同生活并不限定于夫妻日常家庭生活,还包括家庭的生产经营活动,案涉债务即属于李甲在经营公司时产生的债务。李甲个人在小马奔腾增资后成为小马奔腾的股东,其亦通过小马欢腾持有小马奔腾的较多股份,其负担股权收购义务的前提,显然是为了期望小马奔腾上市带来的经济等多方面的利益,毫无疑问,该利益亦将及于金某,故案涉债务的产生指向家庭经营活动,属于夫妻共同生活的一部分。李甲并非以其个人财产运营小马奔腾及其系列关联公司,故金某本人是否参与或了解小马奔腾的经营情况,不影响对本案中夫妻共同债务的判断。认定案涉债务系用于李甲与金某夫妻共同生活所负债务。

北京市第一中级人民法院依照最高人民法院《关于适用〈中华人民共和国婚姻法〉若干问题的解释(二)》第二十四条、第二十六条,最高人民法院《关于适用〈中华人民共和国民事诉讼法〉的解释》第九十条之规定,判决如下:金某于判决生效之日起10日内就贸易仲裁委员会0164号裁决书第(一)项、第(三)项、第(四)项裁决所确定的李乙、李丙对建银文化基金的债务[具体内容为:(一)李乙、李丙连带性地向建银文化基金一次性支付股权回购款,按约定计算方式为450,000,000元×(1+10%)n,n等于投资期限/365,自2011年3月18日起计算至实际支付完毕收购价款日,暂计算至2014年10月29日的股权收购价款为635,360,209.12元……

金某不服一审判决,向北京市高级人民法院提起上诉。

北京市高级人民法院经审理认为：

金某对于对赌协议约定的股权回购义务是明知的，其参与了公司的共同经营。李甲去世后，金某的一系列行为证实李甲、金某夫妻共同经营公司，案涉债务属于二人经营所负共同债务。

1. 金某是新雷明顿公司设立时登记的法定代表人和股东，后经过数次变更，法定代表人变更为李甲。经过2011年6月23日及10月27日的两次股权变更登记，李甲成为新雷明顿公司持股比例3%的股东。2011年12月2日，新雷明顿公司变更名称为小马奔腾，企业类型由有限责任公司（自然人投资或控股）变更为其他股份有限公司（非上市）。李甲在签订案涉协议引入建银文化基金时明确其为小马奔腾的实际控制人，这也是股权投资合同中实际控制人承担股权回购责任的通常做法。

2. 案涉协议显示：李甲在英属维尔京群岛注册成立并持有100%股权的BVI公司，BVI公司和霸菱分别对另一家在英属维尔京群岛注册成立的公司小马奔腾集团公司持有76.81%、23.19%股份，新雷明顿公司（小马奔腾）及其附属公司与小马奔腾集团公司间接控制的湖南优化公司之间签署了一系列控制协议，金某既是小马奔腾集团公司的董事又是湖南优化公司的董事，并签署了相关决议。金某作为小马奔腾集团公司、湖南优化公司董事，参与了公司经营；其签署相关公司的解除VIE架构的各种决议，应当知悉李甲与建银文化基金关于股份回购的协议安排。

3. 李甲去世后金某的一系列行为证实李甲、金某夫妻共同经营公司。

首先，2014年1月27日，小马奔腾的法定代表人变更为金某，小马奔腾2014年第一次临时股东大会决议所附金某简历显示："1995年开始，作为雷明顿和小马奔腾公司创始人之一，早期参与公司的创建和经营，后作为李甲董事长的智囊，为决策献计献策。"小马奔腾的官方微博亦如此介绍其董事长金某。金某现仍然为小马奔腾的董事。其次，金某、李某在（金某、李甲之女）诉李某云、邓某辉（李甲的父母）继承纠纷一案，金某在李某云、邓某辉未到庭的情况下（金某提交法院的应为二人身份证住址），请求分割继承仅为李甲名下的银行存款与房产；针对李甲名下持有的登记注册于北京的小马奔腾、腾骏贸易、鹏丰投资、小马力合、小马欢腾的股份，金某提起了股东资格确认诉讼。金某在上述案件的起诉理由均为李甲在上述公司的股权系金某与李甲婚姻关系存续期间所得的共同所有的财产，金某有权要求将该股份中的一半分出归自己所有，要求法院确认金某为李甲名下持有的公司股份的股东，判令上述公司对公司章程和股东名册中关于股东及其出资额的记载进行相应修改，并办理工商变更登记手续。北京市朝阳区人民法院支持了金某的上述请求。既然李甲在上述公司的股权系金某与李甲婚姻关系存续期间所得的共同所有的财产，建银文化基金的投资致使公司财产及股东个人的财产同时增值，金某作为配偶一方实际享有了建银文化基金投资小马奔腾所带来的股权溢价收益，李甲因经营公司所承诺的回购责任亦属夫妻共同债务，符合权利义务一致原则。最后，金某自称目前经营的公司雇用的是原小马奔腾人员、采用原小马奔腾经营模式。可见，金某现在经营的公司仍然享用建银文化基金投资小马奔腾所产生的溢出效应。

法院裁判结果

北京市高级人民法院依照《民事诉讼法》第一百七十条第一款第（一）项规定，判决如下：

驳回上诉，维持原判。

案件评析

最高人民法院办公厅对十二届全国人大五次会议建议的答复意见：根据婚姻法第四十一条的规定，明确用于夫妻共同生活的债务为夫妻共同债务，没有用于共同生活的债务为个人债务。当然，夫妻共同生活的范围既要考虑日常家庭生活，还要考虑家庭的生产经营活动。该答复进一步对家庭的生产经营活动与夫妻一方的生产经营活动进行了区分。答复中指出：夫妻一方为生产经营活动的举债，根据生产经营活动的性质、夫妻双方在其中的地位作用、第三人是否善意等具体情形来认定是否属于夫妻共同债务。

2018 年 1 月 16 日，最高人民法院公布了《关于审理涉及夫妻债务纠纷案件适用法律有关问题的解释》，该解释于 2018 年 1 月 18 日起施行，其中第三条的但书条款，即“但债权人能够证明该债务用于夫妻共同生活、共同生产经营或者基于夫妻双方共同意思表示的除外”，改变了最高人民法院《关于适用〈中华人民共和国婚姻法〉若干问题的解释（二）》第二十四条规定的举证责任，即

"但夫妻一方能够证明债权人与债务人明确约定为个人债务，或者能够证明属于婚姻法第十九条第三款规定情形的除外"。

为了确保股东的财产能够用于支付股份回购价款，投资实务中，投资人往往会要求创始股东的配偶或者在投资补充协议中签名确认对赌条款，或者在投资补充协议之外另行出具承诺函，表明知晓和认可回购债务并愿意以夫妻共同财产共同偿还。此种方式从一开始即明确债务的属性，令债权债务双方对于偿债主体有了充分预期，有利于简化诉讼执行程序，已经成为股权投资领域的交易习惯。

第二篇

仲裁篇

30. 目标公司支付现金补偿款不违反资本维持原则

——A 公司、B 公司、C 公司与 D 公司增资扩股协议争议仲裁案

案件基本信息

申请人:A 公司、B 公司、C 公司

被申请人:D 公司

基本案情

2011 年年初,D 公司对外私募融资,A 公司作为投资方与其协商签订了《增资扩股协议》。双方在协议中约定,A 公司以现金形式向 D 公司增资 2 亿元人民币,占 D 公司 4.4% 的股权。2 亿元增资,计入注册资本 1000 万元,计入资本公积金 1.9 亿元。《增资扩股协议》第 5.4 条约定,D 公司向 A 公司承诺:倘若 2011 年 D 公司经审计后的税后净利润低于 3 亿元,那么 D 公司同意以实际税后净利润为基础,根据投资估值中所约定的投资市盈率 15 倍进行计算,对 A 公司进行现金补偿,补偿金额的计算公式则为:15 ×(2011 年经审计后净利润低于 3 亿元的部分)× A 公司持有 D 公司的股份比例。与此同时,A 公司亦向 D 公司作出承诺:倘若 2011 年 D 公司经审计后的税后净利润高于 3 亿元,那么 A 公司同意以投资估值中约定的投资市盈率 15 倍对 D 公司进行现金补偿,补偿金额的计算公式则为:15 ×(2011 年经审计后净利润高于 3 亿元的部分)× A 公司持有 D 公司的股份比例。D 公司的实际控制人及其他股东对《增资扩股协议》均予以书面认可。

协议签订后,A 公司按照约定向 D 公司注资完成增资。2012 年 8 月,A 公司得知 D 公司 2011 年度经审计后净利润为 1.5 亿元(仅为承诺业绩的 50%),故要求 D 公司按照对赌条款约定向其补偿现金 0.99 亿元。D 公司拒绝 A 公司的补偿要求,A 公司因此向中国国际经济贸易仲裁委员会提出仲裁申请,请求 D 公司及其实际控制人根据对赌条款支付其补偿金 0.99 亿元。

被申请人 D 公司认为:(1)本案与“世恒案”情况相同,是投资人与公司之间的业绩对赌,最高人民法院已认定该类型对赌无效;(2)对赌条款违反了合

同法中的强制性规定，应认定为无效；（3）对赌条款是对股东权利的滥用，将在客观上造成股东抽逃出资，是对公司独立财产的侵害；（4）执行对赌条款将侵犯公司外部债权人的利益。

申请人 A 公司认为：（1）本案与最高人民院判例存在本质差别，投资方与 D 公司约定的为双向对赌，且仅针对入资当年，故该补偿款与依据“保底条款”取得固定收益存在根本区别；（2）《增资扩股协议》中关于价格调整机制的约定内容不违反《合同法》的任何一具体条款的约定，应认定为合法有效；（3）D 公司按照约定支付投资方现金补偿款是合同法关系，不涉及公司法范畴，不属于抽逃出资；（4）客观上未涉及第三方债权人利益，且该类情况应为撤销权之诉而非合同无效之诉，但债权人的诉讼时效已过。

案件焦点

《增资扩股协议》中 D 公司向 A 公司承担对赌责任约定的效力。

仲裁庭意见

仲裁庭认为：

1. 投资补偿款具有独立性

A 公司与 D 公司签订的对赌条款是当事人的真实意思表示，对赌的方式是采用现金补偿条款，且在估值调整安排上采用双向安排的方式，现金补偿条款的内容并没有抵触法律、行政法规的强制性规定，因而是合法有效的。投资款与溢价投资款财产属性不同，产生的合同依据也不同。溢价投资款在账务上的具体处理列为公司负债或是计入公司资本公积金，并不影响投资补偿款的产生、计算和法律上的成立。申请人取得目标公司支付投资补偿款并不构成侵犯公司法人独立财产权，或违反公司法有关资本维持、资本减少限制的原则。

2. 对赌过程中并不存在需要法律特殊保护的利益方

协议当事方、利益关联方都是平等利益主体，对赌协议不涉及国家或公众利益，没有需要法律特殊保护的利益方。投资人依据本案协议的正当约定，要求被申请人支付投资补偿款，是其依据本案协议享有的正当合法权利。

3. 业绩补偿并非当然显失公平

投资补偿是出资后对投资进行估值调整的结果，是补偿行为，是一项或有合同债务，且根据被投资公司的利润实现情况，其支付义务人并不当然是被投资公司，也可能是投资方，投资方和公司均承受着投资风险。因此，申请人依据其与被申请人所签订的对赌协议，要求被申请人对其进行现金补偿是正当合理的，并没有构成滥用股东地位。

裁决结果

仲裁庭裁决：

对赌协议有效，D 公司应向投资方返还全部投资补偿款。[1]

案件评析

1. 本案中国国际经济贸易仲裁委员会针对投资方与目标公司之间以投资当年税后净利润为基础作出估值调整的约定，作出了与“海富案”相反的裁决，仲裁庭认为相关约定有效。

2. 仲裁机构为何会作出与法院判决相反的裁决？

第一，契约自由。我国商事仲裁相比法院更加重视契约精神。仲裁机构认为，投融资双方作为职业的经营者，具有判断交易后果的能力，《增资扩股协议》属于投资人、目标公司、股东之前协商一致的成果，并不违反相关法律规定，其商业判断和自由选择应当受到尊重与保护。

第二，未违反禁止股东滥用权利的原则。根据《公司法》第二十条的规定，滥用股东权利的认定应当存在滥用行为及损害后果。而本案中，签订对赌协议时，投资人并不具备股东身份，赔偿请求基础非股东权利，不存在滥用行为。目标公司因签订对赌协议获得融资，相比之前具有更高的偿债能力，且执行对赌协议时，投资人也具有目标公司债权人的身份，因此亦不存在滥用后果。

与法院相比，仲裁庭对于投资人与目标公司之前签订的对赌条款持肯定态度，原因在于商事仲裁更加注重当事人双方意思自治及契约精神，只要相关协议遵循平等自愿、诚实信用等基本原则，仲裁不会轻易认定无效，对稳定股权投资交易、维护市场秩序起到了积极作用。

[1] 中国国际经济贸易仲裁委员会作出该裁决后，D 公司不服，向北京市第二中级人民法院申请撤销该仲裁裁决，后撤回申请。

31. 目标公司为外商投资企业的对赌案件中股权回购条款不因未经审批而无效

——A 公司与 B 公司股权转让协议争议仲裁案[1]

案件基本信息

申请人：A 公司

被申请人：B 公司

基本案情

B 公司系 C 公司控股股东。2010 年 2 月 5 日，B 公司与 A 公司签订《股权转让协议书》，约定 B 公司将其持有的 C 公司 506.6667 万股股份作价人民币 2000 万元转让给 A 公司。

2010 年 2 月 3 日，B 公司、C 公司和 A 公司签订《补充协议》，《补充协议》第 3.1 条、第 3.2 条规定，B 公司及 C 公司共同承诺，自 A 公司缴付出资后至 2011 年 9 月 23 日止，若 C 公司未能实现在国内外证券交易所公开上市，经 A 公司书面提出请求，B 公司与 C 公司应当以每年 10% 的投资收益率回购 A 公司所购买的 C 公司 6.67% 的股权。此外，B 公司和 C 公司还作出业绩承诺，即如果 C 公司在 2009 年的净利润低于人民币 2700 万元，B 公司应当按照约定的方式给予 A 公司现金补偿。

2011 年 1 月 6 日，A 公司在前述股权转让获得相关部门批准后，依约向 B 公司支付了股权转让价款人民币 2000 万元。

C 公司至仲裁时止没有上市。A 公司于 2012 年 11 月 6 日、2013 年 7 月 19 日两次向 B 公司和 C 公司发出《股份回购通知函》，要求 B 公司和 C 公司履行协议，但两公司未予回复。

A 公司向华南国际经济贸易仲裁委员会提出仲裁申请，请求 B 公司支付

---

[1] 参见林一飞：《对赌仲裁：外商投资企业股权回购约定的效力》，载 CNARB 中国仲裁：https://mp.weixin.qq.com/s/NmuxpI0ROI_yr7WKufXDw，最后访问时间：2020 年 3 月 23 日。

股份回购款(自2011年1月6日起暂计至2013年8月19日,股份回购款为人民币2524万元);承担A公司为本案仲裁须支付的律师费人民币216.92万元;承担本案仲裁费;承担公证及相关事项费用合计港币6400元;承担财产保全支出的担保费人民币480,000元;承担申请财产保全而支出的法院受理费人民币5000元。

B公司辩称回购条款无效,理由是:1.外商投资企业股权变更须经审批,而《补充协议》未经审批机关批准,且未经C公司合营各方同意;2.《股权转让协议书》约定变更或解除本协议书须经公证处公证后生效,而《补充协议》未经公证。

案件焦点

如何认定外商投资企业投资者与原股东约定的股权回购条款的效力。

仲裁庭意见

仲裁庭认为:本案股权转让及股权回购是B公司与C公司对各自财产权利的处分,体现了双方的合意。A公司是以B公司出资成本的3.947倍取得股权,B公司从中获益。A公司溢价取得股权的估值是建立在C公司能够在约定期间内上市,否则B公司和C公司按每年10%的投资收益率回购股权的预期之上。该等条件是各方达成合意的组成部分,否则当时无法继续交易。

仲裁庭没有发现《补充协议》中的任何条款存在《合同法》第五十二条规定的可以导致合同无效的情形,或其他可能导致合同无效的情况。关于B公司认为《补充协议》未经审批或未经其他股东同意从而无效的主张,仲裁庭认为,合同未经审批或未经其他股东同意,并不必然导致合同无效,况且《补充协议》约定的股权回购条款缺乏《中外合资经营企业法实施条例》第十一条列明的合营企业合同应具备的要素,并非《中外合资经营企业法》第三条或其他相关法律法规规定的需要经过审批才生效的合同。《补充协议》中的回购条款自签订之日起成立,在合同所附的条件成就时生效。各方应按照约定全面履行各自义务,包括征求其他股东同意,办理相关审批手续等。B公司不能以自己事后不作为导致的后果来倒推自己之前签订的合同无效。

诚然,一旦发生股权回购事项,势必导致合营企业合同、章程的相关条款作出相应修改和变更。依据我国现行有效的法律、法规和规章制度，涉及外商投资企业的股权变更需要经过外商投资主管部门批准后方能生效。C公司是一家股份有限公司，不是《中外合资经营企业法》及其相关法规规定的有限责任公司，但企业形式的不同，没有改变外商投资企业股权变更需要经过主管部门批准方能进行这一事实。《股权转让协议书》的履行经过了深圳市有关政府部门的批准，即是最直接的证明。

概言之，《补充协议》关于股权回购的规定本身没有无效、需要批准才能生效的情形，但一旦发生股权回购行为，则需要按照法律规定的程序才能促使交易生效并完成交易，这里面包括被申请人所提及的法律或者合同所要求的其他股东同意、行政机关审批、收购价款的支付、股权的工商变更登记等。因此，《补充协议》并没有规定，在回购通知生效后，被申请人应当立即支付全部回购款，而是规定被申请人和C公司应当在回购通知发出后十二个月内支付全部回购价款，即是留足了时间供当事人之间办理相关的手续。所以，仲裁庭认为，《补充协议》规定的，如果C公司没有在规定期间上市，而且申请人发出回购通知，“一经发出即告生效”的是被申请人的回购义务。在本案中，这两个条件均已成就，被申请人的股权回购义务在申请人发出通知后即告生效，付款义务在十二个月后生效，其间的十二个月，当事人应当各自采取必要的措施，以促进合同规定的条件的成就。

《合同法》规定，当事人应当按照约定全面履行自己的义务，就本案而言，全面履行包括申请人、被申请人之间应当按照法律规定签订符合法定形式和内容要求的合同或协议，征求其他股东同意或执行优先购买权（如果需要），以及办理法律要求的主管机关的审批手续等，直至完成交易即完成支付股权转让款和股权变更登记手续。当事人之间负有义务，相互配合，善意促使合同的签署、生效和履行。

因此，《补充协议》约定的股权回购和法律规定的审批流程并不矛盾。无论是其他股东同意还是行政审批都不是当事人逃避全面履行自己义务的借口，被申请人更不能以自己事后的不作为导致的后果来倒推自己之前签订的合同是无效合同。很显然，被申请人和C公司根本没有向审批部门提交股权回购申请，当然也没有获得行政审批和同意。按照合同法的规定，当事人双方都负有义务全面履行合同，促使这些审批或同意事项的发生。本案另一合同

《股权转让协议书》规定的股权转让同样需要签订必要的合同、经过主管机关审批、其他股东同意、外汇主管机关批准、办理工商变更登记等程序才能完成全部交易流程。显然被申请人和C公司采取了必要的行为和努力,促使了这些条件的最终成就,使交易最终完成。而对于《补充协议》规定的回购,被申请人和C公司却无所作为,未履行自己的相应义务,简单的拿审批事项作为挡箭牌。所以,退一步讲,即使认为审批、其他股东同意是股权回购生效的前提条件,被申请人以不作为形式阻碍了条件的成就,应当对此承担责任。

裁决结果

仲裁庭裁决:

B公司向A公司支付以下款项:

1. 股权回购中的投资本金款人民币2000万元;

2. 股权回购的投资收益,按照本金人民币2000万元的每年10%的投资收益,自2011年1月6日起算直至全额支付股份回购款之日止;

3. 律师费人民币2,169,200元;

4. 公证及相关事项费用港币6400元;

5. 申请财产保全而支出的担保费人民币480,000元;

6. 申请财产保全而支出的法院受理费人民币5000元;

7. 仲裁费用共计人民币399,006元由B公司承担,仲裁员实际开支费用人民币3050.50元由B公司承担。[1]

案件评析

双方对赌的条款约定在《补充协议》中,其中股权回购是主要的方式。由于目标公司为外商投资企业,是否需要依照《中外合资经营企业法》第三条或其他相关法律法规规定的需要经过审批才生效就成为双方争议的重点。B公司在本案中最主要的抗辩理由是目标公司作为外商投资企业,其股权变更需经相关政府部门审查批准,因此未经审批的股权回购约定无效。

---

〔1〕 华南国际经济贸易仲裁委员会深裁(2014)66号仲裁裁决作出后,B公司向广东省深圳市中级人民法院申请撤销,深圳市中级人民法院审理后作出(2014)深中法涉外仲字第255号民事裁定书驳回其申请。

对此，仲裁庭认为《补充协议》本身并非是一份需要审批的股权转让协议。《补充协议》中的股权回购条款，即非法律要求需要经过审批才生效的“合营各方签订的合营协议、合同、章程”，或者需要办理审批的股权转让协议。根据《合同法》的规定，依法成立的合同，自成立时生效。法律、行政法规规定应当办理批准、登记等手续生效的，依照其规定。既然仲裁庭没有发现导致《补充协议》无效，也没有发现《补充协议》有需要经过审批后生效的情形，仲裁庭认为，该《补充协议》自签订之日起成立，在合同所附的条件成就时生效。在目标公司未能如期上市的情况下 B 公司书面提出回购要求时生效。该条款是当事人真实意思的表示，内容不违反法律、行政法规的禁止性规定，不存在《合同法》第五十二条规定的有关合同无效的情形，为有效约定。A 公司应当全面履行约定的义务，与其他方配合办理相关的审批等手续，促成股权回购交易的完成。

本案中可能会产生争议的一点是：股权回购的约定不需要报批，而股权转让交易生效本身需要报批，这二者之间的矛盾如何解决。从裁决表面看，这也是仲裁庭考虑的一个重点。

可以清楚看出，仲裁庭并不将股权回购等同于股权转让，因此在其效力的认定上是分开的。这种观点在法院审判中也有实例支撑。张某、深圳一电实业有限公司与旺达纸品集团有限公司、林某民间借贷纠纷案，[1]广东省高级人民法院也认为，虽然涉及股权转让部分的权利、义务内容因未经审批而应认定合同未生效，但作为股权价值估值调整条款的回购约定是有效的。

司法实践中，对股权回购条款是否应当报批从而使其生效上意见是不一的，对于股权回购，既有认为其未生效，也有认为其有效。这对实务而言，无论是商业交易还是法律裁判，都存在不确定性。可以看出的是，本案中仲裁庭的这种分析显然不仅考虑到法律规定的硬性要求，同时也考虑到诚信原则在商业交往中的作用以及创投行业的特殊性。在这种分析的基础上，仲裁庭尊重当事人的意思自治，肯定了投资人与股东约定的股权回购条款的效力，这有利于促进采用回购股权方式进行对赌的协议在投资交易中进一步发挥积极作用。但是，是否类似的裁法在今后所有的案件中都会如此，还需要进一步观察。当然，对赌协议有各种类型，其效力要根据个案中的具体情况进行判断。

〔1〕 参见广东省高级人民法院（2014）粤高法民四终字第 12 号民事判决书。

32. 投资方有权以投资合同当事人的身份要求目标公司给予补偿

——A公司与B、C公司增资协议争议仲裁案

案件基本信息

申请人：A公司

被申请人：B、C公司

基本案情

2011年1月8日，B、C公司与A公司签订《对C公司增资的增资协议》（以下简称《增资协议》），在此之后于同日签订《对C公司增资的增资协议之补充协议》（以下简称《补充协议》），再后于2012年7月间签订《关于执行〈对C公司增资的增资协议之补充协议〉的协议》（以下简称《补充协议之执行协议》）。协议中约定了C公司的业绩目标。《补充协议》第三条第3.1款、第3.3款约定未达到盈利目标由C公司对A公司承担补偿责任。《补充协议》第三条第3.5款、第3.6款约定若C公司未达到利益目标，则C公司和创始股东退还部分增资款给A公司。

A公司向中国国际经济贸易仲裁委员会申请仲裁，请求"因2011年度业绩未达标，B、C公司向A公司退还增资款296.70万元及相应利息"，后于审理中变更诉讼请求为："因2012年度业绩未达标，B、C公司向A公司补偿296.70万元及相应利息"。

仲裁中，B、C公司向中国国际经济贸易仲裁委员会提交了最高人民法院（2012）民提字11号民事判决书。（苏州工业园区海富投资有限公司与甘肃世恒有色资源再利用有限公司、香港迪亚有限公司、陆某增资纠纷案，最高人民法院，2012年11月7日）

案件焦点

《补充协议》中B、C公司（目标公司）向A公司（投资人）承担对赌责任约

定的效力。

仲裁庭意见

仲裁庭认为：

对赌协议或对赌条款，是私募股权投资市场常见的估值调整机制。估值调整机制存在的前提或基础是投资人通常以溢价方式投资入股目标公司，同时对目标公司未来业绩（通常为税后净利润）指标进行设定；若目标公司实际业绩达标，则当初溢价投资交易作价公平，若目标公司实际业绩不达标，则表示当初溢价投资作价过高，应相应调低作价，具体方式是由目标公司和/或目标公司的控股股东给予投资人现金补偿或股份补偿。估值调整机制实质是投资领域交易作价的“多退少补”机制，是相关各方的自主利益平衡和调整机制。

这种估值调整补偿安排即股权价格的“多退少补”机制，与申请人（目标公司）所主张的“申请人可取得相对固定的收益，脱离了目标公司的经营业绩”两者不是一回事；而且，这种补偿在性质上与目标公司的利润分配也不是一回事。尽管申请人（投资人）要求被申请人（目标公司）给予补偿时已经取得目标公司的股东身份，但是其要求补偿是基于《增资协议》和《补充协议》的相关合同条款约定，实际是以投资合同一方当事人的身份提出的合同项下的权利主张，与其股东身份并无实质关联，在性质上不应属于《公司法》所禁止的公司股东滥用股东地位损害公司利益或公司债权人利益或滥用公司法人独立地位和股东有限责任损害公司债权人的利益之情形。公司股东依据投资合同可以形成对目标公司的债权或债务，反之亦然。投资人和被投资公司在法律上是平等的商事主体，目标公司并不享有特别的法律地位或应受特别的法律保护，只要投资补偿是基于自愿公平的安排，在法律上当属有效。也就是说，当目标公司的业绩未能达标时，目标公司和/或其控股股东就应当按照投资合同的约定给予投资人以补偿，反之，当目标公司超额实现业绩目标时，投资人则同样需按照投资合同的具体约定给予目标公司和/或其控股股东以补偿。因此，仲裁庭认定，对赌条款合法有效。

裁决结果

仲裁庭裁决：

被申请人 B、C 公司共同连带向 A 公司支付补偿款 296.70 万元。[1]

案件评析

本案仲裁庭认为，对赌协议中，未达到利益目标，融资公司和创始股东退还部分增资款给投资方的约定，并未损害融资公司和公司债权人利益，协议有效。同时，协议中约定的融资公司创始股东向投资方承担连带责任亦属有效。不同于司法部门在投资人与目标公司之间对赌协议效力问题上从认定无效到认定有效的发展历程，仲裁机构在该问题上反而一贯秉承着认定有效的裁判观点，即便是在最高人民法院作出海富案判决书后。

从仲裁裁决表述中可以清楚看到，仲裁机构在处理对赌协议案件时更多的是回归到对赌协议本身的合同性质上，以当事人意思自治为基础，对公司经营、投资人的股东身份等与对赌协议本身无实质关联的因素不予过多考虑。与法院不同，仲裁机构通常是民间团体的性质，其受理案件的管辖权来自于当事人的协议，没有协议就无权受理。仲裁这种争议解决方式本身就具有当事人合意性的特点，这也决定了仲裁机构在处理包括对赌协议在内的合同纠纷案件中不会轻易因合同外在因素否定合同和当事人合意的有效性。

[1] 仲裁裁决后，B、C 公司向北京市第二中级人民法院起诉，申请撤销该仲裁裁决，北京市第二中级人民法院经审理驳回其请求。

33.“可得利益损失”的认定应符合“可预见性”要求

——A企业与B、C、D公司增资协议争议仲裁案[1]

案件基本信息

申请人：A企业

被申请人：B、C、D公司

基本案情

2014年6月19日，C公司与A企业、B公司、D公司签订了《增资协议》和《股东协议》，《增资协议》约定，(1)“并购退出”是指：投资方在本次交易后持有的目标公司全部股权被第三方(非投资方的关联方)收购，且该次收购时，目标公司的整体估值不低于3亿元。(2)交割后，原股东及目标公司应确保目标公司原有的高级管理人员(指目标公司副总裁以上的高级管理层)应：①继续为目标公司业务发展贡献全部个人工作时间和精力，尽个人全部努力为目标公司谋利直至目标公司实现合格IPO、并购上市、借壳上市或并购退出之日起两年，除非其个人离职申请取得投资方的批准或投资方对该高级管理人员另有安排；以及②从离职之日起两年内不从事任何与目标公司有竞争关系的业务。(3)本协议签署后，任何一方未能按本协议的规定履行其义务，或违反其做出的陈述与保证或承诺，则被视为违约。违约方应赔偿因其违约而给守约方造成的损失……投资方股权被回购后，仍无法弥补投资方损失的，实际控制人、原股东及目标公司应对投资方的损失承担连带责任。

A企业依据其与B、C、D公司于2014年6月19日共同签署的《增资协议》中仲裁条款约定，以C、D、B公司为被申请人提起仲裁，要求被申请人向A企业支付A企业持有的B公司的20%股权的回购款人民币3000万元；支付损失赔偿金额人民币3000万元。

---

[1] 参见北京市第四中级人民法院(2018)京04民特151号申请撤销仲裁裁决民事裁定书。

案件焦点

A 企业能否主张可得利益的损失。

仲裁庭意见

仲裁庭认为：

申请人可得利益的最低值来自《增资协议》的明确约定，即被投资方承诺并购退出时，B 公司的估值不低于人民币 3 亿元，因此申请人至少损失可得利益人民币 3000 万元，被申请人在缔约时予以预见。依据《增资协议》第一条“定义和解释”约定，“并购退出”是指：“投资方在本次交易后持有的目标公司全部股权被第三方（非投资方的关联方）收购，且该次收购时，目标公司的整体估值不低于 3 亿元”，仲裁庭注意到：申请人在以人民币 3000 万元向第三被申请人增资时，第三被申请人的整体估值为人民币 3 亿元，也就是说，申请人实现并购退出时，其可得利益应当不低于人民币 3000 万元。据此，被申请人已明确预见到了其因违约可能承担的违约责任以及违约可能带来的相关后果。这符合“可得利益损失”中的“可预见性”要求，即不超过违反合同一方订立合同时预见到或者应当预见到因违反合同可能造成的损失。

裁决结果

仲裁庭裁决：

1. C、B 公司向 A 企业支付 A 企业持有的 B 公司的 20% 股权的回购款人民币 3000 万元以及计算至 2016 年 6 月 30 日的利息人民币 5,785,419 元，共计人民币 35,785,419 元；在 B 公司无力或拒绝赎回 A 公司的股权时，由 C 公司承担连带责任；

2. C、B 公司连带向 A 企业支付损失赔偿金额人民币 1500 万元；

3. 驳回 A 企业提出的其他仲裁请求；

4. 本案仲裁费用为人民币 517,423 元，全部由 C、B 公司连带承担。该笔费用已由 A 企业预缴的等额仲裁预付金予以冲抵，故 C、B 公司还应连带向 A 企业支付人民币 517,423 元，以补偿 A 企业代其垫付的仲裁费用。

案件评析

可得利益损失，是指合同当事人的违约行为导致对方当事人丧失了在合同如约履行下所能够得到的利益，即其财产应增加而未增加之数额。当事人作为一般理性人，任何超过其预见范围的风险都不可能落入其内心意思。其之所以形成愿意与他人缔结合同的内心意思，必然是因为他已经对自己能够预见到的该合同可能产生的收益与损失进行了权衡。通常情况下，合同一方违约，另一方当事人不仅现有财产会遭受损失，其在合同能够全面履行时本应获得的预期利益也将丧失。

现行法律对预期利益的获得设置了许多限制，其中可预见性是确定违约可得利益的主要原则，即违约方对可得利益损失的赔偿不得超过他在订立合同时所预见或者应当预见的范畴，依据可预见性确定违约方应承担守约方预期利益的损失。通常情况下，若当事人在订立合同时预见到该合同可能会给自己带来极大的损失风险，他在决定缔结合同时一定会大幅提高价格以平衡自身风险。也就是说，当事人是根据自己的预见结果来确定合同价格的。在既定的合同价格之下，要求违约方对未预见的可得利益损失承担责任必然会造成双方当事人之间的利益失衡，有失公允。故可得利益损失的赔偿范围以违约方订立合同时可预见为限。

本案中投资人 A 企业除主张目标公司及股东向其支付股权回购款及利息外，还主张了 3000 万元的可得利益损失赔偿。中国国际经济贸易仲裁委员会故以目标公司于缔约时已预见赌失败的违约损失，应当承担违约赔偿责任为由对该请求进行了调整。

34. 对赌协议中的回购条款不同于可获取固定利益的保底条款

——创投公司A、B、C、D、E与被投资公司原股东F、G投资合同争议仲裁案[1]

案件基本信息

申请人:创投公司A、B、C、D、E(以下简称投资人)

被申请人:目标公司原股东F、G

基本案情

2011年4月18日,投资人与目标公司H及原股东F和G签订《投资协议书》,约定五位投资人以增资入股的方式分别向目标公司H投资人民币2600万元、975万元、1625万元、650万元、650万元,以持有目标公司8%、3%、5%、2%、2%的股权。《投资协议书》第八条约定,如果在投资协议书签署后36个月,目标公司H未成功上市;或目标公司H按IPO要求审计的2011年在扣除非经常性损益后低于3600万元;或目标公司按IPO要求审计的2012年在扣除非经常性损益后年增长率低于30%,且在2012年年底无法递交上市材料的,则投资人有权要求原股东F按照每年8%的投资收益率回购投资人持有的目标公司H的股权。

2011年6月7日,投资人在支付完毕投资款后正式登记成为目标公司H的股东。至投资人申请仲裁之日止,目标公司H未能满足《投资协议书》第八条约定的条件。

2012年9月11日,投资人正式通知原股东F回购投资人持有的目标公司H的全部股权,遭到原股东F的拒绝。投资人遂向中国国际经济贸易仲裁委员会提出仲裁申请,请求裁决原股东F及G向投资人支付股权回购款、违约

---

[1] 参见林一飞:《股权回购约定与风险承担:对赌协议仲裁》,载CNARB中国仲裁:https://mp.weixin.qq.com/s/SLkiZ4dOCpDtponJq-ghNA,最后访问时间:2020年3月23日。

金，以及本案的仲裁费、公证费、担保费、财产保全费以及律师费。

原股东F与G辩称：(1)投资人对目标公司H名为投资，实际是民间借贷关系，投资人应向实际用款人目标公司H主张权利；(2)即便投资人与目标公司H属于投资关系，股权回购条款违反投资风险责任自担的原则，应属无效。因此应依据回购条件成就时目标公司H的净资产确定回购价格。

案件焦点

1.《投资协议书》回购条款的效力；

2. 原股东F是否承担回购投资人持有目标公司股权的责任。

仲裁庭意见

仲裁庭认为：

股权回购条款合法有效，原股东F应当按照《投资协议书》约定的价格分别回购投资人持有目标公司H的全部股权，理由如下：

首先，股权回购条款并非名为投资实为借贷的无效约定。《投资协议书》第八条约定的股权回购条款是附条件的股权回购条款，回购依据的是不确定的条件。投资人的投资目的是投资后通过目标公司H上市获利，投资后并非必然出现股权回购的结果。如果触发《投资协议书》第8.1条明确规定的条件，才可启动股权回购的程序；否则不存在股权回购的问题。同时投资人亦须承担投资目标公司H的投资风险，如果没有触发股权回购条件，则投资人作为目标公司H股东，仍然要承担投资目标公司H的所有风险。

根据《最高人民法院关于审理联营合同纠纷案件若干问题的解答》第四条第二款的规定，名为投资实为借贷的合同，是到期还款及利息或固定收益的概念，其投资目的只为取得所投资金在一段时间的利息收益或固定收益，股权投资不过是取得利息收益或固定收益的手段，投资人不承担被投公司的任何经营风险。因此《投资协议书》约定的附条件的股权回购条款不应被认定为企业之间资金的变相借贷。

其次，股权回购条款是各方当事人的真实意思表示，是私募股权投资领域常见的商业模式和交易安排，不违反任何禁止性法律规定和社会公共利益，应为合法有效。附条件的股权回购条款的产生是由于在私募股权投资实践中，对被投资公司的价值和盈利能力的评估存在很大的不确定性。投资人及被投资公司实际控制人站在不同角度对公司有不同的估值判断,实际控制人为成功吸收投资并将公司股权卖出其满意的价格,通常愿意向投资人承诺实现其提出的业绩目标并作出附条件的股权回购安排。

本案中,根据目标公司 H 提交给某工商行政管理局的 2010 年、2011 年、2012 年《公司年检报告书》和《资产负债表》,目标公司 H 2010 年、2011 年、2012 年年末净资产分别为 4481.45 万元、10,041.18 万元和 12,658.96 万元。投资人向目标公司 H 支付投资金额 6500 万元以持有目标公司 H 合计 20% 的股权,高额溢价部分进入公司资本公积金,投资人的投资价格远远超过原股东 F 的原始投资价格。如果按照回购条件成就时目标公司 H 的净资产确定回购价格,对投资人显失公平。

关于原股东 G 是否应为承担股权回购义务的主体,仲裁庭认为虽然 G 与 F 之间存在夫妻关系且 G 为《投资协议书》的一方,但股权回购条款并没有约定 G 有回购的权利和义务,且股权回购应尊重目标公司 H 的股东意愿。因此,投资人主张 G 应对 F 履行股权回购义务承担连带责任的理由不成立。

裁决结果

仲裁庭裁决:

仲裁庭裁决原股东 F 按照《投资协议书》中股权回购条款约定的价格,分别购买投资人持有的目标公司 H 的全部股权,并承担本案的仲裁费、财产保全费、公证费、实际发生的担保费及律师费。至于投资人请求原股东 F 支付延迟支付股权回购款的违约金,由于没有明确的金额,仲裁庭不予支持。

案件评析

本案是一起典型的内资公司对赌条款纠纷,其对赌涉及上市对赌和业绩对赌。本案争议焦点正是这一类争议提出的最主要的两种抗辩:是否名为投资实为借贷,以及是否违反投资风险责任共担原则,不同的答案会影响投资人与目标公司及其原股东约定的股权回购条款的效力。当然,这种抗辩并不仅见之于内资公司股权回购对赌约定,而是针对所有类型项目公司的对赌类案件中融资方常用的抗辩理由。例如,被称为对赌第一案的“海富案”,二审法院即参照最高人民法院《关于审理联营合同纠纷案件若干问题的解答》第四条第二款关于"企业法人、事业法人作为联营一方向联营体投资，但不参加共同经营，也不承担联营的风险责任，无论盈亏均按期收回本息，或者按期收取固定利润的，是明为联营，实为借贷，违反了有关金融法规，应当确认合同无效"的规定，认定业绩补偿安排无效。

这种裁判的逻辑路径可以细分为：首先确认"明为联营，实为借贷"无效，其次确认"名为投资，实为借贷"可以参照相应无效规定，最后认定对赌协议即是"名为投资，实为借贷"，于是认定无效。这里面存在的问题：一是将联营等同于投资，二是将投资等同于借贷。该案中的二审法院参照上述解释第四条第二款的规定，认为在目标公司未能达到约定业绩的情况下，目标公司及原股东应向投资人补偿的约定，违反了投资领域风险共担的原则，使投资人无论目标公司经营业绩如何，均能取得约定收益而不承担任何风险，属于名为投资实为借贷的约定，因此目标公司与原股东的补偿承诺无效。但是，显然，这三者并不能画上等号。故在再审阶段，最高人民法院以缺乏法律依据为由纠正了二审法院认为对赌条款名为投资实为借贷的认定，但没有阐述具体理由。最高人民法院认为原股东对于投资人的补偿承诺为真实意思的表示，不违反法律法规禁止性规定，为有效约定。

在本仲裁案中，对赌条款约定，如果目标公司未达到约定的条件，则原股东应按每年8%的投资收益率回购投资人的股权。从表面上看，合同约定投资方获取固定回报，对赌条款的表象特征似乎与借款合同有一定的相似性：即便目标公司经营不佳，投资人仍能取回本金，并享有每年8%的固定利润。但实质上，本案对赌条款与只收取固定回报、不承担风险的借款性质不同。

首先，二者目的不同。借款人的目的在于在一定期限内取得固定收益，本案投资人的目的并不是获取固定收益，而是通过目标公司上市获取盈利。事实上，投资方已经支付了相应的股权对价，办理了股权工商变更登记手续。

其次，固定利润率的股权回购条款似乎有保底条款之嫌，无法实现股东之间在所投资事业上的共担风险。但显然，对赌协议中的回购条款，与投资方享有完全处置权、随时可收回固定利益的保底条款，有明确差异。股权回购并不是必然出现的结果，只在约定的条件触发时才发生。而投资方也没有在任何条件下（不计盈亏）均有权收回出资和固定利润的权利。所约定的含固定回报的股权回股价格，只是作为高溢价收购股权而不能达成约定目标时的一个无奈的补偿措施。

最后，本案投资人并非不承担任何投资风险。如果股权回购条件未成就，投资人作为目标公司的股东，仍然需要承担目标公司 H 的所有风险。因此，本案的对赌条款并非借款合同，进一步，也并非不承担风险的保底合同，当然不适用前述解答规定的无效情形。

第三篇

非诉篇

35. 实现双赢的对赌

——蒙牛短时间内迅速成长并成功上市,投资机构投资收益率超过500%

事件简介

1. 融资方

蒙牛乳业有限公司(以下简称蒙牛)

2. 投资方

摩根士丹利、鼎晖投资和英联投资三家私募股权投资机构

3. 签订日期:2002年、2003年

4. 对赌主要条款内容

第一次协议:2002年至2003年,如果蒙牛不能实现100%复合增长率,外方将控制蒙牛,并可更换蒙牛管理层。

第二次协议:从2003年至2006年,蒙牛的年复合增长率如不超过50%,蒙牛将赔偿摩根士丹利等投资机构6000万到7000万股股票。

5. 对赌结果

蒙牛均实现约定增长率,在短短五年内迅速成长并成功上市,摩根士丹利等机构提前终止与蒙牛的对赌。

事件始末

1. 融资前的蒙牛

1991年1月,牛根生创办"蒙牛乳业有限公司",注册资本100万元人民币,后更名为"内蒙古蒙牛乳业股份有限公司"。2001年年底,摩根士丹利等机构与其接触的时候,蒙牛乳业股份公司成立尚不足三年,是一个比较典型的创业型企业。

在进行私募融资之前,蒙牛在众多的民营企业中并不出众。对于民营企业而言,除了最初的原始投资资金之外,想要抓住机会加速发展,光靠自身盈利来扩大投资是远远跟不上速度的,因此融资是必经之路。但是最开始的融

资对于蒙牛这样规模的民营企业来说是相当困难的，银行能够给企业的贷款也显然是十分不足的。同时想要在香港主板上市，蒙牛也是不符合条件的。所以对于蒙牛而言，最终选择吸收私募投资也是最佳的选择。

2. 引入私募投资

整个流程是以境外设立壳公司开始的。2002 年 6 月，摩根士丹利、鼎晖投资和英联投资三家私募股权投资机构注册了开曼公司（China Dairy Holdings），注册地点在开曼群岛，同时设立了毛里求斯公司（China Dairy Mauritius Ltd.），成为开曼公司的全资子公司。投资者同时还根据开曼群岛相关法律规定，将公司的股份分为 A 股和 B 股两种，A 股每股拥有十票投票权，B 股每股仅拥有一票投票权。同年 9 月，蒙牛创始者创建了金牛公司（Jinniu Milk Industry Ltd.），地点在英属维尔京群岛，同时注册创建了银牛公司（Yinniu Milk Industry Ltd.）。这两家公司其后分别以各自名义以 1 美元/股的价格购买了开曼公司 A 类股票，共 5102 股。摩根士丹利、鼎晖投资、英联投资三家投资者以 25,973.3712 万美元获得了开曼公司 B 类股 48,980 股。这样，摩根士丹利等投资者在开曼公司持股比例达 90.6%，拥有 49% 的投票权，而蒙牛管理层拥有的股票比例仅为 9.4%，拥有 51% 的投票权。经过各方对开曼公司的投入资金之后，开曼公司又用三家投资者投资的 25,973.37 万美元购买了毛里求斯公司的全部股份，其后毛里求斯公司使用这笔资金从蒙牛手中购买了 66.7% 的股份，蒙牛自身则转变为合资企业。这样，对于蒙牛的第一笔私募投资顺利注入蒙牛，蒙牛也顺利完成第一轮的引资和股权重组。（引资和股权重组见图 3－1）

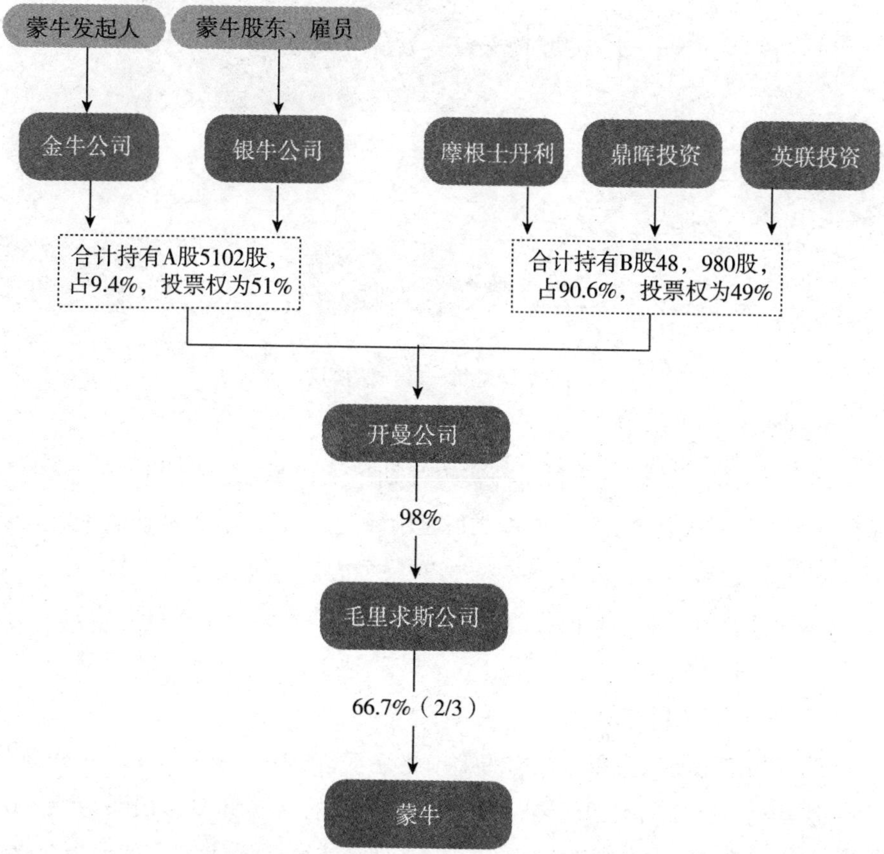

图 3-1 引资和股权重组

3. 第一轮融资

(1)签订第一轮对赌协议

在 2002 年第一阶段对蒙牛的注资时,双方签订了第一阶段的对赌协议。根据蒙牛和投资方的协定,如果蒙牛业绩在未来一年内未实现原定的快速增长,那么投资方将完全控制开曼公司和毛里求斯公司账上剩余的资金,拥有蒙牛 60.4% 的股权,外资方将可以更换蒙牛管理层。只有蒙牛高层在一年内实现的成长,投资方才会将 A 股以一股换十股的比例无偿转换为 B 股,这样蒙牛将拥有 51% 的开曼公司的股份,因此,只有一年后蒙牛完成业绩增长,才能按预想 获得外方的资金,否则就是外方完全控制蒙牛。这是一场豪赌,在外界看来,更像是套在蒙牛身上的一把沉重的枷锁。一旦成为输家,牛根生与蒙牛管理层就将丧权出局。(第一轮对赌协议见图 3-2)

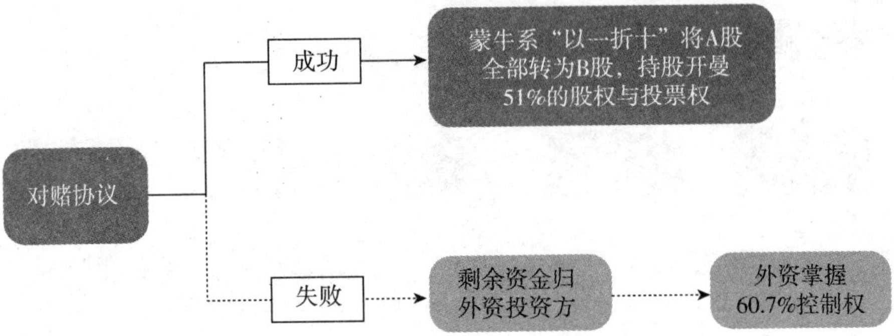

图 3－2　第一轮对赌协议

(2)蒙牛实现预期增长率

所幸在 2003 年蒙牛顺利超额实现预期增长，2003 年 9 月 19 日，蒙牛系(包括金牛和银牛公司)拥有的 A 类股全部转化成为 B 类股，从而蒙牛对开曼公司的股权达到 51%。此时，蒙牛系拥有蒙牛股份的股权为 67.32%［51% × 66.7% +(1 －66.7%)］，外资持有蒙牛股份为 32.68%(49% ×66.7%)。

4. 第二轮融资

(1)签订第二轮赌协议

为了便于来自三家私募机构的第二轮注资，在 2003 年 9 月 30 日，开曼公司将股票进行重新归类，开曼公司回购之前发行的 A 类和 B 类股票，并用 900 亿的普通股和 100 亿的“可换股权证”对其进行替换，两者每股面值均为 0.001 美元。三家投资机构以及金牛和银牛公司原先拥有的全部 B 类股票也相应地转化成普通股。同时到 2003 年 10 月，对于开曼群岛公司第二次所发行的可转换股证券，原三家私募投资者以 3523 万美元进行认购。9 月 18 日，毛里求斯公司购得蒙牛 8001 万股股票，股价为每股 2.1775 元。10 月 20 日，毛里求斯公司又一次购买蒙牛 9600 万股股票，股价为每股 3.038 元。至此，私募股权基金对于蒙牛乳业的第二笔投资顺利注入蒙牛。此时，对蒙牛集团的股权达到 81.1% 的比例。蒙牛所获得的摩根士丹利等投资者的第二笔投资是通过“可换股证券”获得的，双方在 2003 年时约定，未来换股价格仅为 0.74 港元/股，在未来蒙牛挂牌后，3253 万美元的票据可转换为 3.68 亿股股份。三家私募机构获得了大量利益，同时还增加了对蒙牛的持股，也巩固了对蒙牛的控制权。因此，“可换股证券”可被看作一种股票看涨期权。然而，基于本身的风险，这种看涨期权的价值是否能实现还是要由蒙牛在日后运营阶段的业绩表现来决定，如果能够达到预期的业绩，那么这种可换股证券就能够实现其价值，反之则将完全失去其价值。

基于此，为了预防在经营状况不佳的情况下所出现的损失，摩根士丹利等三家私募投资者与蒙牛又签署了一项对赌合同，该协议中约定，从 2003 年至 2006 年，蒙牛企业的年复合增长率必须超过 50%，摩根士丹利等三家机构将奖励蒙牛企业管理层相应的股份，否则，蒙牛将赔偿摩根士丹利等投资机构 6000 万到 7000 万股股票。（第二轮对赌协议见图 3－3）

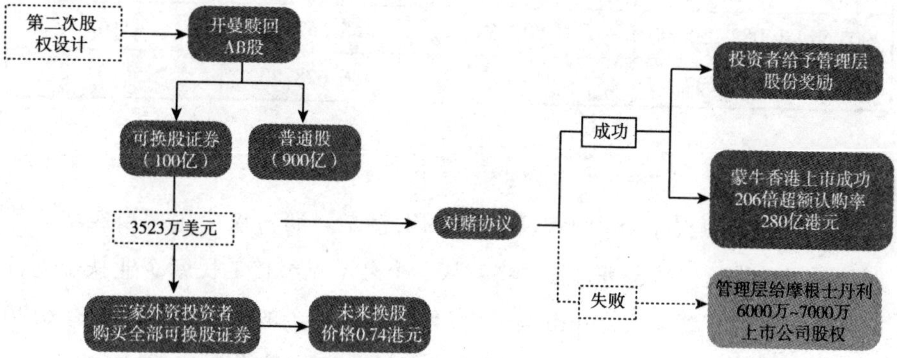

图 3－3　第二轮对赌协议

（2）蒙牛再次实现预期增长率

对蒙牛公司而言，由于发展势头迅猛，要实现与投资者约定的业绩目标并不是很难，但是蒙牛公司管理层为了避免市场风险，与投资方签订了两份对赌协议。两份对赌协议都对蒙牛公司的复合增长率进行了一定的要求。（两轮对赌概况见表 3－1）

表 3－1　两轮对赌概况

签订时间	约定时间	实际结束时间	内容	结果
2002 年	未来 1 年	2003 年	复合增长率 100%	兑现承诺，双赢
2003 年	未来 3 年	2005 年	复合增长率 50%	投资者提前终止协议

摩根士丹利等外资机构可转债得以兑现，换股时蒙牛股票价格达到 6 港元以上；摩根士丹利等外资股东也提前终止了与管理层之间的对赌，兑现给予蒙牛管理层 6260 万股蒙牛股份奖励，以当时 6 港元每股价值折算约合 3.75 亿港元。摩根士丹利等机构投资者投资于蒙牛的业绩对赌，让各方都成为赢家。

（蒙牛增长率见表3-2）

表3-2 蒙牛增长率一览表

年份	销售额（万元）	销售收入增长率（%）	净利润（万元）	净利润增长率（%）
2001年	72,399.70	/	3343.90	/
2002年	166,874.50	130.49	7785.70	132.83
2003年	407,146.80	143.98	23,033.40	195.84
2004年	721,382.70	77.18	39,209.90	70.23
2005年	1,082,495.00	50.06	55,552.30	41.68
2006年	1,624,637.00	50.08	86,628.80	55.94

事件评析

蒙牛对赌摩根士丹利等私募机构的案例是对赌协议应用相当成功的范例。综观私募股权基金进入蒙牛将其从一个名不见经传的民营企业扶植到日后成功上市后又顺利从公开市场退出，私募股权基金的全部现金投入有6120余万美元，三次获得现金总额达到了29.74亿港元，投资收益率超过500%。

蒙牛与摩根士丹利等私募机构签订对赌协议的案例中同样体现了私募机构对蒙牛管理层的激励。第一轮对赌协议中约定，只有一年后蒙牛完成业绩增长目标才能获得外方的资金奖励；第二轮对赌协议也约定了当蒙牛的业绩满足条件时能够获得的股权奖励。在此激励作用下，蒙牛管理层完善其经营管理，最终成功实现了超额增长而获得了投资方的股权奖励。蒙牛的融资顺利实现，同时也实现了企业扩张。

蒙牛对赌协议中：如果蒙牛在2002年签订对赌协议后的一年内没有实现其承诺的高速成长，那么投资方将完全控制开曼公司和毛里求斯公司账面上剩余的投资现金，而这样投资方对蒙牛的控制将达到60.4%，即完全控制，外资方将可以更换蒙牛管理层。只有一年后蒙牛完成业绩增长，才能按预想获得外方的资金，否则就是外方完全控制蒙牛。在这种情况下，蒙牛公司在压力面前只能努力抢占市场份额以按期达到业绩目标，否则蒙牛将失去企业的控制权。企业的控制权问题对于一个企业来说是至关重要的，在企业签订对赌协议时要充分考虑企业控制权流失问题。一旦融资企业在对赌协议中失利而导致对投资方进行股份赔偿严重到丧失控制权，则企业的创始人对企业所有付出都将功亏一篑。

由蒙牛与摩根士丹利等私募投资机构的对赌案例可以看出，通过设定重复博弈的策略能够有效减少投融资双方的风险，减少双方的损失以创造共赢。而在每个阶段的博弈过程中，双方在设定博弈的赌注、触动博弈终止的条款、为后续博弈所设定的变更条款等方面时，应该深入思考这些条款会给企业带来的收益与风险。重复博弈是一个不断推进的过程，通过设定分阶段的重复博弈，投资方能够更客观地了解被投资方的问题以及被投资企业的发展潜力，从而确定下一阶段的对赌目标，每一阶段的博弈过后设定的目标条件也会相应提高，若在某一过程中博弈一方由于某些原因无法完成目标，则双方为避免更多的损失可以终止博弈。当然，若双方还有继续博弈的可能，为了给对方创造扭转局面的机会以便将来盈利，双方可以设定变更条款使博弈继续进行。

36.“铁算盘”也没能躲过“资本劫”

——陈晓与摩根士丹利及鼎辉投资对赌输掉永乐电器

事件简介

1. 融资方

上海永乐家用电器有限公司(以下简称永乐电器)

2. 投资方

摩根士丹利、鼎晖投资[1]

3. 签署日期:2005年1月

4. 对赌关键性条款:

规定永乐电器2007年净利润的实现目标,陈晓方面需根据实现情况向资本方出让股权或者获得股权。

5. 对赌结果:

永乐电器成为国美的全资子公司从香港联交所退市。

事件始末

1. 快速发展的永乐电器

永乐电器成立于1996年,是一家净资产上亿元的民营股份制家电连锁零售企业。永乐电器的主营业务为家用电器以及电子产品销售,产品的品种有五万余种,是一家当年在江、浙、沪、粤、闽、冀等地开设了六十多家门店的家电连锁企业。永乐电器在八年时间内实现了销售额从100万元到100亿元增长,2004年永乐电器成为中国商业零售业及中国连锁行业十强企业之一。(永乐电器发展历程见表3-3)

---

[1] 摩根士丹利(Morgan Stanley,NYSE:MS),财经界俗称“大摩”,是一家成立于美国纽约的国际金融服务公司,其业务范围涵盖投资银行、证券、投资管理以及财富管理等。其是较早进入中国,与中国有大量业务合作的国际投行。摩根士丹利与鼎晖投资,是两家有着丰富投资管理经验及资金雄厚的投资公司,摩根士丹利更是处于投资界领头羊的地位。

表 3-3 永乐电器发展历程

1996 年	上海永乐家用电器有限公司成立
1998 年	陆家嘴中心地段的永乐家电新大陆店开业,迈出了连锁经营的第一步;同时,转移服务至家电以及电子消费用品零售专卖
1999 年	永乐电器的年销售额突破 8 亿元,居上海同业之首
2000 年	年销售额超过人民币 20 亿元,占上海家电市场份额的 15%
2001 年	开创上海首家网上家电销售平台,开始积极拓展自有品牌
2002 年	与上海联通开创手机零售业务,同时与北京大中、河南通利等公司组建联盟
2003 年	与摩根士丹利的直接投资部展开合作
2004 年	永乐电器入选中国企业 500 强,完成内部重置,且成功获得摩根士丹利的注资

2. 引入外资

在行业背景的影响下,由于企业之间大打价格战,导致行业利润偏低,此时对于企业的发展与扩张来说外部输血变得格外重要。而尚未上市在竞争中处于前有狼后有虎的永乐电器一刻也未敢松懈,其创始人陈晓转而将目光转向私募股权市场,一直在积极寻求 PE 的支持,经过了大半年的争取与洽谈,陈晓终于在 2005 年 1 月正式与摩根士丹利和鼎晖投资等达成协议,获得了共计 5000 万美元(折合人民币约 4.1 亿元)的联合投资。(股份认购情况见表 3-4)

表 3-4 股份认购情况

	认购价格(港元/每股)	认购股份	认购总额(美元)	认购占股
摩根士丹利	0.92	3.63 亿	4300 万	23.53%
鼎晖投资	0.92	5912.97 万	700 万	3.83%
合计	/	4.1 亿	5000 万	27.36%

根据表 3-4 其股份认购情况我们可以计算出,其 5000 万美元(折合人民币 4.1 亿元)的投资共计获得 27.36% 的股份,即投资机构给出的永乐电器的公司价值估值约为 11 亿元(4.1/27.36% -4.1)。2004 年,永乐电器的净利润为 2.12 亿元,由此看来,投资机构给出了约为五倍的市盈率。

3. 签订对赌协议

大摩作为一家拥有着丰富的投资经验和风险规避经验的国际投行,其在提供高额投资的同时，也为自己精心设计了一份能保证其在资本市场上全身而退的对赌协议。该对赌协议以永乐电器2007年的净利润作为对赌标的，以股权赔偿作为标的物，若陈晓未能实现协议规定的净利润，其则需要根据其实现的情况向资本方出让股权或者获得股权。具体内容为：永乐在2007年扣除非核心业务（如房地产）利润后盈利如果高于7.5亿元（人民币，下同），投资人向管理层割让4697万股；利润介于6.75亿元和7.5亿元之间无须进行估值调整；利润介于6亿元和6.75亿元之间，管理层向投资人割让4697万股；利润低于6亿元，则管理层割让的股份达到9395万股，占到永乐上市后总股本（不计行使超额配股权）的约4.1%。与此同时，协议还约定了摩根士丹利与鼎晖投资拥有一项股权认购权利，即可以分别以1.38港元每股的价格认购8549.91万股和1385.56万股永乐股份，这一认购价格与上市后的2.25港元每股的价格相比，折让了38.7%。摩根士丹利和鼎晖投资在永乐电器上市前行使了这项股权认购权。（对赌协议简况见表3－5）

表3－5　对赌协议简况

融资方	永乐电器
投资方	摩根士丹利，鼎晖投资
对赌协议内容	对赌协议内容：永乐在2007年扣除非核心业务（如房地产）利润后盈利如果高于7.5亿元（人民币，下同），投资人向管理层割让4697万股；利润介于6.75亿元和7.5亿元之间无须进行估值调整；利润介于6亿元和6.75亿元之间，管理层向投资人割让4697万股；利润低于6亿元，则管理层割让的股份达到9395万股，占到永乐上市后总股本（不计行使超额配股权）的约4.1%。
补偿豁免条款	若投资者（大摩和鼎晖）达到回报目标，则永乐未达到净利润目标也可免于割让股份。这个回报目标是，大摩和鼎晖初次投资的300%（二者2005年1月初次投资总额为5000万美元，其中大摩投资约4300万美元），再加上行使购股权代价的1.5倍（大摩上市前行使了约1.18亿港元的购股权），合计约11.7亿港元。

依据对赌协议的内容，陈晓要想在该对赌协议中立于不败之地，不损失掉自己的股权，就意味着陈晓要带领永乐电器的净利润在2007年达到6.75亿元。摩根士丹利为陈晓设计的这一看似不可能实现的净利润指标是否合理？根据永乐电器过去几年的净利润指标来分析，永乐电器在签订对赌协议的过去三年里，其净利润分别为2820万元（2002年）、1.48亿元（2003年）和2.12

亿元(2004 年),距离 6.75 亿元的净利润指标实在是相差甚远。摩根士丹利为此给出的理由是,以永乐电器过去几年间每年 50% 以上的净利润增长速度,要在 2007 年实现该净利润目标也并非十分困难。

4. 融资后发展

但之后的发展却事与愿违,签订对赌协议后,受资本的驱动,为了实现 2007 年的净利润指标,陈晓开始加快了自己在全国范围内的扩张速度,其一改往日精耕细作的作风,开始在全国各地大肆铺设门店,门店数量由 2004 年的 92 家增至 2005 年的 192 家,并在 2005 年 5 ~ 7 月之间完成了包括广东东泽、河南通利、厦门灿坤、厦门思文等多家在内的地域性家电零售品牌的收购。将这些企业的盈利注入了自己的利润表中。2005 年 10 月 14 日,永乐电器成功在香港联交所上市,其首次 IPO 获得融资超过了 10 亿港元。这些看似能为永乐电器带来高额收益的风光背后,实则为陈晓带来的却是一股经营市场的寒流。其急剧的扩张大大超出了管理层的能力范围,致使永乐电器的运营成本上升和盈利能力下降,2005 年,永乐每平米的收入从 40,000 元下降到了 25,000 元,单位面积销售额下降 2.8%,毛利率下降 0.6%,实现净利润共计2.89亿元。永乐电器从一个小而精的企业转变成了一个大而不大,精而不精的尴尬企业。2006 年 4 月 24 日,永乐电器发布了一则公告披露“预计上半年的利润低于去年同期”。此消息之后,对原本盈利能力下降、经营寒期的永乐电器来说更是雪上加霜,直接造成其股价连续下跌,摩根士丹利在此期间也立刻减持了 50% 的永乐电器股票。

5. 对赌结果

至此看来,公司经营不善,盈利能力下降,股价下挫,摩根士丹利的套现等一系列的重创,距离对赌协议上 6.75 亿元的净利润目标似已是遥不可及,一年前与摩根士丹利签下的那纸对赌协议已然成为埋藏在陈晓心中的一颗定时炸弹,按照当前的境况,永乐电器 2006 年的全年业绩或为更低。

2006 年 6 月 20 日,永乐电器股价跌破发行价,陈晓如坐针毡,当初的盲目自信签下的对赌协议此时不得不让陈晓自食恶果,国美将收购永乐电器的传闻愈演愈烈,永乐电器的“贱卖”似已迫在眉睫,2006 年 7 月 25 日,国美与永乐电器正式达成并购方案,国美将以股权加现金的方法对永乐电器进行并购,即永乐电器的一股换取国美电器的 0.3247 股加上 0.1736 港元作为现金补偿,以总计52.68亿港元的代价全资收购永乐电器，在发布会现场的执行董事周总感叹："与大摩签订对赌协议时，我们的预测过于乐观。"完成并购之后，永乐电器将作为国美的子公司从香港退市。对于此次并购，摩根士丹利无疑是其背后的巨大推手。其通过公开资料直接表态支持国美对永乐电器的并购。

2006年8月14日，永乐电器发布半年报显示其上半年的最终净利润为1501.8万元，其与2005年的同期净利润相比跌幅高达89%，令人咋舌。同期，永乐电器已有90%以上的股东接受了收购要约，原本为了与国美竞争而与永乐电器达成合作的大中电器因资本层面的股权置换无法兑现，与永乐电器终止合作。2006年11月，陈晓正式以国美电器总裁的身份重新出现在人们的视野中，但却十分低调，其再也不是当初带领永乐电器叱咤风云、一言九鼎的创始人了，他在国美拥有的不到4%的少量股份让他看上去更像是职业经理人。[1]

事件评析

永乐电器在与摩根士丹利签订对赌协议获取高倍估值的融资时承诺了投资机构过高的企业未来净利润，并以股权作为筹码，是对赌协议中最为常见也是典型的一种形式，该案例导致的最终的并购结局是我国家电最大的一起并购案，永乐电器在获取摩根士丹利的融资后快速扩张，并成功登陆香港上市，令人遗憾的是上市不久，就因经营不善等原因被国美电器并购从香港退市，创始人陈晓成为国美电器的职业代理人，失去了自己一手"栽培"长大的永乐电器的控制权。作为我国第一家因受到对赌协议的影响而被并购的公司，其过程与结局为企业家们带来很多反思。

依据该案例的分析，我们可以了解到永乐电器与摩根士丹利签订对赌协议最终失败的原因。陈晓通过与摩根士丹利的谈判，获得了五倍市盈率的估值投资，由于企业在与投资机构签订对赌协议时，对于自身的实际情况过于乐观，其盲目自信和出于对资金的渴求导致企业在与投资机构签订对赌协议时未能正确地进行风险评估，对赌协议中存在明显的对投资机构而言相对较高的资本回报率，在对赌标的的设置上，其仅要求净利润作为唯一的评价指标，

[1] 而摩根士丹利在整个对赌过程中，其通过2006年间的减持套现与增持国美股份，获得了1.01亿美元和0.9亿美元的收益。

且履约时间为三年后。基于结合往年的净利润情况来看,其要求显然不切实际。这一较难实现的财务目标使永乐电器在签订对赌协议后出现了短视行为,其受资本的驱动而制定了错误的发展战略,为了追逐净利润目标忽略了企业本身实际的经营情况和经营能力盲目扩张,导致最终因经营成本的增加反而使净利润下降,使投资机构对企业盈利能力失去信心,产生了与永乐电器之间的博弈,强大的博弈对手使永乐电器节节败退,投资机构为了确保自己的资本回报率,一力撮合最终导致了永乐电器被国美并购的结局。

37. 央视“标王”的浮沉

——李途纯对赌国际三大投行输掉太子奶

事件简介

1. 融资方

湖南太子奶集团生物科技有限责任公司(以下简称太子奶)

2. 投资方

英联投资、摩根士丹利、高盛投资三大投行

3. 签署日期:2006年11月

4. 对赌关键性条款

太子奶收到7300万美元注资后三年,业绩增长率达到30%～50%:业绩增长超过50%时,可调低三大投行股权比例;若完不成30%的业绩增长,李途纯将会失去对太子奶集团控股权。

5. 对赌结果

业绩未达标,李途纯失去控股权。

事件始末

1. 太子奶夺得央视“标王”

1996年,李途纯作为发起人和第一任厂长,成立了株洲太子牛奶厂,第一批活性乳酸菌饮料产品正式出品,李途纯将它命名为“太子奶”,主要在湖南销售。次年10月,这家名不见经传的民营企业以8888万元夺取了1998年度央视日用消费品广告“标王”,随后如雪片般从全国各地飞来的订单,使“太子奶”发展实现“核聚变”,销售额连年翻番。

2004年,太子奶兴建了当时我国最大的活性乳酸菌奶基地——昆山太子奶基地,一举奠定了国内乳酸菌奶饮料行业的龙头地位。

2005年,太子奶荣获中国十大影响力品牌,并被中国食品科学技术学会评定为中国发酵奶行业产量、销量、市场占有率第一,其发酵乳产品连续多年保持70%以上的市场份额。

2. 太子奶引入三大投行

2006年，李途纯遇上了曾帮助蒙牛上市的英联投资，而英联投资也正在中国寻找“下一个蒙牛”，双方一拍即合。2006年11月，太子奶引进英联投资、高盛投资、摩根士丹利三大投行共同注册中国太子奶（开曼）控股有限公司，三大投行联手注资7300万美元（英联投资4000万美元、摩根士丹利1800万美元、高盛投资1500万美元），根据协议，新公司股权比例大致为李途纯61.7%、太子奶研发人员7%、三大投行31.3%。同时，李途纯与这三家投行签下对赌协议。协议内容大体为：第一，太子奶未来三年设置了一个预期净利润增长率（注：可能是50%），如果达不到该增长率，大股东就要根据不同的增长率差距，给予投行不同数量的股份补偿；而如果超过这个增长率，投行就要根据超过幅度的不同，反过来给予李途纯股份补偿。第二，股份补偿的上限为“大股东不丧失控股权”，但若太子奶产生亏损，大股东将丧失控股权。第三，如果大股东不愿意出让股权，可以支付现金的方式代替出让股权。[1]

在有过“对赌”经历的中国企业中，中国动向、雨润食品、蒙牛均是“牌桌”上的胜者。在李途纯看来，与其他所涉“对赌”协议的中国企业相比，太子奶的这份期权并不格外严苛，此前，太子奶业绩已连续十年复合增长率超过100%。

在三大投行的推动下，2007年9月，太子奶又获得以花旗为首的国际六大财团5亿元的无抵押无担保的低息贷款，李途纯以个人名义对此笔贷款承担无限责任。（太子奶对赌结构见图3-4）

[1] 参见钟华：《太子奶对赌败阵》，载《中国经贸聚焦》2009年第8期。

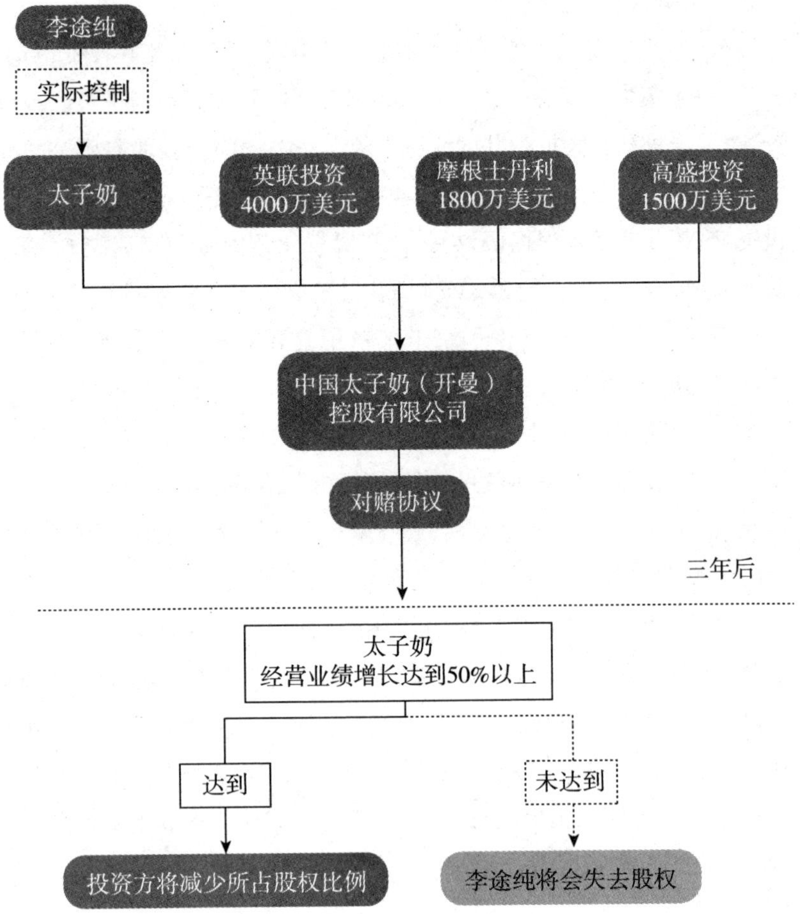

图 3-4　太子奶对赌结构

3. 业绩对赌失败

2008 年 3 月，太子奶正要启动上市计划之时，国际金融危机爆发。包括太子奶投资人在内的国际金融机构进入了严重动荡期，普遍在进行着抛售资产、裁员、降薪等举措。2008 年 5 月，花旗银行听到了太子奶资金紧张的风声，甚至有拖欠员工工资的现象。花旗担心自己给太子奶的贷款无法收回，而且当时受到金融危机影响的花旗同样急于回笼现金，于是开始逼催太子奶还款。

2008 年爆发的三聚氰胺行业危机，在市场层面直接打击了太子奶的销售状况，后太子奶开始出现停产、裁员、断货、经销商集体逼债、员工讨薪等状况，甚至尚在建设中的昆山太子奶生产基地也成了烂尾工程。

2008 年 10 月，在三大投行的压力下，李途纯被迫签订了“不可撤销协议”，双方约定，在一个月的时间内，要么李途纯找到战略投资人接手三大投行的股权，投资人套现离场；要么执行对赌协议，李途纯交出股权彻底出局。一个月的时间过去，李途纯空手而归。三大投行亮出对赌协议底牌，在支付李途纯约 5 亿元转让款后，三大投行获得了李途纯持有的超过六成的太子奶股份，全面接管太子奶，但因李途纯的其他关联企业尚欠太子奶同等数额债务，两相抵销后，李途纯“净身出户”。

4. 太子奶的破产重整之路

太子奶规模之巨，已足以撼动当地经济。出于对就业问题和社会稳定的考虑，株洲市人民政府决定对太子奶实行“保护性租赁经营”，通过国有资产投资公司与株洲高科集团组建株洲高科奶业，独家租赁太子奶核心资产，组织封闭式独立生产经营。（株洲市政府托管方案见图 3－5）

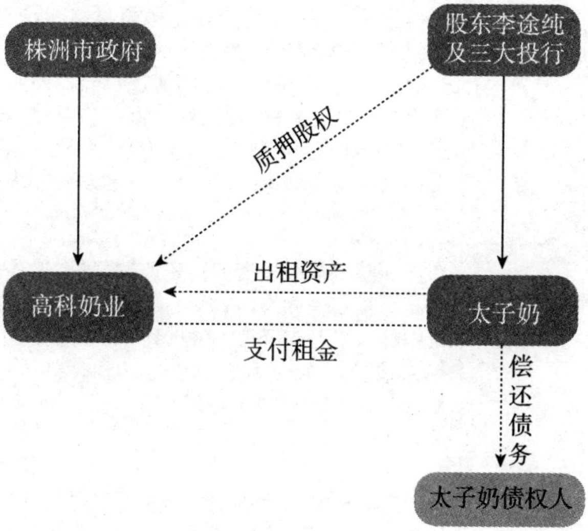

图 3－5　株洲市政府托管方案

2009 年 1 月，湖南株洲市政府成立高科奶业管理太子奶。但是，高科奶业拯救太子奶并未如意料之中取得巨大成功，太子奶仍然有大量债务没有偿还。2010 年，李途纯以“涉嫌非法吸收公众存款罪”被检察机关批准逮捕，太子奶集团最终进入破产重组程序。

2011 年 11 月，北京三元食品股份有限公司（以下简称北京三元）、新华联集团出资 7.15 亿元与太子奶破产重整管理人签订协议，接过太子奶厂房、商标、专利等资产。其中，北京三元占股 60%，新华联集团占股 40%。（太子奶发展历程见表 3－6）

表 3－6　太子奶发展历程

发展阶段	年份	事　　件
一、起步阶段	1996 年	李途纯用印挂历挣来的 50 万元作为启动资金，创建太子牛奶厂
	1997 年	李途纯利用高息贷款在央视黄金广告时段投下 8888 万元，夺得日用消费品广告“标王”，并拿到了 8 亿元的订单
二、快速扩张阶段	2002 年至 2006 年	1. 经营方面：太子奶先后在北京密云、湖北黄冈、湖南株洲、江苏以及四川成都兴建了 5 大生产基地；经营范围扩张到童装、食品、化妆品、传媒等行业； 2. 营销方面：采取“三高模式”，即高进价、给经销商高额返利、高营销费用；下游经销商须交付预付款，待产品生产出来再发货，上游供货商须先送原材料，待产品卖出后再付款，整个采购营销成为变相的融资过程； 3. 融资方面：李途纯一方面通过对经销商收取预付款来获得资金融通，另一方面四处向银行贷款，他借此在 30 多个省市、3000 多个县区建立起 100 个营销大区，包括 3000 多个一级经销商和 10 万多个二级批发商在内的营销网络资产
三、引资对赌	2007 年	李途纯获得英联投资的注资，英联投资邀请了摩根士丹利和高盛投资一同参与投资，投资总额 7300 万美元；引资协议中加入了对赌条款：在收到 7300 万美元注资后的前 3 年，如果太子奶业绩增长超过 50%，就可降低投资者的股权；如完不成 30% 的业绩增长，太子奶董事长李途纯将会失去控制权
四、最终结局：没有赢家	2008 年	乳业“三聚氰胺”事件爆发，太子奶爆发严重的财务危机，11 月 21 日，李途纯在多方筹款、引进战略投资者无果的情况下，被迫与英联投资、摩根士丹利、高盛投资等三大投资者签署《股权转让协议》
	2009 年	政府出手相救：株洲市国有资产投资公司与株洲高科集团组建株洲高科奶业经营有限公司，租赁太子奶核心资产，实施“封闭式”生产经营，防止债权人拿走，李途纯重新获得股权

续表

发展阶段	年份	事　件
	2010 年	6 月,李途纯涉嫌非法吸收公众存款被采取刑事措施;7 月,株洲市对外界通报,株洲中院依法裁定太子奶进入破产重组程序
	2011 年	计划草案通过,太子奶由新华联集团、北京三元联合体接盘;投资者受牵连,政府亏损,三方皆输

事件评析

一、蒙牛与太子奶的比较

此次投资太子奶的国际战略投资者与四年前投资蒙牛赚得盆满钵满的投资者基本一致。太子奶的目标也是像蒙牛一样借助资本的力量成功上市。太子奶在私募股权融资之前已经在乳酸菌饮料行业占据“龙头”地位,拥有超过70% 的市场占有率,但并不似外表看起来的那么光鲜,太子奶的经营模式也存在问题:企业盲目、高速扩张,在生产规模不断扩大的同时也带来了资金上的压力。

通过比较可发现,在对蒙牛不甚了解的情况下,投资者与蒙牛先签订了第一次对赌,作为试探。蒙牛只有在第一次对赌成功的情况下,才能够进行第二次对赌,赢得公司的控制权、获得大量投资。相较之下,太子奶的技术已经较为成熟,从企业前几年的业绩来看,达到50% 的业绩增长并非什么难题。所以对赌看起来并不是那么的凶险。但最后二者的结局却截然相反。

二、企业运用对赌协议进行私募股权融资时的建议

(一)改善企业内部管理模式,提高管理者的经营管理能力

太子奶属于比较明显的家族企业,李纯途的很多亲属都担任太子奶的高级管理人员。在这种一家独大的情况下,内部控制流于形式,无法对企业形成有效的监控,长此以往不利于企业的发展。此外,太子奶的经营模式也存在很大的隐患,无视行业环境盲目扩张,最终导致资金链的断裂。反观蒙牛的管理层在进行财务决策时就较为谨慎。故管理者应提高经营管理能力,不能为片面追求业绩而产生短期行为,要注重公司治理管理、规则规范,完善公司的内部控制制度,实现更好的发展。

(二)科学预测自身业绩增长能力,理性对赌

企业在签订对赌协议之前,要合理预期企业自身的业绩增长能力。对赌

协议虽然能够给企业带来大量资金，帮助企业实现快速扩张，但一旦决策不当就可能使企业面临控制权旁落甚至破产清算的危险。因此企业应在充分考虑行业发展状况，并对可能发生的意外进行风险评估之后，再决定是否进行对赌。

（三）在签订对赌协议时设计重复博弈结构

实践证明，重复博弈比一次博弈更安全，多次对赌更够降低融资者对赌失败的概率。在设计对赌协议时，在不同的阶段设置不同的筹码，根据前一阶段的博弈结果决定是否继续进行下一阶段的对赌。这样可以为投资者和融资者提供更加安全的保障。

38. 对赌失败触发系列条款

——张兰对赌鼎晖投资输掉俏江南

事件简介

1. 融资方

俏江南股份有限公司(曾用名:北京俏江南餐饮有限公司,以下简称俏江南)

2. 投资方

鼎晖投资(以下简称鼎晖)[1]

3. 签署日期:2008 年 9 月 30 日

4. 对赌关键性条款

如非鼎晖方面的原因造成俏江南无法在 2012 年年底上市,则鼎晖有权以回购方式退出俏江南。

5. 对赌结果

俏江南创始人张兰出局。

事件始末

1. 张兰创办俏江南

2000 年,拥有 10 年餐饮经验与资金积累的"海归"张兰,在北京国贸开办了第一家俏江南餐厅,从此迎来了属于她和俏江南的一个时代。从 2000 年到 2010 年,10 年间,俏江南通过不断创新的菜品和高端餐饮的定位,在中国餐饮市场上赢得了一席之地。其业务也逐步向多元化发展,衍生出包括兰会所在内的多个业态。据公开资料显示,俏江南在 2000 年创建之初即已实现盈利,连续 8 年盈利之后,2007 年,其销售额达 10 亿元左右。2008 年 3 月,俏江南正式成为 2008 年北京奥运会 8 大竞赛场馆餐饮服务商。

---

[1] 鼎晖是目前专注于中国投资的最大投资基金,在投资过程中还与摩根士丹利亚洲投资、高盛投资等国际知名的投资机构进行联合投资。鼎晖投资的知名企业主要有蒙牛乳业等。

2. 引入鼎晖投资

2008 年 9 月 30 日，俏江南与鼎晖签署协议，鼎晖注资约合 2 亿元人民币，占有俏江南 10.526% 的股权（据此计算，俏江南当时的估值约为 19 亿元）。

鼎晖的投资，给俏江南带来资金的同时，也给其套上了枷锁，他们签的是业界普遍的“对赌协议”：“如果非鼎晖方面原因，造成俏江南无法在 2012 年年底之前上市，鼎晖有权以回购方式退出俏江南。”这个关键条件是在 2012 年年底之前上市。

3. 上市失败

2011 年 3 月，俏江南向中国证监会提交了 A 股上市的申请。上市申请提交之后，俏江南的材料实际处于“打入冷宫”状态，监管层冻结了餐饮企业的 IPO 申请。[1]

2012 年 1 月 30 日，中国证监会例行披露的 IPO 申请终止审查名单中，俏江南赫然在列。A 股上市失败。

2012 年 4 月俏江南决定从 A 股转道赴港上市。然而，市场的寒冬令俏江南的上市之旅前景依然黯淡。加之 2012 年 12 月“中央八项规定”出台，受此影响，奢侈品、高档酒店、高端消费等皆受影响。这对定位于中高端餐饮的俏江南无疑造成了沉重的打击。

最终，俏江南的赴港上市也没能实现。（对赌始末见图 3－6）

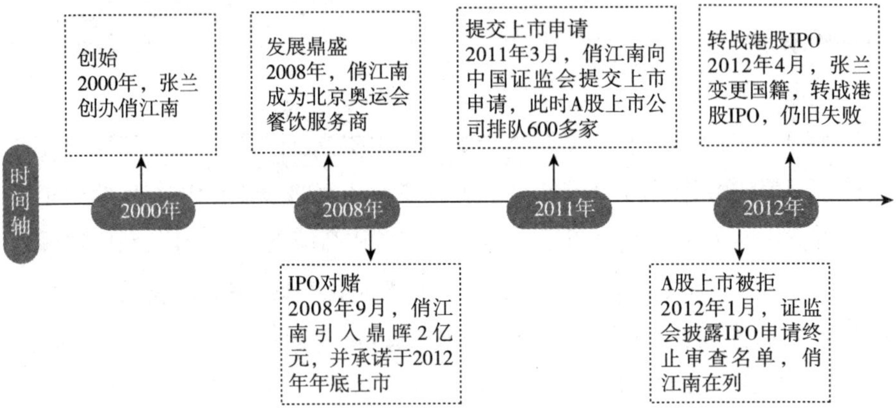

图 3－6　对赌始末

[1] 据称，餐饮企业的 IPO 申请之所以处于冻结状态，原因是“采购端与销售端都是现金交易，收入和成本无法可靠计量，无法保证会计报表的真实性”。

4. 投资条款被连环触发

由于后期企业发展陷入不利形势，使投资协议中的一系列条款被多米诺式恶性触发——股份回购条款、领售权条款、清算优先权条款，令张兰日益陷入泥潭。

（1）股份回购条款被触发

俏江南最终未能实现2012年年底之前完成IPO，导致其触发了向鼎晖融资时签署的“股份回购条款”。这就意味着，俏江南必须用现金将鼎晖所持有的俏江南的股份回购回去，同时还得保证鼎晖获得合理的回报。

假设鼎晖在协议中要求每年20%的内部回报率的话，那么鼎晖2008年2亿元的原始投资，2013年要求的退出回报至少在4亿元以上。处于经营困境之中的俏江南，显然无法拿出这笔巨额现金来回购鼎晖手中的股份。

（2）领售权条款被触发

上市上不了，让俏江南回购股份对方又掏不出钱，鼎晖在俏江南的投资似乎退出无望了。其实不然，鼎晖依然还有后路可循。既然俏江南没钱回购，那就设法将手中的股权转让给第三方。此时，当初签署的“领售权条款”[1]就开始发挥作用了。

在俏江南案例中，A类优先股股东只有鼎晖一家，因此只要其决定出售公司，张兰这个大股东是必须无条件跟随的。那么，鼎晖只要能找到愿意收购俏江南的资本方，鼎晖就能顺利套现自己的投资，张兰也得跟着被迫卖公司。

显然，俏江南的命运已经不再掌握在张兰手中了，一切都由鼎晖说了算。假如接盘的CVC愿意出高价收购俏江南，那么鼎晖只出售自己那部分股权或许就能获得预期的回报，也就未必会强迫张兰跟随其一块出售股份了。当然，在这种情况下，如果收购方执意要控股企业，那么张兰只能跟随出售股权，或者同意收购方额外增资进来稀释张兰自己的股权比例。

假如CVC并不愿意高价收购俏江南，那么鼎晖说不定卖了自己那部分股权还不够自己当初的投资本金，则其必定会要求张兰跟着卖股权。根据投资条款约定，只要二者合计出售股权的比例超过50%，则可以视作是清算事件。

---

〔1〕 领售权，乃领衔出售公司之权利，按照标准条款，如果多数A类优先股股东同意出售或者清算公司，则其余的股东都应该同意此交易，并且以相同的价格和条件出售他们的股份。

一旦清算事件发生，鼎晖则可以启动"清算优先权条款"：A 系列优先股股东（即投资人）有权优先于普通股股东（即创业股东）每股获得初始购买价格 2 倍的回报。

这个条款最终会导致什么结果呢？假如张兰和鼎晖一并出售公司的股权，所收到的出售股权款中，要优先保证鼎晖初始投资额 2 倍的回报，如有多余才能分给张兰，如果没有多余则张兰颗粒无收。

（3）清算优先权条款被触发

2014 年 4 月，CVC 发布公告宣布完成对俏江南的收购。根据媒体的报道，CVC 最终以 3 亿美元的价格收购了俏江南 82.7% 的股权。由此可以推测，除了鼎晖出售的 10.53%，其余超过 72% 的部分即为张兰所出售。（鼎晖领衔出售俏江南情况见图 3－7）

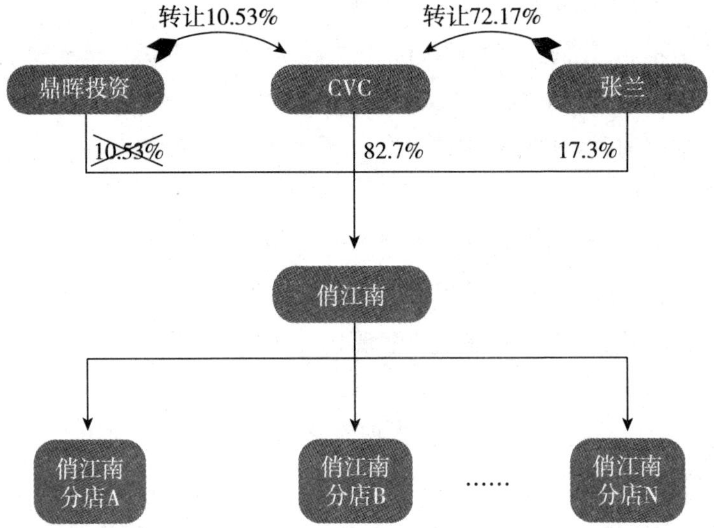

注：仅为示意图。

图 3－7　鼎晖领衔出售俏江南情况

CVC 以 3 亿美元获得 82.7% 的股权，按照当时的汇率折算，这笔交易中俏江南的整体估值约为 22.1 亿元，仅仅略高于鼎晖 2008 年入股时的 19 亿元估值。这就意味着，鼎晖出售自己那部分股权仅能保本，假如鼎晖按照协议要求获得至少 2 倍甚至更高的回报，则差额部分需要张兰出售股份的所得款项来补偿。

假如媒体报道的交易价格属实,则据此计算张兰出售72%的股权能获得近16亿元,除了拿出2亿至4亿元用于补偿鼎晖,她自己也获得超过12亿元的套现款。

CVC入主俏江南之后,张兰成为仅持股百分之十几的小股东。

这一切,都是投资协议条款连锁反应的结果:俏江南上市夭折触发了股份回购条款,无钱回购导致鼎晖启动领售权条款,公司的出售成为清算事件又触发了清算优先权条款。由此可见,VC/PE在投资中利用条款对自身利益形成一环扣一环的保护。

5. 杠杆收购

张兰落得个尴尬的小股东地位之后,关于她和俏江南的故事,似乎应该就此画上一个句号了。明面上,她还是俏江南的董事长,但她已然无法左右俏江南的发展了,或许只能安于做一个小股东了。

但故事还没结束。

CVC作为欧洲最大的私募股权基金,对于投资自然是精于算计。虽然CVC有意进入中国餐饮业,而且此前还收购了连锁品牌大娘水饺,但对于鼎晖抛过来的俏江南这个"烫手山芋",自然是多了一分谨慎。

因此,CVC不仅将收购价格压得很低,而且其并未打算全部靠自己掏钱来收购俏江南。

为了降低自身的风险,CVC对俏江南采取的是"杠杆收购"的方式。[1] CVC对俏江南的杠杆收购按以下步骤进行:首先,CVC用少量资金出资设立一家专门用于并购的壳公司"甜蜜生活美食控股";其次,以该壳公司为平台向银行等债权方融资,并将股权抵押;再次,壳公司向张兰及鼎晖收购俏江南的绝大部分股权;最后,壳公司将俏江南吸收合并,合并之后俏江南注销,壳公司更名为俏江南,张兰持有的原俏江南少量股权转变为新的俏江南的少量股权。(CVC杠杆收购见图3-8)

〔1〕 这种方式最大的特点就是,自己只需支付少量的现金,即可撬动一个大的并购,因而被称为杠杆收购。杠杆收购中,自身支付资金之外的收购款依靠债权融资获得,而还款来源则依靠收购标的日后产生的现金流来支付。

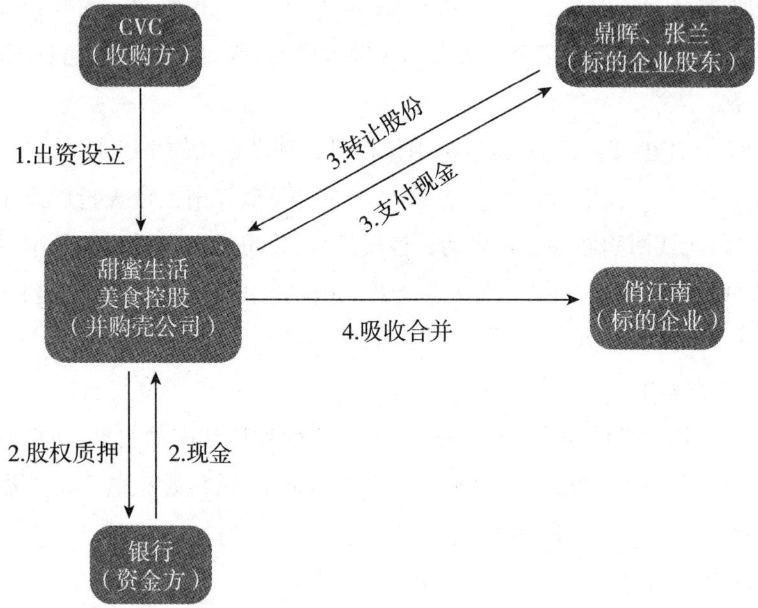

图 3－8　CVC 杠杆收购

这样，原壳公司为收购而欠下的债务就由新的主体俏江南承接，俏江南的股权也相应质押给了银行等债权方。日后，债务偿还就依靠俏江南的内部现金流来还款。

据了解，CVC 收购俏江南的 3 亿美元总代价中，有 1.4 亿美元系从银行融资获得，另外有 1 亿美元是以债券的方式向公众募集而来，CVC 自身实际只拿出 6000 万美元。

显然，CVC 只付出很小比例的现金即完成了对俏江南的收购。日后如果俏江南的经营状况理想，依靠自身现金流完成债务偿还，则 CVC 所持有的大比例股权，无论是 IPO 还是协议转手，皆可获得高额回报。假如收购之后俏江南的经营不理想，无法偿还收购时发生的债务，俏江南的股权则被债权方收走，CVC 最多也就损失 6000 万美元。

6. 银行等行使质押权，张兰出局

进入 2014 年、2015 年，公款消费的几近绝迹叠加经济增速的放缓，高端餐饮复苏变得遥遥无期，CVC 所期望的依靠俏江南的现金流来偿还并购贷款的设想根本无法实现。

CVC 不愿在俏江南的泥潭里陷得更深，索性就放弃俏江南的股权，任由银行等债权方处置俏江南了。

由于当初并购时抵押的是俏江南全部的股权,张兰也跟随失去了自己在俏江南的少数股权。(条款触发情况见图 3 - 9)

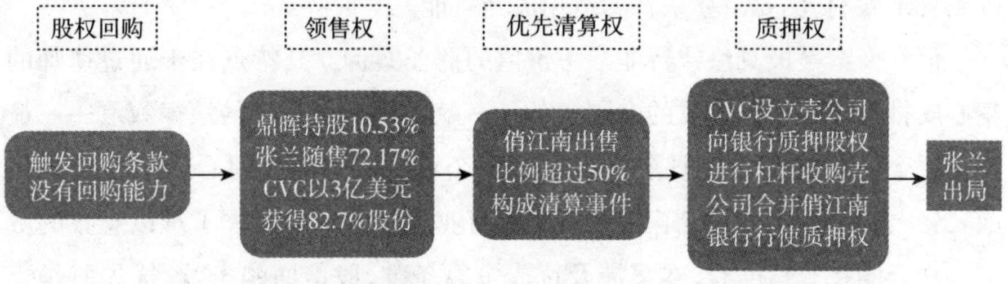

图 3 - 9　条款触发情况

事件评析

本案中对赌俏江南的"不能按约定顺利上市"成为股份回购的触发机制。由于俏江南最终未能实现 2012 年年底之前完成 IPO 上市,这就意味着,俏江南必须用现金将鼎晖所持有的俏江南的股份回购,同时还得保证鼎晖获得合理的回报。[1] 处于经营困境之中的俏江南,显然无法拿出现金回购鼎晖投资的股份,缺乏现金的张兰也难以变现协议回购,此时领售权条款触发开始发挥作用。在俏江南案中,A 类优先股股东(即鼎晖投资),在触发领售权后,其可以强制张兰进入鼎晖发起的与第三人交易之中。在合同法的领域内,本条款属于意思自治范围,并不存在行权障碍。但是在民法领域下的交易自由原则,却可能对领售权的行使构成限制。[2]

作为一家业绩下滑的餐饮公司,决定 CVC 接盘价格的主动权并不在俏江南手上,所以鼎晖试图通过股份溢价退出俏江南就非常不现实。那么为了保证其能在退出时,最大可能的获取利益补偿,获取张兰的股份偿卖份额就成为鼎晖投资退出的最后的安全网。这个条款最终会导致什么结果呢？假如张兰

〔1〕 以 PE 为代表的投资行业并非以成为融资公司股东为目标,而是通过收购交易的实现,开始对融资公司进行项目管理与价值创造改进公司架构,一般通过上市回购股票或者其他退出机制实现套现盈利。

〔2〕 领售权不同于共同出售权,共同出售权是了防止原始股东单独出售逃跑,领售权是为了强制初始股东一起出售股份。领售权设计目的的背后是扫清退出障碍,确保顺利退出时 PE 可以携同其他股东出售足额的股权,以期获得足够的资本补偿。

和鼎晖一并出售公司的股权，所收到的出售股权款中，要优先保证鼎晖初始投资额与补偿额的回报，如有多余才能分给张兰，如果没有多余则张兰一无所有。考虑到张兰为进军港股曾改变公司注册地，公司清算分配不受《公司法》强制规定限制，优先清算条款的适用成为可能。[1]

俏江南案是极具法律行业参考价值的商业案例。其特点在于通过律师的精心安排设计的连环触发的合同条款——赋予的订立一方的法律权利——最终将一个绝对控股的大股东挤出了融资企业。一方面我们看到了融资的风险，另一方面我们见识到了法律条文在商业金融活动中发挥了难以想象的威力。从合同技术角度看，本案涉及优先清算条款、股份回购条款、优先股领售权条款、杠杆收购技术等多个颇具研究价值的法律、融资技术问题，只有着眼于整体的视角下才能更清晰准确地认识到公司法律金融问题。

〔1〕 本条款在境内并没有适用的余地。《公司法》第一百八十六条规定，公司清算时有限责任公司按股东的出资比例分配，股份有限公司按照股东持有的股份比例分配。意即在法律层面上没有给约定清算方式留有余地，属于公司法的强制性规定，股东约定清算分配方式有行为无效的法律风险。

第四篇

域外篇

39. 并购交易中的 Earn - out 机制

——Beyondsoft Consulting Inc. 收购 TPG Consulting

基本案情

2014 年 3 月 21 日博彦科技股份有限公司发布公告称美国当地时间 2014 年 3 月 17 日，博彦科技股份有限公司全资公司 Beyondsoft Consulting Inc. 以下简称博彦美国）与美国 TPG Consulting，LLC（以下简称 TPG 或标的公司）的股东（以下简称股权出让方）就收购 TPG 100% 股权事项达成协议，并正式签署《股权收购协议》（以下简称协议）。

根据协议，博彦美国以现金方式，在标的公司达到业绩保证的情况下，出资总额为 2300 万美元（大写：贰仟叁佰万美元），收购股权出让方所持有的 TPG 的 100% 股权。

位于美国的博彦科技咨询公司，是博彦国际有限公司的全资子公司。位于香港的博彦国际有限公司，是博彦科技有限公司的全资子公司。

表 4 – 1　交易参与方

参与方角色	参与方名称	企业性质	转让前持股比例（%）	转让后持股比例（%）	PE	PB
竞买方	博彦科技股份有限公司（002649. SZ）	民营企业	0	100	—	—
出让方	Jordan Fisher	—	50	0	—	—
出让方	Prashanth Katta	—	50	0	—	—
标的方	TPG Consulting. LLC	其他	—	—	5.59	15.18

表 4 – 2　交易详情

首次披露日期	2014 – 03 – 21	股权转让比例（%）	100
最新公告日期	2014 – 05 – 21	交易价值（万元）	14，145（人民币）
标的类型	股权	现金支付金额（万元）	14，145（人民币）
控制权是否变更	是	支付方式	现金

续表

并购方式	协议收购	评估价值(万元)	14,533(人民币)
并购目的	行业整合	评估方式	收益法

标的公司基本情况

TPG成立于2007年，总部设在美国加利福尼亚州。公司拥有规模近一百人的资深技术咨询团队。该公司专注于帮助企业客户通过企业自身网站提升产品销售和客户体验，内容包括商业网站架构设计UX(用户体验User Experience Design)策略设计及网站运营维护管理，同时提供商业大数据挖掘与分析等业务。TPG立足于美国软件和IT服务市场，为跨国和本地知名企业提供专业的高端商业IT服务。

TPG公司系由Prashanth Katta、Jordan Fisher、Gabriel Chavez、Tong Ha共四位自然人约定设立，于2007年1月5日经Secretary of State(State of California)登记。2008年，经合伙人协议决定，由TPG收购Gabriel Chavez及Tong Ha所占TPG份额，收购完成后公司合伙人变为Prashanth Katta、Jordan Fisher两位自然人。合伙协议约定初始认缴出资500美元/人，目前无实收资本。现有两位合伙人各享有公司权益的50%，其中Jordan Fisher为美国籍自然人，Prashanth Katta为印度籍自然人，拥有美国永久居留权，二人均为TPG的创始人和实际控制人。

根据出具的承诺函，TPG主要股东、管理层与博彦科技未构成关联关系。

并购方案

BCI以现金方式，全资收购TPG 100%股权。

博彦科技拟变更部分募集资金合计1.4亿元用于对外收购TPG公司。

本次拟变更用途的募集资金为“博彦科技全国服务外包交付中心网络扩建项目”和“武汉测试基地建设项目”承诺投入的部分募集资金，拟变更金额分别为9452.55万元和4547.45万元，总计14,000万元用于支付并购TPG 100%股权的交易对价款。

根据协议，本次并购交易对价款采取浮动分期支付的方式，总价款预计为2300万美元，依照近日人民币对美元的中间价汇率6.15折算，约为14,145万元人民币。

变更募投项目金额与并购交易对价之间的差额,公司将以自有资金或银行贷款等的方式筹资。

由于公司通过全资子公司 Beyondsoft International Co. ,Ltd(博彦香港)间接持有本次并购的实施方 Beyondsoft Consulting(博彦美国)100% 股份为实现购价款的顺利支付,公司将根据协议规定的对价款支付的时间要求,通过向全资子公司博彦香港增资,进而由博彦香港向博彦美国进行增资的形式,从而由博彦美国作为交易方实现此次并购。

交易双方在协议中约定了盈利能力付款条款(Earn - out),按照未来一定时期内 TPG 的业绩表现实现情况,分期支付交易价款,合计不低于 1700 万美元,不高于 2300 万美元;此外,如果 TPG 超过了业绩目标,博彦美国还应当参照股权出让方的劳动合同计算并向股权出让方支付额外奖金。

交易对价的确定及其支付

本次交易对价的确定,主要考虑到 TPG 良好的业务成长性,其长期稳定的客户资源,以及市场中可参照的同类业务上市公司的整体估值水平,以审计结果为基础,参考评估结果。经双方协商一致同意,本次交易价格预计总额为 2300 万美元。以近日人民币兑美元汇率 6. 15 折算,约合 14,145 万元人民币。

根据协议约定,本次交易对价分三期支付,具体情况为:

在交易双方共同确定的交割日,达到交割条件的情况下,博彦美国将向股权出让方支付 1400 万美元(大写:壹仟肆佰万美元),在此后 2014 年和 2015 年每个会计年度结束后,根据双方约定的"盈利能力付款条款"(Earn - out),在达到"盈利能力付款条款"(Earn - out)约定的业绩目标的前提下,博彦美国向股权出让方每年支付 450 万美元(大写:肆佰伍拾万美元)在达到"盈利能力付款条款"(Earn - out)约定的业绩目标的前提下,博彦美国将向股权出让方支付总计 2300 万美元(大写:贰仟叁佰万美元)。

"盈利能力付款条款"具体内容包括:

1. 标的公司 2014 年度的业绩目标(调整后的息税及折旧摊销前利润,Adjusted Ebitda)为 500 万美元;如果完全实现 2014 年业绩目标,则支付盈利能力价款(Earn - out Payment)450 万美元。

2. 如 2014 年度,标的公司调整后的息税及折旧摊销前利润在 464 万美元至500万美元之间,则博彦美国实际支付盈利能力价款将根据实际抵扣额进行调整,为450万美元减去实际抵扣额后的金额。实际抵扣额的计算公式为:实际抵扣额等于500万美元与标的公司调整后的息税及折旧摊销前利润之间差额乘以5.546(调整系数)的乘积。

3. 如2014会计年度标的公司调整后的息税及折旧摊销前利润等于或小于464万美元,大于250万美元,则实际支付盈利能力价款等于450万美元减去200万美元之后的差额。

4. 如2014会计年度公司调整后的息税及折旧摊销前利润在0至250万美元之间,则博彦美国实际支付盈利能力价款将根据实际抵扣额进行调整实际抵扣额的计算公式为:实际抵扣额等于标的公司调整后的息税及折旧摊销前利润与500万美元之间差额乘以5.546(调整系数)的乘积。实际抵扣额的最大金额为450万美元。

5. 标的公司2015年的业绩目标为2014年调整后的息税及折旧摊销前利润基础之上实现15%的增长。上述参考方法也将适用于针对标的公司2015会计年度的盈利能力价款的计算。但是针对2015年全部盈利能力价款(即450万美元的最大扣减额是150万美元,且在任何情况下,股权出让方获得的针对2015年度将获得的盈利能力价款不少于300万美元。

6. 如果标的公司调整后的息税及折旧摊销前利润超过了上个会计年度的业绩目标,博彦美国应当向股权出让方支付额外奖金(Additional Ear - out - Bonus)有关额外奖金计算和支付将参照股权出让方的劳动合同。

7. 交易保证金。在协议签订之日起七个工作日内,博彦美国应向托管中介汇入100万美元("托管资金")。在交割或协议提前终止之前,该托管资金应由北美富国银行("托管中介")根据协议约定的条款和条件进行托管。在交割时,托管资金应从交易对价中扣减。

对外收购协议的其他主要条款

1. 股权及资产的转让和交割

在交割日前,股权出让方有义务保证标的公司资产清晰、完整的进行交割。保证标的公司合法、合规运营。

2. 过渡期损益的安排

交易双方同意,在交割前,除非股权出让方提出博彦美国满意的证据,否则交割日标的公司全部净资产应当不少于交割前审计净资产额的95% 如果标的公司的净资产低于交割前净资产额的95% 转让价格应当根据协议的规定,按照在交割日标的公司实际净资产与审计净资产额之间差额部分扣减交易对价款。

3. 保证标的公司运营能力的安排

(1)标的公司应依据过去的实践及所有适用的法律在各重大方面如常执行业务。

(2)标的公司应(i)按时支付债务和税金;(ii)按时支付或履行其他义务;(iii)依据过去的实践及政策,保持运营资本;(iv)依据过去的实践及政策,采取商业上合理的努力,按时收回应收账款;(v)在各重要方面依据过去的实践及通用会计准则(包括收入确认原则)销售产品;(vi)依据过去的实践及政策,采取商业上合理的努力,保持现有的商业结构,保证管理者及重要员工持续提供服务(除非是正常终止),维持与客户、顾问、供应商、许可方、被许可方及其他商业伙伴的关系,善意保证直到交割时,正在进行中的业务不会受到损害。

(3)标的公司应当立即通知博彦美国,任何关于业务方面的非正常的变化或事件,或任何可以合理预期到会独自或累计造成重要不利影响的变化或事件协议还对标的公司在过渡期的业务行为进行了约束。

(4)竞业禁止的相关安排

协议对股权出让方及其关联方在交割日后的三年内,在竞业禁止方面做出了相关要求,包括不得从事与标的公司相同的业务,不得劝诱标的公司员工离职,不得转移标的公司业务等。

进展描述

2014 年 5 月 21 日:交易完成。

2014 年 3 月 17 日:博彦美国与 TPG 的股东签署《股权收购协议》,博彦美国以现金方式在标的公司达到业绩保证的情况下,出资总额为 2300 万美元收购股权出让方所持有的 TPG 100% 股权。

案件评析

Earn－out 是一种定价和支付的机制，接近于“或有对价”，即达成某种条件买方才对卖方支付特定金额的价款。

通过 Earn－out 付款安排的设计，收购方将交易对价分期支付，在交割日仅支付首期款，而根据目标公司在交割日之后一段约定时期内的盈利表现，来决定是否支付以及支付多少剩余对价，是一种延期且或有的支付方式。或有支付是否触发，取决于在约定的某特定日期之时，目标公司的财务和经营状况是否达到约定的水平（特定条件是否满足），而具体支付多少，则根据目标公司的实际业绩来代入约定的财务公式进行计算决定。

Earn－out 机制来源于美国的并购交易，通常作为并购合同中的一项条款出现。国外并购和国内并购确实是有条款上的区别，国外的公司经常是对对赌条款有一定的抵触情绪，而国内公司普遍使用对赌条款，即业绩补偿制度。鉴于传统业绩补偿制度存在的种种缺陷，Earn－out 机制开始在中国市场使用。

关于传统业绩补偿制度与 Earn－out 的对比总结如下：

	业绩补偿制度	Earn－out
基本机制	事前支付，事后补偿	事前约定，事后支付
购买对价	固定购买价	固定支付＋或有支付，总额一般有上限
本质	建立在未来业绩上的卖出期权	建立在未来业绩上的买入期权
承诺指标	单一化，财务指标为主，大都采用净利润	多样化，可根据目标方特征，使用财务和非财务指标来量身打造对赌指标
交易双方关系	交易双方对目标方的价值评估分歧较大时，收购方可能承担过度支付风险或是目标方失去获取期房价值的交易机会	通过调节交易倍数缓冲收购方与目标方之间的信息不对称，可消除交易双方对目标方的机制评估的严重分歧
风险应对范围	主要降低预期内的内部经营风险	除内部经营风险外，还可降低不可预期风险，如监管审核、特定客户关系、外部市场环境变化等风险
操作性	操作性差，易流于形式。补偿主动权在目标方，补偿难以完全执行，目标方赖账，业绩补偿变空头支票	操作性强。支付主动权在收购方，事后支付容易执行

续表

	业绩补偿制度	Earn - out
使用情况	各行业普遍使用;上市公司并购普遍使用	高风险、高成长性的信息技术和传媒行业以及轻资产的知识密集型企业、服务业;跨国并购,跨界并购;非上市公司之间并购,上市公司并购非上市公司

在过去的并购交易中,业绩补偿制度常常是“标配”,尤其是需要证监会审核的交易。但近年来,随着中国企业走出国门的步伐加快,业绩补偿制度出现了“水土不服”的症状,国外的公司经常对业绩补偿制度有一定的抵触情绪。另外,该制度在实际交易中已然显示出一些弊端,许多标的公司的业绩未能达标,甚至在需要兑现补偿承诺的时候,业绩补偿的承诺方出现了许多不同程度的“赖账”情形。

业绩补偿制度的设立初衷是为了保护重组交易中上市公司及其投资者的利益,而目前的情况看来,这个制度不但没能达到原先的目的,反而在某些时候阻碍了重组交易,并推高了交易的溢价,还影响了并购后的有效整合。

基于以上因素,Earn - out 机制开始被引入国内,并由于其独特的创新性优势,逐渐受到交易双方的关注。

40. 公司资本维持原则在股权回购案件中的适用

——特拉华州法院 Thought Works 案

基本案情

原告 SV 投资合伙(以下简称 SV)是一家风险投资企业,1999 年认购了被告 Thought Works 公司 94% 的 A 系列优先股。Thought Works 是一家从事商业软件应用方案设计及咨询服务的高科技公司,1993 年成立,1999 年开始谋划 IPO,预期两年内上市。然而,2000 年下半年美国科技股泡沫开始破灭,NASDAQ 股价一路暴跌,Thought Works 的 IPO 计划最终也未能实现。

PE 投资合同的赎回权条款规定:如果 SV 在注资后五年内无法通过 IPO 或其他方式退出,Thought Works 有义务回购 SV 持有的优先股,回购价格等于优先股的购买价加上所有累积未付的股利和清算收益。相关合同及公司章程基本上采用了《示范合同》关于"合法可用之资金"的条款,并增加了"营运资金例外",即董事会有权从"合法可用之资金"中留下公司营运所必需的资金。如果在赎回日公司拥有的合法可用之资金不足以赎回全部优先股,则公司应按比例赎回优先股;并且,只要此种未足额赎回的情形存在,赎回日后公司新增的合法可用之资金将自动用于赎回优先股,无须优先股持有人再采取任何行动。

2005 年 7 月,SV 向 Thought Works 正式提出赎回全部优先股,以初始投资成本加累积股利等计算总价达 4500 万美元。Thought Works 董事会以赎回条款中的"营运资金例外"拒绝了 SV 的请求,认为公司现有的资金尚不足以覆盖营运需求。Thought Works 公司虽然属于商业软件服务领域的翘楚,但现金流极不稳定,其经营模式内在的缺陷也放大了经济周期性以及季节性的波动的影响,因此公司通常都会保留比较多的现金以平稳度过业务萧条期或者季节性低点。双方就"营运资金例外"条款争讼至法院,法院裁决该例外仅适用于赎回当年(即 2005 财年),此后公司就必须在"合法可用之资金"范围内赎回优先股。在 2006 ~ 2010 年期间,Thought Works 总共进行了八批次、共计 410 万美元的赎回,此时优先股的赎回总价已经攀升到 6691 万美元。

SV反对Thought Works的拖延政策，于2007年再次入禀法院，请求强制公司赎回股份。SV认为，"合法可用之资金"就是指溢余，而Thought Works有充裕的溢余(金额约在6800万至1.37亿美元之间)，足以回购全部优先股，请求法院判决Thought Works支付优先股的全部价值6691万美元。2010年11月，特拉华州大法官法院判决驳回SV的请求。

案件焦点

1. PE/VC合同中的"合法可用之资金"如何解释；

2. 如何确定公司拥有的"合法可用之资金"的范围与金额。

法院裁判要旨

1. 何为"合法可用之资金"

(1)传统资本维持原则下的限制——"溢余"(surplus)标准

《特拉华州普通公司法》第160(a)(1)条规定：公司可以用现金或实物为对价，回购、赎回或接受、收取其自有股份，但不得削弱公司资本或者由此可能导致公司资本受到任何削弱；除非是在赎回优先股的情形下，可以从公司资本中支出并随即注销相关股份。在长期的司法实践中，特拉华州法院衡量公司资本是否被削弱的标准是公司动用的资金是否超过"溢余"，如果回购股份消耗的资金超过了公司的"溢余"，则可以认为回购削弱了资本。本案原告SV正是在此法据下主张"合法可用之资金"就是指"溢余"，而Thought Works具有充裕的溢余来回购其持有的全部优先股。

"溢余"(surplus)是美国公司法传统的法定资本规则的一个重要概念。在特拉华州公司法下，它指"公司净资产超过公司声明资本的金额"；对应于我国公司法的语境，"溢余"大致包括所有者权益下"资本公积"、"盈余公积"以及"未分配利润"三部分。

在特拉华州公司法下，"溢余"不仅是利润分配的依据(第一百七十条)，也是回购、赎回或其他场景下资本维持原则的标准(第一百六十条)。以"溢余"作为分配范围，就可以保证公司的"资本(股本)"不受侵蚀，符合"资本维持"最本原的含义。

不过，20世纪70年代后美国公司法学界对传统的法定资本规则(包括溢余概念)进行了猛烈批判。Thought Works 案法官也接受了学界的立场,认为"从公司溢余中进行分配"或"公司从溢余中向股东进行支付"均属于含混不清的表述,用于分配的只能是公司"资产",特别是现金,而非作为会计惯例结果的"溢余"。公司没有溢余时,依照法律自然不能进行分配或赎回;但即使有溢余,也可能因缺乏现金而无法进行分配或赎回股份。以"溢余"作为检验回购是否削弱公司资本的底线,只是为了防止公司分配后陷入资不抵债。虽然制定法对"资不抵债"的判断是用公司的资本、而非清偿能力来衡量,但是普通法(判例法)长期以来还禁止公司在可能导致公司丧失清偿能力的情形下回购股份。因此,就限制回购的公司法管制目的而言,溢余标准只涉及资产负债表意义上的"资不抵债",它并不充分、足够,还需要考虑公司实际上能否偿付债务。

(2)附加的限制——清偿能力标准

清偿能力指向的是债权人保护,这也是法定资本规则最核心的立法宗旨。就此目的而论,优先股股东与普通股股东的法律地位并未有何不同,都受制于不得损害债权人利益的限制。Thought Works 案法官在判决中重申了这一基本立场:"公司立法禁止公司在削弱资本的情形下回购股份,其意图是为了保护债权人。法律实现上述意图的方式,是禁止那些可能会导致向股东返还或再分配公司特定资产的交易,这些特定资产构成了 19 世纪以及 20 世纪早期的法学家所言的向公司提供信用的债权人赖以依靠的永久性融资基础。"判决书回顾了自 19 世纪后期以来美国各州限制公司在可能导致丧失清偿能力的情形下进行回购的大量判例,同时援引了过去 100 多年间一些权威的公司法教科书对此问题的讨论,它们都确认,"优先股股东的回赎权不能削弱债权人的权利,因此,当行使赎回权丧失或有可能导致公司丧失清偿能力时,就不得行使"。即使特定公司的章程中关于优先股回赎的条款遗漏了"合法可用之资金"作为前提,类似的法律限制也会默认适用于公司的回购行为。

因此,法官将制定法的"溢余"标准与判例法的"清偿能力"标准结合起来,明确了特拉华州公司法在股份回购问题上的适用标准:"制定法所言之'无清偿能力',既包括公司的负债大于资产的情形,也指公司无法偿付到期债务的情形。虽然公司的资不抵债必然同时满足制定法关于无清偿能力的定义,但公司确实可能在拥有溢余(即理论上可用于赎回自有股份)的情形下无法偿还到期债务。普通法关于禁止公司在无清偿能力或可能招致无清偿能力时赎回股份的规则,限制了公司在上述情形下回赎股份,这也就使'合法可用之资金'并不等同于'溢余'。"在此基础上,法官从资金来源与法律限制两方面对 Thought Works 公司章程及 PE 合同中"合法可用之资金"的含义阐释如下:"'合法可用之资金'意味着手头的现金或者易于通过出售或借贷而获得的资金……(这些资金来源)既是一般意义上的可接近、可获得,眼下或者很快就可以投入使用,同时包含符合法律所规定的或法律所许可的条件之意",从而确保"公司能够继续作为持续经营的实体存在,不会因为分配而陷入无法偿付债务的境地"。

2. 如何确定公司所拥有的"合法可用之资金"的范围与金额

Thought Works 案法官分三个步骤认定:

第一,分析起点是资产的真实经济价值,而非会计报表数据。长期以来,州公司法对"溢余"的界定是"公司净资产大于股本面值的部分"。这本来是一种会计计量模式,即"净资产 = 资产 - 负债",而溢余则等于"净资产 - 股本"。不过,美国的主要商业州(如纽约州、加州)都允许为利润分配之目的而对资产价值进行重估,从而使净资产并不等同于账面的"资产 - 负债"。特拉华州法院在 1997 年的 Klang v. Smiths's Food & Drug Inc. 案(以下简称 Klang 案)中也认可了这种做法,认为"不管资产负债表数字为何,都是过去的数据;公司资产的增值虽然尚未实现,但它反映了相关资产的真实经济价值,公司可以以此为担保来借款,债权人也可以依赖此资产来获得保障"。

第二,评估资产真实经济价值的合理方法应着眼于当前清偿能力,而非未来业绩。SV 的财务顾问评估 Thought Works 的所有者权益(equity)足以赎回全部优先股,依托的是金融实务最常用的三种估值方法——现金流贴现法、可比公司法以及可比交易法。这三种估值方法都建立在对未来业绩的估计基础上,因此遭到法官的拒绝。Thought Works 作为一个软件服务公司虽然有较高的估值和溢余,是因为其拥有可观的人力资本,但人力资本并不能被用于担保贷款;能用于清偿债务的只能是有形资产,后者恰恰是公司比较匮乏的。若公司支出巨额的回赎款,必然导致经营性开支的减少。以人力资本为主的公司最主要的经营开支就是软件工程师的薪酬;削减支出就意味着减薪以及员工离职。如此一来,公司最有价值的资产会急剧减少,甚至荡然无存。这里俨然出现了一个悖论:如果公司不赎回优先股,则公司确实可能存在溢余,从而满足赎回优先股的法定资本规制；然而，一旦开始赎回优先股，溢余也就消失了，不再满足赎回的法律前提。SV 的财务顾问出具的评估报告并未考虑这些情形，故未能反映公司资产的真实经济价值。

第三，公司自身对“合法可用之资金”的裁量受商业判断原则的保护。法院审查了 Thought Works 公司董事会在整个赎回过程中的表现，认为其做法无可指责，至少原告未能证明公司董事会的决策存在行为不端、恶意或欺诈。例如，公司董事会在每个季度末都听取法律顾问和财务顾问关于赎回的意见和建议，对公司的财务状况进行评估，包括：(1)公司是否有溢余可用于赎回优先股；(2)公司是否有现金或者是否容易获得现金来赎回优先股；(3)赎回优先股是否会危及公司的持续经营能力。虽然董事会在具体赎回优先股时与财务顾问建议的赎回规模有出入，但并未违反善意或诚信原则。

这里的一个情节是，2010 年 3 月 Thought Works 的财务顾问认为公司的净资产在 620 万 ~ 2230 万美元之间，剔除当前的偿付义务后还有大约 100 万(最差情形) ~ 300 万(正常情形)美元的现金可用于赎回优先股。但公司董事会认为，有一个大客户未能按期付款且公司上季度的应收账款额在增加，因此公司缺乏“合法可用”的资金，故拒绝了财务顾问关于回购部分优先股的建议。此外，董事会积极寻求外部资金支持，与多个潜在资金来源进行了接触，并在 2009 年获得了两家贷款人于尽职调查后给出的初步承诺，最多可借入 2300 万美元用于回赎全部优先股，只是这一报价因远低于优先股持有人的预期而挫败。法官认为，这一市场询价结果已经表明，Thought Works 公司可用于回购优先股的资金充其量只有 2300 万美元，这也就是“合法可用之资金”的最大金额，此时公司章程中的回赎条款并不强制要求公司赎回全部优先股。

鉴于上述分析，Thought Works 案法官就如何确定“合法可用之资金”的金额作出如下结论：“当董事们审慎地考虑公司是否有合法可用之资金时，这个过程必然交织着很多主观判断。在此问题上(与优先股持有人)发生分歧并不构成一起微型评估补偿权事件(从而需要法官来审理确定相关标的的公平价值)。相反，(拟推翻董事会结论的)原告必须证明，董事会在确定合法可用之资金的金额时行为不端，依赖了不可靠的方法和资料，或者所作的判断如此偏离常规以至于构成欺诈或可推定为欺诈。”

Thought Works 案判决书指出：

"合法可用之资金"并不等同于溢余。"溢余"只是构成公司法下资本维持的底线,还存在其他制定法(如银行管制法、税法等)的限制以及普通法(判例法)对公司清偿能力的要求。一个公司即使有溢余也可能会因缺乏资金而无法清偿到期债务,从而不具备回购的条件。Thought Works 董事会基于律师、财务顾问的建议,并根据自己的商业判断,认为赎回可能导致公司难以持续经营而拒绝赎回。对此,SV 并未能证明 Thought Works 董事会的决议过程存在恶意,依赖不可靠的信息或者明显偏离市场尺度而构成欺诈,故不支持 SV 强制执行回购条款的诉求。

案件评析

Thought Works 案判决标志着特拉华州法定资本规则的最新发展。虽然特拉华州未加入 20 世纪 80 年代的美国法定资本制革命,继续保留着传统的法定资本术语,但在 1997 年的 Klang 案中将作为分配尺度的"溢余"标准从静止的资产负债表概念中解脱出来,引入资产评估增值的现代金融观念。此番 Thought Works 案又进一步把"清偿能力"标准加入公司法限制回购的资本维持原则中,强调资产负债表下的"资不抵债"与破产法意义下的"清偿能力"的双重审查。实践中美国公司的注册资本微乎其微,这也就意味着,特拉华州的"溢余 + 清偿能力"标准与《修订示范商业公司法》的清偿能力标准已区别不大了。

更进一步,Thought Works 案还将优先股背景下法定资本规则的操作纳入董事会的商业判断领域,在确定公司是否有溢余以及清偿能力时倚重公司董事会的决策并提供商业判断规则的保护;即使公司拒绝履行优先股合同下的回购承诺,只要董事会是善意、知情且真诚地为公司利益行事,其行为决策就免受责任追究。显然,这一立场符合特拉华州法院避免干预公司商业决策的惯常姿态,但它与之前优先股领域的经典判例——Jedwab 案所确立的"依据合同法来解决优先股股东特别权利诉求"的进路大相径庭。由此可能导致诉讼的焦点不再是公司是否有能力赎回优先股(即履行合同的能力),而是转化为公司不赎回优先股能否得到商业判断规则的保护。

具体到我国所称对赌协议问题上,不论是初始估值调整时由公司对 PE/VC给予现金补偿,还是 PE/VC 退出时由公司赎回股份,都受制于以法定资本制为核心的公司法管制；但这并不导致上述两种交易或合同条款直接无效，而是说它们需要经受资本维持原则的检验。Thought Works 案中，法官最后判决作为原告的 PE 败诉，并不是因为 PE/VC 合同中的"赎回权"条款违法而无效，而是因为 Thought Works 公司缺乏足够的资金来赎回，PE 也未能证明公司在回购后仍然能保持其清偿能力和持续经营状态。[1]

---

〔1〕 参见刘燕：《对赌协议与公司法资本管制：美国实践及其启示》，载《环球法律评论》2016 年第 3 期。

附 录

一、法律

(一)中华人民共和国公司法(节选)

(根据2018年10月26日第十三届全国人民代表大会常务委员会第六次会议《关于修改〈中华人民共和国公司法〉的决定》第四次修正)

第十六条 公司向其他企业投资或者为他人提供担保,依照公司章程的规定,由董事会或者股东会、股东大会决议;公司章程对投资或者担保的总额及单项投资或者担保的数额有限额规定的,不得超过规定的限额。

公司为公司股东或者实际控制人提供担保的,必须经股东会或者股东大会决议。

前款规定的股东或者受前款规定的实际控制人支配的股东,不得参加前款规定事项的表决。该项表决由出席会议的其他股东所持表决权的过半数通过。

第二十条 公司股东应当遵守法律、行政法规和公司章程,依法行使股东权利,不得滥用股东权利损害公司或者其他股东的利益;不得滥用公司法人独立地位和股东有限责任损害公司债权人的利益。

公司股东滥用股东权利给公司或者其他股东造成损失的,应当依法承担赔偿责任。

公司股东滥用公司法人独立地位和股东有限责任,逃避债务,严重损害公司债权人利益的,应当对公司债务承担连带责任。

第三十五条 公司成立后,股东不得抽逃出资。

第七十一条 有限责任公司的股东之间可以相互转让其全部或者部分股权。

股东向股东以外的人转让股权，应当经其他股东过半数同意。股东应就其股权转让事项书面通知其他股东征求同意，其他股东自接到书面通知之日起满三十日未答复的，视为同意转让。其他股东半数以上不同意转让的，不同意的股东应当购买该转让的股权；不购买的，视为同意转让。

经股东同意转让的股权，在同等条件下，其他股东有优先购买权。两个以上股东主张行使优先购买权的，协商确定各自的购买比例；协商不成的，按照转让时各自的出资比例行使优先购买权。

公司章程对股权转让另有规定的，从其规定。

第七十二条 人民法院依照法律规定的强制执行程序转让股东的股权时，应当通知公司及全体股东，其他股东在同等条件下有优先购买权。其他股东自人民法院通知之日起满二十日不行使优先购买权的，视为放弃优先购买权。

第七十四条 有下列情形之一的，对股东会该项决议投反对票的股东可以请求公司按照合理的价格收购其股权：

（一）公司连续五年不向股东分配利润，而公司该五年连续盈利，并且符合本法规定的分配利润条件的；

（二）公司合并、分立、转让主要财产的；

（三）公司章程规定的营业期限届满或者章程规定的其他解散事由出现，股东会会议通过决议修改章程使公司存续的。

自股东会会议决议通过之日起六十日内，股东与公司不能达成股权收购协议的，股东可以自股东会会议决议通过之日起九十日内向人民法院提起诉讼。

第一百四十二条 公司不得收购本公司股份。但是，有下列情形之一的除外：

（一）减少公司注册资本；

（二）与持有本公司股份的其他公司合并；

（三）将股份用于员工持股计划或者股权激励；

（四）股东因对股东大会作出的公司合并、分立决议持异议，要求公司收购其股份；

（五）将股份用于转换上市公司发行的可转换为股票的公司债券；

（六）上市公司为维护公司价值及股东权益所必需。

公司因前款第（一）项、第（二）项规定的情形收购本公司股份的，应当经股东大会决议；公司因前款第（三）项、第（五）项、第（六）项规定的情形收购本公司股份的，可以依照公司章程的规定或者股东大会的授权，经三分之二以上董事出席的董事会会议决议。

公司依照本条第一款规定收购本公司股份后，属于第（一）项情形的，应当自收购之日起十日内注销；属于第（二）项、第（四）项情形的，应当在六个月内转让或者注销；属于第（三）项、第（五）项、第（六）项情形的，公司合计持有的本公司股份数不得超过本公司已发行股份总额的百分之十，并应当在三年内转让或者注销。

上市公司收购本公司股份的，应当依照《中华人民共和国证券法》的规定履行信息披露义务。上市公司因本条第一款第（三）项、第（五）项、第（六）项规定的情形收购本公司股份的，应当通过公开的集中交易方式进行。

公司不得接受本公司的股票作为质押权的标的。

第一百六十六条　公司分配当年税后利润时，应当提取利润的百分之十列入公司法定公积金。公司法定公积金累计额为公司注册资本的百分之五十以上的，可以不再提取。

公司的法定公积金不足以弥补以前年度亏损的，在依照前款规定提取法定公积金之前，应当先用当年利润弥补亏损。

公司从税后利润中提取法定公积金后，经股东会或者股东大会决议，还可以从税后利润中提取任意公积金。

公司弥补亏损和提取公积金后所余税后利润，有限责任公司依照本法第三十四条的规定分配；股份有限公司按照股东持有的股份比例分配，但股份有限公司章程规定不按持股比例分配的除外。

股东会、股东大会或者董事会违反前款规定，在公司弥补亏损和提取法定公积金之前向股东分配利润的，股东必须将违反规定分配的利润退还公司。

公司持有的本公司股份不得分配利润。

第一百六十七条　股份有限公司以超过股票票面金额的发行价格发行股份所得的溢价款以及国务院财政部门规定列入资本公积金的其他收入，应当列为公司资本公积金。

第一百六十八条 公司的公积金用于弥补公司的亏损、扩大公司生产经营或者转为增加公司资本。但是,资本公积金不得用于弥补公司的亏损。

法定公积金转为资本时,所留存的该项公积金不得少于转增前公司注册资本的百分之二十五。

第一百七十七条 公司需要减少注册资本时,必须编制资产负债表及财产清单。

公司应当自作出减少注册资本决议之日起十日内通知债权人,并于三十日内在报纸上公告。债权人自接到通知书之日起三十日内,未接到通知书的自公告之日起四十五日内,有权要求公司清偿债务或者提供相应的担保。

第一百七十九条 公司合并或者分立,登记事项发生变更的,应当依法向公司登记机关办理变更登记;公司解散的,应当依法办理公司注销登记;设立新公司的,应当依法办理公司设立登记。

公司增加或者减少注册资本,应当依法向公司登记机关办理变更登记。

(二)中华人民共和国合同法(节选)

(1999年3月15日第九届全国人民代表大会第二次会议通过)

第三十九条 采用格式条款订立合同的,提供格式条款的一方应当遵循公平原则确定当事人之间的权利和义务,并采取合理的方式提请对方注意免除或者限制其责任的条款,按照对方的要求,对该条款予以说明。

格式条款是当事人为了重复使用而预先拟定,并在订立合同时未与对方协商的条款。

注:《民法典》相关条文

第四百九十六条 格式条款是当事人为了重复使用而预先拟定,并在订立合同时未与对方协商的条款。

采用格式条款订立合同的,提供格式条款的一方应当遵循公平原则确定当事人之间的权利和义务,并采取合理的方式提示对方注意免除或者减轻其责任等与对方有重大利害关系的条款,按照对方的要求,对该条款予以说明。提供格式条款的一方未履行提示或者说明义务,致使对方没有注意或者理解与其有重大利害关系的条款的，对方可以主张该条款不成为合同的内容。

第四十四条 依法成立的合同，自成立时生效。

法律、行政法规规定应当办理批准、登记等手续生效的，依照其规定。

注：《民法典》相关条文

第五百零二条 依法成立的合同，自成立时生效，但是法律另有规定或者当事人另有约定的除外。

依照法律、行政法规的规定，合同应当办理批准等手续的，依照其规定。未办理批准等手续影响合同生效的，不影响合同中履行报批等义务条款以及相关条款的效力。应当办理申请批准等手续的当事人未履行义务的，对方可以请求其承担违反该义务的责任。

依照法律、行政法规的规定，合同的变更、转让、解除等情形应当办理批准等手续的，适用前款规定。

第五十二条 有下列情形之一的，合同无效：

（一）一方以欺诈、胁迫的手段订立合同，损害国家利益；

（二）恶意串通，损害国家、集体或者第三人利益；

（三）以合法形式掩盖非法目的；

（四）损害社会公共利益；

（五）违反法律、行政法规的强制性规定。

注：《民法典》相关条文

第一百四十四条 无民事行为能力人实施的民事法律行为无效。

第一百四十六条 行为人与相对人以虚假的意思表示实施的民事法律行为无效。

以虚假的意思表示隐藏的民事法律行为的效力，依照有关法律规定处理。

第一百五十三条 违反法律、行政法规的强制性规定的民事法律行为无效。但是，该强制性规定不导致该民事法律行为无效的除外。

违背公序良俗的民事法律行为无效。

第一百五十四条　行为人与相对人恶意串通，损害他人合法权益的民事法律行为无效。

第六十条　当事人应当按照约定全面履行自己的义务。

当事人应当遵循诚实信用原则，根据合同的性质、目的和交易习惯履行通知、协助、保密等义务。

注：《民法典》相关条文

第五百零九条　当事人应当按照约定全面履行自己的义务。

当事人应当遵循诚信原则，根据合同的性质、目的和交易习惯履行通知、协助、保密等义务。

当事人在履行合同过程中，应当避免浪费资源、污染环境和破坏生态。

第一百零七条　当事人一方不履行合同义务或者履行合同义务不符合约定的，应当承担继续履行、采取补救措施或者赔偿损失等违约责任。

注：《民法典》相关条文

第五百七十七条　当事人一方不履行合同义务或者履行合同义务不符合约定的，应当承担继续履行、采取补救措施或者赔偿损失等违约责任。

第一百零八条　当事人一方明确表示或者以自己的行为表明不履行合同义务的，对方可以在履行期限届满之前要求其承担违约责任。

注：《民法典》相关条文

第五百七十八条　当事人一方明确表示或者以自己的行为表明不履行合同义务的，对方可以在履行期限届满前请求其承担违约责任。

第一百零九条　当事人一方未支付价款或者报酬的，对方可以要求其支付价款或者报酬。

注：《民法典》相关条文

第五百七十九条　当事人一方未支付价款、报酬、租金、利息，或者不履行其他金钱债务的，对方可以请求其支付。

第一百一十四条　当事人可以约定一方违约时应当根据违约情况向对方

支付一定数额的违约金,也可以约定因违约产生的损失赔偿额的计算方法。

约定的违约金低于造成的损失的,当事人可以请求人民法院或者仲裁机构予以增加;约定的违约金过分高于造成的损失的,当事人可以请求人民法院或者仲裁机构予以适当减少。

当事人就迟延履行约定违约金的,违约方支付违约金后,还应当履行债务。

注:《民法典》相关条文

第五百八十五条 当事人可以约定一方违约时应当根据违约情况向对方支付一定数额的违约金,也可以约定因违约产生的损失赔偿额的计算方法。

约定的违约金低于造成的损失的,人民法院或者仲裁机构可以根据当事人的请求予以增加;约定的违约金过分高于造成的损失的,人民法院或者仲裁机构可以根据当事人的请求予以适当减少。

当事人就迟延履行约定违约金的,违约方支付违约金后,还应当履行债务。

(三)中华人民共和国婚姻法(节选)

(根据2001年4月28日第九届全国人民代表大会常务委员会第二十一次会议《关于修改〈中华人民共和国婚姻法〉的决定》修正)

第十九条 夫妻可以约定婚姻关系存续期间所得的财产以及婚前财产归各自所有、共同所有或部分各自所有、部分共同所有。约定应当采用书面形式。没有约定或约定不明确的,适用本法第十七条、第十八条的规定。

夫妻对婚姻关系存续期间所得的财产以及婚前财产的约定,对双方具有约束力。

夫妻对婚姻关系存续期间所得的财产约定归各自所有的,夫或妻一方对外所负的债务,第三人知道该约定的,以夫或妻一方所有的财产清偿。

注：《民法典》相关条文

第一千零六十五条 男女双方可以约定婚姻关系存续期间所得的财产以及婚前财产归各自所有、共同所有或者部分各自所有、部分共同所有。约定应当采用书面形式。没有约定或者约定不明确的，适用本法第一千零六十二条、第一千零六十三条的规定。

夫妻对婚姻关系存续期间所得的财产以及婚前财产的约定，对双方具有法律约束力。

夫妻对婚姻关系存续期间所得的财产约定归各自所有，夫或者妻一方对外所负的债务，相对人知道该约定的，以夫或者妻一方的个人财产清偿。

第四十一条 离婚时，原为夫妻共同生活所负的债务，应当共同偿还。共同财产不足清偿的，或财产归各自所有的，由双方协议清偿；协议不成时，由人民法院判决。

注：《民法典》相关条文

第一千零八十九条 离婚时，夫妻共同债务应当共同偿还。共同财产不足清偿或者财产归各自所有的，由双方协议清偿；协议不成的，由人民法院判决。

(四)中华人民共和国担保法(节选)

(1995年6月30日第八届全国人民代表大会常务委员会第十四次会议通过)

第五条 担保合同是主合同的从合同，主合同无效，担保合同无效。担保合同另有约定的，按照约定。

担保合同被确认无效后，债务人、担保人、债权人有过错的，应当根据其过错各自承担相应的民事责任。

注：《民法典》相关条文

第六百八十二条 保证合同是主债权债务合同的从合同。主债权债务合同无效的，保证合同无效，但是法律另有规定的除外。

保证合同被确认无效后，债务人、保证人、债权人有过错的，应当根据其过错各自承担相应的民事责任。

第六条 本法所称保证，是指保证人和债权人约定，当债务人不履行债务时，保证人按照约定履行债务或者承担责任的行为。

注：《民法典》相关条文

第六百八十一条 保证合同是为保障债权的实现，保证人和债权人约定，当债务人不履行到期债务或者发生当事人约定的情形时，保证人履行债务或者承担责任的合同。

第十八条 当事人在保证合同中约定保证人与债务人对债务承担连带责任的，为连带责任保证。

连带责任保证的债务人在主合同规定的债务履行期届满没有履行债务的，债权人可以要求债务人履行债务，也可以要求保证人在其保证范围内承担保证责任。

注：《民法典》相关条文

第六百八十八条 当事人在保证合同中约定保证人和债务人对债务承担连带责任的，为连带责任保证。

连带责任保证的债务人不履行到期债务或者发生当事人约定的情形时，债权人可以请求债务人履行债务，也可以请求保证人在其保证范围内承担保证责任。

第二十五条 一般保证的保证人与债权人未约定保证期间的，保证期间为主债务履行期届满之日起六个月。

在合同约定的保证期间和前款规定的保证期间，债权人未对债务人提起诉讼或者申请仲裁的，保证人免除保证责任；债权人已提起诉讼或者申请仲裁的，保证期间适用诉讼时效中断的规定。

第二十六条 连带责任保证的保证人与债权人未约定保证期间的，债权人有权自主债务履行期届满之日起六个月内要求保证人承担保证责任。

在合同约定的保证期间和前款规定的保证期间，债权人未要求保证人承担保证责任的，保证人免除保证责任。

注:《民法典》相关条文

第六百九十二条 保证期间是确定保证人承担保证责任的期间,不发生中止、中断和延长。

债权人与保证人可以约定保证期间,但是约定的保证期间早于主债务履行期限或者与主债务履行期限同时届满的,视为没有约定;没有约定或者约定不明确的,保证期间为主债务履行期限届满之日起六个月。

债权人与债务人对主债务履行期限没有约定或者约定不明确的,保证期间自债权人请求债务人履行债务的宽限期届满之日起计算。

第六百九十三条 一般保证的债权人未在保证期间对债务人提起诉讼或者申请仲裁的,保证人不再承担保证责任。

连带责任保证的债权人未在保证期间请求保证人承担保证责任的,保证人不再承担保证责任。

第三十一条 保证人承担保证责任后,有权向债务人追偿。

注:《民法典》相关条文

第三百九十二条 被担保的债权既有物的担保又有人的担保的,债务人不履行到期债务或者发生当事人约定的实现担保物权的情形,债权人应当按照约定实现债权;没有约定或者约定不明确,债务人自己提供物的担保的,债权人应当先就该物的担保实现债权;第三人提供物的担保的,债权人可以就物的担保实现债权,也可以请求保证人承担保证责任。提供担保的第三人承担担保责任后,有权向债务人追偿。

(五)中华人民共和国证券法(节选)

(2019年12月28日第十三届全国人民代表大会常务委员会第十五次会议修订)

第二十五条 股票依法发行后,发行人经营与收益的变化,由发行人自行负责;由此变化引致的投资风险,由投资者自行负责。

第八十条 发生可能对上市公司、股票在国务院批准的其他全国性证券交易场所交易的公司的股票交易价格产生较大影响的重大事件,投资者尚未得知时，公司应当立即将有关该重大事件的情况向国务院证券监督管理机构和证券交易场所报送临时报告，并予公告，说明事件的起因、目前的状态和可能产生的法律后果。

前款所称重大事件包括：

（一）公司的经营方针和经营范围的重大变化；

（二）公司的重大投资行为，公司在一年内购买、出售重大资产超过公司资产总额百分之三十，或者公司营业用主要资产的抵押、质押、出售或者报废一次超过该资产的百分之三十；

（三）公司订立重要合同、提供重大担保或者从事关联交易，可能对公司的资产、负债、权益和经营成果产生重要影响；

（四）公司发生重大债务和未能清偿到期重大债务的违约情况；

（五）公司发生重大亏损或者重大损失；

（六）公司生产经营的外部条件发生的重大变化；

（七）公司的董事、三分之一以上监事或者经理发生变动，董事长或者经理无法履行职责；

（八）持有公司百分之五以上股份的股东或者实际控制人持有股份或者控制公司的情况发生较大变化，公司的实际控制人及其控制的其他企业从事与公司相同或者相似业务的情况发生较大变化；

（九）公司分配股利、增资的计划，公司股权结构的重要变化，公司减资、合并、分立、解散及申请破产的决定，或者依法进入破产程序、被责令关闭；

（十）涉及公司的重大诉讼、仲裁，股东大会、董事会决议被依法撤销或者宣告无效；

（十一）公司涉嫌犯罪被依法立案调查，公司的控股股东、实际控制人、董事、监事、高级管理人员涉嫌犯罪被依法采取强制措施；

（十二）国务院证券监督管理机构规定的其他事项。

公司的控股股东或者实际控制人对重大事件的发生、进展产生较大影响的，应当及时将其知悉的有关情况书面告知公司，并配合公司履行信息披露义务。

（六）中华人民共和国企业国有资产法（节选）

（2008年10月28日第十一届全国人民代表大会常务委员会第五次会议通过）

第三十条 国家出资企业合并、分立、改制、上市，增加或者减少注册资本，发行债券，进行重大投资，为他人提供大额担保，转让重大财产，进行大额捐赠，分配利润，以及解散、申请破产等重大事项，应当遵守法律、行政法规以及企业章程的规定，不得损害出资人和债权人的权益。

第三十四条 重要的国有独资企业、国有独资公司、国有资本控股公司的合并、分立、解散、申请破产以及法律、行政法规和本级人民政府规定应当由履行出资人职责的机构报经本级人民政府批准的重大事项，履行出资人职责的机构在作出决定或者向其委派参加国有资本控股公司股东会会议、股东大会会议的股东代表作出指示前，应当报请本级人民政府批准。

本法所称的重要的国有独资企业、国有独资公司和国有资本控股公司，按照国务院的规定确定。

第三十五条 国家出资企业发行债券、投资等事项，有关法律、行政法规规定应当报经人民政府或者人民政府有关部门、机构批准、核准或者备案的，依照其规定。

（七）中华人民共和国中外合资经营企业法（节选）

（根据2016年9月3日第十二届全国人民代表大会常务委员会第二十二次会议《关于修改〈中华人民共和国外资企业法〉等四部法律的决定》第三次修正，已失效）

第三条 合营各方签订的合营协议、合同、章程，应报国家对外经济贸易主管部门（以下称审查批准机关）审查批准。审查批准机关应在三个月内决定批准或不批准。合营企业经批准后，向国家工商行政管理主管部门登记，领取营业执照，开始营业。

第四条 合营企业的形式为有限责任公司。

在合营企业的注册资本中，外国合营者的投资比例一般不低于百分之二十五。

合营各方按注册资本比例分享利润和分担风险及亏损。

合营者的注册资本如果转让必须经合营各方同意。

第八条 合营企业获得的毛利润,按中华人民共和国税法规定缴纳合营企业所得税后,扣除合营企业章程规定的储备基金、职工奖励及福利基金、企业发展基金,净利润根据合营各方注册资本的比例进行分配。

合营企业依照国家有关税收的法律和行政法规的规定,可以享受减税、免税的优惠待遇。

外国合营者将分得的净利润用于在中国境内再投资时,可申请退还已缴纳的部分所得税。

二、司法解释及工作文件

(八)最高人民法院关于印发《全国法院民商事审判工作会议纪要》的通知(节选)

(2019年11月8日 法〔2019〕254号)

实践中俗称的"对赌协议",又称估值调整协议,是指投资方与融资方在达成股权性融资协议时,为解决交易双方对目标公司未来发展的不确定性、信息不对称以及代理成本而设计的包含了股权回购、金钱补偿等对未来目标公司的估值进行调整的协议。从订立"对赌协议"的主体来看,有投资方与目标公司的股东或者实际控制人"对赌"、投资方与目标公司"对赌"、投资方与目标公司的股东、目标公司"对赌"等形式。人民法院在审理"对赌协议"纠纷案件时,不仅应当适用合同法的相关规定,还应当适用公司法的相关规定;既要坚持鼓励投资方对实体企业特别是科技创新企业投资原则,从而在一定程度上缓解企业融资难问题,又要贯彻资本维持原则和保护债权人合法权益原则,依法平衡投资方、公司债权人、公司之间的利益。对于投资方与目标公司的股东或者实际控制人订立的"对赌协议",如无其他无效事由,认定有效并支持实际履行,实践中并无争议。但投资方与目标公司订立的"对赌协议"是否有效以及能否实际履行,存在争议。对此,应当把握如下处理规则:

……

5.【与目标公司"对赌"】投资方与目标公司订立的"对赌协议"在不存在法定无效事由的情况下，目标公司仅以存在股权回购或者金钱补偿约定为由，主张"对赌协议"无效的，人民法院不予支持，但投资方主张实际履行的，人民法院应当审查是否符合公司法关于"股东不得抽逃出资"及股份回购的强制性规定，判决是否支持其诉讼请求。

投资方请求目标公司回购股权的，人民法院应当依据《公司法》第35条关于"股东不得抽逃出资"或者第142条关于股份回购的强制性规定进行审查。经审查，目标公司未完成减资程序的，人民法院应当驳回其诉讼请求。

投资方请求目标公司承担金钱补偿义务的，人民法院应当依据《公司法》第35条关于"股东不得抽逃出资"和第166条关于利润分配的强制性规定进行审查。经审查，目标公司没有利润或者虽有利润但不足以补偿投资方的，人民法院应当驳回或者部分支持其诉讼请求。今后目标公司有利润时，投资方还可以依据该事实另行提起诉讼。

……

9.【侵犯优先购买权的股权转让合同的效力】审判实践中，部分人民法院对公司法司法解释(四)第21条规定的理解存在偏差，往往以保护其他股东的优先购买权为由认定股权转让合同无效。准确理解该条规定，既要注意保护其他股东的优先购买权，也要注意保护股东以外的股权受让人的合法权益，正确认定有限责任公司的股东与股东以外的股权受让人订立的股权转让合同的效力。一方面，其他股东依法享有优先购买权，在其主张按照股权转让合同约定的同等条件购买股权的情况下，应当支持其诉讼请求，除非出现该条第1款规定的情形。另一方面，为保护股东以外的股权受让人的合法权益，股权转让合同如无其他影响合同效力的事由，应当认定有效。其他股东行使优先购买权的，虽然股东以外的股权受让人关于继续履行股权转让合同的请求不能得到支持，但不影响其依约请求转让股东承担相应的违约责任。

（九）最高人民法院关于适用《中华人民共和国合同法》若干问题的解释（一）（节选）

（1999年12月19日　法释〔1999〕19号）

第九条　依照合同法第四十四条第二款的规定，法律、行政法规规定合同应当办理批准手续，或者办理批准、登记等手续才生效，在一审法庭辩论终结前当事人仍未办理批准手续的，或者仍未办理批准、登记等手续的，人民法院应当认定该合同未生效；法律、行政法规规定合同应当办理登记手续，但未规定登记后生效的，当事人未办理登记手续不影响合同的效力，合同标的物所有权及其他物权不能转移。

合同法第七十七条第二款、第八十七条、第九十六条第二款所列合同变更、转让、解除等情形，依照前款规定处理。

注：《民法典》相关条文

第五百零二条　依法成立的合同，自成立时生效，但是法律另有规定或者当事人另有约定的除外。

依照法律、行政法规的规定，合同应当办理批准等手续的，依照其规定。未办理批准等手续影响合同生效的，不影响合同中履行报批等义务条款以及相关条款的效力。应当办理申请批准等手续的当事人未履行义务的，对方可以请求其承担违反该义务的责任。

依照法律、行政法规的规定，合同的变更、转让、解除等情形应当办理批准等手续的，适用前款规定。

（十）最高人民法院关于适用《中华人民共和国婚姻法》若干问题的解释（二）（2017年修正）（节选）

（法释〔2017〕6号）

第二十四条　债权人就婚姻关系存续期间夫妻一方以个人名义所负债务主张权利的，应当按夫妻共同债务处理。但夫妻一方能够证明债权人与债务人明确约定为个人债务，或者能够证明属于婚姻法第十九条第三款规定情形的除外。

夫妻一方与第三人串通，虚构债务，第三人主张权利的，人民法院不予支持。

夫妻一方在从事赌博、吸毒等违法犯罪活动中所负债务，第三人主张权利的，人民法院不予支持。

注：《民法典》相关条文

第一千零六十四条 夫妻双方共同签名或者夫妻一方事后追认等共同意思表示所负的债务，以及夫妻一方在婚姻关系存续期间以个人名义为家庭日常生活需要所负的债务，属于夫妻共同债务。

夫妻一方在婚姻关系存续期间以个人名义超出家庭日常生活需要所负的债务，不属于夫妻共同债务；但是，债权人能够证明该债务用于夫妻共同生活、共同生产经营或者基于夫妻双方共同意思表示的除外。

（十一）最高人民法院关于审理涉及夫妻债务纠纷案件适用法律有关问题的解释（节选）

（2018 年 1 月 16 日　法释〔2018〕2 号）

第三条 夫妻一方在婚姻关系存续期间以个人名义超出家庭日常生活需要所负的债务，债权人以属于夫妻共同债务为由主张权利的，人民法院不予支持，但债权人能够证明该债务用于夫妻共同生活、共同生产经营或者基于夫妻双方共同意思表示的除外。

注：《民法典》相关条文　第一千零六十四条

（十二）最高人民法院关于适用《中华人民共和国担保法》若干问题的解释（节选）

（2000 年 12 月 8 日　法释〔2000〕44 号）

第七条 主合同有效而担保合同无效，债权人无过错的，担保人与债务人对主合同债权人的经济损失，承担连带赔偿责任；债权人、担保人有过错的，担保人承担民事责任的部分，不应超过债务人不能清偿部分的二分之一。

第八条 主合同无效而导致担保合同无效，担保人无过错的，担保人不承担民事责任；担保人有过错的，担保人承担民事责任的部分，不应超过债务人不能清偿部分的三分之一。

第九条 担保人因无效担保合同向债权人承担赔偿责任后，可以向债务人追偿，或者在承担赔偿责任的范围内，要求有过错的反担保人承担赔偿责任。

担保人可以根据承担赔偿责任的事实对债务人或者反担保人另行提起诉讼。

注：《民法典》相关条文

第三百八十八条 设立担保物权，应当依照本法和其他法律的规定订立担保合同。担保合同包括抵押合同、质押合同和其他具有担保功能的合同。担保合同是主债权债务合同的从合同。主债权债务合同无效的，担保合同无效，但是法律另有规定的除外。

担保合同被确认无效后，债务人、担保人、债权人有过错的，应当根据其过错各自承担相应的民事责任。

第六百八十二条 保证合同是主债权债务合同的从合同。主债权债务合同无效的，保证合同无效，但是法律另有规定的除外。

保证合同被确认无效后，债务人、保证人、债权人有过错的，应当根据其过错各自承担相应的民事责任。

第六百八十九条 保证人可以要求债务人提供反担保。

（十三）最高人民法院关于审理外商投资企业纠纷案件若干问题的规定（一）（节选）

（2010年8月5日 法释〔2010〕9号）

第九条 外商投资企业股权转让合同成立后，受让方未支付股权转让款，转让方和外商投资企业亦未履行报批义务，转让方请求受让方支付股权转让款的，人民法院应当中止审理，指令转让方在一定期限内办理报批手续。该股权转让合同获得外商投资企业审批机关批准的，对转让方关于支付转让款的诉讼请求，人民法院应予支持。

（十四）最高人民法院关于审理民事案件适用诉讼时效制度若干问题的规定（节选）

（2008年8月21日　法释〔2008〕11号）

第六条　未约定履行期限的合同，依照合同法第六十一条、第六十二条的规定，可以确定履行期限的，诉讼时效期间从履行期限届满之日起计算；不能确定履行期限的，诉讼时效期间从债权人要求债务人履行义务的宽限期届满之日起计算，但债务人在债权人第一次向其主张权利之时明确表示不履行义务的，诉讼时效期间从债务人明确表示不履行义务之日起计算。

（十五）最高人民法院关于人民法院为企业兼并重组提供司法保障的指导意见（节选）

（2014年6月3日　法发〔2014〕7号）

6. 依法认定兼并重组行为的效力，促进资本合法有序流转。要严格依照合同法第五十二条关于合同效力的规定，正确认定各类兼并重组合同的效力。结合当事人间交易方式和市场交易习惯，准确认定兼并重组中预约、意向协议、框架协议等的效力及强制执行力。要坚持促进交易进行，维护交易安全的商事审判理念，审慎认定企业估值调整协议、股份转换协议等新类型合同的效力，避免简单以法律没有规定为由认定合同无效。要尊重市场主体的意思自治，维护契约精神，恰当认定兼并重组交易行为与政府行政审批的关系。要处理好公司外部行为与公司内部意思自治之间的关系。要严格依照公司法第二十二条的规定，从会议召集程序、表决方式、决议内容等是否违反法律、行政法规或公司章程方面，对兼并重组中涉及的企业合并、分立、新股发行、重大资产变化等决议的法律效力进行审查。对交叉持股表决方式、公司简易合并等目前尚无明确法律规定的问题，应结合个案事实和行为结果，审慎确定行为效力。

三、部门规章及其他规范性文件

(十六)中国证监会关于并购重组业绩补偿相关问题与解答

(2016年1月15日)

问题:《上市公司重大资产重组管理办法》第三十五条规定,“采取收益现值法、假设开发法等基于未来收益预期的方法对拟购买资产进行评估或者估值并作为定价参考依据的,……交易对方应当与上市公司就相关资产实际盈利数不足利润预测数的情况签订明确可行的补偿协议”。对于交易对方为上市公司的控股股东、实际控制人或者其控制的关联人,但并不控制交易标的;或者交易定价以资产基础法估值结果作为依据的,应当如何适用?

答:1. 无论标的资产是否为其所有或控制,也无论其参与此次交易是否基于过桥等暂时性安排,上市公司的控股股东、实际控制人或者其控制的关联人均应以其获得的股份和现金进行业绩补偿。

2. 在交易定价采用资产基础法估值结果的情况下,如果资产基础法中对于一项或几项资产采用了基于未来收益预期的方法,上市公司的控股股东、实际控制人或者其控制的关联人也应就此部分进行业绩补偿。

(十七)中国证监会关于上市公司业绩补偿承诺的相关问题与解答

(2016年6月17日)

上市公司重大资产重组中,重组方作出的业绩补偿承诺,能否依据《上市公司监管指引第4号——上市公司实际控制人、股东、关联方、收购人以及上市公司承诺及履行》的规定进行变更?

答:上市公司重大资产重组中,重组方的业绩补偿承诺是基于其与上市公司签订的业绩补偿协议作出的,该承诺是重组方案的重要组成部分,因此,重组方应当严格按照业绩补偿协议履行承诺。重组方不得适用《上市公司监管指引第4号——上市公司实际控制人、股东、关联方、收购人以及上市公司承诺及履行》第五条的规定,变更其作出的业绩补偿承诺。

本问答发布前股东大会已经审议通过变更事项的,不适用本问答。

(十八)企业国有资产评估管理暂行办法(节选)

(2005年8月25日　国务院国有资产监督管理委员会令第12号)

第四条　企业国有资产评估项目实行核准制和备案制。

经各级人民政府批准经济行为的事项涉及的资产评估项目,分别由其国有资产监督管理机构负责核准。

经国务院国有资产监督管理机构批准经济行为的事项涉及的资产评估项目,由国务院国有资产监督管理机构负责备案;经国务院国有资产监督管理机构所出资企业(以下简称中央企业)及其各级子企业批准经济行为的事项涉及的资产评估项目,由中央企业负责备案。

地方国有资产监督管理机构及其所出资企业的资产评估项目备案管理工作的职责分工,由地方国有资产监督管理机构根据各地实际情况自行规定。

第六条　企业有下列行为之一的,应当对相关资产进行评估:

(一)整体或者部分改建为有限责任公司或者股份有限公司;

(二)以非货币资产对外投资;

(三)合并、分立、破产、解散;

(四)非上市公司国有股东股权比例变动;

(五)产权转让;

(六)资产转让、置换;

(七)整体资产或者部分资产租赁给非国有单位;

(八)以非货币资产偿还债务;

(九)资产涉讼;

(十)收购非国有单位的资产;

(十一)接受非国有单位以非货币资产出资;

(十二)接受非国有单位以非货币资产抵债;

(十三)法律、行政法规规定的其他需要进行资产评估的事项。

（十九）首发业务若干问题解答（一）（节选）

（中国证券监督管理委员会 2019 年 3 月 25 日发文）

问题 5、部分投资机构在投资发行人时约定对赌协议等类似安排的，发行人及中介机构应当如何把握？

答：投资机构在投资发行人时约定对赌协议等类似安排的，原则上要求发行人在申报前清理，但同时满足以下要求的可以不清理：一是发行人不作为对赌协议当事人；二是对赌协议不存在可能导致公司控制权变化的约定；三是对赌协议不与市值挂钩；四是对赌协议不存在严重影响发行人持续经营能力或者其他严重影响投资者权益的情形。保荐人及发行人律师应当就对赌协议是否符合上述要求发表明确核查意见。

发行人应当在招股说明书中披露对赌协议的具体内容、对发行人可能存在的影响等，并进行风险提示。

四、地方规范性文件

（二十）海南省地方税务局关于对赌协议利润补偿企业所得税相关问题的复函

（2014 年 5 月 5 日　琼地税函〔2014〕198 号）

海南航空股份有限公司：

你公司《关于对赌协议利润补偿企业所得税相关问题的请示》（琼航财〔2014〕237 号）收悉，经研究，现答复如下：

依据《中华人民共和国企业所得税法》及《中华人民共和国企业所得税法实施条例》关于投资资产的相关规定，你公司在该对赌协议中取得的利润补偿可以视为对最初受让股权的定价调整，即收到利润补偿当年调整相应长期股权投资的初始投资成本。

特此函复。

海南省地方税务局

2014 年 5 月 5 日

（二十一）关于为虹口区金融持续健康发展和推动金融创新提供有效司法保障的意见（节选）

（上海市虹口区人民法院2015年11月6日发文）

10. 完善本区风险投资的法律环境，有效支持和引导风险投资。配合上海风险投资中心建设，积极创造健康的风险投资法治环境。正确区分投资协议中估值调整机制的效力，充分尊重有关业务规程、行业惯例，依法保护认定回购股权、利益补偿、优先购买等条款效力。严格审查不论盈利均按期收回本息或按期支付固定收益等债务性融资的保底条款。

图书在版编目(CIP)数据

对赌：典型案例复盘与实务指引 / 毕宝胜著. --
北京：法律出版社，2020
ISBN 978-7-5197-4637-7

Ⅰ. ①对… Ⅱ. ①毕… Ⅲ. ①金融投资－金融法－研
究 Ⅳ. ①D912.280.4

中国版本图书馆 CIP 数据核字(2020)第 101818 号

对赌：典型案例复盘与实务指引
DUIDU: DIANXING ANLI FUPAN YU SHIWU ZHIYIN

毕宝胜 著

责任编辑 慕雪丹 章 雯
装帧设计 马 帅

编辑统筹 法商出版分社
出版 法律出版社
总发行 中国法律图书有限公司
经销 新华书店
印刷 固安华明印业有限公司
责任印制 胡晓雅
开本 710 毫米×1000 毫米 1/16
印张 22.5
字数 342 千
版本 2020 年 9 月第 1 版
印次 2020 年 9 月第 1 次印刷

法律出版社/北京市丰台区莲花池西里 7 号(100073)
网址/www.lawpress.com.cn
投稿邮箱/info@lawpress.com.cn
举报维权邮箱/jbwq@lawpress.com.cn
销售热线/400-660-8393
咨询电话/010-63939796

中国法律图书有限公司/北京市丰台区莲花池西里 7 号(100073)
全国各地中法图分、子公司销售电话：
统一销售客服/400-660-8393/6393
第一法律书店/010-83938432/8433
西安分公司/029-85330678
重庆分公司/023-67453036
上海分公司/021-62071010/1636
深圳分公司/0755-83072995

书号:ISBN 978-7-5197-4637-7
定价:89.00 元